Seminar:
Sprache und Ethik

Zur Entwicklung der Metaethik

Herausgegeben von
Günther Grewendorf und Georg Meggle

Suhrkamp

Quellen- und Übersetzernachweise
der einzelnen Beiträge am Schluß des Bandes.

suhrkamp taschenbuch wissenschaft 91
Erste Auflage 1974
© Suhrkamp Verlag Frankfurt am Main 1974
Suhrkamp Taschenbuch Verlag
Druck: Nomos, Baden-Baden.
Printed in Germany.
Umschlag nach Entwürfen von
Willy Fleckhaus und Rolf Staudt.

Inhalt

I
G. Grewendorf / G. Meggle
Zur Struktur des metaethischen Diskurses[1]

Die im Rahmen der analytischen Philosophie betriebene Metaethik stellt einen Diskurs zweiter Ordnung dar. Sie macht keine
Aussagen darüber, was wir tun sollen, was gut und was schlecht
ist, ob eine gewisse Handlungsweise richtig oder falsch, verboten
oder erlaubt ist, usw. Alle Antworten auf diese inhaltlichen moralischen Fragen gehören, eben deshalb, weil sie Antworten auf inhaltliche Fragen sind, zum Diskurs erster Ordnung. Die Existenz
eines derartigen moralischen Diskurses wird von der Metaethik bereits vorausgesetzt: Der moralische Diskurs ist der Gegenstand der
Metaethik. Metaethische Sätze gehen über inhaltliche moralische
Sätze.

Nun gilt jedoch: Nicht alle Sätze, die über moralische Sätze gehen, sind metaethische Sätze. Wer durch eine Umfrage herausbekommen möchte, wie sich die Mehrheit der Münchner Bürger zum
§ 218 äußert, stellt keine metaethischen Untersuchungen an. Wer
uns sagt, was der Papst zu einem bestimmten Problem zu sagen
weiß, hat sich damit noch nicht zum Moralphilosophen qualifiziert. Wer Metaethik betreibt, kümmert sich um den moralischen
Diskurs anders als ein Soziologe, Psychologe oder Historiker. In
der Metaethik geht es um die *Bedeutung* der moralischen Wörter
und der moralischen Äußerungen.[2]

Um also nicht schon von vornherein auf ein falsches Gleis zu
kommen, ist es notwendig, daß zwischen den folgenden drei Arten
von Sätzen unterschieden wird: (1) Sätzen, die inhaltliche moralische Fragen beantworten; (2) Sätzen, die in Form eines Berichts
wiedergeben, welche Antworten von jemandem (evtl. von einem
selbst) auf diese Fragen gegeben werden; und (3) Sätzen, in denen
etwas darüber gesagt wird, was wir meinen, wenn wir moralische
Fragen stellen bzw. beantworten. Mit Sätzen der ersten Art legt
man sich auf einen moralischen Standpunkt fest; man nimmt an der
moralischen Diskussion selbst teil. Ob Sätze der zweiten Art wahr
sind, hängt lediglich davon ab, welche moralischen Ansichten tatsächlich vertreten werden. Ob Sätze der dritten Art (= metaethi-

sche Sätze) wahr sind, hängt dagegen davon ab, welche Bedeutung bestimmte Wörter oder Äußerungen haben.

Wie verhalten sich Feststellungen vom Typ (2) und (3) zu inhaltlichen moralischen Äußerungen? Hinter dieser Frage steckt die allgemeinere Frage: Lassen sich moralische Antworten aus Tatsachenfeststellungen gewinnen? Zwei Wege scheinen sich anzubieten. Der erste führt von Sätzen der Art (2) direkt zu Sätzen der Art (1), der zweite nimmt dazu noch den Umweg über (3).

Daß der erste Weg ein Holzweg ist, kann man auch ohne metaethische Hilfestellung sehen: Wir brauchen eine moralische Position nicht schon deshalb zu akzeptieren, weil sie auch von anderen vertreten wird. Daß man die herrschende Moral stets vom eigenen, eventuell abweichenden moralischen Standpunkt aus kritisieren kann, ist ein Kennzeichen der Moral (vgl. dazu insbesondere Baier, XIV, S. 300ff.). »Der Keim der Kritik liegt in der Moral selbst.« (Strawson, XV, S. 334f.).

Ist auch der zweite, der indirekte Weg eine Sackgasse? An dieser Frage scheiden sich die Geister. Für einige ist es eine ganz klare Sache, daß auch dieser Weg nicht weiterführt (die von Hare, XIII, aufgestellten Verbotsschilder sind dabei am wenigsten zu übersehen), andere (vor allem Foot, XII, und Warnock, XVI) sind der Meinung, daß man nicht zu früh aufgeben und zumindest versuchen sollte, auch auf diesem Weg weiterzukommen. Es gibt von diesem Gebiet offensichtlich mehrere metaethische Landkarten.

Wovon hängt es ab, ob – und wenn ja, wie – man mit Hilfe metaethischer Feststellungen zu inhaltlichen moralischen Schlußfolgerungen kommen kann? Da es in metaethischen Feststellungen um die Bedeutung inhaltlicher moralischer Äußerungen geht, hängt die Entscheidung dieser Frage ganz eindeutig davon ab, was in der Metaethik jeweils unter »Bedeutung« verstanden wird.

Die Untersuchung des Problems der *Bedeutung(en) von »Bedeutung«* ist die Domäne der im analytischen Sinne betriebenen *Sprachphilosophie*. Dieses Problem erfuhr im Verlauf der Entwicklung dieser philosophischen Grundlagendisziplin (vom frühen Wittgenstein bis zu den Arbeiten Austins) die heterogensten Antworten. Diese Entwicklung spiegelt sich in der Entwicklung der Metaethik exakt wider. Die verschiedenen Richtungen der Metaethik sind mit den verschiedenen Richtungen der Sprachphilosophie mehr oder weniger locker verheiratet. Beide Partner konnten und können in dieser Ehe voneinander profitieren. Der Sprachphilosoph muß es sich gefallen lassen, daß seine Resultate vom Meta-ethiker durch Anwendung auf den moralischen Diskurs getestet werden; und der Metaethiker muß sich vom Sprachphilosophen mitunter vorhalten lassen, daß die anhand des moralischen Diskurses gewonnenen Aussagen mit den in anderen Sprachbereichen erzielten Erkenntnissen nicht übereinstimmen. Für die bisherige Entwicklung der Metaethik (Entsprechendes gilt auch für die Entwicklung der Sprachphilosophie) ist daher folgendes Grundmuster typisch: Eine jede Theorie behauptet von sich, daß sie *die* Bedeutung erfaßt habe, auf die es bei der Untersuchung der (moralischen) Sprache ankomme. Eine jede Theorie muß sich dann von einer späteren Theorie sagen lassen, daß es sich dabei bestenfalls um einen bestimmten *Aspekt* der Bedeutung handle. Neue, bisher vernachlässigte Aspekte rücken in den Mittelpunkt, bis dann eben von der neuesten Theorie gezeigt wird, daß auch mit dieser Aspektverschiebung gewisse Übertreibungen verbunden waren. Der generelle Tenor der jeweils späteren Theorie: »Die Wahrheit ist viel komplizierter!« (vgl. Baier, XIV, S. 285).

Für den von Moore attackierten *Naturalismus* schien die Sache recht einfach zu sein: Um aus Tatsachenfeststellungen moralische Schlußfolgerungen ziehen zu können, braucht man nur zu wissen, wie die mit Hilfe von ›natürlichen‹ Merkmalen formulierte Definition des in der Schlußfolgerung enthaltenen moralischen Wortes aussieht. Die Metaethik hat die Aufgabe, uns derartige Definitionen an die Hand zu geben. Und gerade insofern, als sie diese Aufgabe erfüllt, ist sie für unsere moralische Praxis relevant.

Diese grobe Skizze der naturalistischen Position würde von den sogenannten Neo-Naturalisten (Foot, Warnock und andere) sicherlich zu Recht als eine Karikatur bezeichnet werden. Aber auch als solche weist sie doch auf einen wesentlichen Punkt hin: Der Naturalismus ist eine *meta*ethische Position. Wer lediglich die Behauptung aufstellt, daß es in einer bestimmten Situation richtig sei, so zu handeln, daß z. B. der zu erwartende Lustgewinn am größten ist, der stellt damit eine moralische Behauptung auf. Zu einer metaethischen These würde seine Behauptung erst dann, wenn er zudem behauptet, daß »richtig« soviel *bedeute* wie: »bringt den größten Lustgewinn«. Es ist eine Sache zu sagen, daß eine bestimmte Handlungsweise richtig sei, eine andere Sache zu sagen, daß »richtig« die und die Bedeutung habe. Zwischen einer inhaltlichen Feststellung in einer Sprache und einer Feststellung über die Bedeutungsgleichheit von Ausdrücken der Sprache muß streng unterschieden werden.

Wie läßt sich der Naturalismus widerlegen? Bevor man sich auf diese Frage einläßt, sollte man sich als Warnung folgendes gesagt sein lassen (z. B. von Warnock; vgl. XVI, S. 341ff.): Was da eigentlich widerlegt werden soll, ist gar nicht so klar. Naturalisten sind nach Moore nämlich genau die Leute, die den von ihm sogenannten *naturalistischen Fehlschluß* begehen. Worin dieser Fehlschluß besteht, muß aber erst geklärt werden. Dies hat Frankena getan. (Er zeigt, daß dieser ›Fehlschluß‹ kein Charakteristikum einer Ableitung von Wertungen aus Beschreibungen darstellt, sondern ganz generell darin besteht, daß die eben erwähnte Unterscheidung zwischen Feststellungen in einer Sprache und Feststellungen über eine Sprache nicht berücksichtigt wird.) Moores Charakterisierung dieses Fehlschlusses läßt die beiden folgenden Deutungen zu: Den naturalistischen Fehlschluß begeht, (a) wer moralische Eigenschaften mit Hilfe natürlicher (d. h. hier wohl: empirischer) Eigenschaften zu definieren versucht; (b) wer moralische Eigenschaften überhaupt zu definieren versucht. (Moore schränkt die Bestimmung (b) allerdings gleich so ein, daß sie nur für das Allerweltswörtchen »gut« gilt – und für dieses auch nur dann, wenn es in der ehrwürdigen Bedeutung von »gut an sich« gebraucht wird.) Je nachdem, welche dieser beiden Lesarten man wählt, kommt man zu einer engeren oder weiteren Charakterisierung dessen, was nach Moore unter dem Naturalismus zu verstehen ist. (Vgl. hierzu auch die von Warnock S. 341ff. vorgenommene Explikation der anti-naturalistischen Position(en).) Wer die These vertritt, daß »gut« soviel bedeutet wie »von Gott befohlen«, ist nach (b) Naturalist, nach (a) dagegen nicht.

Der Naturalismus ist eine philosophische Theorie. Wie widerlegt man eine solche Theorie? Die von Moore gegenüber dem Naturalismus gewählte Methode läßt sich wie folgt verdeutlichen: Angenommen, einer Theorie N zufolge läßt sich das Wort G mit Hilfe des Merkmalkomplexes $\emptyset$ definieren. Man begeht nach N also einen Widerspruch, wenn man zwar zugibt, daß etwas die von $\emptyset$ bezeichneten Merkmale besitzt, zugleich aber leugnet, daß es die Eigenschaft G besitzt. Nun gilt jedoch: Äußerungen, die durchaus üblich sind (von den anderen Sprachteilnehmern nicht als abweichend, anomal etc. empfunden werden), sind in der Regel nicht widersprüchlich. N gilt also als widerlegt, wenn man zeigen kann, daß Äußerungen von der Form »Øa, aber nicht Ga« durchaus geläufig sind.

Spezialisiert auf den Fall des Wörtchens »gut« heißt das: Man kann für »gut« so viele Definitionen vorschlagen wie man nur will, es zeigt sich stets, daß Äußerungen, mit denen man zwar zugibt, daß die ›definierenden‹ Merkmale vorliegen, aber dennoch bestreitet bzw. (Moore ist hier etwas vorsichtiger) bezweifelt, daß das betreffende Ding gut ist, nichts Widersprüchliches an sich haben. Das müßte aber der Fall sein, wenn der Naturalismus recht hätte. Folglich ist der Naturalismus (in der Fassung (b) und damit a fortiori auch in der Fassung (a)) falsch.

Moores Widerlegung des Naturalismus führte zu einer lebhaften Renaissance einer in der Geschichte der traditionellen Moralphilosophie bereits recht häufig vertretenen Position: zum *Intuitionismus*. Die wichtigsten metaethischen Vertreter dieser Richtung: Moore (obwohl er sich selbst nicht dazu rechnete – er gebrauchte diese Bezeichnung in einem eingeschränkteren Sinne als allgemein üblich), Prichard (vgl. IV), Broad, Ross und ab und zu Ewing.

Der von Moore inszenierte Theorienwechsel war durchaus konsequent. Moore hatte gleichsam gar keine andere Wahl. Dazu braucht man sich nur anzusehen, von welchen Prämissen er ausging. Seine methodische Prämisse, die übrigens sehr stark an das philosophische Credo der logischen Atomisten (Russell und der frühe Wittgenstein) erinnert: Philosophische Analysen bestehen in der Zurückführung komplexer Entitäten auf ihre einfachsten Bestandteile. Eine seiner (mit dieser methodischen Prämisse zusammenhängenden) sprachphilosophischen Prämissen: Alle Eigenschaftswörter haben die gleiche logische Funktion. Sie stehen für Eigenschaften. Zu seinen erkenntnistheoretischen Prämissen gehört: Das letzte Fundament unseres Wissens besteht in der unmittelbaren Wahrnehmung. Und zu guter Letzt noch sein Definitionspostulat: Einen Begriff definieren heißt, ihn (im eben charakterisierten Sinne) analysieren.

Daß »gut« nicht durch rein empirische Merkmale definierbar ist, steht fest. (Nahezu kein Metaethiker nach Moore zweifelt daran, auch wenn die von Moore im einzelnen vorgebrachten Begründungen ziemlich umstritten sind.) Der Intuitionismus (Moores; Entsprechendes gilt aber in leicht variierter Form auch für den Intuitionismus anderer Metaethiker) zieht aus dieser Tatsache mit Hilfe des erwähnten Prämissenkonglomerats den folgenden Schluß: Das

Wort »gut« steht für eine nicht-empirische, einfache Eigenschaft. Ob etwas diese Eigenschaft besitzt oder nicht, läßt sich (da es sich ja um keine empirische Eigenschaft handelt) zwar nicht mit Hilfe unserer fünf Sinne, dafür aber mit Hilfe eines sechsten (moralischen) Sinnes, durch unsere (moralische) *Intuition* entscheiden. Die Intuition ist der einzige Weg zur Erkenntnis des Guten.

Es gibt zwei verschiedene Fassungen des Intuitionismus. Nach der partikularistischen Version sieht man es jeder einzelnen konkreten Handlung an, ob sie gut ist oder nicht, nach der universalistischen Version muß man sich dazu erst ansehen, von welcher Art die betreffende Handlung ist. (Vorweg bemerkt: Diese Unterscheidung ist nicht nur für die intuitionistische Variante der Metaethik wichtig. Sie spielt z. B. für den von Hare vertretenen universellen (!) Präskriptivismus – vgl. insbesondere seinen Aufsatz *Universalisierbarkeit* (X) – ebenso eine Rolle wie für die utilitaristischen Konzeptionen der normativen Ethik.)
Gegen beide Fassungen gibt es gewichtige Einwände. Die von Strawson (VI) in Form eines fiktiven Dialogs geschriebene Abrechnung mit dieser Theorie enthält ein ganzes Arsenal davon. Entscheidend sind jedoch die Einwände, die sich gegen beide Varianten des Intuitionismus zugleich richten. Sie lassen sich in zwei Gruppen einteilen. Die Argumente der ersten Gruppe weisen auf gewisse fatale Konsequenzen der intuitionistischen Auffassung hin. Die Argumente der zweiten Gruppe richten sich gegen die Fundamente des Intuitionismus. Sie stellen die für ihn wesentlichen Prämissen in Frage.

Zunächst zu seinen Konsequenzen: Man muß den Intuitionismus (wie jede andere Theorie auch) beim Wort nehmen. Ob also x gut ist oder nicht, darüber befindet dieser Theorie zufolge einzig und allein unsere Intuition. Wenn uns unsere Intuition ›sagt‹, daß x gut ist, dann ist x eben gut. Die Frage, ob x ›wirklich‹ gut ist, hat demnach gar keinen Sinn. Und zwar deshalb nicht, weil auch die Frage, ob mir denn meine eigene Intuition auch wirklich das Richtige sagt, gar keinen Sinn hat. Es gibt kein Entscheidungskriterium für die Korrektheit von Intuitionen. (Insofern von allen vor-intuitionistischen Theorien die Existenz derartiger Korrektheitskriterien vorausgesetzt wurde, beruhen diese Theorien nach Prichard, IV, alle auf einem Irrtum.) Daraus folgt, daß wir auch über die Korrektheit der Intuitionen anderer Leute nichts sagen können. Intuitionen sind prinzipiell unkorrigierbar. Diese Schlußfolgerung steht jedoch in krassem Widerspruch zu der Behauptung, daß die moralische Intuition eine bestimmte Form von Erkenntnis sei. Wer behauptet, etwas zu wissen, muß sich ausweisen können. Was er sagt, ist prinzipiell korrigierbar. Das muß natürlich auch dann gelten, wenn jemand behauptet, etwas aufgrund seiner Intuition zu wissen. Intuitionen sind also sowohl prinzipiell korrigierbar als auch prinzipiell unkorrigierbar. An dieser Konsequenz des Intuitionismus zeigt sich, was von ihm zu halten ist: Er ist widersprüchlich und daher keine brauchbare Theorie.

Für den Naturalismus wie für den Intuitionismus war es eine ausgemachte Sache, daß das Wort »gut« – wie alle Wörter, die unsere Schulgrammatik als Eigenschaftswörter klassifiziert – für eine (empirische bzw. nicht-empirische) Eigenschaft steht. Hinter dieser von beiden Richtungen nahezu unbewußt gehandhabten Prämisse steckte eine bestimmte Auffassung nicht nur von der moralischen Sprache, sondern von der Sprache im allgemeinen: Die Sprache dient ausschließlich dazu, die Welt zu *beschreiben* – die sinnlich wahrnehmbare Welt oder eben die allein mit Hilfe der Intuition zugängliche Welt der Werte.

Von dieser Auffassung machte sich erst der *Emotivismus* frei. Mit den emotivistischen Theorien beginnt daher, was von Kerner[3] zu Recht als die *Revolution der Metaethik* bezeichnet wurde.

Der Emotivismus attackiert die hinter dem Naturalismus und Intuitionismus steckende Auffassung von der Sprache. Es sollte daher klar sein, daß der Emotivismus kein *Subjektivismus* ist. (Man muß das deshalb eigens sagen, weil der Unterschied zwischen diesen beiden Positionen durch manche Äußerungen von Seiten der Emotivisten selbst verunklart wird – vor allem durch manche Äußerungen Stevensons. Über den Unterschied klar sind sich dagegen Carnap und Ayer.) Dem Subjektivismus zufolge sind alle Werturteile nichts anderes als Beschreibungen bestimmter psychologischer Zustände. Wer sagt, daß x gut *sei* oder daß man y tun *sollte*, der sagt danach nicht mehr und nicht weniger, als daß er eben *glaube*, daß x gut sei bzw. daß man y tun sollte (Dies ist jedoch nur der erste Schritt). Und wenn man sagt, daß man glaube, daß x gut sei bzw. daß y getan werden sollte, so besagt das (Schritt Nr. 2) nicht mehr und nicht weniger als daß man gegenüber x bzw. y eben eine positive Einstellung besitzt.

Vor allem der zweite Schritt macht deutlich, daß es sich beim Subjektivismus um eine besondere Form des Naturalismus handelt.

Alle Einwände gegen den Naturalismus lassen sich daher auch gegen den Subjektivismus vorbringen. Dieser ist jedoch noch zusätzlichen Einwänden ausgesetzt: Ob Äußerungen von der Form »Ich glaube, daß . . .« tatsächlich nur Beschreibungen psychischer Zustände (positiver Einstellungen etc.) darstellen, ist zumindest sehr zweifelhaft. Sicher ist aber auf jeden Fall, daß die Feststellung, daß etwas der Fall ist bzw. der Fall sein sollte, nicht dasselbe bedeutet wie die Feststellung, daß man glaubt, daß es der Fall ist bzw. sein sollte.

Als eine Sonderform des Naturalismus repräsentiert der Subjektivismus eine metaethische Position. Man darf den Subjektivismus daher nicht mit dem *Relativismus* verwechseln. Der letztere vertritt eine inhaltliche moralische Position. Für den Relativismus ist eben das gut, was jeweils für gut gehalten wird. Ihm zufolge hat in moralischen Fragen jeder recht. Diese paradoxe Konsequenz ergibt sich natürlich auch für den, der den Subjektivismus akzeptiert – wodurch vielleicht erklärbar wird, weshalb der Subjektivismus so oft mit dem Relativismus durcheinandergebracht wird. Die oben S. 7 getroffene Unterscheidung ist daher an dieser Stelle besonders wichtig: Wenn der Relativist sagt, daß in Wertfragen jeder recht hat, dann gibt er mit dieser Behauptung lediglich seine eigene moralische Überzeugung wieder; wenn dagegen der Subjektivist sagt, daß in der Moral jeder recht hat, dann vertritt er damit die (sicher falsche, weil dem tatsächlichen Sprachgebrauch zuwiderlaufende) These, daß diese Behauptung bereits aus der Bedeutung der von uns verwendeten moralischen Wörter folge.

Insofern der Emotivismus also keine Variante des Subjektivismus darstellt, ist zumindest klar, welche Thesen er nicht vertritt. Wenn vom Emotivismus – wie schon sein Name sagt – sehr stark die Rolle von Emotionen und anderen psychischen Faktoren betont wird, so heißt das nicht, daß für ihn Moralurteile Beschreibungen dieser Emotionen sind. Mit dem ganzen – von Hare (vgl. XIII) als *Deskriptivismus* bezeichneten – Unternehmen, die Bedeutung von Moralurteilen ganz und gar auf die Bedeutung von Beschreibungen zu reduzieren, räumt der Emotivismus rigoros auf.

Der emotivistische Angriff erfolgte in zwei Phasen. Die erste Angriffswelle fegte alles hinweg, was auch nur irgendwie an eine beschreibende (deskriptive) Funktion von Moralurteilen erinnern könnte. Diese Strategie verhalf dem Emotivismus zwar zum Durchbruch (er gelang hauptsächlich mit Hilfe von Ayers Buch

Language, Truth, and Logic, 1936), ließ dafür aber die eigenen Flanken weitgehend ungedeckt. In der zweiten Phase stand deshalb eher die Konsolidierung der eigenen Position im Vordergrund, was schließlich – hauptsächlich auf die Initiativen Stevensons hin – zu einer partiellen Restauration des nun seiner Gefährlichkeit beraubten deskriptiven Elements führte.

Das Lager der Emotivisten war keineswegs einheitlich. Die einzelnen Parteien wiesen den moralischen Äußerungen ganz unterschiedliche Aufgaben zu: Sie sollen angeblich (a) die *Gefühle* des Sprechers *ausdrücken*; (b) beim Hörer bestimmte Gefühle *hervorrufen*; oder (c) eben beides. Andern zufolge sollen sie nicht konkret empfundene Gefühle, sondern die sich in solchen Gefühlen manifestierenden *Einstellungen* (a') ausdrücken, (b') hervorrufen oder (c') eben beides tun. Position (a) wurde u. a. von Ayer, Position (b) von Carnap und Position (c') – die einflußreichste – von Stevenson (VII) vertreten.

Carnap, Schlick und Ayer, die führenden Köpfe der ersten emotivistischen Phase, waren fest auf das Programm des *Logischen Positivismus* eingeschworen. Nach dieser philosophischen Doktrin gibt es nur zwei Arten von sinnvollen Sätzen: Sätze, die man empirisch verifizieren bzw. empirisch überprüfen kann, und die tautologischen Sätze der Logik bzw. der Mathematik, die der empirischen Überprüfung gar nicht bedürfen. Die Bedeutung eines Satzes – das ist die Idee, die dahinter steckt – kennt man erst dann, wenn man weiß, wie der Satz mit Hilfe empirischer Methoden auf seine Wahrheit hin überprüft werden kann. Derartige Methoden gibt es bei moralischen Sätzen nicht. Moralische Sätze, auch wenn sie die gleiche grammatische Form wie die empirischen Sätze haben (vgl. »Dieses Buch ist gelb« mit »Dieses Buch ist gut«), sind keine sinnvollen Sätze. Sie sind weder wahr noch falsch. Sie gehen über nichts. Sie sagen nichts aus.

Natürlich haben auch die frühen Emotivisten nicht übersehen, daß moralische Äußerungen durchaus verstanden werden können. Ihre Verifikationstheorie der Bedeutung zeigt lediglich, daß sie nur an einem sehr eng begrenzten Bereich dessen, was man alles zur Bedeutung rechnen könnte, interessiert waren. Wenn die moralischen Sätze keine ›sinnvollen‹ Sätze sind, was sind sie dann? Die von Seiten des frühen Emotivismus darauf gegebenen Antworten machen ziemlich klar, daß im Eifer des Gefechts nicht viel Zeit für detaillierte Lösungen blieb. Die Erfüllung der den moralischen

Äußerungen zugewiesenen Aufgaben (s. o. S. 15) wird – so lautet die rasch gegebene Antwort – mit Hilfe verschiedener sprachlicher Mittel erreicht: Für Carnap sind moralische Äußerungen nichts anderes als versteckte *Befehle*. »Du solltest die Wahrheit sagen« besagt demnach im Klartext: »Sprich die Wahrheit!«. Interjektionen (z. B. »Bravo!« und »Pfui!«), so sagen andere, erfüllen den gleichen Zweck. Ayer ist schon etwas vorsichtiger, legt sich weniger fest und umschreibt eigentlich nur die von ihm vertretene Position (a), ohne sich auf die sprachlichen Mittel selbst einzulassen.

Die für den moralischen Diskurs wesentlichen Wörter sind für den frühen Emotivismus Instrumente, mit deren Hilfe bestimmte Ziele erreicht werden können. Für Stevenson, den wichtigsten Repräsentanten der zweiten emotivistischen Phase, gilt dies in Anlehnung an die von Ogden und Richards in *The Meaning of Meaning* vertretene psychologische Bedeutungstheorie nicht nur für die moralischen Wörter, sondern für Wörter generell (vgl. V, S. 124f). Die Bedeutung eines Wortes besteht nach Stevenson in der Tendenz, bestimmte geistige Zustände auszudrücken bzw. hervorzurufen. Je nachdem, ob die ausgedrückten bzw. hervorgerufenen geistigen Zustände kognitiver oder emotionaler Natur sind, kann zwischen der *deskriptiven* und der *emotiven Bedeutung* unterschieden werden. Moralische Äußerungen besitzen beide Arten von Bedeutung. Der Deskriptivismus hatte also insofern etwas Richtiges gesehen, als moralische Äußerung *auch* eine deskriptive Bedeutung haben. Sein Fehler war zu behaupten, daß sie *nur* diese haben. Den gleichen Fehler, nur eben von der andern Seite her, machte der frühe Emotivismus. Er sah zwar die emotive Funkton der moralischen Wörter, ignorierte jedoch ganz deren deskriptive Bedeutung.

Wie man sich das vorzustellen hat, daß in jedem Moralurteil beide Bedeutungskomponenten stecken, zeigt Stevenson anhand mehrerer tentativ gemeinter Analysemuster. Die Äußerung »X ist gut« besagt danach u. a. etwa soviel (wenn auch nicht dasselbe) wie: »Ich bin für X; sei auch du dafür!« Der erste Teil dieser Paraphrasierung charakterisiert die deskriptive, der zweite Teil die emotive Bedeutung der Äußerung. Moralurteile sind zwar keine Imperative, haben mit diesen jedoch, so Stevenson, folgendes gemeinsam: Sie dienen dazu (und darin besteht ihre Bedeutung), den Adressaten so zu *beeinflussen*, daß er eine bestimmte Handlung vollzieht. Die Imperative tun das direkt. Moralurteile tun es auch, nur eben etwas subtiler. Kognitive Einstellungen (Stevenson nennt sie auch »Überzeugungen«) lassen sich durch das Vorbringen von Gründen verändern. Dazu dient die rationale Argumentation. Sofern es bei moralischen Streitigkeiten also lediglich um den Teil geht, für den die deskriptive Komponente von Moralurteilen zuständig ist, kann dieser Streit auf rationale Weise beigelegt werden. Die Veränderung von emotionalen Einstellungen (von Stevenson oft einfach »Einstellungen« genannt) hat dagegen rein persuasiven Charakter. Sie wird, wenn man dazu überhaupt auf den Gebrauch der Sprache rekurriert, mit Hilfe sämtlicher rhetorischer Mittel bewerkstelligt. Emotionale Einstellungen sind nicht kognitiv. Daher gilt – und diese Schlußfolgerung zieht Stevenson explizit (VII, S. 135) –: Sofern es in moralischen Disputen tatsächlich um echt moralische Fragen (und nicht bloß um versteckte Tatsachenfragen) geht, kann dieser Streit nicht durch rationale Argumente entschieden werden. Man kann zwar auch in solchen Disputen (so tun, als würde man) Gründe vorbringen; diese ›Gründe‹ sind in solchen Fällen jedoch nur ein weiterer rhetorischer Trick.

Moralische Ausdrücke sind – so läßt sich der Emotivismus kurz und bündig resümieren (vgl. VII S. 123 und S. 137) – Instrumente im komplizierten Wechselspiel unserer divergenten Interessen und Einstellungen. Diese Instrumente dienen einem doppelten Zweck: Sie drücken unsere eigenen Gefühle bzw. Einstellungen aus, und sie können zur Beeinflussung der Gefühle bzw. Einstellungen anderer benutzt werden. Die Bedeutung einer moralischen Äußerung besteht also – und dies ist der Kern aller emotivistischen Theorien – genau darin, daß die Äußerung als Mittel zur Erreichung dieser Zwecke eingesetzt werden kann.

So groß nun das Verdienst des Emotivismus auch war, was seine gegen den Deskriptivismus gerichtete Attacke angeht, so übereilt erwiesen sich doch die bedeutungstheoretischen Schlußfolgerungen, die der Emotivismus aus den im Verlauf dieser Attake gewonnenen Erfahrungen gezogen hat. Der Emotivismus hat zwar richtig gesehen – und darin besteht sein wichtigster Beitrag zur metaethischen Revolution –, daß Moralurteile keine bloßen Beschreibungen sind, sondern daß man mit der Verwendung dieser »sozialen Instrumente« (VII S. 137) etwas Bestimmtes *tut*; aber was er uns über dieses Tun zu sagen hat, ist meist entweder äußerst irreführend oder schlicht falsch. Dies liegt daran, daß an dem bedeutungstheoretischen Kern des Emotivismus etwas faul ist: Der

Emotivismus rechnet zur Bedeutung, was gar nicht zur Bedeutung gehört.

Was ist das Entscheidungskriterium dafür, ob etwas zur Bedeutung gehört oder nicht? Alle Antworten auf diese Frage sind sicher nicht weniger allgemein als die Frage selbst. Die von Wittgenstein in den *Philosophischen Untersuchungen* nahegelegte Antwort weist aber zumindest die Richtung, in der weitere, detailliertere Fragen möglich sind: Von Bedeutung kann man nur dort reden, wo man von einem richtigen Verstehen reden kann. Um deutlich zu machen, daß es auf das *richtige* und nicht nur auf irgendein beliebiges Verstehen ankommt, drückt man das manchmal auch so aus: Man kann nur dann sagen, daß ein Ausdruck eine Bedeutung hat, wenn es für seine Verwendung *Regeln* gibt, die in der betreffenden Sprachgemeinschaft als allgemein gültig anerkannt sind. Kurz: »Sprechen ist eine regelgeleitete Form des Verhaltens.« (Searle)[4]

Die Grundfrage der Metaethik ist also: Welche Regeln gelten für den moralischen Diskurs? Oder, da Bedeutungsfragen mitunter auch als logische Fragen tituliert werden (vgl. Gellner, IX, und vor allem Hare, passim): Was ist die *Logik* des moralischen Diskurses?

Daß die Suche nach Regeln für die Verwendung von Sätzen alles andere als leicht ist, zeigt sich schon allein daran, daß es nicht nur eine Art der Verwendung von Sätzen, sondern, so Wittgenstein, unendlich viele gibt: befehlen, fragen, Witze erzählen, grüßen, beten, Rätsel raten, danken, ein Versprechen geben, drohen, überreden, einen Rat geben, bitten usw. usw. Eine Sprache sprechen heißt: Mit Hilfe von Wörtern die unterschiedlichsten Dinge tun.

Inwiefern hat das, was wir mit Wörtern tun können, etwas mit Regeln und daher mit der Bedeutung zu tun? Austins in *How to do things with words* entwickelte *Theorie der Sprechakte* ist ein Versuch, dieses (für die Beurteilung des Emotivismus wie für das Verständnis der auf ihn folgenden metaethischen Theorien gleichermaßen wichtige) Problem zu beantworten. Austin schränkt seine Untersuchungen auf die Frage ein, was wir mit ein und derselben Äußerung alles tun können.

Was tut man also, wenn man z. B. den Satz (S)
(S) Der Hund ist bissig
äußert? Man tut, so Austin, unter Umständen dreierlei: (1) Man äußert einen grammatisch korrekt gebildeten Satz der deutschen Sprache, den man auch dann verstehen kann, wenn man nicht

weiß, wann, von wem, in welchem Kontext und wozu er geäußert wird. (2) Des weiteren kann man mit (S) ganz verschiedene Dinge tun: Man kann z. B. seine Gäste vor dem Hund warnen, ihnen erklären, warum man ihn an die Kette gelegt hat, man kann ihn einem Interessenten zum Kauf empfehlen usw. (3) Man kann mit Hilfe von (S) aber auch bestimmte Wirkungen erzielen. Man kann z. B. seine Gäste davon abhalten, zu nahe an den Hundezwinger heranzugehen; man kann den Kunden damit zum Kauf überreden usw. Diese drei Aspekte ein und derselben Äußerungshandlung nennt Austin den *lokutionären*, den *illokutionären* und den *perlokutionären* Akt.

Für die Kritik am Emotivismus ist der Unterschied zwischen illokutionären und perlokutionären Akten wesentlich. Ob der perlokutionäre Akt vollzogen wird, hängt davon ab, ob auf die gemachte Äußerung hin noch etwas weiteres passiert. Mit Hilfe des obigen Beispiels formuliert: Wir haben den Interessenten erst dann zum Kauf überredet, wenn er tatsächlich kauft. Ob der illokutionäre Akt vollzogen wird, hängt dagegen lediglich von den Umständen ab, unter denen die Äußerung gemacht wird. In unserem Beispiel: Wir haben eine Empfehlung geäußert, ganz gleich ob der Interessent auf unsere Empfehlung eingeht oder nicht. Der illokutionäre Aspekt eines Sprechaktes ist von Regeln bestimmt, der perlokutionäre Aspekt ist es nicht. Daraus folgt: Der perlokutionäre Aspekt einer Äußerung gehört nicht zu ihrer Bedeutung.

Der Kardinalfehler des Emotivismus: Der moralische Diskurs wurde mit Hilfe von Verben charakterisiert, die lediglich die perlokutionäre, aber nicht die illokutionäre Rolle von Äußerungen wiedergeben. Vgl. die emotivistischen Favoriten »beeinflussen«, »überreden«, »veranlassen« bzw. (als den allgemeinsten Ausdruck aus dieser Klasse) »jemanden dazu bringen, etwas zu tun« mit den von den nach-emotivistischen Theorien bevorzugten Verben »raten«, »empfehlen«, »befehlen«, »einstufen« bzw. (als Gegenstück zu dem allgemeinsten Ausdruck der obigen Klasse) »jemandem sagen, daß er soll«.

Als eine metaethische Theorie stellte auch der Emotivismus die Frage nach der Logik des moralischen Diskurses. Seine Antworten betreffen jedoch nicht die *Logik*, sondern bestenfalls bestimmte Aspekte der *Rhetorik* des moralischen Diskurses. Sie geben mitunter treffend wieder, was z. B. bei vielen Bundestagsdebatten passiert, aber sie sagen uns nichts über die Regeln, an die wir uns halten müssen, wenn wir über moralische Fragen *rational* diskutieren wollen.

Können echt moralische Fragen, d. h. moralische Fragen, die nicht bloß versteckte Tatsachenfragen sind, überhaupt rational diskutiert werden? Bei diesem sicher äußerst wichtigen Problem kam und kommt es immer wieder zu den schwerwiegendsten Konfusionen. Bevorzugt treten diese dann auf, wenn die obige Frage im Zusammenhang mit der Frage diskutiert wird, ob Moralurteile objektiv oder lediglich subjektiv sind. Da man diese Konfusionen fast bei sämtlichen Disputen über Wertfragen wiederfinden kann, dazu einige klärende Bemerkungen:

Hinter der *subjektiv-objektiv*-Distinktion verbirgt sich ein ganzes Sammelsurium der verschiedenartigsten Unterscheidungen. Im Kontext metaethischer Untersuchungen kommt es vor allem darauf an, die folgenden drei Verwendungsweisen von »objektiv« bzw. »subjektiv« auseinanderzuhalten: Daß Moralurteile objektiv sind, besagt nach der ersten Verwendungsweise (i. f. »objektiv$_1$«) nichts weiter, als daß sie bestimmte Feststellungen über die beurteilten Dinge (Objekte) sind; daß sie subjektiv (i f. »subjektiv$_1$«) sind, besagt danach nicht mehr, als daß sie Feststellungen über den das Moralurteil fällenden Sprecher (das Subjekt) sind bzw. (das ist eine weitere Variante), daß sie das Vorliegen von Eigenschaften behaupten, die man einem Ding nur deshalb zuschreiben kann, weil der Sprecher diesem Ding gegenüber in einer bestimmten Weise disponiert ist (vgl. Hare, XII S. 275). Subjektivismus$_1$ (so wurde diese Bezeichnung auch schon oben S. 13f. verwendet) wie Objektivismus$_1$ gehen von der gleichen Prämisse aus: Moralurteile sind Feststellungen. Verwirrungen sind nun fast unvermeidlich, wenn sich diese Verwendungsweise der subjektiv-objektiv-Distinktion mit der erst durch den Emotivismus virulent gewordenen zweiten Verwendungsweise überlagert. Bei der letzteren geht es nämlich genau darum, ob die von der ersten Verwendungsweise vorausgesetzte Prämisse akzeptiert wird oder nicht. »Moralurteile sind objektiv$_2$« heißt dann soviel wie: »Moralurteile sind Feststellungen«; »Moralurteile sind subjektiv$_2$« heißt dann soviel wie: »Moralurteile sind keine Feststellungen«. Wer also behauptet, daß Moralurteile objektiv$_2$ sind, hat sowohl die Objektivisten$_1$ als auch die Subjektivisten$_1$ auf seiner Seite, während der Subjektivist$_2$ alleine dasteht. Von diesen beiden Verwendungsweisen ist schließlich noch eine dritte zu unterscheiden: Wer auf der Objektivität$_3$ von Moralurteilen besteht, behauptet mitunter nicht mehr, als daß sich Moralurteile begründen lassen, während genau dies von der Gegenseite, dem Subjektivismus$_3$, bestritten wird.

Wer sich auf die Diskussion von (moralischen) Werturteilen einläßt, muß also sehr auf der Hut sein, wenn er nicht ständig Äquivokationen aufsitzen will. Wenn man um diese Gefahr aber weiß, geht man ihr am besten dadurch aus dem Weg, daß man den drei unter einem einzigen Namen laufenden Unterscheidungen auch drei verschiedene Bezeichnungen gibt. Der Vorschlag Hares: *subjektiv* und *objektiv* (entsprechend *Subjektivismus* und *Objektivismus*) werden für »subjektiv$_1$« und »objektiv$_1$« reserviert. Naturalisten und Intuitionisten sind also Objektivisten. Der Objektivist$_2$ (also jeder Subjektivist, Naturalist oder Intuitionist) werde *Deskriptivist*, der *Subjektivist$_2$* (z. B. also jeder Emotivist) *Nicht-Deskriptivist* genannt. Wenn die vom Objektivisten$_3$ vertretene These so verstärkt wird, daß sie besagt, daß auch für die spezifische Wertkomponente von Werturteilen Begründungen vorgebracht werden können, dann soll der Objektivist$_3$ *Rationalist,* sein subjektivistischer$_3$ Gegner *Irrationalist* genannt werden.

Der moralische Diskurs ist nur dann rational, wenn Moralurteile objektiv$_?$ sind. Diese These kann von den verschiedensten Richtungen der Metaethik unterschrieben werden. Gemeint ist freilich – der skizzierten Mehrdeutigkeit entsprechend – jeweils etwas anderes. In einer Hinsicht waren sich jedoch Naturalismus, Intuitionismus, Subjektivismus und Emotivismus trotz aller sonstigen Unterschiede einig: Der moralische Diskurs ist ihrer Meinung nach nur dann (bzw., so Stevenson, nur insofern) *rational,* wenn (bzw. als) Moralurteile *deskriptiv* (= objektiv$_2$) sind. Von dieser Voraussetzung machten sich erst die auf den Emotivismus folgenden Theorien frei.

Daß der moralische Diskurs rational ist, heißt diesen nach-emotivistischen Theorien zufolge nun nichts anderes, als daß sich auch die echt (s. o. S. 20) moralische Argumentation an bestimmte Regeln halten muß. Welcher Art diese Regeln sind, darüber gehen die Meinungen bereits wieder auseinander. Für Toulmin und Baier (vgl. XIII) sind es inhaltlich-moralische Regeln, die aus der von ihnen postulierten sozialen Funktion der Moral resultieren, für Hare sind es Regeln, die einzig und allein auf der Bedeutung der moralischen Wörter beruhen.

Für den von Hare vertretenen *universellen Präskriptivismus* gibt es im Grunde nur zwei derartige Regeln. Sie entsprechen genau den zwei logischen Eigenschaften, die dieser Theorie zufolge für Moralurteile charakteristisch sind. Erstens: Moralurteile sind *präskriptiv*. Zweitens: Moralurteile sind *universalisierbar*.

Die These der Präskriptivität beantwortet die Frage, zu welchem Typ von illokutionären Akten die Äußerung von typischen Moralurteilen gehört. Die durch die Äußerung solcher Urteile vollzogenen illokutionären Akte (Beispiele: jemandem einen Rat geben, etwas empfehlen, erlauben etc.) haben nach Hare eines gemeinsam: Sie implizieren eine Antwort auf die Frage, was man tun soll. Da eine solche Antwort normalerweise in Form eines Imperativs gegeben wird, kann man auch sagen: Daß Moralurteile präskriptiv sind, heißt, daß aus ihnen mindestens ein Imperativ folgt. Wer dem Moralurteil »Du solltest x tun« zustimmt, muß auch dem Imperativ »Tu x!« zustimmen.

Die These der Universalisierbarkeit beantwortet die Frage, wann wir zur Äußerung eines Moralurteils berechtigt sind. Hare: Nur dann, wenn wir bereit sind, für unser gefälltes Moralurteil Gründe anzuführen. Wegen der Bedeutung von »Grund« gilt: Was im Fall x als Grund zählt, zählt auch als Grund in jedem andern Fall, der x in relevanter Hinsicht (d. h. bezüglich der Eigenschaften, die als Grund angeführt wurden) hinreichend ähnlich ist. *Wenn* man also x »gut« nennt, *dann* muß man auch all das »gut« nennen, was dem x in relevanter Hinsicht ähnlich ist. Begründen heißt universalisieren. (Zur Definition von »universell« mit Hilfe des Begriffs der Ähnlichkeit vgl. Hare, X.)

Die Universalisierbarkeitsthese besagt lediglich, daß wir bei singulären Moralurteilen die Frage nach Gründen nicht zurückweisen können und daß wir uns damit auf ein gleiches Urteil in hinreichend ähnlichen Fällen festlegen. Sie behauptet jedoch nicht, daß ein Moralurteil erst dann als begründet gilt, wenn die von uns vorgebrachten Gründe allgemein akzeptierte Gründe sind. *Was* (d. h. *welche* Eigenschaften) wir als Gründe anführen, ist unsere Sache, d. h. noch nicht durch die Logik der moralischen Wörter festgelegt. (Genau dies wird – zumindest für bestimmte Fälle – von den ›Neo-Naturalisten‹ Anscombe, Foot, XII, und Warnock, XVI, bestritten.) Das Problem, welche Beziehung zwischen unseren Werturteilen und den von uns für diese Urteile vorgebrachten Gründen besteht, wird von Urmson, VIII, anhand der Tätigkeit des Einstufens eingehend diskutiert. (Vgl. auch Hare, XIII.)

Von den mit Hilfe der Präskriptivität und der Universalisierbarkeit formulierten logischen Schlußregeln ist das moralische Begründungsverfahren selbst streng zu unterscheiden. Hare charakterisiert diesen Unterschied in deutlicher Anlehnung an Poppers *Logik der Forschung*. Das moralische Begründen ist wie das Verfahren der Wissenschaft eine Art Forschungsprozeß (d. h. es werden Hypothesen bzw. moralische Prinzipien gesucht, die bestimmten Tests standhalten), wobei in beiden Bereichen ausschließlich deduktive Schlußfolgerungen vorkommen. »Was wir bei moralischen Begründungen tun, ist: Nach Moralurteilen und moralischen Grundsätzen Ausschau halten, die wir auch dann noch akzeptieren können, wenn wir uns angesehen haben, welche logischen Konsequenzen sie haben«[4a] Außer der Logik (in Form der Universalisierbarkeit und der Präskriptivität) spielen in diesem Begründungsprozeß folgende Faktoren eine wesentliche Rolle: Tatsachen, Neigungen, Interessen, Ideale und eine gute Portion entwickeltes Vorstellungsvermögen (vgl. hierzu auch Baier, XIV, und Strawson, XV).

Hares Theorie repräsentiert, insofern sie der bedeutungstheoretischen Priorität der illokutionären Rolle gerecht zu werden versucht, die bisher differenzierteste Form der Kooperation von Metaethik und Sprachphilosophie. Die von Hare (ähnliches gilt auch für Toulmin und Baier) vorgenommenen Untersuchungen zur Argumentationsstruktur moralischer Begründungen machen eine erweiterte Konzeption der Metaethik deutlich: Zur Metaethik gehören (a) die *Theorie der Bedeutung* der moralischen Wörter und der moralischen Urteile und (b) die *Theorie der Begründung* von Moralurteilen. Die erste Theorie formuliert die für die Verwendung von moralischen Äußerungen gültigen Regeln, die zweite Theorie untersucht, welche Rolle diesen Regeln beim moralischen Argumentieren zukommt.

Das durch diese Charakterisierung der Metaethik definierte Forschungsprogramm ist trotz zahlreicher alternativer Ansätze von einer befriedigenden Realisierung noch weit entfernt. Dennoch lassen sich aus der bisherigen Entwicklung dieser philosophischen Disziplin bereits einige Kriterien gewinnen, denen eine jede adäquate metaethische Theorie genügen muß: Die Metaethik muß (1) normativ neutral sein; (2) berücksichtigen, daß Moralurteile etwas mit unserem Handeln zu tun haben; und (3) den zwischen Moralurteilen bestehenden (logischen?) Beziehungen gerecht werden.

Bedingung (3) stützt sich auf Feststellungen der Art, daß man z. B. aus dem Moralurteil »Du sollst nicht lügen« und der Aussage »Wer p behauptet, lügt« (logisch?) auf das Moralurteil »Du sollst p nicht behaupten« schließen kann. Daß wir über Kriterien für die Gültigkeit derartiger Argumentationen verfügen, ist eine Voraussetzung einer jeden adäquaten Theorie des moralischen Begründens. Da man ferner zumindest all das zur Bedeutung einer Äußerung rechnen muß, was aus ihr logisch folgt, wäre eine Klärung der zwischen Moralurteilen geltenden Folgebeziehungen auch für die bedeutungstheoretische Komponente der Metaethik äußerst relevant. Die Untersuchungen Hares (dem zufolge Moralurteile Imperative implizieren) und anderer zur *Logik der Imperative* liefern hierzu einen vielversprechenden, wenngleich auch noch sehr umstrittenen Ansatz. Eine weitere Klärung ist durch entsprechende Untersuchungen aus dem Bereich der *deontischen Logik* zu erhoffen. Gegen Bedingung (3) verstoßen: Subjektivismus und Emotivismus.

Hinter Bedingung (2) steckt die ziemlich vage Vorstellung, daß die Zustimmung zu einem Moralurteil auch bestimmte Konsequenzen im Verhalten verlangt. Gegen (2) verstößt der Naturalismus: Wenn die Zustimmung zu einem Moralurteil lediglich die Zustimmung zu einer Beschreibung ›natürlicher‹ Eigenschaften ausmachen würde, hätte das, so könnte man Moores Argument der »offenen Frage«[5] paraphrasieren, für unser Verhalten nicht die Konsequenzen, die man normalerweise von uns erwartet, wenn wir einem Moralurteil zustimmen. Der Präskriptivismus Hares ist, indem er die Ähnlichkeit zwischen Moralurteilen und Imperativen unterstreicht, genau auf die Erfüllung von (2) gemünzt. Wenn man das Akzeptieren eines Moralurteils als Grund für ein bestimmtes Handeln ansieht, läßt sich eine Klärung der mit der Bedingung (2) verknüpften Probleme eventuell in Anlehnung an die Diskussion über das Problem des sogenannten *praktischen Schlusses* erreichen. An den im Rahmen der *rationalen Entscheidungstheorie* stattfindenden Untersuchungen zur logischen Struktur praktischer Überlegungen kann man in diesem Zusammenhang wohl kaum vorübergehen.

Die enge Verbindung zwischen Moral und Handeln verleitet Anscombe, XI, zu ihrer provokanten These, daß es sich zum gegenwärtigen Zeitpunkt (gemeint war: 1958) gar nicht lohne, Metaethik zu betreiben, da es dazu erst einer philosophischen *Hand-*

lungstheorie (von Anscombe »Philosophie der Psychologie« genannt) bedürfe. Austin: »Ehe wir uns ansehen, welche Handlungen gut oder schlecht, richtig oder falsch sind, ist es ratsam, sich zuerst anzusehen, was mit dem Ausdruck ›eine Handlung vollziehen‹ bzw. ›etwas tun‹ gemeint ist und was alles unter ihn fällt.«[6] Zum Glück wurde dieser Rat von Anscombe, Austin und anderen bereits befolgt.

Bedingung (1) ist, wie vor allem Blackstone[7] gezeigt hat, notorisch mehrdeutig. Die Frage »Sind metaethische Theorien normativ neutral?« läßt nach ihm mindestens die folgenden sechs Deutungsmöglichkeiten zu:

(1.1) Haben metaethische Theorien einen (kausalen) Einfluß auf unsere moralischen Überzeugungen?

(1.2) Sind die von uns akzeptierten metaethischen Theorien logische Folgerungen aus den von uns akzeptierten normativen Moralurteilen?

(1.3) Lassen sich aus metaethischen Theorien normative Moralurteile logisch ableiten?

(1.4) Haben bestimmte metaethische Bedeutungstheorien bestimmte metaethische Begründungstheorien zur Folge?

(1.5) Sind metaethische Theorien rein deskriptiv oder stellen sie Vorschriften für die Verwendung bzw. Interpretation des moralischen Diskurses dar?[8]

(1.6) Haben metaethische Analysen eine moralisch-normative Funktion?

Bevor man sich auf eine Diskussion der normativen Neutralität der Metaethik einläßt, muß also zunächst geklärt werden, um welche dieser alternativen Thesen der Streit überhaupt geht. Auch dann ist die Situation noch ziemlich prekär: Die aufgeführten (aber gewiß noch nicht vollständigen) Deutungsmöglichkeiten sind in einer Terminologie formuliert, deren genaue Bedeutung uns von der Metaethik erst klar gemacht werden soll. Wann ist ein Satz normativ, wann deskriptiv? Was heißt es, daß ein normativer Satz aus einer Menge anderer (deskriptiver und/oder normativer) Sätze folgt? Auf diese Fragen geben verschiedene metaethische Theorien unterschiedliche Antworten. Wer die Neutralitätsthese diskutieren will, muß also bezüglich seiner eigenen metaethischen Position Farbe bekennen.

Des weiteren muß, ehe eine sinnvolle Diskussion beginnen kann, klar sein, über *welche* metaethische Theorien man spricht. Was für den Naturalismus gilt, braucht deshalb noch lange nicht für den universellen Präskriptivismus zu gelten. Ferner: Soll die Diskussion darüber gehen, ob eine bestimmte Theorie *faktisch* die und die Konsequenzen hat, oder darüber, ob sich diese Konsequenzen aus *logischen* bzw. epistemologischen Gründen ergeben, oder darüber, ob sie, um etwas zu taugen, die und die Konsequenzen haben *sollte*?

Bedingung (1) soll ausschließlich im Sinne von (1.3) verstanden werden: Eine metaethische Theorie ist nur dann brauchbar, wenn sie uns nicht *per se* auf die Zustimmung zu bestimmten normativen Moralurteilen festlegt. Metaethische Theorien sollten (!) – vgl. (1.6) – uns dabei helfen, auch moralische Fragen so rational wie möglich zu diskutieren. Eine Bedingung dafür ist, daß auch bei unterschiedlichen Standpunkten ein Argumentieren möglich ist. Metaethische Theorien, die nicht – im Sinne von (1.3) – normativ neutral sind, schränken diese Möglichkeit ein. Wer die von ihnen implizierten Moralurteile nicht akzeptiert, braucht auch die Theorie selbst nicht zu akzeptieren. Wenn eine metaethische Theorie korrekt sein will, muß sich jedoch jeder, der am moralischen Diskurs teilnehmen will, an die von ihr explizierten Regeln halten. Die Metaethik muß moralisch neutral sein, wenn sie uns beim moralischen Argumentieren eine Hilfe sein soll. So verstanden besteht der beste Test für die Brauchbarkeit einer metaethischen Theorie in ihrer Relevanz für die moralische Praxis.

---

[1] Wir halten uns in dieser Arbeit weitgehend an die von Hare vorgeschlagene Terminologie. Seinen kritischen Bemerkungen in zahlreichen Diskussionen sowie der von ihm 1971 an der Universität Oxford als Einführung in die Moralphilosophie gehaltenen Vorlesung verdanken wir am meisten.

[2] Natürlich ließe sich in einem bestimmten Sinne auch von den Gesellschaftswissenschaften sagen, daß sie es mit der Bedeutung des moralischen Diskurses zu tun haben; dann nämlich, wenn etwa die Frage gestellt wird, welche Bedeutung der moralische Diskurs für das Funktionieren der bestehenden gesellschaftlichen Ordnung hat. »Bedeutung« heißt dann soviel wie »Relevanz«. Nicht, daß die Metaethik zu diesem Thema nichts zu sagen hätte (vgl. Strawson, XV), aber wenn überhaupt, dann leistet sie sich derartige Aussagen doch erst am Ende ihrer mitunter

recht langwierigen Untersuchungen. Wie langwierig diese sein können, kann man am besten am geradezu penetrant detaillierten Moore-Aufsatz (III) sehen.

[3] s. (41).

[4] s. (11), dtsch. Ausg. S. 31.

[4a] s. (17), dtsch. Ausg. S. 107.

[5] Das Argument der offenen Frage besagt: Auch wenn »gut« durch die Merkmale Ø ›definiert‹ werden würde, so ist die Frage, ob, was die Eigenschaften Ø besitzt, auch wirklich gut ist, immer noch offen – wodurch bewiesen ist, daß »gut« und »Ø« nicht gleichbedeutend sind.

[6] s. (96), zit. nach dtsch. Übers. in (5), S. 35.

[7] s. (77).

[8] Vgl. hierzu die parallele Diskussion darüber, ob Logik bzw. Wissenschaftstheorie deskriptiv oder normativ sind: W. Stegmüller, *Probleme und Resultate der Wissenschaftstheorie und Analytischen Philosophie*, Band IV, (Studienausgabe Teil A), Berlin-Heidelberg-New York, 1973.

Literaturhinweise

Sprachphilosophie

(1) W. P. Alston, *Philosophy of Language*, Englewood Cliffs, N. J., 1964.

(2) J. L. Austin, *How to do things with words*, Hrsg. von J. O. Urmson, Cambridge Mass., 1962; Deutsche Bearbeitung von E. v. Savigny: Austin, *Zur Theorie der Sprechakte*, Stuttgart, 1972.

(3) R. Bubner (Hrsg.), *Sprache und Analysis*, Texte zur englischen Philosophie der Gegenwart, Göttingen, 1968.

(4) A. Flew (Hrsg.), *Logic and Language*, Bd. I und II, Oxford, 1951/1953.

(5) G. Grewendorf und G. Meggle (Hrsg.), *Linguistik und Philosophie*, Frankfurt, 1974.

(6) F. v. Kutschera, *Sprachphilosophie*, München, 1973.

(7) L. Linsky (Hrsg.), *Semantics and the Philosophy of Language*, Urbana, Ill., 1952.

(8) B. Russell, *An Inquiry into Meaning and Truth*, London, 1940.

(9) E. v. Savigny, *Die Philosophie der normalen Sprache*, Frankfurt, 1969.

(10) E. v. Savigny (Hrsg.), *Philosophie und normale Sprache*, Freiburg/München, 1969.

(11) J. R. Searle, *Speech Acts*, Cambridge, 1969; Deutsch: *Sprechakte*, Frankfurt, 1971.

(12) L. Wittgenstein, *Schriften*, Frankfurt, 1960 ff.

Standardwerke der Metaethik

(13) A. J. Ayer, *Language, Truth, and Logic,* 1936, Kp. VI; Deutsch: *Sprache, Wahrheit und Logik,* Stuttgart, 1970.

(14) K. Baier, *The Moral Point of View,* 1958; Deutsch: *Der Standpunkt der Moral,* Düsseldorf, 1974.

(15) P. Edwards, *The Language of Moral Discourse,* Glencoe, Ill., 1955.

(16) R. M. Hare, *The Language of Morals,* Oxford, 1952; Deutsch: *Die Sprache der Moral,* Frankfurt, 1972.

(17) R. M. Hare, *Freedom and Reason,* Oxford, 1963; Deutsch: *Freiheit und Vernunft,* Düsseldorf, 1973.

(18) G. E. Moore, *Principia Ethica,* Cambridge, 1903; Deutsch: *Principia Ethica,* Stuttgart, 1970.

(19) G. E. Moore, *Ethics,* London, 1912.

(20) P. H. Nowell-Smith, *Ethics,* (Penguin Books) 1954.

(21) H. A. Prichard, *Moral Obligation,* Oxford, 1949.

(22) W. D. Ross, *The Right and the Good,* Oxford, 1930.

(23) W. D. Ross, *Foundations of Ethics,* Oxford, 1939.

(24) S. E. Toulmin, *An Examination of the Place of Reason in Ethics,* Cambridge, 1950.

(25) C. L. Stevenson, *Ethics and Language,* Yale University Press, 1944.

(26) C. L. Stevenson, *Facts and Values, Studies in Ethical Analysis,* Yale University Press, 1963.

Weitere wichtige Arbeiten zur Metaethik

Sammelbände

(27) P. Foot (Hrsg.), *Theories of Ethics,* Oxford, 1967.

(28) W. D. Hudson (Hrsg.), *The Is/Ought Question,* London, 1969.

(29) K. Pahel und M. Schiller (Hrsg.), *Readings in Contemporary Ethical Theory,* New Jersey, 1970.

(30) W. Sellars und J. Hospers (Hrsg.), *Readings in Ethical Theory,* New York, 1952.

Bücher und Monographien

(31) H. D. Aiken, *Reason and Conduct: New Bearings in Moral Philosophy,* New York, 1962.

(32) R. W. Beardsmore, *Moral Reasoning,* London, 1969.

(33) R. Brandt, *Ethical Theory,* Englewood Cliffs, 1959.

(34) H. N. Casteneda und G. Nakhnikian, *Morality and the Language of Conduct,* Detroit, 1965.

(35) A. Edel, *Method in Ethical Theory,* London, 1967.

(36) G. Grewendorf, *Untersuchungen zur Unterscheidung der deskriptiven und wertenden Komponente in der Bedeutung von Wertäußerungen,* Unveröffentl. M.A.-Arbeit München, 1971.

(37) W. K. Frankena, *Ethics,* Englewood Cliffs, N. J., 1963, Kp. 6; Deutsch: *Analytische Ethik,* Hrsg. u. Übers. von N. Hoerster, München, 1973.

(38) R. M. Hare, *Essays on the Moral Concepts,* London, 1972.

(39) R. M. Hare, *Applications of Moral Philosophy,* London, 1972.

(40) W. D. Hudson, *Modern Moral Philosophy,* London, 1970.

(41) G. C. Kerner, *The Revolution in Ethical Theory,* Oxford, 1966.

(42) J. Ladd, *The Structure of a Moral Code,* Cambridge, Mass., 1957.

(43) A. N. Prior, *Logic and the Basis of Ethics,* Oxford, 1949.

(44) N. Rescher (Hrsg.), *Studies in Moral Philosophy, American Philosophical Quarterly Monographs,* Oxford, 1968.

(45) E. v. Savigny, (9), Kp. 4, *Gut und Böse, Um die Grundlagen der Ethik.*

(46) J. R. Searle, (11), II.8., *Die Ableitung des Sollens aus dem Sein.*

(47) W. Stegmüller, *Hauptströmungen der Gegenwartsphilosophie,* Stuttgart, 1965, Kp. X.4. Ethik.

(48) P. W. Taylor, *Normative Discourse,* Englewood Cliffs, 1961.

(49) J. O. Urmson, *The Emotive Theory of Ethics,* London, 1968.

(50) G. H. v. Wright, *The Varieties of Goodness,* London, 1963.

(51) M. Warnock, *Ethics since 1900,* Oxford, 1960.

(52) G. Warnock, *Contemporary Moral Philosophy,* London, 1967. Daraus stammt das hier abgedruckte Kapitel *Naturalismus.*

(53) G. Warnock, *The Object of Morality,* London, 1971.

Aufsätze

(54) M. Black, *The Gap Between ›Is‹ and ›Should‹,* in: *The Philosophical Review,* 73, 1964; auch in (28).

(55) N. Cooper, *Two Concepts of Morality,* in: *Philosophy,* 41, 1966, S. 19 ff.

(56) E. H. Duncan, *Has Anyone Committed the Naturalistic Fallacy?,* in: *Southern Journal of Philosophy,* 8, 1970, S. 49 ff.

(57) P. Foot, *Goodness and Choice,* in: *Proceedings of the Aristotelian Society,* Supplementary Volume, 35, 1961, S. 45 ff.; auch in (28).

(58) P. Foot, *Moral Beliefs,* in: *Proceedings of the Aristotelian Society,* 59, 1958-1959, S. 83 ff.; auch in (27) und (28).

(59) W. K. Frankena, *Recent Conceptions of Morality,* in: (34).

(60) P. L. Gardiner, *On Assenting to a Moral Principle,* in: *Proceedings of the Aristotelian Society,* 55, 1954-1955, S. 23-44.

(61) P. T. Geach, *Good and Evil,* in: *Analysis,* 17, 1956, S. 33 ff.; auch in (27).

(62) P. Glassen, *The Cognitivity of Moral Judgments,* in: *Mind,* 68, 1959, S. 57 ff. Deutsch in (10).

(63) H. L. A. Hart, *The Ascription of Responsibility and Rights,* in: *Proceedings of the Aristotelian Society,* 49, 1948-1949.

29

(64) N. Hoerster, *Moral und Emotionen*, in: *Philosophische Rundschau*, 17, 1970, S. 112-128.

(65) N. Hoerster, *Zum Problem der Ableitung eines Sollens aus einem Sein in der analytischen Moralphilosophie*, in: *Archiv für Rechts- und Sozialphilosophie*, 55, 1969, S. 11-39.

(66) J. C. Mackenzie, *Prescriptivism and Rational Behaviour*, in: *Philosophical Quartely*, 18, 1968, S. 310 ff.

(67) R. Montague, ›Is‹ to ›Ought‹, in: *Analysis*, 26, 1965-1966, S. 104 ff.

(68) P. H. Nowell-Smith, *Contextual Implication and Ehtical Theory*, in: *Proceedings of the Aristotelian Society*, 36, 1962, S. 1-18.

(69) A. Pieper, *Analytische Ethik. Ein Überblick über die seit 1900 in England und Amerika erschienene Ethik-Literatur*, in: *Philosophisches Jahrbuch*, 78, 1971, S. 144-176.

(70) A. N. Prior, *The Autonomy of Ethics*, in: *Australasian Journal of Philosophy*, 38, 1960, S. 199 ff.

(71) E. v. Savigny, *Die Überprüfbarkeit der Strafrechtssätze*, Freiburg/München, 1967, insbes. Teil II.

(72) J. R. Searle, *How to Derive ›Ought‹ from ›Is‹*, in: Philosophical Review, 73, 1964, S. 43 ff.; auch in (27) und (28).

(73) P. W. Taylor, *Prescribing and Evaluating*, in: *Mind*, 71, 1962, S. 212 ff.

(74) Z. Vendler, *The Grammar of Goodness*, in: *Philosophical Review*, 72, 1963, S. 446 ff.

(75) M. Zimmermann, *The ›Is-Ought‹: An Unnecessary Dualism*, in: *Mind*, 71, 1962, S. 54 ff.; auch in (28).

Zur Neutralitätsthese

(76) H. Albert, *Ethik und Meta-Ethik*, In: *Archiv für Philosophie*, 11, 1961, S. 28-63; auch in: H. Albert, *Konstruktion und Kritik*, Hamburg, 1972, S. 127-167; sowie in: H. Albert und E. Topitsch (Hrsg.), *Werturteilsstreit*, Darmstadt, 1971.

(77) W. T. Blackstone, *Are Metaethical Theories Normatively Neutral?*, in: *Australasian Journal of Philosophy*, 1961-1962, S. 65-74; auch in (29).

(78) M. Cornforth, *Marxism and the Linguistic Philosophy*, London, 1971, insbes. II.5-II.7.

(79) A. Gewirth, *Meta-Ethics and Normative Ethics*, in: *Mind*, 1960, S. 187.

(80) H. Lenk, *Der ›Ordinary Language Approach‹ und die Neutralitätsthese der Metaethik*, in: H. G. Gadamer (Hrsg.), *Das Problem der Sprache*, München, 1967, S. 183-206.

(81) P. W. Taylor, *The Normative Function of Metaethics*, in: *Philosophical Review*, 1956, S. 16-32.

(82) J. T. Wilkox, *Blackstone on Metaethical Neutrality*, in: *Australasian Journal of Philosophy*, 1963, S. 89-91.

Zur Logik der Imperative

(83) Y. Bar-Hillel, *Imperative Inference*, in: *Analysis*, 26, 1965-1966, S. 79-82.

(84) J. Espersen, *The Logic of Imperatives*, in: *Danish Yearbook of Philosophy*, 4, 1967, S. 57-112.

(85) A. Gombay, *What is Imperative Inference?*, in: *Analysis*, 27, 1967, S. 145-152.

(86) R. M. Hare, *Imperative Sentences*, in: *Mind*, 58, 1949; auch in: (92).

(87) N. Rescher, *The Logic of Commands*, London, 1966.

Zur deontischen Logik

(88) U. Blau, *Zur Situation der deontischen Logik,* in: *Papiere zur Linguistik*, 6, München, 1974.

(89) R. Hilpinen, *Deontic Logic: Introductory and Systematic Readings*, Dordrecht, 1971.

Zum Problem des praktischen Schlusses

(90) A. Broadie, *The Practical Syllogism*, in: *Analysis*, 29, 1968-1969, S. 26-28.

(91) A. J. Kenny, *Practical Inference*, in: *Analysis*, 26, 1966, S. 65-75.

(92) R. M. Hare, *Practical Inferences*, London, 1971.

(93) G. H. v. Wright, *Erklären und Verstehen*, Frankfurt, 1974, Kp. III.

Zur rationalen Entscheidungstheorie

(94) W. Stegmüller, *Probleme und Resultate der Wissenschaftstheorie und Analytischen Philosophie*, Band IV, (Studienausgabe Teil B), *Entscheidungslogik (rationale Entscheidungstheorie)*, Berlin-Heidelberg-New York, 1973.

Zur analytischen Handlungstheorie

(95) G. E. M. Anscombe, *Intention*, Oxford, 1957.

(96) J. L. Austin, *A Plea for Excuses*, in: J. L. Austin, *Philosophical Papers*, hrsg. von J. O. Urmson und G. J. Warnock, Oxford, 1961; Deutsch: *Ein Plädoyer für Entschuldigungen*, in (5).

(97) A. Goldman, *A Theory of Human Action*, Englewood Cliffs, New Jersey, 1970.

(98) A. Kenny, *Action, Emotion and Will*, London, 1963.

(99) A. I. Melden, *Free Action*, London, 1961.

(100) A. R. White (Hrsg.), *The Philosophy of Action*, Oxford, 1968.

II
G. C. Field
Die Rolle von Definitionen in der Ethik

Mag sein, daß dieses Thema nicht zu den Hauptproblemen gehört, mit denen sich der Moralphilosoph zu befassen hat. Aber es ist doch von einigem Interesse und so schwierig, daß es zu bestimmten, deutlichen Auffassungsunterschieden geführt hat. Jeder kennt das klassische Argument von Moore, daß der wichtigste Begriff in der Ethik, der des Guten, undefinierbar ist und sein muß. Ein in mancher Hinsicht ähnliches Argument ist neulich von Ross vorgebracht und auf den Begriff des Richtigen ausgedehnt worden.

Ich schlage vor, die in der Überschrift angedeutete generelle Frage zu stellen. Beim Versuch, sie zu beantworten, will ich nicht mit einer Definition von »Definition« beginnen, um dann zu sehen, ob im ethischen Denken überhaupt Raum ist für den so definierten Prozeß. Ich möchte lieber am anderen Ende anfangen und fragen, welche Prozesse sich im ethischen Denken abspielen, die man möglicherweise als Definitionen bezeichnen könnte oder die anderen Prozessen gleichen, die man übereinstimmend Definitionen nennt. Wenn wir uns Klarheit darüber verschafft haben, welche Prozesse sich eigentlich im ethischen Denken abspielen können, wird es weitgehend zu einer Frage der Entscheidung, ob wir welche davon Definitionen nennen oder nicht. Bei dieser Untersuchung wird es hilfreich sein, wenn wir uns für einen Augenblick den Gebrauch von Definitionen in anderen Wissenschaftsbereichen ansehen.

1) Die vielleicht plausibelsten und typischsten Beispiele für Definitionen finden sich in der euklidischen Geometrie. Auf jeden Fall scheint es wahrscheinlich, daß Aristoteles diesen Typus vor Augen hatte, als er seine Regeln für korrekte Definitionen formulierte.

Die Rolle von Definitionen in der euklidischen Geometrie scheint ziemlich klar: Sie bilden den notwendigen Ausgangspunkt der Untersuchung. Wir beginnen mit einer Definition einer Figur und leiten von ihr mit Hilfe bestimmter, generell anwendbarer Axiome und Postulate andere Eigenschaften dieser Figur und ihre Beziehung zu anderen Figuren ab. Wir müssen also eine Definition haben, von der wir ausgehen können. Zu solch einer Definition zu kommen, ist kein sehr schwieriger Prozeß. Die Definition eines Dreiecks zum Beispiel gibt einfach das offensichtlichste Merkmal einer Figur an, die wir alle kennen und von der wir eine ganz bestimmte Vorstellung haben. In anderen Fällen ist die Sache nicht so einleuchtend, obwohl es nicht schwierig ist, zu einer Definition zu gelangen. Die euklidische Definition eines Kreises zum Beispiel ist für den Anfänger in der Geometrie nicht unmittelbar einleuchtend, obgleich die definierte Sache in seiner Vorstellung vollkommen klar und bestimmt ist. Er muß einen Moment innehalten und überlegen, bevor er sieht, daß die Definition auf diese Art von Figur zutrifft.

Die Schwierigkeit ist nicht sehr groß. Aber sie führt uns zu einem Punkt, der später noch ziemlich wichtig wird – dahin nämlich, daß wir von einem Kreis »eine Vorstellung haben« können und wissen, was wir mit dem Ausdruck meinen, bevor wir die Definition kennen, das heißt, bevor uns die spezifischen Merkmale des Kreises klar sind, die für den Mathematiker dessen Definition darstellen. Das würde noch plausibler, wenn wir uns einige von den anderen Definitionen ansähen, die griechische Mathematiker für den Kreis aufzustellen versucht haben – beispielsweise die, daß er die größte Fläche darstelle, die von einer Linie gegebener Länge umfaßt werden könne. Ich habe gehört, daß mathematische Laien – so wie ich – Zweifel daran hatten, ob diese Definition auf einen Kreis zutreffe oder nicht. Trotzdem hätten sie nicht zugegeben, daß sie nicht in irgendeinem Sinn wüßten, was ein Kreis ist.

2) Sehen wir uns als nächstes die Rolle von Definitionen in der Zoologie und Botanik an. Ich beziehe mich hier auf die frühere Praxis der Klassifikation von Spezies und Genera, wie sie von den älteren Naturhistorikern ausgeübt wurde. Der moderne Biologe ist, wie ich annehme, daran nicht besonders interessiert. Sie bildet jedoch eine notwendige Grundlage für seine weitergehenden Untersuchungen.

Der Definitionsprozeß gleicht hier dem in der Geometrie darin, daß er die Festsetzung genereller Merkmale beinhaltet, die eine Spezies oder ein bestimmtes Genus von den anderen unterscheiden. Aber sein Stellenwert in der Untersuchung ist völlig verschieden. Er bildet sicherlich nicht den notwendigen Ausgangspunkt der Untersuchung; er ist eher ihr Ergebnis. Der Naturhistoriker benützt seine Definition gerade nicht als eine Grundlage, von der

33

andere Eigenschaften der Spezies abzuleiten sind. Nichts folgt aus der Definition in dem Sinne, in dem die Konklusionen eines geometrischen Satzes folgen.

Wenn wir für das, worüber wir sprechen, immer eine klare Definition bräuchten, bevor wir unsere Untersuchungen darüber beginnen, so könnte man sich kaum vorstellen, wie der Naturhistoriker überhaupt jemals mit seinen Untersuchungen beginnen könnte. Natürlich hat er eine Vorstellung von den Dingen, über die er spricht, er versteht etwas bestimmtes unter »Pflanze«, »Tier«, »Hund«, »Pferd«, »Fisch« etc., bevor er seine Untersuchung und Klassifikation beginnt. Auf vorwissenschaftlicher Stufe trafen die Menschen gewisse Untersuchungen, die auf einigen beobachtbaren Unterschieden zwischen verschiedenen Arten von Lebewesen basierten. Davon gingen dann die ersten Wissenschaftler aus. Aber es gibt dabei nichts, was wir Definition nennen könnten. Es gibt nur etwas, was wir vielleicht am besten als die vage Alltagsvorstellung von »Hund«, »Pferd« etc. bezeichnen.

Schwer zu sagen, was diese vage Alltagsvorstellung beinhaltet. Sie basiert klar auf bestimmten, deutlich sichtbaren Charakteristika. Fast unmöglich läßt sich jedoch auch nur mit einiger Sicherheit bestimmen, auf welche Charakteristika ein Nicht-Wissenschaftler sich stützt, wenn er entscheidet, ob er ein bestimmtes Tier »Hund« nennen soll oder nicht. Durch lange und sorgfältige psychologische Untersuchungen könnten wir vielleicht zu einem Ergebnis kommen. Aber es ist festzuhalten, daß solch eine Untersuchung für den Wissenschaftler völlig uninteressant wäre. Über das, was er entdecken will, würde sie ihm nichts sagen. Er akzeptiert einfach die Tatsache, daß wir vage Alltagsvorstellungen über die verschiedenen Arten von Lebewesen haben; diese aber zeigen ihm lediglich die Richtung, in der er seine Untersuchungen beginnen kann. Hat er aber einmal angefangen, dann führt er seine Untersuchung mit Hilfe von Beobachtungen und Experimenten und unter völliger Vernachlässigung der Ausgangsvorstellung weiter. Er sucht und findet Tatsachen, von denen er sich im vorwissenschaftlichen Stadium nichts hätte träumen lassen – zum Beispiel die der internen Struktur, welche allgemein als die wichtigsten Merkmale in der Definition gelten. Diese Merkmale sind keinesfalls in der Ausgangsvorstellung enthalten, noch könnte man sagen, daß sie von ihr impliziert bzw. aus ihr deduziert seien. Wenn wir zu einer zoologischen Definition gelangen, können wir keinesfalls behaupten, daß wir in Wirklichkeit genau dies die ganze Zeit schon mit dem Ausdruck gemeint haben. Manchmal kann unsere Definition sogar in Widerspruch zur Ausgangsvorstellung stehen. Die meisten, die sich in der Zoologie nicht auskennen, würden wahrscheinlich den Wal als Fisch bezeichnen, so wie die Walfänger bei Herman Melville, oder eine Spinne als Insekt.

Einen weiteren Punkt wollen wir noch anschneiden, bevor wir uns unserem Hauptthema zuwenden: Die Frage nämlich, welches Licht diese Beispiele auf die manchmal vorgebrachte Behauptung werfen, daß es eine Art von Definition gibt, welche willkürlich festsetzt, was ein bestimmter Ausdruck bedeuten soll. Es ist klar, daß diese Art von Definitionen weder in der Naturwissenschaft noch in der Geometrie eine Rolle spielt. Andererseits brauchen wir nicht die aristotelische Annahme zu akzeptieren, daß es genau eine richtige Definition für jeden Allgemeinbegriff gebe und jede andere Definition falsch sei. Wir stellen beispielsweise fest, daß sich die Definition des Kreises ändert, wenn wir von der euklidischen zur sphärischen Geometrie übergehen. Das bedeutet jedoch nicht, daß die grundlegendere Definition falsch sein muß. Es bedeutet vielmehr, daß wir zu einem gewissen Grad zwischen den generellen Merkmalen der definierten Sache wählen können, je nach dem Kontext, in dem wir die Definition verwenden wollen.

Dieser Entscheidungsspielraum ist allerdings streng begrenzt. Vor allem wird er natürlich durch die Fakten eingeschränkt. Wir können lediglich zwischen den Eigenschaften wählen, die wirklich dazugehören. Er wird weiterhin durch den Kontext eingeschränkt. Wenn wir in einer bestimmten Richtung eine Untersuchung anstellen wollen, können wir die Definition wählen, die für diese am hilfreichsten ist. Welche Definition jedoch tatsächlich am hilfreichsten sein wird, müssen wir jeweils herausfinden. Schließlich werden wir eingeschränkt durch den normalen Sprachgebrauch. Selbst wenn wir die Alltagsvorstellung einer Wortbedeutung in unserer endgültigen Definition modifizieren, (etwa, wenn wir »Fisch« so definieren, daß Wale von dieser Kategorie ausgeschlossen sind,) müssen wir uns noch so eng wie möglich an sie halten. Wir dürfen »Fisch« zum Beispiel nicht so definieren, daß alle oder doch die meisten Lebewesen, die man für gewöhnlich »Fische« nennt, ausgeschlossen werden. Zu sagen »unter ›Fisch‹ verstehe ich hier ein zweibeiniges Tier mit Federn« wäre völlig witzlos. Die willkürliche Festsetzung einer Wortbedeutung ist, wenn sie tatsächlich völlig willkürlich ist, keine Definition oder auch nur eine Abart davon. Sie ist bloß eine Form von Albernheit.

Möglicherweise hat man das Definieren manchmal deshalb für eine willkürliche Sache gehalten, weil man es mit einem anderen Prozeß, nämlich willkürlicher Benennung, verwechselt hat. Gewisse Beispiele dafür finden sich in wissenschaftlichen Untersuchungen, wenn man eine neue technische Terminologie erfindet. Dabei wird jedoch der gewöhnliche Prozeß umgekehrt: Wir fangen nicht mit einem bestimmten Wort an und kommen dann zu seiner Definition; wir kommen vielmehr zur Definition der allgemeinen Art von Objekten, die wir in unseren Untersuchungen entdeckt haben, und suchen dann nach einem Namen dafür. Selbst hier läßt sich jedoch im allgemeinen ein Grund angeben für die Wahl des jeweiligen Namens. Die Möglichkeit dieses Prozesses illustriert jedoch einen wichtigen Punkt: Definitionen sind niemals bloß Definitionen von Namen, sondern stets von etwas, das der Name für uns bedeutet. Sonst könnten wir nicht, wie sicher manchmal der Fall, eine Definition für eine Klasse von Objekten aufstellen, bevor wir einen Namen für sie gefunden haben. Häufiger natürlich beginnen wir doch mit einem Namen, den wir kennen, und der für uns bereits eine Bedeutung hat; daher haben wir die Neigung, manchmal nachlässig vom Definieren eines Namens oder Wortes zu sprechen. Solange wir uns darüber klar sind, daß es sich nur um eine nachlässige umgangssprachliche Redeweise handelt, ist das nicht weiter schlimm.

3) Wenden wir uns jetzt unserem Hauptthema, Definitionen in der Ethik, zu. Natürlich zweifelt niemand daran, daß einige der generellen Ausdrücke aus der Ethik definiert werden können, selbst wenn einige angeblich undefinierbar sind.

Wenn wir uns die Tätigkeit des Moralphilosophen im Licht der aufgezeigten Analogien ansehen, werden zwei oder drei Punkte von vornherein deutlich: Einmal kann man in der Ethik nicht, wie in der Geometrie, mit irgendwelchen Definitionen anfangen, die allgemein und unmittelbar akzeptiert werden und erkennbar auf unsere Untersuchungsgegenstände angewendet werden können. Wenn wir solche klaren Ausgangsdefinitionen finden könnten, bestünde überhaupt keine Notwendigkeit, sich spezifisch philosophisch mit diesem Thema auseinanderzusetzen. Es wäre vielmehr eine ganz andere Art von Denken hier verlangt. Was hier philosophisches Denken notwendig macht, ist die Tatsache, daß wir mit

Ideen oder Begriffen konfrontiert sind, die zwar allgemein gebraucht werden, mit denen wir aber keinerlei klare Vorstellung verbinden und die daher nicht unmittelbar definierbar sind. Die erste, wenn nicht einzige Aufgabe philosophischen Denkens besteht darin, diese Vorstellungen klar und definit zu machen. In dieser Hinsicht entspricht die Rolle von Definitionen in der Ethik jener, die sie in der Naturwissenschaft spielen: Sie bilden nicht den Ausgangspunkt, sondern das Ziel der Untersuchungen. Sie stehen am Ende, nicht am Beginn der Forschung.

In einer bestimmten Hinsicht ist jedoch die Situation in der Ethik ganz anders als in der Naturwissenschaft. Die vage Alltagsvorstellung über irgendeine Art von Lebewesen, von der wie ausgehen, noch ehe wir etwas von Zoologie wissen, ist, wie wir gesehen haben, für den Naturwissenschaftler lediglich in der Weise interessant, daß sie ihm zu Anfang die Richtung weist. Er geht dann dazu über, die beobachtbaren Fakten zu untersuchen und ist nicht im geringsten daran interessiert, die Ausgangsvorstellung zu analysieren oder zu klären. »Das entspricht nicht der Vorstellung, die ich von einem Elefanten habe«, soll ein naturwissenschaftlich Unbewanderter bei einem wissenschaftlichen Vortrag über diese Spezies geäußert haben. Worauf der Zoologe ungerührt entgegnete, »kann schon sein, dafür entspricht es Gottes Vorstellung«. Was hier in »meiner Vorstellung« von einem Elefanten enthalten ist, ist für die Untersuchungen des Zoologen völlig irrelevant.

Hingegen ist es für den Moralphilosophen von zentraler Bedeutung, was in »meiner Vorstellung« von dem Guten oder dem Richtigen, der Gerechtigkeit oder der Selbstsucht enthalten ist. Es macht den Hauptteil, wenn nicht überhaupt das Ganze seines Untersuchungsgegenstandes aus. Auf jeden Fall bildet es einen wesentlichen Bestandteil, der noch dazu harte und zähe Arbeit erfordert. Ich habe den Eindruck, daß eine der häufigsten Ursachen für Irrtümer in der Ethik darin liegt, daß man nicht umfassend und erschöpfend genug untersucht hat, welchen Inhalt die jetzt oder früher geläufigen Vorstellungen vom Guten, Richtigen etc. hatten. Wir haben keine beobachtbaren Tatsachen, denen wir uns, wie der Naturwissenschaftler, als dem eigentlichen Gegenstand unserer Untersuchung zuwenden können, Tatsachen, die von anderer Art sind, als diese Vorstellungen und mit ganz anderen Methoden entdeckt werden können. Den Ausgangspunkt in der Ethik bilden immer unsere moralischen Urteile und deren Implikate; von ihnen können wir als unserer wichtigsten Erkenntnisquelle niemals ganz absehen.

Das methodische Vorgehen bei diesem Prozeß der Klärung unserer vagen Ausgangsvorstellung wäre ein interessanter Untersuchungsgegenstand. Obwohl man in diesem Prozeß schon beträchtliche Erfolge erzielt hat, wird nur selten explizit über das dafür verfügbare Material und über die Methoden seiner Aufbereitung diskutiert. Hier eröffnen sich Möglichkeiten für eine neue Logik oder auch Psychologik der Ethik. Es liegen aber zweifellos auch gewisse psychologische und metaphysische Schwierigkeiten in der Annahme, daß man in einer Vorstellung mehr entdecken könne, als deren Träger wahrhatten (oder sich überhaupt vorstellen konnten). Diese Position unterscheidet sich jedoch von der des Naturwissenschaftlers, welcher beansprucht, an einer Tatsache viel mehr und oft ganz andere Entdeckungen zu machen, als in seiner Ausgangsvorstellung enthalten waren. Denn hier wissen wir ja noch gar nicht, ob es irgendwelche Tatsachen gibt, zu denen wir Zugang haben – es sei denn, über eine Untersuchung von Vorstellungen. Aber mit diesen Problemen können wir uns hier nicht näher befassen. Unleugbar ist jedenfalls, *daß* es sich so etwa abspielt. Aber es läßt sich durchaus darüber streiten, *wie* dieser Sachverhalt angemessen beschrieben werden kann. Ich nehme an, daß wir in der Praxis für gewöhnlich dann sagen, wir hätten in jemands Vorstellung mehr entdeckt, als er selbst wußte, wenn wir sehen, daß er sie in einer Art und Weise anwendet, die sich nur dann rechtfertigen läßt, wenn dieses »mehr« in ihr enthalten war.

In diesem Zusammenhang gibt es allerdings einen Punkt, über den ich gern noch etwas sagen möchte; denn er betrifft die wichtige Frage, welche Eigenschaften einen guten Moralphilosophen ausmachen. Man scheint manchmal anzunehmen, daß ein Philosoph ausschließlich jene Tugenden braucht, die ich als die »logischen« bezeichnen möchte – Sinn für Form und System, Passion für Kohärenz und Konsistenz, ein Gespür für feine Bedeutungsunterschiede und ähnliches. Ich hoffe, niemand wird diese Qualitäten unterschätzen. Aber ich würde behaupten, daß es im Fall des Moralphilosophen ein schwerer Fehler wäre, diese Eigenschaften als die einzigen oder auch nur wichtigsten Voraussetzungen seiner Aufgabe anzusehen. Auf die Gefahr hin, falsch verstanden zu werden, würde ich sogar so weit gehen zu behaupten, daß man sich auch zu exakt und konsistent verhalten oder besser vielleicht, auf

Exaktheit und Konsistenz zur falschen Zeit und am falschen Ort insistieren kann.

Jedenfalls müssen wir uns vor Augen halten, daß die Entwicklung dieser Tugenden dazu dient – wenn die Metapher erlaubt ist, – die Instrumente unserer Reflexion zu schärfen. Aber ein noch so scharf geschliffenes Instrument ist wertlos, wenn es gar nichts zu schneiden gibt. Ich verstehe Moralphilosophie primär als Reflexion moralischer Erfahrung und als Kritik moralischer Annahmen. Und darüber können wir nicht reflektieren, bevor wir nicht irgendwie Bekanntschaft damit gemacht haben. Mir scheint, daß man in der Ethik jene Eigenschaft braucht, die wir bei einem Naturwissenschaftler etwa »eine gute Nase für Fakten« nennen würden. Dies ist eine andere Eigenschaft als die Fähigkeit, eine konsistente und systematische Theorie zur Erklärung der Fakten zu konstruieren – aber sie ist mindestens ebenso wichtig.

Dies bedeutet nicht – wie wohl manchmal angenommen wird –, daß der Moralphilosoph notwendig über extensive und intensive eigene Erfahrung verfügen müßte; daß er ein Leben in ständigem Kampf gegen Anfechtungen führen oder unter einem besonderen Unrechtsbewußtsein leiden müßte oder dergleichen. Ohne Zweifel muß er eigene moralische Erfahrungen haben und ernstnehmen, sie nicht bloß als Objekt müßiger Neugier ansehen. Aber ein Leben unter starker moralischer Erschütterung und Anspannung und Phasen heftiger moralischer Konflikte würden einen – zeitweilig wenigstens – bestimmt außerstand setzen, darüber zu reflektieren. Zum Teil gilt natürlich, daß es sich immer ungünstig auf die Fähigkeit zur Reflexion auswirkt, wenn wir gerade eine starke emotionale Erschütterung durchmachen. Aber was noch viel schwerer wiegt: Solch eine starke emotionale Erfahrung würde wahrscheinlich unsere Aufmerksamkeit zu ausschließlich auf die eigene Erfahrung konzentrieren, die naturgemäß sehr beschränkt ist, und zu wenig Aufmerksamkeit übriglassen für die Erfahrungen anderer, die einen ebenso wichtigen Bestandteil unserer Daten bilden.

Die Qualifikation, die für den Moralphilosophen wichtig ist, besteht daher weniger in eigener moralischer Erfahrung, als in einer gewissen Sensibilität und Empfänglichkeit für die moralische Erfahrung anderer sowie für die moralischen Annahmen oder Vorstellungen, welche die Menschen um ihn herum akzeptieren. Er muß diese Ideen in der Form von Annahmen oder vagen Vorstellungen geistig nachvollziehen können, um sie dann explizit machen, interpretieren und kritisch beurteilen zu können. Hinzuzufügen wäre, daß das nicht nur für die jeweils gegenwärtig akzeptierten Vorstellungen gilt, sondern auch für jene, die in anderen Epochen Gültigkeit hatten. Es ist äußerst zweifelhaft, ob man das höchste Niveau ethischer Spekulation ohne historisches Einfühlungsvermögen erreichen kann.

An diesem Punkt nun zeigen sich die möglichen Gefahren vorschneller Klärungsversuche. Geläufige moralische Vorstellungen und Annahmen sind notwendig vage und ungenau und wahrscheinlich oft widersprüchlich. Aber selbst die Widersprüche und Verwirrungen gehören zu den Daten, über die zu reflektieren ist. Wir müssen sie als solche verstehend nachvollziehen können, bevor wir beginnen, sie abzuklären, sie definit und in sich konsistent zu machen. Wenn wir sie zu früh auf das Prädikat »widersprüchlich« reduzieren, wenn wir zu schnell ihre Bedeutung eingrenzen, um zu einer klaren Definition zu kommen, kann es leicht passieren, daß wir einige der wichtigsten Bestandteile unserer Daten ohne angemessene Prüfung verworfen haben.

Es sieht jetzt aus, als sei ich von der Frage nach der Rolle von Definitionen in der Ethik übergeschwenkt auf die Frage nach der Rolle von Definitheit in der Ethik. Diese Frage ist jedoch keineswegs irrelevant, denn wir dürfen annehmen, daß Definitionen eine bestimmte Form der Definitheit darstellen. Jedenfalls läßt sich vorerst festhalten, daß die erste Aufgabe des Moralphilosophen darin besteht, die vagen allgemeinen Vorstellungen, die von seinem Gegenstand existieren, explizit zu machen. Er hat die Aufgabe, möglichst viel von den Implikationen vergangener und gegenwärtiger Gebrauchsweisen der wichtigsten ethischen Begriffe herauszufinden. Das ist bereits eine Art Definitionsvorgang; keiner jedoch, mit dem er sich zufriedengeben darf. Wie schon angedeutet, wird er nämlich, wenn er diese Implikationen explizit gemacht hat, feststellen, daß sie keineswegs immer übereinstimmen. Manchmal scheinen sie sich tatsächlich glatt zu widersprechen. Daher müssen sie so lange weiterer Überprüfung und Kritik unterzogen werden, bis wir schließlich eine befriedigende Antwort auf die zentrale Frage der Ethik erhalten. Diese läßt sich wie folgt formulieren: Welche Art von Tatsachen müssen wir als existent annehmen, um befriedigend erklären zu können, weshalb die Menschen gerade diese Vorstellungen über sie haben?

So besteht das ganze Ziel dieses Untersuchungsstadiums im wahrsten Sinn des Wortes darin, zu Definitionen zu gelangen. Mag sein, daß dies nicht den gesamten Bereich der Ethik ausmacht. Denn nachdem wir zu diesen Resultaten gekommen sind, sollten wir außerdem durch einen Deduktionsprozeß gewisse Schlüsse aus ihnen ziehen können. Aber sicher ist es der wichtigste und schwierigste Teil. Damit ist die Rolle von Definitionen in der Ethik offensichtlich ko-extensiv mit dem größeren Teil von deren Aufgabenbereich. Solche Definitionen aufzustellen ist zudem ein kontinuierlicher und progressiver Prozeß. Es besteht – es sei denn aus temporären Zweckmäßigkeitserwägungen in einem bestimmten Untersuchungsstadium – kein Grund, ein bestimmtes Merkmal als die Definition in einem speziellen Sinn herauszugreifen. Selbst in der Geometrie sahen wir, wie die scharfe aristotelische Distinktion zwischen dem Wesen, das mit der Definition gegeben sei, und den Eigenschaften zusammenbrach. Noch offensichtlicher ist ihre Unhaltbarkeit in der Ethik.

Diese Überlegungen sollen zeigen, wie man dem Vorschlag, daß wir vor Beginn der eigentlichen Untersuchung Definitionen liefern müssen, gegenüberstehen sollte. Direkt angewendet auf die Ethik, ist dieser Vorschlag offensichtlich absurd. Definitionen bilden hier die Konklusion des Untersuchungsprozesses; man kann sie nicht zu Beginn schon verlangen. Wenn jemand sagt, »du mußt zuerst präzise festsetzen, was du mit diesem oder jenem Ausdruck meinst, bevor man darüber diskutieren kann«, ist ihm zu entgegnen, »nur indem wir sie diskutieren, können wir herausfinden, was wir mit diesen Ausdrücken meinen.«

Andererseits finde ich, daß man gelegentlich die Weigerung, vorgängig Definitionen zu geben, auch zu weit treiben kann. Wenn auch keine Definition, sollte man doch zumindest einen ersten Hinweis geben können; eine Art Wegweiser, der in die Richtung des Themas, das untersucht werden soll, zeigt. Dazu könnte man etwa das eine oder andere typische Beispiel anführen. Diese Methode ist nicht die einzig mögliche, aber häufig die am meisten befriedigende. Wir müssen uns nur immer vor Augen halten, daß sie bloß einen vorläufigen Hinweis darstellt. Der Grund, weshalb einige selbst davor noch zurückschrecken, liegt darin, daß sie das Gefühl haben, sie seien, sobald sie sich einmal auf eine solche Festsetzung eingelassen haben, gezwungen, sich für den Rest der Diskussion an sie zu halten, und jede Einschränkung, Erweiterung oder Modifizierung überführe sie der Inkonsistenz und Widersprüchlichkeit. In Wirklichkeit wäre jedoch diese Diskussion sehr unfruchtbar, wenn sie nicht beträchtliche Modifikationen und Weiterentwicklungen unserer Ausgangsbegriffe hervorbrächte.

Man könnte glauben, diese Wahrheit sei in Vergessenheit geraten, wenn man sich Lehrbücher und Vorlesungen anschaut, die, was oft vorkommt, zu Beginn unmäßig viel Platz an den Versuch verwenden, ihren Gegenstand zu definieren. Ich erinnere mich an einen bedeutenden Lehrer, der mehr als jeder andere mein früheres Denken beeinflußt hat. Er liebte es, seinen scharfen kritischen Verstand an diesen Definitionen zu üben. Er nahm sich die Definition eines Gegenstandes vor, die jemand mündlich oder schriftlich aufgestellt hatte, überprüfte anschließend im Detail seine weitere Behandlung dieses Gegenstandes und zeigte dann, wie weit er in der Praxis von seiner ursprünglichen Definition abwich. Als junge Leute waren wir von dieser vernichtenden Kritik enorm beeindruckt; ich denke, wir fragten uns manchmal, wie ein Psychologe oder Ökonom sich weiterhin mit einem Gegenstand beschäftigen konnte, der doch offensichtlich gar nicht wirklich existent war. Diese Kritik war ohne Zweifel eine nützliche Warnung vor der Überbewertung einer Ausgangsdefinition. Aber davon abgesehen erscheint sie mir heute völlig unergiebig. Ich ziehe eher die Methode jenes schottischen Professors vor, der, nachdem er eine Zeitlang verschiedene Vorschläge zur Unterscheidung von Logik und Erkenntnistheorie diskutiert hatte, zu dem Schluß kam, »die einzig wirklich befriedigende Definition, die ich Ihnen von diesen beiden Bereichen geben kann, ist die: Logik ist das, worüber ich montags, mittwochs und freitags lesen werde; und Erkenntnistheorie das, worüber ich dienstags, donnerstags und samstags lesen werde«. Wir müssen jedoch hoffen, daß am Ende seiner Vorlesung das Verhältnis der beiden Bereiche wirklich geklärt war, wenn auch wahrscheinlich nicht auf eine einfache Formel zu bringen.

Es bleibt noch eine Frage zu untersuchen, die einigen als der interessanteste, vielleicht sogar einzig interessante Teil der Diskussion erscheinen wird: unter welchen Bedingungen und mit welcher Art von Gründen können wir einen ethischen Begriff für undefinierbar erklären? Wenn unsere Diskussion bisher auch nur annähernd richtig war, scheint solch eine Feststellung ihrerseits mehrere Bedeutungen zuzulassen. Wir können damit meinen, daß die Vorstellung, die wir von diesem Begriff haben, undefinierbar ist; oder, daß wir den Begriff selbst für undefinierbar halten. Woran wir hierbei denken, ist, glaube ich, der strenge Sinn der Wendung »was wir mit einem Ausdruck meinen«.

Möglicherweise meinen wir aber auch, daß der Begriff, ganz gleich, woran wir dabei normalerweise denken, in Wirklichkeit für eine einfache, nicht-analysierbare Eigenschaft steht, die nur benannt, aber nicht weiter beschrieben werden kann. Nach unserer bisherigen Darstellung des ethischen Denkens würde das bedeuten: die einzige Möglichkeit zu erklären, weshalb wir die und die Vorstellung von diesem Begriff haben und so und so davon sprechen, besteht in der Annahme, daß er für solch eine einfache Eigenschaft steht. Wir wollen uns nun diese Möglichkeiten der Reihe nach ansehen.

Wie schon angedeutet gehen wir aus von einer vagen, allgemeinen Vorstellung, dem Bewußtsein von etwas noch nicht genau Angebbaren, auf das wir den betreffenden Begriff anwenden. In gewissem Sinn ist dies notwendig undefinierbar. Gerade weil es eine vage und allgemeine Vorstellung ist, unterscheidet es sich von der klaren und expliziten Vorstellung, welche in der Definition ausgedrückt wird. Beide sind nicht genau äquivalent, wie es etwa die Bedeutung von zwei Synonymen wäre. Wenn zu einer Definition zu gelangen einen Erkenntnisfortschritt bedeutet, dann muß der Wortlaut der Definition mehr ausdrücken, als die Ausgangsvorstellung beinhaltet hatte. Das ist der Grund, weshalb eine Definition überhaupt eine signifikante Feststellung darstellt.

Das heißt natürlich etwas anderes, als im Besitz einer klaren und expliziten Vorstellung von einer einfachen, nicht-analysierbaren Eigenschaft zu sein. Solche Vorstellungen haben wir zum Beispiel von einer bestimmten Farbe. Aber es liegt auf der Hand, daß wir von moralischen Tatsachen keine solchen Vorstellungen haben – zumindest nicht am Anfang. Denn sonst gäbe es keine Möglichkeit, in eine Diskussion über sie einzutreten, ja es bestünde überhaupt kein Grund, sich über solche Fragen philosophische Gedanken zu machen.

Irgendwo zwischen diesen beiden liegt jedoch noch eine dritte Möglichkeit. Wir könnten der Ansicht sein, daß die Art und Weise, wie wir einen bestimmten moralischen Begriff, wie etwa »gut« oder »richtig«, normalerweise verwenden, impliziert, daß es sich um eine einfache, nicht-analysierbare Tatsache handelt, über die nichts weiter gesagt werden kann. Ich kann mir kaum vorstellen, welche Verwendungsweise diese Implikation haben sollte.

Klar scheint mir jedenfalls, daß wir solch einen Begriff *nicht* in dieser Weise verwenden. Denn es steht fest, daß unsere tatsächlichen Gebrauchs- und Verwendungsweisen dieser Begriffe eine ganze Reihe von Informationen über sie enthalten, die sich durchaus in Worte fassen lassen. Folglich kann man nicht sagen, sie würden implizieren, daß diese undefinierbar sind.

Bleibt die Möglichkeit, daß all solche Begriffe – nehmen wir »gut« als typisches Beispiel – in Wirklichkeit für eine einfache, undefinierbare Eigenschaft stehen, auch wenn wir häufig anzunehmen scheinen, es handle sich um mehr.

Wieder sehe ich nicht recht, welche Beweise man hierfür anführen könnte. Es gibt das bekannte Argument aus den »Principia Ethica«, nach dem »gut« deswegen undefinierbar sein muß, weil man nach jedem Definitionsversuch sinnvoll weiterfragen kann, ob der damit definierte Komplex tatsächlich gut sei. Ich konnte noch niemals irgendwelche Plausibilität in diesem Argument entdecken. Es ist nicht klar, welchen Sinn eine solche Frage haben sollte. Sie kann bedeuten, daß wir der Korrektheit einer vorgeschlagenen Definition niemals sicher sein können; daß wir immer mit der Möglichkeit, sie könnte falsch sein, rechnen müssen und aus diesem Grund immer wieder nachfragen können. Das trifft ohne Zweifel manchmal zu. Und wenn sich der Definitionsprozeß so abspielt, wie wir bisher beschrieben haben, scheint dies tatsächlich die richtige und angemessene Haltung zu sein. Aber damit ist doch die Möglichkeit nicht ausgeschlossen, daß die Definition korrekt sein kann. Es ist jedoch ebenso richtig, daß wir diese Frage selbst dann noch sinnvoll stellen können, wenn wir uns der Korrektheit unserer Definition sicher sind – in dem Sinn nämlich, daß wir bei dieser Frage etwas Bestimmtes vor Augen haben können. Immer wenn die Definition nicht unmittelbar einleuchtend ist, können wir darauf rekurrieren, was ursprünglich mit dem Ausdruck gemeint war: nämlich unsere erste, vage, allgemeine Vorstellung. Und, wie wir gesehen haben, unterscheidet sich diese vage, allgemeine Vorstellung notwendig von der präziseren Vorstellung, die dann in der Definition ausgedrückt ist. Daher können wir immer nach dem Verhältnis fragen, in dem beide zueinander stehen. Dies trifft jedoch auf viele Fälle zu, in denen Definitionen zugestandenerweise möglich sind. Auch wenn ich beispielsweise weiß, daß zur zoologischen Definition eines Fisches die Bestimmung »Kaltblütler« gehört, kann ich doch der Frage »Ist ein Fisch ein Kaltblütler?« Sinn beimessen.

In diesem Zusammenhang ist ein weiterer Punkt von Bedeutung. Wenn irgendwie bewiesen wäre, daß eine Sache »gut« zu nennen heißt, daß sie eine einfache, nicht-definierbare Eigenschaft besitzt, dann würde daraus nicht notwendig folgen, daß dies eine wichtige oder interessante Tatsache ist. Wichtig wäre sie nur dann, wenn man zeigen könnte, daß es nichts weiter heißt als das, daß man also über alle Dinge, die wir »gut« nennen, nichts weiter sagen kann. Gäbe es irgendeine weitere Tatsache oder eine Gruppe von Tatsachen, die auf ein von uns »gut« genanntes Ding und sonst nichts zutrifft, so ist klar, daß man sie in jede Argumentation oder Feststellung stets für »gut« einsetzen könnte, ohne daß dabei etwas Falsches herauskommt. Und wenn sie uns weitere Erkenntnisse einbrächte, so hätten wir es mit einer weitaus interessanteren und wichtigeren Tatsache zu tun als etwa der bloßen Präsenz einer einfachen, nicht-definierbaren Eigenschaft.

Ich denke, wir könnten eine überzeugende Illustration dieses Arguments finden, wenn wir uns noch einmal eine unserer elementaren geometrischen Vorstellungen ansehen. Es scheint mir klar, daß, was wir unter einem Kreis verstehen, tatsächlich eine einfache, nicht-definierbare Eigenschaft besitzt, die wir unmittelbar erfassen. Sie haben wir vor Augen, wenn wir den Gebrauch des Wortes lernen; und sie bleibt in unserer Vorstellung bestehen, selbst nachdem wir die verschiedenen geometrischen Definitionen gelernt haben. In unseren Vorstellungen können wir immer unterscheiden zwischen dieser einfachen Eigenschaft, von der wir umgangssprachlich wohl mit der Wendung »schaut wie ein Kreis aus« sprechen würden und irgendwelchen Tatsachen bezüglich dieser Art von Figur, wie sie in den Definitionen vorkommen. Wenn wir Euklids Definition vor uns haben, und mehr noch angesichts der komplizierten Formel, mit welcher in der höheren Mathematik ein Kreis definiert wird, könnten wir daher mit gewissem Recht sagen, »das *meinen* wir nicht mit ›Kreis‹; das ist vielmehr eine zusätzliche Tatsache *über* ihn.« Aber niemand würde eine solche Feststellung für besonders wertvoll halten, noch würde man sagen, daß sie das Recht des Mathematikers auf seine Definitionen in Frage stellt. Wenn wir das Interesse haben, unsere mathematischen Kenntnisse zu erweitern, wird die einfache, nicht-definierbare Eigenschaft eines Kreises uninteressant und unwichtig.

Die von Ross so häufig betonte Unterscheidung[1] zwischen dem Attribut, das wir mit einem Ausdruck meinen, und dem (den) notwendig mit ihm verbundenen Attribut(en) ist daher in meinen Augen eine Scheinunterscheidung. Einmal hat sie zu viel Beigeschmack von jener scharfen Distinktion zwischen Essenz und Akzedentien, die wir inzwischen übereinstimmend aufgegeben haben. Doch darüber hinaus scheint sie mir ein falsches Bild von der Natur ethischer Untersuchungen zu geben. Was wir mit »gut« (oder »richtig« oder irgendeinem anderen moralischen Ausdruck) in erster Linie meinen, ist die vage, indefinite Vorstellung, von der wir ausgehen. Aber damit ist das Problem erst gestellt. Was wir herauszufinden suchen, ist die Natur der Tatsachen, die wir als existent annehmen müssen, um erklären zu können, wie wir über diese Dinge denken. Alles, was wir über sie sagen können, kann genausogut als Bestandteil ihrer Definition aufgefaßt werden, und zwar in dem einzigen Sinn, in dem Definitionen in der Ethik überhaupt möglich sind. Möglicherweise deuten diese Überlegungen in die Richtung der Zweifel, welche Joseph (in: *Some Problems in Ethics*) kürzlich angemeldet hat, ob man nämlich »gut« überhaupt als eine Eigenschaft betrachten sollte. Aber das, glaube ich, soll zukünftigen Diskussionen überlassen bleiben.

[1] *The Right and the Good*, Oxford, 1930, Kp. I, passim.

III

G. E. Moore
Ist Gut-sein eine Eigenschaft?

Ich glaube nicht, daß die Äußerung »Ist Gut-sein eine Eigenschaft?« irgendeine klare Bedeutung hat. Dagegen ist die Frage, die ich stellen will, meiner Meinung nach völlig eindeutig. Ich kann ohne jede Schwierigkeit erklären, um was für eine Frage es sich dabei handelt. In seinem neuesten Buch *Some Problems in Ethics* sagt Joseph an einer Stelle (Seite 75), daß er »die Behauptung, daß Gut-sein keine Eigenschaft ist, verteidigt«. Dementsprechend scheint mir die Frage: »Ist das, was Joseph hier mit ›Gut-sein ist keine Eigenschaft‹ meint, wahr oder falsch?« eine eindeutige Frage zu sein. Genau dies ist die Frage, die ich stellen will. Zweifellos könnten andere die Behauptung »Gut-sein ist keine Eigenschaft« in einem ganz anderen Sinne verstehen als Joseph; und vielleicht mit derselben, wenn nicht sogar mit größerer Berechtigung. Ich möchte jedoch nicht diskutieren, ob das, was andere mit »Gut-sein ist keine Eigenschaft« meinen könnten, wahr ist oder nicht. Ich möchte lediglich diskutieren, ob das, was Joseph mit diesem Satz meint, wahr ist oder nicht. Ich verstehe daher »Ist Gut-sein eine Eigenschaft?« einfach als Kurzform für »Ist das, was Joseph mit ›Gut-sein ist keine Eigenschaft‹ meint, wahr oder nicht?«

Ich glaube, daß es sich hierbei um eine eindeutige Frage handelt; es scheint mir jedoch eine Frage zu sein, die wir erst dann diskutieren können, wenn wir diskutiert haben, was Joseph mit dem zitierten Satz meint. Ich glaube nämlich nicht, daß er überhaupt klarmachen konnte, was er meint. Mir zumindest ist hier zweierlei völlig unklar: erstens nämlich, wie er das Wort »Gut-sein« verwendet und zweitens, wie er das Wort »Eigenschaft« verwendet. Ich werde genau zu erklären versuchen, was mir an seinem Gebrauch dieser Wörter unklar ist, und ich hoffe, daß er uns dann eher erklären kann, wie er sie tatsächlich verwendet.

Zunächst zu »Gut-sein«.

Wir alle gebrauchen und verstehen sehr oft Sätze, in denen das Adjektiv »gut« vorkommt. Es scheint mir jedoch sicher, daß wir dieses Wort in verschiedenen Sätzen in einer Anzahl unterschiedlicher Bedeutungen gebrauchen und verstehen. Mit anderen Worten: das Wort ›gut‹ ist äußerst mehrdeutig. Es wird nicht nur tatsächlich, sondern auch zutreffend in einer Anzahl unterschiedlicher Bedeutungen verwendet. Dies hat Ross in seinem Buch *The Right and the Good* meines Erachtens zu Recht hervorgehoben. »Eine Untersuchung der Bedeutung von ›gut‹ . . . sollte«, wie er (auf Seite 65) sagt, »von der Erkenntnis ausgehen, daß das Wort ›gut‹ in einer Vielzahl unterschiedlicher Bedeutungen verwendet werden kann.« Er versucht im weiteren Verlauf einige der wichtigsten Bedeutungen aufzuzählen und zu unterscheiden; und ich dachte eigentlich, daß jeder, der dieses Buch liest, zumindest davon überzeugt werden müßte, daß das Wort »gut« tatsächlich in einer Vielzahl unterschiedlicher Bedeutungen verwendet wird. Doch wenn dem so ist, und wenn wir (wie vermutlich auch Joseph) das Wort »Gut-sein« einfach als das dem Adjektiv »gut« entsprechende Substantiv gebrauchen, dann wird es von »Gut-sein« genauso viele Bedeutungen geben wie von »gut«. Wenn wir daher fragen, wie Joseph »Gut-sein« in »Gut-sein ist keine Eigenschaft« verwendet, stellen sich uns die folgenden Fragen: Spricht er etwa von *allen* Bedeutungen von »Gut-sein« und sagt, daß *keine* davon eine Eigenschaft ist? Oder spricht er vielleicht nicht von allen, sondern von einigen wenigen ausgewählten Bedeutungen und sagt, daß keine von *ihnen* eine Eigenschaft ist? Oder hat er vielleicht eine und nur eine Bedeutung im Auge und sagt nur von dieser, daß *sie* keine Eigenschaft ist? Und wenn eine der letzteren Alternativen zutrifft, von *welchen* Bedeutungen bzw. von *welcher* Bedeutung sagt er dann, daß *sie* keine Eigenschaften sind bzw. daß *sie* keine Eigenschaft ist?

Ich kann auf keine dieser Fragen eine endgültige Antwort geben. Ich weiß nicht einmal, ob Joseph zugibt, daß das Wort »gut« mehrdeutig ist. Vielleicht glaubt er, daß es nicht mehrdeutig ist und wir es immer in genau derselben Bedeutung verwenden. Wenn dem so ist, dann würde er im Falle tatsächlicher Mehrdeutigkeit natürlich unterstellen, daß auch dann *keine* seiner Bedeutungen eine Eigenschaft wäre; und vielleicht vertritt er diese Ansicht sowieso. Aber selbst wenn er dieser Ansicht ist, darf man meiner Meinung nach mit einigem Recht vermuten, daß er im wesentlichen nur eine ausgewählte Gruppe von Bedeutungen nicht als Eigenschaften interpretieren möchte. Ich werde so deutlich wie möglich zu erklären versuchen, um welche Bedeutungen es sich meiner

Meinung nach dabei handelt.

Joseph benützt die Behauptung, daß »Gut-sein keine Eigenschaft ist« nur als Teil eines Arguments, das etwas ganz anderes zeigen soll. Nämlich folgendes: »*Wenn* es irgendein Merkmal gibt, das richtigen Handlungen gemeinsam ist und aufgrund dessen wir uns zur Ausführung derselben für verpflichtet halten . . . dann kann (dieses Merkmal) eigentlich nicht eine ihnen zukommende *Eigenschaft* genannt werden« (Seite 73). Um diese Aussage zu beweisen, nimmt er an, daß das betreffende Merkmal (falls es ein solches gibt) entweder »eine Form des Gut-seins« ist oder aber das Merkmal »Mittel zum Zustandekommen des an sich Guten« (Seite 75). Angenommen, es wäre so, dann brauchte er offensichtlich nur zwei weitere Behauptungen zu beweisen, um seine Schlußfolgerungen ziehen zu können: 1) daß das Merkmal »Mittel zum Zustandekommen des an sich Guten« eigentlich nicht eine *Eigenschaft* genannt werden kann und 2) daß keine »Form des Gut-seins« eigentlich eine *Eigenschaft* genannt werden kann. Dementsprechend behauptet er zunächst (auf den Seiten 73-75), daß das Merkmal »Mittel zum Zustandekommen des an sich Guten« keine Eigenschaft ist. Sein Hauptargument dafür ist offenbar folgendes: Wenn ein bestimmtes Ereignis A die Ursache eines anderen Ereignisses B ist (z. B. einer Explosion), dann ist das Merkmal »Ursache der Explosion B« identisch mit der Relation »Ursache von«. Da nun die Relation »Ursache von« keine Eigenschaft des Ereignisses A ist, ist deshalb auch das Merkmal »Ursache der Explosion B« keine Eigenschaft von A. Dem fügt Joseph als Hilfsargument hinzu, daß selbst dann, wenn das Merkmal »Ursache der Explosion B« *nicht* identisch ist mit der Relation »Ursache von« (was man für offensichtlich richtig halten würde), dieses Merkmal wegen der »fundamentalen Differenz zwischen ποιόν und πρός τί« dennoch keine Eigenschaft ist. Nachdem er somit seiner Meinung nach die These zufriedenstellend erledigt hat, daß das Merkmal »Mittel zum Zustandekommen des an sich Guten« eine *Eigenschaft* genannt werden kann, braucht er zur Vervollständigung seines Arguments nur noch zu zeigen, daß keine »Form des Gut-seins« eine *Eigenschaft* genannt werden kann. Und genau zu diesem Zweck versucht er zu zeigen, daß »Gut-sein keine Eigenschaft ist«. Als Voraussetzung nimmt er an, daß keine Art des »*An-sich*-Gut-seins« eine Eigenschaft ist, wenn Gut-sein keine Eigenschaft ist (Seite 75). Es scheint klar, daß für ihn die Aussage »Keine *Form* des Gut-seins ist eine

Eigenschaft« genau dieselbe Bedeutung hat wie »Keine *Art des An-sich*-Gut-seins ist eine Eigenschaft«. Daher will er zeigen, daß »Keine Art des An-sich-Gut-seins eine Eigenschaft ist«. Das Argument, das er dazu verwendet, hat die folgende Form. Zunächst wird als Prämisse angenommen, daß aus »Gut-sein ist keine Eigenschaft« »Keine Art des An-sich-Gut-seins ist eine Eigenschaft« folgt. Darauf folgt dann das, was er als Argument für den Beweis der Schlußfolgerung »Gut-sein ist keine Eigenschaft« ansieht. Und aus dieser Schlußfolgerung folgt zusammen mit der angenommenen Prämisse sicherlich »Keine Art des An-sich-Gut-seins ist eine Eigenschaft«.

Es scheint somit klar zu sein, daß Joseph vor allem folgendes zeigen will: Die von ihm so genannten »Formen« oder »Arten« (er verwendet beide Ausdrücke) des »An-sich-Gut-seins« sind niemals Eigenschaften. Also will er sich vermutlich besonders mit denjenigen Bedeutungen des Wortes »gut« beschäftigen (falls es mehrere gibt), in denen »gut« für ein Merkmal steht, das auf irgendeine Weise allem, was im betreffenden Sinne »gut« ist, »an sich zukommt«. Aus der Tatsache (falls es eine wäre), daß keines der »an sich zukommenden« Merkmale, für die »gut« steht, eine Eigenschaft wäre, könnte vielleicht folgen, daß keine »Arten« des *An-sich*-Gut-seins Eigenschaften sind. Wenn wir dagegen irgendeine Bedeutung von »gut« nehmen, in der dieses Wort *nicht* für ein »an sich zukommendes« Merkmal steht, ist es kaum einsichtig, wie aus der Tatsache (falls es eine wäre), daß ein solches Merkmal keine Eigenschaft ist, möglicherweise folgen könnte, daß alle »Arten« des *An-sich*-Gut-seins keine Eigenschaften wären. Daher scheint klar: selbst wenn Joseph behaupten möchte, daß keines der verschiedenen »Merkmale«, für die »gut« in seinen verschiedenen Verwendungen steht, eine Eigenschaft ist, so könnte nur ein Teil dieser Behauptung für sein Argument relevant sein. Jener nämlich, demzufolge keines der *an sich zukommenden* Merkmale, für die »gut« steht, eine Eigenschaft ist. Deshalb ist die Vermutung berechtigt, daß Joseph bei seiner Behauptung »Gut-sein ist keine Eigenschaft« im wesentlichen an die ausgewählte Gruppe jener Verwendungen von »gut« denkt, in denen dieses Wort für ein *an sich zukommendes* Merkmal steht.

Deshalb glaube ich, daß Joseph hauptsächlich mit denjenigen Verwendungen des Wortes »gut« (falls es mehrere gibt) oder mit der einen Verwendung (falls es nur eine gibt) beschäftigt ist, in denen bzw. in der dieses Wort für ein Merkmal steht, das auf irgendeine Weise »an sich zukommend« ist. Zweifellos behauptet er, daß es ein oder mehrere *an sich zukommende* Merkmale unter jenen Merkmalen gibt, für die es steht, und es ist sicherlich eines seiner Hauptziele zu zeigen, daß keines *dieser* Merkmale eine »Eigenschaft« ist. Aber selbst wenn wir Josephs ursprüngliche Behauptung »Gut-sein ist keine Eigenschaft« durch die genauere Behauptung »Keines der *an sich zukommenden* Merkmale, für die ›gut‹ steht, ist eine Eigenschaft« ersetzen, sind wir leider mit der Erörterung dessen, was er meint, noch nicht am Ende. Denn in welcher Bedeutung gebraucht er den Ausdruck »an sich zukommend«? Was meint er mit »*An-sich*-gut-sein«? Ich glaube nicht, daß die Bedeutung dieses Ausdrucks irgendwie klar ist. Ich glaube, daß er in mehr als einer Bedeutung verwendet werden kann und verwendet wird. Soweit ich sehe, hat Joseph nicht zu erklären versucht, in welcher Bedeutung er den Ausdruck verwendet. Aber erst wenn wir wissen, was damit gemeint ist, wenn von einer bestimmten Verwendung des Wortes »gut« gesagt wird, daß das Merkmal, für das es in dieser Verwendung steht, ein »an sich zukommendes« Merkmal ist, wissen wir auch, in welchen Verwendungen (falls überhaupt in irgendwelchen) »gut« wirklich für ein »an sich zukommendes« Merkmal steht; und erst dann wissen wir auch, von welchen Verwendungen von »gut« Joseph im wesentlichen behaupten möchte, daß das Merkmal, für das es in dieser (oder in diesen) Verwendung(en) steht, *keine* Eigenschaft ist.

Diese Aufgabe, sich selbst klar zu werden und anderen zu erklären, wie man die Ausdrücke »Wert *an sich*« oder »gut *an sich*« gebraucht, verwirrt mich noch immer sehr. Ich habe schon zweimal etwas darüber geschrieben. In meinem Buch *Ethics* (Seite 65) definiere ich »x ist gut an sich« als gleichbedeutend mit »Es wäre gut, wenn x existierte, selbst wenn es *ganz allein*, ohne irgendwelche weiteren Begleiterscheinungen oder Wirkungen existierte«. Und ich glaube noch immer, daß das *eine* Möglichkeit ist, den Ausdruck »gut an sich« angemessen zu gebrauchen, und daß es Dinge gibt, die in diesem Sinne gut an sich sind. Aber gegenüber diesem Gebrauch des Ausdrucks könnte und würde vermutlich von einigen der folgende Einwand erhoben werden »Wenn man sagt, daß man mit ›x ist gut an sich‹ meint, ›Es wäre *gut*, wenn x existierte, selbst wenn es ganz allein existierte‹, dann will man vermutlich den Ausdruck ›Es wäre *gut*, wenn‹ in einer der Bedeutungen verstanden wissen, in denen er gewöhnlich verwendet wird. Aber tatsächlich verhält es sich mit allen Bedeutungen, in denen dieser Ausdruck gebraucht wird, so, daß es widersprüchlich ist, wenn man von irgendeinem x sagt ›Es wäre gut, wenn x ganz allein existierte‹. Daher ist dieser Begriff des An-sich-Gut-seins zwar klar, aber widersprüchlich; und es ist deshalb ganz unmöglich, daß irgendetwas in diesem Sinne ›gut an sich‹ sein könnte.« Ich glaube nun nicht, daß das richtig ist; aber es ist sicherlich nicht leicht zu zeigen, daß es nicht richtig ist. Es ist keineswegs offensichtlich, daß es nicht widersprüchlich ist, wenn man von irgendetwas sagt, daß es gut wäre, wenn es existierte, selbst wenn es ganz allein existierte. Deshalb ist es nicht leicht zu zeigen, daß in irgendeiner Bedeutung, in der wir das Wort »gut« tatsächlich verwenden, »gut« dasselbe bedeutet wie »gut an sich« in *dieser* Bedeutung. Ein ähnlicher Einwand trifft auf eine andere Definition von »Wert an sich« zu, die ich in den *Philosophical Studies* (Seite 260) aufgestellt habe. Dort sage ich: »Wenn man eine Art von Wert ›an sich zukommend‹ nennt, bedeutet das nur, daß die Frage, ob und in welchem Maße ein Ding ihn besitzt, nur von dessen Natur abhängt.« Auch jetzt glaube ich noch, daß ich zu Recht folgendes annehme. Etwas, was mit »x ist gut an sich« oder »wertvoll an sich« mit Recht gemeint sein könnte, wäre, »x ist in dem Sinne gut (oder wertvoll), daß die Frage, ob und in welchem Maße ein Ding in diesem Sinne gut (oder wertvoll) ist, allein von dessen Natur abhängt«; und richtig dürfte auch die Vermutung sein, daß einige Dinge in diesem Sinne »gut an sich« sind. Aber auch hier wieder würden viele sagen (und vielleicht haben sie recht), daß in *keiner* der Bedeutungen, in denen wir die Wörter »gut« oder »wertvoll« gebrauchen, die Frage, ob und in welchem Maße ein Ding in diesem Sinne »gut« oder »wertvoll« ist, allein von seiner Natur abhängt (in der erklärten Bedeutung von »abhängen«).

Gibt es nicht eine andere Möglichkeit der Erklärung, wie der Ausdruck »gut an sich« gebraucht wird, die einem derartigen Einwand nicht ausgesetzt ist? Ich glaube, ja. Ein Ausdruck, der ziemlich allgemein verwendet wird und der nach meiner Meinung jedermann verständlich ist, ist jener, den wir gebrauchen, wenn wir von einer Erfahrung sagen, daß sie »es wert war, um ihrer selbst willen gemacht zu werden«. »Es wert sein, um seiner selbst willen gemacht zu werden« bedeutet nicht dasselbe wie »es wert sein, gemacht zu werden«, da wir über eine Erfahrung z. B. sagen können

»Diese Erfahrung war *es wert, gemacht zu werden,* weil ich durch sie etwas gelernt habe«, während der Satz »Diese Erfahrung war *es wert, um ihrer selbst willen gemacht zu werden,* weil ich durch sie etwas gelernt habe« widersprüchlich wäre; obwohl natürlich der Satz »Diese Erfahrung war es wert, *sowohl* um ihrer selbst willen gemacht zu werden *als auch*, weil ich durch sie etwas gelernt habe« nicht widersprüchlich ist und sehr gut wahr sein kann. Natürlich können wir sagen, daß »Diese Erfahrung war es wert, gemacht zu werden« dasselbe bedeutet wie »Diese Erfahrung war etwas Gutes« in *einer* der Bedeutungen, in denen der Ausdruck »etwas Gutes« gebraucht wird; und daß »Diese Erfahrung war es wert, um ihrer selbst willen gemacht zu werden« dasselbe bedeutet wie »Diese Erfahrung war etwas Gutes« in einer der *anderen* Bedeutungen, in denen der Ausdruck »etwas Gutes« verwendet wird. Und wir können auch sagen, daß »Diese Erfahrung, die ich gemacht habe, war es wert, gemacht zu werden« dasselbe bedeutet wie »Es war gut, daß ich diese Erfahrung gemacht habe« in *einer* der Bedeutungen von »es war gut, daß . . .«; und daß »Diese Erfahrung, die ich gemacht habe, war es wert, um ihrer selbst willen gemacht zu werden« dasselbe bedeutet wie »Es war gut, daß ich diese Erfahrung gemacht habe« in einer der *anderen* Bedeutungen von »es war gut, daß . . .«. Angenommen, wir sagen folgendes: ich gebrauche den Ausdruck »gut an sich« in genau derselben Bedeutung wie »es wert sein, um seiner selbst willen gemacht zu werden«; und ich gebrauche den Satz »›Gut‹ steht in dieser Verwendung für ein an sich zukommendes Merkmal« in genau derselben Bedeutung wie den Satz »›Gut‹ bedeutet in dieser Verwendung dasselbe wie ›es wert sein, um seiner selbst willen gemacht zu werden‹«. Wenn wir das sagen, dann scheint mir, daß wir genau erklärt haben, wie wir »gut an sich« und »›Gut‹ steht in dieser Verwendung für ein an sich zukommendes Merkmal« gebrauchen; und mir scheint, daß viele diese Ausdrücke tatsächlich so gebrauchen. Wenn wir uns darauf beschränken zu sagen, daß wir »gut an sich« in diesem Sinne gebrauchen, dann kann nicht eingewendet werden, daß das, was wir mit diesem Ausdruck meinen, ein widersprüchliches Merkmal ist oder eines, das auf nichts zutrifft; denn »es wert sein, um seiner selbst willen gemacht zu werden« bedeutet sicher etwas und zwar etwas nicht Widersprüchliches, und sicher können viele Erfahrungen es wert sein, um ihrer selbst willen gemacht zu werden. Diese Art, eine Verwendung von »gut an sich« zu erklären, verhält sich

meiner Meinung nach zu den beiden anderen Arten folgendermaßen. Jemand könnte die These vertreten, und ich wäre ebenso dazu
geneigt, daß »Diese Erfahrung war es wert, um ihrer selbst willen
gemacht zu werden« genau dasselbe bedeutet wie »Diese Erfahrung wäre es wert gewesen, gemacht zu werden, selbst wenn sie
ganz allein existiert hätte«. Aber wenn man somit sagt, daß die beiden Sätze dasselbe bedeuten, dann sagt man etwas, was bestreitbar
und vielleicht nicht wahr ist. Ähnlich bin ich geneigt, die These zu
vertreten, daß das Merkmal, das wir durch »es wert sein, um seiner
selbst willen gemacht zu werden« ausdrücken, tatsächlich ein
Merkmal ist, bei dem die Frage, ob und in welchem Maße es einer
bestimmten Erfahrung zukommt, allein von deren Natur abhängt:
aber daß es so ist, ist etwas Zweifelhaftes, das bestritten werden
könnte und würde. Solange ich nur sage, daß ich »gut an sich«
gleichbedeutend mit »es wert sein, um seiner selbst willen gemacht
zu werden« verwende, erkläre ich meiner Meinung nach ziemlich
genau, wie ich diesen Ausdruck verwende und das, ohne mich auf
eine dieser zweifelhaften Behauptungen festzulegen.

Man wird bemerken, daß wir dann, wenn wir »gut an sich« wirklich in diesem Sinne verwenden, es in einer Bedeutung verwenden,
in der nur eine *Erfahrung* »gut an sich« sein *kann*, weil nur eine Erfahrung in dem Sinne »gemacht« werden kann, in dem eine Erfahrung »gemacht« wird: nur meine Erfahrungen können »meine« in
derselben Bedeutung von »mein« sein, in der sie »meine« sind.
Diese Tatsache scheint zu zeigen, daß dies nicht die einzige Bedeutung sein kann, in der Joseph den Ausdruck »gut an sich« verwendet, da durch seine Beispiele auf den Seiten 78-79 der Anschein entsteht, als würde er »gut an sich« auf zweierlei Weise verwenden.
Einmal in dem Sinne, in dem es dasselbe ist, von jemandem zu sagen, er sei ein guter Mensch oder er sei »gut an sich«; und ein anderes Mal in dem Sinne, in dem es dasselbe ist, von einem Gedicht zu
sagen, es sei ein gutes Gedicht oder es sei »gut an sich«. Es scheint
mir ganz eindeutig zu sein, daß diese beiden Bedeutungen des
Wortes »gut« sowohl voneinander verschieden als auch von jener
Bedeutung verschieden sind, in der wir es verwenden, wenn wir es
gleichbedeutend mit »es wert sein, um seiner selbst willen gemacht
zu werden« verwenden. Aber obwohl diese Bedeutung von »gut an
sich« vielleicht nicht die *einzige* ist, in der Joseph diesen Ausdruck
verwendet, ist sie meiner Meinung nach *eine* der Bedeutungen, in
denen er ihn verwendet und zwar *diejenige*, in der er ihn im Zu-

sammenhang mit seinem Hauptproblem des richtigen Handelns verwendet. Wenn er sagt, daß richtige Handlungen manchmal »gut an sich« sind, dann verwendet er meiner Meinung nach den Ausdruck »richtige Handlung« in einem Sinne, in dem eine »richtige Handlung« immer wenigstens teilweise (oder vielleicht ganz?) darin besteht, daß wir eine bestimmte Erfahrung machen. Ich würde mit ihm darin übereinstimmen, daß wenigstens ein Teil der Erfahrung, aus der die richtige Handlung besteht, es oft wert ist, um ihrer selbst willen gemacht zu werden. Ich glaube in jedem Fall, daß es ihm wenigstens bei einem Teil seiner These, daß »Gut-sein keine Eigenschaft ist«, darum geht, daß das Merkmal, das wir einer Erfahrung zusprechen, wenn wir sagen, daß sie »es wert war, um ihrer selbst willen gemacht zu werden« keine Eigenschaft ist. Diese Aussage wäre nach meiner Meinung eindeutig genug, um erörtert zu werden, wenn wir nur herausfinden könnten, wie Joseph das Wort »Eigenschaft« verwendet.

Wie also verwendet er nun den Begriff »Eigenschaft«?

Ich glaube, daß das eine noch schwierigere Frage ist als die, wie er das Wort »Gut-sein« verwendet. Ich kann nur versuchen, einige Hinweise aufzugreifen, die er bei seiner »Verteidigung« der Behauptung, daß »Gut-sein keine Eigenschaft ist«, gegeben hat.

Worin besteht diese »Verteidigung«?

Sie beginnt mit der Feststellung: »Daß Gut-sein keine Eigenschaft ist, ist die Crux des Aristotelischen Arguments in der *Nikomachischen Ethik*, Buch I, Kap. VI, obwohl gleichermaßen die Lehre Platons in der *Politeia*«. Der erste Verweis sollte sicher erhellen, was Joseph mit »Gut-sein ist keine Eigenschaft« meint, wenn man nur herausfinden könnte, was die Crux dieses sehr dunklen Kapitels ist. Ich gestehe, daß mir das, was Aristoteles meint, zu dunkel ist, als daß es das, was Joseph meint, erhellen könnte; und ich kann nur bezweifeln, daß es irgendeine einzelne Aussage gibt, die strenggenommen *die* Crux seines Arguments genannt werden kann. Was den Verweis auf Platon angeht, so muß jener für die Erhellung solange nutzlos bleiben, bis Joseph uns sagt, *welches* von den tausend Dingen, die Platon in der *Politeia* lehrt, *dasjenige* ist, das Joseph mit seiner Feststellung identifiziert.

Darauf folgen zunächst eineinhalb Seiten Zitate aus meinen *Principia Ethica,* die zeigen sollen, daß ich »nicht gesehen habe oder mich zumindest nicht so ausgedrückt habe, als hätte ich gesehen«, daß »Gut-sein keine Eigenschaft ist«. Und Joseph hört mit der

Feststellung auf: »Wenn ich so sagen darf, scheint mir dies *alles* falsch zu sein«. Nun ist gerade *ein* Punkt in diesem »alles« ein Zitat, in dem ich sage, daß »›gut‹ eine einfache und unanalysierbare Eigenschaft bezeichnet«. Ich glaube, ich kann ohne jede Schwierigkeit erklären, was *ich* meinte, wenn ich behauptete, daß »gut« eine *Eigenschaft* bezeichne. Ich meinte nur, daß das Merkmal »es wert sein, um seiner selbst willen gemacht zu werden« ein Merkmal ist und keine relationale Eigenschaft – nicht mehr und nicht weniger. Aber das kann kaum alles sein, was Joseph bestreiten will, wenn er sagt, daß »Gut-sein keine Eigenschaft ist«. Denn wenn dem so wäre, warum führt er dann all die anderen Zitate an, die mit diesem einfachen Punkt nichts zu tun haben?

Bis jetzt ist es mir nicht gelungen, irgendeine »Verteidigung« der Behauptung zu finden, daß »Gut-sein keine Eigenschaft ist« noch sonst irgendein klärendes Wort darüber, wie Joseph das Wort »Eigenschaft« verwendet.

Um Hinweise über seinen Gebrauch zu finden, müssen wir uns die beiden folgenden Seiten der »Verteidigung« (Seite 78-79) anschauen. Dort entdecke ich folgendes:

1) Joseph erzählt uns, daß das Gut-sein Gottes »nicht als Eigenschaft gedacht werden kann, *die er erlangen oder verlieren könnte*«. Das legt die Vermutung nahe, daß es ihm mit seiner Behauptung, daß das Merkmal »es wert sein, um seiner selbst willen gemacht zu werden« »keine Eigenschaft ist«, unter anderem einfach darum geht, daß es nicht »erlangt oder verloren« werden kann. Sofern er das meint, stimme ich völlig mit ihm überein.

2) Er sagt: »Was am Guten so besonders ist, ist folgendes. Wenn man *das* Gute oder das, was die Eigenschaft ›gut‹ besitzt, definieren könnte (was Moore behauptet), dann würde man dadurch sein Gut-sein definieren (was Moore zufolge undefinierbar ist). Das gilt für jeden Gegenstand, der gut *ist* . . . Es trifft auf das Gut-sein eines Gedichts zu, das mit dem Gedicht wirklich identisch ist . . . Wenn hingegen der Dichter gut ist, ist sein Gut-sein identisch mit ihm als diesem geistigen Wesen . . .« Und weiter unten (Seite 79) sagt er: »Angenommen, ein vollkommen gutes Gedicht sei möglich . . . so könnte *sein* Gut-sein nicht wahrgenommen oder gelernt werden, indem man ein anderes Gedicht liest oder ohne es überhaupt zu lesen; und die einzige Definition seines Gut-seins ist wirklich das Gedicht selbst«.

Ich glaube, daß diese Abschnitte auf den wichtigsten Teil dessen hinweisen, was Joseph meint, wenn er von allen Merkmalen, die manchmal durch die Verwendung des Wortes »gut« ausgedrückt werden, sagt, sie »seien keine Eigenschaften« – nämlich auf jenen Teil seiner Thesen, auf dem er tatsächlich am inständigsten besteht. Aber diese Abschnitte verweisen auch darauf, daß etwas anderes – meiner Meinung nach etwas verhältnismäßig Unwichtiges – ebenso ein Teil seiner Thesen ist; und ich werde diesen verhältnismäßig unwichtigen Punkt zuerst erwähnen, um ihn aus dem Weg zu räumen.

a) Sowohl der erste als auch der letzte zitierte Satz behaupten, daß irgendein »Gut-sein« definierbar ist bzw. eine Definition besitzt. Die Tatsache, daß Joseph es für der Mühe wert hält, das in seiner »Verteidigung« zu behaupten, legt die Vermutung nahe, daß es ihm mit seiner Behauptung, daß alle Merkmale, die das Wort »gut« ausdrückt, »keine Eigenschaften sind«, unter anderem einfach darum geht, daß es definierbar ist. Wenn wir also das bestimmte Merkmal »es wert sein, um seiner selbst willen gemacht zu werden« nehmen, dann könnte es scheinen, daß es ihm mit seiner Behauptung, daß dieses Merkmal »keine Eigenschaft ist«, unter anderem einfach darum geht, daß es definierbar ist. Und wenn das ein Teil dessen ist, was er meint, dann würde ich sogleich sagen, daß er im Hinblick auf diesen Teil nach meiner Meinung sehr wahrscheinlich recht hat. In den *Principia* habe ich behauptet und zu beweisen versucht, daß »gut« undefinierbar ist (und ich glaube, daß ich zwar manchmal, obgleich nicht immer, dieses Wort gleichbedeutend mit »es wert sein, um seiner selbst willen gemacht zu werden« verwendet habe). Aber alle angeblichen Beweise waren sicherlich fehlerhaft; sie konnten unmöglich beweisen, daß »es wert sein, um seiner selbst willen gemacht zu werden« undefinierbar ist. Ich glaube, daß es vielleicht definierbar ist, aber ich weiß es nicht. Aber ich glaube auch noch, daß es sehr wahrscheinlich undefinierbar *ist*. Und ich kann überhaupt nicht sehen, daß Joseph irgendeinen guten Grund für seine These, daß es definierbar ist, vorgebracht hat. Der einzige Grund, den ich ihn anführen sehe, ist der, den ich nun diskutieren werde; und dafür, daß ich ihn *nicht* für einen guten halte, werde ich meine Gründe angeben.

b) Welche anderen Hinweise sind in diesen Abschnitten enthalten, die klären könnten, was Joseph alles meint? Man wird bemerken, daß er in dem ersten Abschnitt darauf besteht, daß das, was gut ist, *identisch* ist mit »*seinem* Gut-sein«: ein gutes Gedicht *ist identisch mit* »*seinem* Gut-sein«; ein guter Mensch *ist identisch mit* »*seinem* Gut-sein«. Ähnlich verhält es sich auch, wenn wir jene besondere Bedeutung von »gut« nehmen, in der »gut« »es wert sein, um seiner selbst willen gemacht zu werden« bedeutet. Dann würde Joseph vermutlich darauf bestehen, daß jede einzelne Erfahrung, die in diesem Sinne »gut« ist, mit *ihrem* Gut-sein identisch ist, und daß jede davon verschiedene Erfahrung ihrerseits mit *ihrem* Gut-sein identisch ist. Aber dieser Ausdruck »ihr Gut-sein« ist immer mehrdeutig, welche besondere Bedeutung von »gut« wir auch nehmen, weil er eins von zwei völlig verschiedenen Dingen bedeuten kann. Angenommen z. B., wir nehmen diejenige Bedeutung von »gut«, in der wir dieses Wort verwenden, wenn wir sagen, ein Gedicht sei gut. Dann kann die Feststellung, daß ein bestimmtes Gedicht identisch ist mit *seinem* Gut-sein, eins von zwei völlig verschiedenen Dingen bedeuten.[1] Wir können »sein Gut-sein« so verwenden, daß wir diesen Ausdruck ersetzen können durch den Ausdruck »das Merkmal, das wir diesem Gedicht berechtigterweise zusprechen, wenn wir sagen, es sei gut«. Wenn wir ihn auf diese Weise verwenden, dann wird »Dieses Gedicht ist mit seinem Gut-sein identisch« soviel bedeuten wie »Dieses Gedicht ist identisch mit dem Merkmal, das wir dem Gedicht berechtigterweise zusprechen, wenn wir sagen, es sei gut«. Es folgt nun, daß das Merkmal, das wir berechtigterweise einem Gedicht zusprechen, wenn wir sagen, es sei gut, in keiner Weise mit jenem Merkmal identisch sein kann, das wir berechtigterweise einem anderen Gedicht zusprechen, wenn wir sagen, *es* sei gut. Es folgt kurz gesagt: wenn wir von einem bestimmten Gedicht sagen, es sei gut, verwenden wir niemals »gut« in derselben Bedeutung, wie wenn wir von einem anderen sagen, es sei gut; im Gegenteil: wenn wir von einem Gedicht sagen »Dieses Gedicht ist gut«, sprechen wir nur die Tautologie »Dieses Gedicht ist dieses Gedicht« aus, und wenn wir von einem anderen Gedicht sagen, *es* sei gut, sprechen wir nur die andere Tautologie »*Dieses* Gedicht ist dieses Gedicht« aus. 2) Aber wir können »sein Gut-sein« in einer völlig verschiedenen Weise verwenden. Wir können diesen Ausdruck so verwenden, daß wir »sein Gut-sein« ersetzen können durch den Ausdruck »der besondere Komplex von Merkmalen, die es rechtfertigen, von einem guten Gedicht zu reden«. Dann wird »Dieses Gedicht ist mit seinem Gut-sein identisch« soviel bedeuten wie »Dieses Gedicht ist mit dem besonderen Komplex von Merkmalen identisch, die es rechtfertigen, von einem guten Gedicht zu reden«. Das genau scheint mir die Josephsche Verwendung des Ausdrucks »sein Gut-sein« zu sein, wenn er auf Seite 79 sagt: »Angenommen, ein vollkommen gutes Gedicht sei möglich . . . dann könnte *sein* Gut-sein nicht wahrgenommen oder gelernt werden, indem man ein anderes Gedicht liest oder ohne es überhaupt zu lesen«. Die Tatsache, daß uns das an dieser Stelle Gesagte als offensichtlich wahr erscheint, zeigt meiner Meinung nach, daß der Ausdruck »sein Gut-sein« auf diese Weise angemessen verwendet werden kann. »Sein Gut-sein« kann folglich eins von zwei verschiedenen Dingen bedeuten, falls wir »gut« in der Bedeutung gebrauchen, in der wir es auf ein Gedicht anwenden. Und genau dieselbe Mehrdeutigkeit findet sich, wenn wir es in der Bedeutung gebrauchen, in der es dasselbe bedeutet wie »es wert sein, um seiner selbst willen gemacht zu werden«. Die Feststellung über eine bestimmte komplexe Erfahrung »Diese Erfahrung ist identisch mit ihrem Gut-sein« *kann* 1) entweder bedeuten »Diese Erfahrung ist mit dem Merkmal identisch, das wir ihr berechtigterweise zusprechen, wenn wir sagen, daß sie es wert ist, um ihrer selbst willen gemacht zu werden«, in welchem Falle folgen würde, daß, wenn wir von zwei verschiedenen Erfahrungen sagen, daß sie es wert sind, um ihrer selbst willen gemacht zu werden, wir niemals den Ausdruck »es wert sein, um seiner selbst willen gemacht zu werden« in beiden Fällen in derselben Bedeutung verwenden; oder es kann 2) bedeuten »Diese Erfahrung ist identisch mit dem besonderen Komplex von Merkmalen, der uns berechtigt zu sagen, daß sie es wert ist, um ihrer selbst willen gemacht zu werden«.

Mir scheint, daß ein Teil dessen, was Joseph mit der Feststellung meint, daß das Merkmal »es wert sein, um seiner selbst willen gemacht zu werden« »keine Eigenschaft ist«, in einer der beiden oder in beiden der folgenden Feststellungen besteht: a) von jeder Erfahrung, die es wert ist, um ihrer selbst willen gemacht zu werden, kann (1) zutreffend ausgesagt werden oder b) von jeder derartigen Erfahrung kann (2) zutreffend ausgesagt werden. Behauptet er nun (a) oder (b) oder beides? Ich glaube beides; ich glaube aber, daß er beides durcheinanderbringt. An drei Punkten läßt sich zeigen, daß er (a) behauptet. Einmal durch die Tatsache, daß er im ersten Satz behauptet, daß ich »sein Gut-sein« für undefinierbar erklärt habe: denn er muß gewußt haben, daß das, was ich als undefinierbar behauptet hatte, nur »sein Gut-sein« war in der Bedeutung von »das

Merkmal, das wir berechtigterweise etwas zusprechen, wenn wir sagen, es sei gut«, *nicht* jedoch in der Bedeutung von »der Komplex von Merkmalen, die uns berechtigen, etwas gut zu nennen«. Zweitens durch die Tatsache, daß nur aus (a) und nicht aus (b) folgen würde, daß das Merkmal, das wir einer Erfahrung zusprechen, wenn wir sagen, daß sie es wert ist, um ihrer selbst willen gemacht zu werden, undefinierbar ist. Drittens, so vermute ich, durch die Tatsache, daß er auf der Seite 83 ausdrücklich die widersprüchliche Aussage behauptet »in einigen Beispielen von dem, was gut ist, ist das Gut-sein sowohl a) identisch mit dem, was gut ist . . .; als auch b) unterscheidbar von dem, was gut ist«.

Aber insofern er (a) behauptet, scheint er mir ganz sicher unrecht zu haben. Mir scheint es ganz klar, daß, wenn ich von zwei verschiedenen Erfahrungen behaupte, daß sie beide es wert sind, um ihrer selbst willen gemacht zu werden, das Merkmal, das ich der einen zuspreche, genau dasselbe ist wie das, das ich der anderen zuspreche, und daß folglich dieses Merkmal unmöglich mit einer der beiden Erfahrungen identisch sein kann.

Aber auch insofern er (b) behauptet, ist er meiner Meinung nach im Unrecht. Ich glaube, daß der besondere Komplex von Merkmalen, der uns berechtigt, zu sagen, daß eine Erfahrung es wert ist, um ihrer selbst willen gemacht zu werden, *niemals* mit der betreffenden Erfahrung identisch ist; aus dem einfachen Grund, weil es immer möglich ist, daß es noch *andere* Erfahrungen geben könnte, die genau denselben Komplex von Merkmalen besitzen. Ich glaube, daß Joseph in dieser Hinsicht vielleicht irregeleitet worden ist, indem er »Gut-sein« in der Bedeutung betrachtete, in der es einem Gedicht zukommt. In diesem Falle glaube ich, daß es vielleicht wahr sein könnte, daß ein vollkommen gutes Gedicht wirklich identisch wäre mit dem besonderen Komplex von Merkmalen, die uns berechtigen, es »gut« zu nennen. Denn es kann nicht zwei verschiedene Gedichte geben, die sich genau gleichen: diese Vermutung ist unsinnig. Hingegen ist es sicher nicht unsinnig, zu vermuten, daß es zwei verschiedene Erfahrungen gegeben haben könnte, die sich genau gleichen.

IV
H. A. Prichard
Beruht die Moralphilosophie
auf einem Irrtum?

Es kommt wahrscheinlich für die meisten, die sich mit Moralphilosophie beschäftigen, eine Zeit, wo sie ein unbestimmtes Gefühl der Unzufriedenheit mit dem gesamten Gegenstande verspüren. Und dieses Gefühl der Unzufriedenheit nimmt gewöhnlich eher zu als ab. Dies liegt nicht so sehr daran, daß die Positionen oder gar die Argumente einzelner Denker nicht überzeugend scheinen – obwohl dies sicher stimmt – sondern vielmehr daran, daß das Ziel der ganzen Sache zunehmend unklar wird. »Was«, so wird gefragt, »lernen wir denn wirklich durch die Moralphilosophie?« »Was versuchen Bücher über Moralphilosophie wirklich zu zeigen, und wenn ihr Ziel klar ist, warum sind sie so wenig überzeugend und haben so etwas Künstliches an sich?« Ferner: »Warum ist es so schwierig, etwas Besseres dafür vorzulegen?« Bei mir persönlich hat diese wachsende Unzufriedenheit zu der Überlegung geführt, ob der Grund nicht vielleicht darin liegt, daß die Moralphilosophie, zumindest was man gewöhnlich darunter versteht, einen Versuch darstellt, eine Scheinfrage zu beantworten. In diesem Artikel wage ich die Behauptung, daß die Existenz der gesamten Disziplin, so wie sie gewöhnlich aufgefaßt wird, auf einem Irrtum beruht, und zwar auf einem Irrtum, der mit jenem vergleichbar ist, auf dem, wie ich glaube, die gewöhnlich »Erkenntnistheorie« genannte Disziplin beruht.

Wenn wir über unsere eigene geistige Entwicklung oder über die Entwicklung der Moralphilosophie nachdenken, so sind wir uns nicht im unklaren über die Natur jenes Verlangens, in dem die Moralphilosophie ihren Ursprung hat. Jedem, der, präpariert durch seine Erziehung, schließlich und endlich die Last der vielfachen Verpflichtungen des Lebens spürt, wird es irgendwann einmal lästig, ihnen nachzukommen, und er erkennt, daß es auf Kosten von Interessen geht. Wenn ihn so etwas beschäftigt, so wird er sich zwangsläufig die Frage stellen: »Gibt es wirklich einen Grund, warum ich so handeln soll, wie ich nach meiner bisherigen Überzeugung handeln sollte? Kann es nicht sein, daß ich die ganze Zeit über mit dieser meiner Überzeugung einer Täuschung erlegen bin? Könnte ich nicht mit gutem Recht einfach darauf schauen, daß es mir gut geht?« Doch da er wie Glaucon das Gefühl hat, daß er irgendwie schließlich doch in dieser Weise handeln sollte, verlangt er einen *Beweis* dafür, daß dieses Gefühl richtig ist. M. a. W., er fragt, »*Warum* soll ich diese Dinge tun?« und seine und unsere Moralphilosophie ist ein Versuch, darauf eine Antwort zu geben, d. h. durch einen Reflexionsprozeß einen Beweis für die Wahrheit dessen zu liefern, was er und wir vor jeder Reflexion unmittelbar oder ohne Beweis geglaubt haben. Diese geistige Situation scheint eine enge Parallele zu jener aufzuweisen, in der die Erkenntnistheorie ihren Ursprung hat. Genauso wie uns die Erkenntnis, daß Pflichterfüllung die Realisierung unserer Interessen oft wesentlich beeinträchtigt, zu der Frage führt, ob wir das, was wir gewöhnlich unsere Pflicht nennen, wirklich tun sollten, so führt uns – wie es etwa bei Descartes der Fall war – die Einsicht, daß wir und andere in unserem Erkennen Irrtümern ausgesetzt sind, im allgemeinen zu der Frage, ob wir uns bisher nicht ständig geirrt haben. Und genauso wie wir einen auf allgemeine Überlegungen über das Handeln und das menschliche Leben gegründeten Beweis dafür zu finden versuchen, daß wir in der gewöhnlich »moralisch« genannten Weise handeln sollten, so wollen wir wie Descartes durch einen Prozeß der Reflexion über unser Denken einen Test für das Wissen finden, d. h. ein Prinzip, durch dessen Anwendung wir zeigen können, daß ein bestimmter Zustand des Geistes wirklich ein Wissen war, ein Zustand, der *ex hypothesi* unabhängig von dem Reflexionsprozeß existierte.

Wie ist nun die moralische Frage beantwortet worden? Soweit ich sehen kann, fallen die Antworten – bedingt durch die Sache selbst – durchweg in zwei Kategorien. *Entweder* sie besagen, daß wir das und das tun sollten, weil es, wie sich zeigt, wenn wir die Tatsachen voll erfassen, zu unserem Besten sein wird, d. h., wie ich lieber sagen würde, weil es wirklich zu unserem Vorteil oder besser noch zu unserem Glück sein wird; *oder* sie besagen, daß wir das und das tun sollten, weil etwas, das bei der Handlung oder durch sie realisiert wird, gut ist. M. a. W., der angegebene Grund ist entweder das Glück des Handelnden oder die Tatsache, daß gewisse Begleitumstände der Handlung gut sind.

Um die Prävalenz der ersteren Kategorie von Antworten zu sehen, muß man sich nur die Geschichte der Moralphilosophie ansehen. Um klare Fälle zu nehmen, Platon, Butler, Hutcheson, Paley und Mill suchen – jeder auf seine eigene Weise – im Grunde den einzelnen davon zu überzeugen, daß er auf die sogenannte moralische Weise handeln solle, indem sie ihm zeigen, daß es ihm wirklich zum Glück gereichen werde. Platon ist vielleicht das signifikanteste Beispiel, da er von allen Philosophen derjenige ist, dem wir zuletzt einen Irrtum in diesen Fragen nachsagen würden, und ein Irrtum auf seiten dieses Philosophen wäre ein Zeichen dafür, wie tief der Hang zu diesem Irrtum tatsächlich sitzt. Um zu zeigen, daß Platon Moralität tatsächlich durch ihre Rentabilität rechtfertigt, muß man lediglich darauf hinweisen, (1) daß allein die Formulierung der von ihm angegriffenen These, nämlich daß Gerechtigkeit ein ἀλλότριον ἀγαθόν sei, impliziert, daß jede Widerlegung zeigen muß, daß Gerechtigkeit ein οἰκεῖον ἀγαθόν ist, d. h. wie der Kontext zeigt, wirklich zum eigenen Vorteil gereichen muß, und (2) daß der Ausdruck λυσιτελεῖν nicht nur für das Problem, sondern auch für seine Lösung den Schlüssel liefert.

Die Tendenz, ein Handeln nach moralischen Regeln auf diese Weise zu rechtfertigen, ist durchaus natürlich. Denn wenn wir uns, wie es oft vorkommt, die Frage stellen »Warum sollen wir das und das tun?«, so geben wir uns damit zufrieden, daß man uns entweder davon überzeugt, daß dies eine Konsequenz hat, die unseren Wünschen entspricht (zum Beispiel daß die Einnahme einer bestimmten Medizin unser Leiden kurieren wird) oder daß die Handlung selbst – was sich zeigt, wenn wir uns ansehen, worum es geht – etwas ist, das wir wollen oder gerne mögen, zum Beispiel Golfspielen. So wie die Frage gestellt ist, läßt sie einen gewissen Widerwillen oder eine Indifferenz gegenüber der Handlung erkennen, aber durch die Antwort werden wir gewillt, sie zu tun. Und dieser Prozeß scheint genau das zu sein, was wir erwarten, wenn wir zum Beispiel fragen »Warum sollen wir zu unserem eigenen Nachteil unseren Verpflichtungen nachkommen?«; denn genau die Tatsache, daß die Erfüllung unserer Verpflichtungen der Befriedigung unserer Wünsche zuwiderläuft, hat ja diese Frage erst hervorgebracht.

Die Antwort ist natürlich keine Antwort, denn sie kann uns nicht davon überzeugen, daß wir unseren Verpflichtungen nachkommen sollten. Selbst wenn sie, gemessen an ihrem eigenen Anspruch, Erfolg hat, bringt sie uns lediglich dazu, daß wir ihnen nachkommen *wollen*. Kant hat wirklich nur auf diese Tatsache hingewiesen, als er hypothetische und kategorische Imperative unterschied, wenn er auch die Natur dieser Tatsache dadurch verunklart hat, daß er seine sogenannten »hypothetischen Imperative« fälschlicherweise als Imperative beschrieb. Doch wenn diese Antwort keine Antwort ist, welche andere Antwort kann dann gegeben werden? Nur, so scheint es, eine Antwort, die die Verpflichtung, etwas Bestimmtes zu tun, darauf gründet, daß entweder eine Konsequenz der Handlung oder die Handlung selbst *gut* ist. Angenommen man sagt uns auf die Frage, ob wir wirklich in der gewöhnlich »moralisch« genannten Weise handeln sollten, daß diejenigen Handlungen richtig sind, die zum Glück führen. Wir fragen sofort: »Zu wessen Glück?« Wenn man uns sagt »Zu unserem eigenen Glück«, dann werden wir zwar unsere Skrupel, so zu handeln, verlieren, doch das Gefühl, daß wir so handeln sollten, wird uns deshalb noch nicht vermittelt. Aber wie läßt sich dieses Ergebnis vermeiden? Offenbar nur dadurch, daß man eines der folgenden beiden Dinge gesagt bekommt, nämlich *entweder,* daß das Glück etwas ist, das an sich gut ist, und daß wir *deshalb* alles tun sollten, was dazu führt, *oder* daß das Streben nach Glück selbst gut ist, und daß die Tatsache, daß die entsprechenden Handlungen an sich gut sind, der Grund dafür ist, warum wir sie tun sollten. Der Vorteil, den dieser Rekurs auf die Tatsache, daß etwas gut ist, mit sich bringt, besteht darin, daß der Bezug auf Wünsche vermieden und statt dessen auf etwas Unpersönliches und Objektives Bezug genommen wird. Auf diese Weise scheint es möglich, die Auflösung von Verpflichtungen in Neigungen zu vermeiden. Doch gerade aus diesem Grund ist es für die Effektivität der Antwort von entscheidender Bedeutung, daß sie die Auffassung, die Wahrnehmung, daß etwas gut sei, erwecke notwendigerweise den Wunsch danach, weder enthält noch zur Folge hat. Andernfalls löst sie sich, indem sie das Gefühl der Verpflichtung durch Wünsche oder Neigungen ersetzt, in eine Form der ersteren Antwort auf und verliert so, was ihr spezieller Vorteil zu sein scheint.

Nun scheint mir, daß beide Formen dieser Antwort versagen, wenn auch jede aus einem anderen Grund.

Betrachten wir die erste Form. Hier haben wir, was man »Utilitarismus« im allgemeinen Sinn nennen könnte, bei dem also das, was gut ist, nicht auf Vergnügen beschränkt ist. Sie fußt auf der Unterscheidung zwischen etwas, das selbst keine Handlung ist, aber durch eine Handlung hervorgebracht werden kann, und der Handlung, durch die es hervorgebracht wird, – und behauptet, daß wir dann, wenn etwas, das keine Handlung ist, gut ist, die Handlung vollziehen *sollten*, die dies direkt oder indirekt hervorbringt.[1]

Doch diese Argumentation muß, wenn sie das Gefühl, zu einer Handlung verpflichtet zu sein, wiederherstellen soll, ein Zwischenglied voraussetzen, nämlich die weitere These, daß das, was gut ist, sein sollte.[2] Die Notwendigkeit dieses Zwischengliedes ist offensichtlich. Ein »sollte« kann, wenn es überhaupt abgeleitet werden soll, nur von einem anderen »sollte« abgeleitet werden. Dieses Zwischenglied setzt außerdem stillschweigend ein anderes voraus, nämlich daß die Erkenntnis, was gut, aber selbst keine Handlung ist, sollte sein, eben gerade jenes Gefühl der Gebotenheit oder Verpflichtung involviert, das durch den Gedanken an die Handlung, die zu diesem Guten führt, erweckt werden soll. Andernfalls wird diese Argumentation nicht dazu führen, daß wir die Verpflichtung fühlen, es durch die Handlung herbeizuführen. Ohne Zweifel ist sowohl dieses Zwischenglied als auch seine Implikation falsch.[3] Das Wort »sollte« bezieht sich auf Handlungen und zwar allein auf Handlungen. Die richtige Ausdrucksweise ist daher niemals »Das und das sollte sein«, sondern »Das und das sollte ich tun«. Selbst wenn wir manchmal sagen müssen, daß die Welt oder etwas in ihr nicht so ist, wie es sein sollte, so meinen wir damit in Wirklichkeit, daß Gott oder irgendein Mensch etwas nicht getan hat, was er hätte tun sollen. Und man stellt lediglich eine andere Seite dieser Tatsache fest, wenn man betont, daß wir uns nur zu etwas verpflichtet fühlen können, das in unserer Macht steht; denn es sind Handlungen und zwar nur Handlungen, die – zumindest unmittelbar – in unserer Macht stehen.

Vielleicht kann man die Inadäquatheit dieser Auffassung am besten sehen, wenn man erkennt, daß sie unseren tatsächlichen moralischen Überzeugungen nicht entspricht. Angenommen wir fragen uns, ob unser Gefühl, daß wir unsere Schulden zurückzahlen oder die Wahrheit sagen sollten, aus der Erkenntnis stammt, daß wir mit diesen Handlungen etwas Gutes herbeiführen, zum Beispiel materielles Wohl für A oder richtige Annahmen bei B, d. h. angenommen wir fragen uns, ob es dieser Aspekt der Handlung ist, der uns zu der Erkenntnis führt, daß wir sie tun sollten. Unsere Antwort lautet sofort und ohne Zögern »Nein«. Wenn wir als weiteres Bei-

65

spiel das Gefühl nehmen, daß wir gegenüber zwei Parteien gerecht handeln sollten, so haben wir, sofern möglich, noch weniger Bedenken, eine ähnliche Antwort zu geben, denn das Gute liegt möglicherweise – und oft tatsächlich – nicht auf der Seite der Gerechtigkeit.

Es läßt sich bestenfalls behaupten, daß die utilitaristische Auffassung in folgendem recht hat, nämlich darin, daß wir ohne die Erkenntnis, daß ein Ergebnis einer Handlung gut ist, nicht erkennen würden, daß wir die Handlung tun sollten. Wenn wir Wissen nicht für eine gute Sache hielten – so könnte gesagt werden – so wären wir nicht der Ansicht, daß wir die Wahrheit sagen sollten; wenn wir Schmerz nicht für etwas Schlechtes hielten, so würden wir es nicht für falsch halten, jemandem – ohne einen speziellen Grund – Schmerzen zuzufügen. Doch dies heißt nicht, daß die Tatsache, daß Irrtum schlecht ist, der Grund dafür ist, daß es falsch ist zu lügen, oder daß die Tatsache, daß Schmerz etwas Schlechtes ist, der Grund dafür ist, daß wir anderen nicht ohne einen speziellen Anlaß Schmerzen zufügen sollten.[4]

Ich glaube, daß wir gerade deshalb, weil diese Form der untersuchten Auffassung so offensichtlich mit unserem moralischen Bewußtsein unvereinbar ist, versucht sind, die andere Form dieser Auffassung anzunehmen, nämlich daß die entsprechende Handlung an sich gut ist, und daß das an sich Gute dieser Handlung der Grund dafür ist, daß sie getan werden sollte. Es ist diese Form, die stets den größten Anklang fand; denn die Tatsache, daß die Handlung selbst gut ist, scheint enger mit der Verpflichtung, sie zu tun, zusammenzuhängen als die Tatsache, daß bloß ihre Konsequenzen oder Ergebnisse gut sind. Wenn daher Verpflichtung darauf gegründet werden soll, daß etwas gut ist, dann, so scheint es, sollte dies die Handlung selbst sein. Diese Auffassung erhält außerdem Plausibilität aus der Tatsache, daß wohl am deutlichsten jene Handlungen moralische Handlungen sind, auf die der Ausdruck »an sich gut« anwendbar ist.

Trotz allem ist diese – wenn auch weniger oberflächliche – Auffassung gleichermaßen unhaltbar. Sie führt nämlich genau zu jenem Dilemma, mit dem jeder konfrontiert ist, der das von Kants Theorie des guten Willens aufgeworfene Problem zu lösen versucht. Um dies zu sehen, brauchen wir uns nur die Natur der Handlungen anzusehen, auf die wir den Ausdruck »an sich gut« anwenden.

Es besteht sicher kein Zweifel, daß wir gewisse Handlungen billigen und sogar bewundern, und ebenso, daß wir sie als gut beschreiben würden und zwar als an sich gut. Es ist jedoch, glaube ich, ebenso unzweifelhaft, daß unsere Billigung und unsere Verwendung des Ausdrucks »gut« stets im Hinblick auf Motive erfolgt und sich auf Handlungen bezieht, die tatsächlich getan worden sind und deren Motiv wir zu kennen glauben. Die Handlungen, die wir billigen und die wir als an sich gut beschreiben würden, lassen sich zudem in zwei und zwar nur in zwei Arten einteilen. Es sind entweder Handlungen, die der Handelnde vollzogen hat, weil er dachte, er sollte sie tun, oder Handlungen, deren Motiv ein Wunsch war, der durch irgendwelche positiven Gefühle wie etwa Dankbarkeit, Zuneigung, Zusammengehörigkeitsgefühl oder Gemeinsinn geweckt wurde. Der aus Büchern über Moralphilosophie bekannteste solcher Wünsche ist wohl jener, der dem zugeschrieben wird, was man vage »Nächstenliebe« nennt. Der Einfachheit halber übergehe ich den Fall von Handlungen, die zum Teil aus einem solchen Wunsch heraus und zum Teil aus Pflichtgefühl getan wurden; denn selbst wenn alle guten Handlungen aus einer Kombination dieser Motive heraus getan werden, wird das die Argumentation nicht beeinträchtigen. Das Dilemma liegt in folgendem: Wenn das Motiv, in bezug auf das wir eine Handlung für gut halten, in dem Gefühl der Verpflichtung besteht, dann ist das Gefühl, daß wir sie tun sollten, von unserer Erkenntnis, daß sie gut ist, nicht nur nicht abgeleitet, unsere Erkenntnis, daß sie gut ist, setzt dieses Gefühl vielmehr voraus. M. a. W., in diesem Fall *setzt* die Erkenntnis, daß die Handlung gut ist, offensichtlich die Erkenntnis *voraus*, daß die Handlung richtig ist, während nach der zur Debatte stehenden Auffassung die Erkenntnis, daß die Handlung gut ist, zu der Erkenntnis *führt*, daß sie richtig ist. Andererseits: wenn das Motiv, in bezug auf das wir eine Handlung für gut halten, irgendein an sich guter Wunsch ist, etwa der Wunsch, einem Freund zu helfen, dann wird die Erkenntnis, daß die Handlung gut ist, ebenfalls nicht das Gefühl der Verpflichtung hervorrufen, sie zu tun. Denn wir können nicht das Gefühl haben, daß wir eine Handlung tun sollten, deren Vollzug *ex hypothesi* allein durch den Wunsch, sie zu tun, veranlaßt wird.[5]

Der Fehlschluß, der dieser Auffassung zugrunde liegt, ist folgender: Während die Tatsache, daß man die Richtigkeit einer Handlung darauf gründet, daß sie an sich gut ist, impliziert, daß sich letztere Eigenschaft auf das Motiv bezieht, hat in Wirklichkeit die Richtigkeit oder Nicht-Richtigkeit einer Handlung mit der Frage der Motive überhaupt nichts zu tun. Wie nämlich beliebige Beispiele zeigen, reden wir von der Richtigkeit einer Handlung nicht in dem weiteren Sinn, in dem wir das Motiv in die Handlung miteinbeziehen, sondern in dem engeren und geläufigeren Sinn, in dem wir Motiv und Handlung unterscheiden und unter einer Handlung lediglich das bewußte Herbeiführen von etwas verstehen, ein Herbeiführen, das bei unterschiedlichen Gelegenheiten oder bei verschiedenen Leuten durch unterschiedliche Motive veranlaßt werden kann. Die Frage »Sollte ich meine Rechnungen bezahlen?« bedeutet in Wirklichkeit einfach »Sollte ich es bewerkstelligen, daß meine Geschäftspartner in den Besitz dessen kommen, was ich ihnen durch meine früheren Handlungen explizit oder implizit versprochen habe?« Es gibt hier keine Frage – und kann keine geben –, ob ich meine Schulden aus einem bestimmten Motiv bezahlen sollte. Zweifellos wissen wir, daß wir, wenn wir unsere Rechnungen bezahlen, ein Motiv dabei haben, doch wenn wir uns überlegen, ob wir sie bezahlen sollten, sehen wir die Handlung zwangsläufig getrennt von dem Motiv. Selbst wenn wir wüßten, was unser Motiv beim Vollzug dieser Handlung wäre, wären wir einer Antwort auf die obige Frage nicht ein bißchen näher.

Außerdem, wenn wir schließlich unsere Rechnungen aus Angst vor dem Gericht bezahlen, so haben wir dennoch getan, *was* wir tun sollten, selbst wenn wir es nicht getan haben, *wie* wir es sollten. Mit dem Versuch, Motive einzubringen, begeht man einen Fehler, der jenem Fehler gleicht, den man mit der Annahme begeht, daß man es wollen könne zu wollen. Das Gefühl haben, daß man seine Rechnungen bezahlen sollte, heißt, *dazu veranlaßt* werden, sie zu bezahlen. Doch das, wozu man veranlaßt werden kann, muß stets eine Handlung sein – allerdings keine Handlung, zu der man in einer bestimmten Weise veranlaßt wird, d. h. eine Handlung aus einem bestimmten Motiv; denn dann würde man dazu veranlaßt werden, veranlaßt zu werden, was unmöglich ist. Die hier zur Debatte stehende Auffassung involviert jedoch genau diese Unmöglichkeit, da sie den Sinn von »Ich sollte das und das tun« in Wirklichkeit zurückführt auf den Sinn von »Ich sollte in einer bestimmten Weise dazu veranlaßt werden, es zu tun.«[6]

Soweit hatten meine Ausführungen hauptsächlich negativen Charakter, sie bilden jedoch, glaube ich, eine nützliche wenn nicht notwendige Einleitung zu dem, was ich in dieser Sache für richtig halte. Dies will ich nun darzulegen versuchen. Zuerst gebe ich dabei wieder, was meiner Ansicht nach die wirkliche Natur unserer Wahrnehmung oder Erkenntnis moralischer Verpflichtungen ist, und das Ergebnis verwende ich dann zur Klärung der Frage nach der Existenz der Moralphilosophie.

Das Gefühl der Verpflichtung zu einer bestimmten Handlung oder die Richtigkeit dieser Handlung ist absolut primär (d. h. von nichts anderem abgeleitet) bzw. unmittelbar. Die Richtigkeit einer Handlung besteht darin, daß sie in einer Situation einer bestimmten Art ein Ergebnis einer bestimmten Art A herbeiführt, wobei die genannte Situation in einer bestimmten Beziehung B des Handelnden zu anderen oder zu seiner eigenen Natur besteht. Zur Erkenntnis dieser Richtigkeit sind u. U. zwei Präliminarien notwendig. Es kann sein, daß wir den Konsequenzen der betreffenden Handlung genauer nachgehen müssen als bisher, um zu erkennen, daß wir mit dieser Handlung A herbeiführen. So sehen wir vielleicht nicht, daß es falsch ist, eine bestimmte Geschichte zu erzählen, solange wir nicht erkennen, daß wir damit die Gefühle eines unserer Zuhörer verletzen. Es kann des weiteren sein, daß wir die in der Situation involvierte Beziehung B berücksichtigen müssen, von der wir bisher keine Notiz genommen haben. Beispielsweise sehen wir vielleicht nicht die Verpflichtung, X ein Geschenk zu machen, solange wir uns nicht daran erinnern, daß er uns eine Gefälligkeit erwiesen hat. Doch gesetzt den Fall, daß wir durch einen Prozeß, bei dem es sich natürlich nur um einen Prozeß allgemeiner und nicht moralischer Überlegungen handelt, zu der Erkenntnis gelangen, daß wir mit der geplanten Handlung das Ergebnis A in einer Beziehung B herbeiführen werden, dann erkennen wir die Verpflichtung unmittelbar oder direkt, wobei diese Erkenntnis eine Tätigkeit des *moralischen* Denkens ist. Wie erkennen zum Beispiel, daß wir dem X, der uns einen Dienst erwiesen hat, die genannte Gefälligkeit gerade deshalb erweisen sollten, weil es sich um eine Gefälligkeit gegenüber jemandem handelt, der dem potentiellen Handelnden einen Dienst erwiesen hat. Diese Erkenntnis ist unmittelbar, und zwar in genau demselben Sinn, in dem eine mathematische Erkenntnis unmittelbar ist, zum Beispiel die Erkenntnis, daß diese dreiseitige Figur deshalb, weil sie dreiseitig ist, drei Winkel haben muß. Beide Erkenntnisse sind in dem Sinne unmittelbar, als uns in beiden der Einblick in die Natur des jeweiligen

Gegenstandes unmittelbar zu der Erkenntnis führt, daß ihm das entsprechende Prädikat zukommt, und man stellt diese Tatsache lediglich von der anderen Seite aus fest, wenn man sagt, daß in beiden Fällen die erkannte Tatsache evident ist.

Die Plausibilität der Ansicht, daß Verpflichtungen nicht evident sind, sondern begründet werden müssen, liegt in der Tatsache, daß eine als »Verpflichtung« bezeichnete Handlung vielleicht unvollständig angegeben ist, was meiner Darstellung zufolge heißt, daß die Präliminarien für die Erkenntnis der Verpflichtung unvollständig sind. Wenn wir zum Beispiel die Handlung, sich gegenüber X mit einem Geschenk zu revanchieren, lediglich als »Dem-X-Ein-Geschenk-Machen« bezeichnen, so scheint es – und ist es tatsächlich – notwendig, einen Grund anzugeben. M. a. W., immer wenn eine moralische Handlung in dieser unvollständigen Weise betrachtet wird, ist die Frage »*Warum* soll ich es tun?« völlig berechtigt. Diese Tatsache legt – fälschlicherweise – nahe, daß es selbst dann, wenn die Art der Handlung vollständig angegeben ist, immer noch notwendig ist, einen Grund anzugeben oder, m. a. W., einen Nachweis zu erbringen.

Die in Verpflichtungen verschiedenster Art involvierten Beziehungen sind natürlich selbst sehr unterschiedlich. In gewissen Fällen handelt es sich bei dieser Beziehung um eine Beziehung zu anderen, die aus einer – von ihnen oder von uns vollzogenen – zurückliegenden Handlung resultiert. Die Verpflichtung, sich für einen Gefallen zu revanchieren, involviert eine Beziehung, die aus einer zurückliegenden Handlung dessen, der uns den Gefallen erwiesen hat, resultiert. Die Verpflichtung, eine Rechnung zu bezahlen, involviert eine Beziehung, die aus einer – von uns vollzogenen – zurückliegenden Handlung resultiert, bei der wir entweder gesagt oder zumindest zu verstehen gegeben haben, daß wir für etwas, das wir verlangt und erhalten haben, eine bestimmte Gegenleistung erbringen würden. Auf der anderen Seite impliziert die Verpflichtung, die Wahrheit zu sagen, keine derart bestimmte Handlung. Sie involviert eine Beziehung, die darin besteht, daß andere darauf vertrauen, daß wir die Wahrheit sagen, eine Beziehung also, deren Erkenntnis das Gefühl hervorruft, daß wir es ihnen schuldig sind, die Wahrheit zu sagen. Auch die Verpflichtung, die Gefühle eines anderen nicht zu verletzen, involviert keine spezielle Beziehung zwischen uns und dem anderen, d. h. keine andere Beziehung als jene, die dadurch gegeben ist, daß wir beide Menschen sind, und zwar Menschen in ein und derselben Welt. Es scheint zudem, daß die in einer Verpflichtung involvierte Beziehung nicht unbedingt eine Beziehung zu einem anderen zu sein braucht. So sollten wir akzeptieren, daß es eine Verpflichtung gibt, unsere natürliche Ängstlichkeit oder Habsucht zu überwinden, und daß dies keine Beziehungen zu anderen involviert. Dennoch ist auch hier eine Beziehung involviert, nämlich eine Beziehung zu unserer eigenen Disposition. Daß es unsere Sache ist, auf unsere Disposition positiv einzuwirken und nicht die Sache anderer oder zumindest nicht in demselben Maße, hat seinen Grund einfach darin, daß sie zwar von uns aber nicht von anderen direkt modifiziert werden kann.

Die negative Seite von all dem ist natürlich, daß wir nicht durch eine *Argumentation* d. h. durch nicht-moralische Überlegungen zur Erkenntnis einer Verpflichtung gelangen, und dies insbesondere nicht durch eine Argumentation, die als Prämisse die ethische aber nicht moralische Erkenntnis, daß die Handlung oder eine Konsequenz der Handlung gut ist, enthält; d. h., daß unser Gefühl, daß eine Handlung richtig ist, aus der Erkenntnis folgt, daß sie oder irgendetwas anderes gut ist.

Es wird wahrscheinlich eingewendet werden, daß nach dieser Auffassung unsere verschiedenartigen Verpflichtungen ähnlich wie Aritoteles' Kategorien ein zusammenhangloses Chaos bilden, mit dem man sich unmöglich zufriedengeben kann. Denn danach setzt die Verpflichtung, sich für einen Gefallen zu revanchieren, oder seine Schulden zu bezahlen oder ein Versprechen zu halten, eine vorhergehende Handlung eines anderen voraus; bei der Verpflichtung, die Wahrheit zu sagen oder einem anderen keinen Schaden zuzufügen, ist dies dagegen nicht der Fall. Die Verpflichtung, unsere Ängstlichkeit abzubauen, wiederum involviert überhaupt keine Beziehungen zu anderen. Doch man hat auf jeden Fall ein wirksames *argumentum ad hominem* in der Tatsache, daß die verschiedenen Eigenschaften, die wir als gut anerkennen, z. B. Mut, Bescheidenheit, Wißbegierde genausowenig miteinander zusammenhängen. Wenn sich, wie es deutlich der Fall ist, ἀγαθά [gute Dinge] ἢ ἀγαθά [qua gute Dinge] voneinander unterscheiden, warum sollten sich nicht Verpflichtungen qua ihres verpflichtenden Charakters genauso voneinander unterscheiden? Wenn dies nicht so wäre, könnte es außerdem letztlich nur eine einzige Verpflichtung geben, was offensichtlich den Tatsachen widerspricht.[7]

Einige Beobachtungen werden uns die Sache etwas klarer sehen lassen.

Erstens, da diese Auffassung ohnehin in expliziter Opposition zu jener Ansicht vorgebracht wurde, nach der, was richtig ist, davon abgeleitet wird, was gut ist, mag es den Anschein haben, als müsse sie selbst das Gegenteil davon involvieren, nämlich die Kantische Position, nach der sich, was gut ist, danach bestimmt, was richtig ist, nach der also eine gute Handlung deswegen gut ist, weil sie richtig ist. Dieser Schein trügt jedoch. Nach der vorgebrachten Auffassung liegt die Richtigkeit einer richtigen Handlung nämlich allein in der Handlung selbst, während das eigentliche Gut-Sein einer Handlung allein in ihrem Motiv liegt. Dies impliziert, daß eine moralisch gute Handlung nicht einfach deshalb moralisch gut ist, weil es eine richtige Handlung ist, sondern weil es eine richtige Handlung ist, die deshalb, weil sie richtig ist, d. h. aus einem Gefühl der Verpflichtung heraus vollzogen wurde. Und diese Implikation, das sei nebenbei bemerkt, scheint offenkundig richtig zu sein.

Zweitens, aus der Auffassung folgt: Wenn oder besser, soweit wir aus einem Gefühl der Verpflichtung handeln, verfolgen wir weder einen Zweck noch ein Ziel. Unter »Zweck« oder »Ziel« verstehen wir hier etwas, dessen Existenz wir wünschen, wobei uns dieser Wunsch dazu führt zu handeln. Gewöhnlich ist dieser Zweck etwas, das die Handlung herbeiführen wird, wie etwa, wenn wir uns umdrehen, um ein Bild anzusehen. Er kann jedoch auch in der Handlung selbst, d. h. im Herbeiführen von etwas liegen, wie etwa, wenn wir einen Golfball ins Loch befördern oder jemanden aus Rache töten.[8] Wenn wir nun unter einem Zweck etwas verstehen, dessen Existenz wir wünschen, wobei uns dieser Wunsch dazu führt zu handeln, dann verfolgen wir, soweit wir aus einem Gefühl der Verpflichtung handeln, sicherlich keinen Zweck – weder einen, der in der Handlung selbst, noch einen, der in einer ihrer Folgen besteht. Dies ist so offensichtlich, daß es kaum erwähnenswert scheint. Daß ich dennoch darauf hinweise, hat zwei Gründe. (1) Wenn wir uns die Bedeutung der Ausdrücke »Ziel« und »Zweck« nicht genau ansehen, dann ist es leicht möglich, daß wir unkritisch unterstellen, daß jede überlegte Handlung, d. h. jede eigentliche Handlung einen Zweck haben muß. Wir stehen dann in jedem Fall vor einem Rätsel: sowohl wenn wir nach dem Zweck einer Handlung suchen, die aus einem Gefühl der Verpflichtung ausgeführt wurde, als auch wenn wir auf solch eine Handlung die Zweck-Mittel-Unterscheidung anzuwenden versuchen. In Wahrheit sieht es nämlich stets so aus: Da es keinen Zweck gibt, gibt es auch kein Mittel. (2) Bei dem Versuch, das Gefühl der Verpflichtung darauf zu gründen, daß wir etwas als gut erkennen, handelt es sich in Wirklichkeit um einen Versuch, in einer moralischen Handlung einen Zweck zu finden, und zwar in der Gestalt von etwas Gutem, das wir als etwas Gutes wollen. Und die Erwartung, daß einer Verpflichtung die Tatsache, daß etwas gut ist, zugrunde liegt, besteht nur so lange, wie wir nach einem Zweck suchen.

Die These, daß wir, soweit wir aus einem Gefühl der Verpflichtung handeln, keinen Zweck verfolgen, darf jedoch nicht mißverstanden werden. Sie darf nicht so verstanden werden, als würde sie bedeuten oder implizieren, daß wir, soweit wir so handeln, kein *Motiv* besitzen. Zweifellos werden die Wörter »Motiv« und »Absicht« im normalen Sprachgebrauch gewöhnlich als Korrelate behandelt: »Motiv« steht für den Wunsch, der uns zum Handeln führt, und »Zweck« steht für das Objekt dieses Wunsches. Doch dies hat seinen Grund lediglich darin, daß wir bei der Suche nach dem Motiv der Handlung, etwa eines Verbrechens, gewöhnlich voraussetzen, daß die betreffende Handlung aus einem Wunsch und nicht aus dem Gefühl der Verpflichtung resultierte. Im Grunde verstehen wir jedoch unter einem Motiv das, was uns zum Handeln bewegt. In der Tat hat auch ein Gefühl der Verpflichtung manchmal diese Funktion, und unserem normalen Empfinden nach würden wir ohne Zögern zulassen, daß das Motiv einer Handlung ein Gefühl der Verpflichtung gewesen sein könnte. Wunsch und Gefühl der Verpflichtung sind beides Formen oder Arten von Motiven.

Drittens, wenn die vorgebrachte Auffassung richtig ist, so muß man zwischen moralisch und tugendhaft als unabhängigen, wenn auch miteinander verwandten Arten des Gut-Seins scharf unterscheiden. Keines von beiden ist dann ein Aspekt von etwas, an dem auch das andere ein Aspekt ist; das eine ist auch nicht eine Form oder Art des anderen, noch ist das eine aus dem anderen deduzierbar. Gleichzeitig muß man zulassen, daß ein und dieselbe Handlung entweder tugendhaft oder moralisch oder beides sein kann. Und dies ist sicherlich richtig. Wie Aristoteles sah, muß eine Handlung, um tugendhaft zu sein, willentlich oder gern getan werden; als solche wird sie dann eben nicht aus einem Gefühl der Verpflichtung getan, sondern aus einem Wunsch, der an sich gut ist, da er aus einem an sich guten Gefühl resultiert. So ist das Motiv für einen Akt der Großmut der aus einem Mitgefühl für einen anderen resultierende Wunsch, diesem zu helfen; in einer Handlung, die nur tapfer ist und nicht mehr, d. h. in einer Handlung, die nicht gleichzeitig ein Akt der Solidarität oder Vaterliebe oder ähnliches ist, lassen wir es nicht zu, daß wir von Angstgefühlen beherrscht werden, und der Wunsch, das zu tun, kommt daher, daß man sich schämt, Angst zu haben. Das Gut-Sein einer solchen Handlung ist jedoch etwas anderes als das Gut-Sein einer Handlung, auf die wir den Ausdruck »moralisch« im strengen und engen Sinn anwenden, einer Handlung also, die aus einem Gefühl der Verpflichtung getan wird. Daß erstere gut ist, liegt daran, daß das Gefühl und der darauffolgende Wunsch an sich gut sind, und das Gut-Sein dieses Motivs ist etwas anderes als das Gut-Sein des eigentlichen moralischen Motivs, nämlich des Gefühls der Pflicht oder Verpflichtung. Dennoch kann zumindest in gewissen Fällen eine Handlung entweder tugendhaft oder moralisch oder beides sein. Man kann sich für einen Gefallen revanchieren entweder aus dem Wunsch, sich dafür zu revanchieren oder aus dem Gefühl, daß man es tun sollte, oder aus beiden Motiven zugleich. Ein Arzt kann sich um seine Patienten kümmern entweder aus einem Wunsch, der einem Interesse an seinen Patienten oder an der Ausübung seiner Fähigkeiten entstammt, oder aus einem Gefühl der Pflicht oder sowohl aus einem Wunsch als auch aus einem Gefühl der Pflicht. Außerdem, selbst wenn wir erkennen, daß die Handlung in jedem Fall an sich gut ist, halten wir jene Handlung für die beste, in der beide Motive zugleich vorliegen. M. a. W., wir halten denjenigen für den wirklich Besten, in dem Tugend und Moralität vereint sind.

Es mag der Einwand gebracht werden, daß die Unterscheidung zwischen den beiden Arten von Motiven unhaltbar ist, und zwar aus dem Grunde, weil zum Beispiel der *Wunsch*, sich für einen Gefallen zu revanchieren, lediglich die Manifestation dessen ist, was sich selbst als das *Gefühl der Verpflichtung* sich zu revanchieren manifestiert, und zwar immer dann, wenn wir statt an die mit der Handlung verbundene Erkenntlichkeit an die damit verbundenen Unannehmlichkeiten – etwa einen Verlust oder Mühen – denken. Ich glaube jedoch, es läßt sich zeigen, daß die Unterscheidung haltbar ist. Im analogen Fall der Rache nämlich, besteht zwischen dem Wunsch, das Unrecht zurückzuzahlen und dem Gefühl, daß man das nicht tun sollte, – beides führt ja in jeweils entgegengesetzte Richtungen – in der Tat ein klarer Unterschied; und die Deutlichkeit dieses Unterschiedes macht es unproblematisch, zwischen dem Wunsch, sich für eine Wohltat zu revanchieren und dem Gefühl, daß man dies tun sollte, einen parallelen Unterschied anzunehmen.[9]

Die genannte Auffassung impliziert ferner, daß eine Verpflichtung ebensowenig auf eine Tugend gegründet bzw. aus dieser abgeleitet werden kann, wie eine Tugend aus einer Verpflichtung abgeleitet werden kann. Im letzteren Fall würde eine Tugend darin bestehen, daß man einer Verpflichtung nachkommt. Die genannte Implikation ist sicher richtig und auch von Bedeutung. Nehmen wir den Fall der Tapferkeit. Es ist nicht richtig, wenn man anführt, daß wir tapfer handeln sollten, weil Tapferkeit eine Tugend ist. Dies ist und muß unrichtig sein, da, wie wir am Ende sehen werden, das Gefühl einer Verpflichtung, tapfer zu handeln, eine Kontradiktion involvieren würde. Wie ich an früherer Stelle betont habe, können wir nämlich nur eine Verpflichtung fühlen zu *handeln*; wir können nicht eine Verpflichtung fühlen, *aus einem bestimmten Wunsch zu handeln*, in diesem Fall etwa dem Wunsch, seine Angstgefühle zu überwinden – ein Wunsch, der daher kommt, daß wir uns dieser Angstgefühle schämen. Wenn außerdem das Gefühl der Verpflichtung, in einer bestimmten Weise zu handeln, zu einer Handlung führt, dann wird es eine Handlung sein, die aus einem Gefühl der Verpflichtung getan wird und infolgedessen – falls die obige Analyse der Tugend richtig ist – kein Akt der Tapferkeit ist.

Die irrtümliche Annahme, es könne eine Verpflichtung geben, tapfer zu handeln, scheint zwei Ursachen zu haben. Erstens gibt es oft eine Verpflichtung zu Handlungen, die die Überwindung und Kontrolle der dabei auftretenden Furcht involvieren, zum Beispiel die Verpflichtung, an einem Abgrund entlang zu gehen, um für ein Familienmitglied einen Arzt zu holen. Hier ist das Handeln gemäß der Verpflichtung äußerlich – wenn auch nur äußerlich – dasselbe wie ein wirklicher Akt der Tapferkeit. Zweitens gibt es eine Verpflichtung, tapfer zu werden, d. h. solche Dinge zu tun, die uns dazu befähigen, später tapfer zu handeln, und dies wird vielleicht mit einer Verpflichtung, tapfer zu handeln, verwechselt. Dieselben Überlegungen lassen sich natürlich *mutatis mutandis* auch bei den anderen Tugenden anstellen.

Die Tatsache – falls es eine ist –, daß Tugend keine Grundlage für Moralität ist, kann erklären, was ansonsten sehr schwierig zu erklären ist, nämlich das extreme Gefühl der Unzufriedenheit, das eine genaue Lektüre der Aristotelischen *Ethik* hervorruft. Warum ist die *Ethik* so enttäuschend? Ich glaube, nicht deshalb, weil sie zwei grundverschiedene Fragen so beantwortet, als ob es sich um ein und dieselbe Frage handeln würde, nämlich: (1) »Worin besteht das glückliche Leben?« und (2) »Worin besteht das tugendhafte Leben?« Der Grund liegt vielmehr darin, daß Aristoteles nicht das tut, was wir als Moralphilosophen von ihm erwarten würden, nämlich uns davon zu überzeugen, daß wir das, was wir unserer bisherigen unreflektierten Überzeugung nach tun sollten, tatsächlich tun sollten, bzw. uns andernfalls zu sagen, was denn die anderen Dinge sind – falls es solche gibt –, die wir wirklich tun sollten, und uns zu beweisen, daß er recht hat. Nun, wenn das stimmt, was ich eben behauptet habe, dann kann eine systematische Darstellung des tugendhaften Charakters dieses Verlangen unmöglich erfüllen. Sie kann uns bestenfalls nur die Details einer einzigen Verpflichtung klarmachen, nämlich der, daß wir uns zu besseren Menschen machen. Doch dadurch erfahren wir noch nicht, was wir im Leben als Ganzem tun sollten, und warum. Die Annahme, wir würden das dadurch erfahren, käme der Annahme gleich, daß Selbst-Vervollkommnung unsere einzige Aufgabe im Leben ist. Es ist daher nicht überraschend, daß uns Aristoteles' Darstellung des guten Menschen fast nur von akademischem Wert erscheint, mit geringem Bezug auf das, was wir wirklich wissen wollen und was Platon wie folgt formuliert: οὐ γὰρ περὶ τοῦ ἐπιτυχόντος ὁ λόγος, ἀλλὰ περὶ τοῦ ὄντινα τρόπον χρὴ ζῆν. [Denn es ist nicht von etwas Beliebigem die Rede, sondern davon, auf welche Weise man leben soll.]

Ich *kritisiere* Aritoteles hier natürlich nicht deshalb, weil er diesem Verlangen nicht Genüge leistet, sondern nur insofern, als er uns hier und da glauben macht, er beabsichtige, es zufriedenzustellen. Denn meine Hauptthese lautet, daß dieses Verlangen nicht erfüllt werden kann, und zwar deshalb nicht, weil es illegitim ist. Somit drängt sich die Frage auf: »Gibt es überhaupt so etwas wie Moralphilosophie, und wenn ja, in welchem Sinne?«

Wir sollten zuerst den – wie es scheint – parallelen Fall der Erkenntnistheorie betrachten. Wie bereits an früherer Stelle betont, führt bei jedem von uns, der einigermaßen reflektiert ist, die Häufigkeit der eigenen und der Irrtümer anderer irgendwann einmal zwangsläufig zu der Überlegung, daß wir uns alle infolge irgendeiner fundamentalen Unvollkommenheit unserer Fähigkeiten *immer* geirrt haben könnten. Eine Folge davon ist, daß gewisse Dinge, von denen wir vorher ohne Zögern gesagt hätten, daß wir sie *wüßten* wie z. B. daß 4 x 7 = 28, plötzlich Zweifeln ausgesetzt sind; wir können nur noch sagen, wir glaubten, wir wüßten sie. Zwangsläufig folgt ein Suchen nach irgendeiner allgemeinen Methode, mit der wir uns dessen versichern können, daß ein bestimmter Zustand des Geistes tatsächlich ein Zustand des Wissens ist. Und dies wiederum involviert die Suche nach einem Kriterium des Wissens, d. h. nach einem Prinzip, durch dessen Anwendung wir entscheiden können, daß ein bestimmter Zustand des Geistes tatsächlich Wissen ist. Die Suche nach diesem Kriterium und, wenn es gefunden ist, seine Anwendung wird »Erkenntnistheorie« genannt. Diese Suche impliziert nun folgendes: Das Wissen, daß A B ist, erhält man nicht direkt, indem man sich die Natur von A und B ansieht, das Wissen, daß A B ist, erlangt man in dem vollen oder vollständigen Sinn vielmehr nur dadurch, daß man zuerst weiß, daß A B ist, und dann – durch die Anwendung eines Kriteriums, wie etwa des Descartes'schen Prinzips, daß das wahr ist, was wir klar und deutlich erkennen – weiß, daß man es weiß.

Nun läßt sich leicht zeigen, daß der auf diesem spekulativen oder allgemeinen Fundament basierende Zweifel, ob A B ist, wenn er wirklich echt ist, niemals beseitigt werden könnte. Denn wenn man, um wirklich zu wissen, daß A B ist, zuerst wissen muß, daß man es weiß, dann muß man, um zu wissen, daß man es weiß, natürlich zuerst wissen, daß man weiß, daß man es weiß. Doch – und das ist wichtiger – es läßt sich ebenso leicht zeigen, daß dieser Zweifel gar kein echter Zweifel ist, sondern auf einer Konfusion beruht, deren Aufdeckung den Zweifel beseitigt. Denn wenn wir *sagen*, wir zweifeln daran, daß wir uns tatsächlich in einem Zustand des Wissens befanden, so *meinen* wir damit, wenn wir überhaupt etwas damit meinen, daß wir daran zweifeln, daß unsere vorherige *Annahme richtig* war, eine Annahme, die sich so beschreiben ließe: wir *glaubten,* daß A B ist. Um daran zu zweifeln, daß unser vorheriger Zustand ein Zustand des Wissens war, dürfen wir ihn nicht für ein Wissen, sondern nur für eine Annahme halten, und unsere Frage kann dann lediglich lauten: »War diese Annahme richtig?« Doch sobald wir sehen, daß wir unseren vorherigen Zustand eigentlich nur für einen Zustand des Glaubens halten, sehen wir auch, daß das, woran wir nun zweifeln, nicht dasselbe ist, wie das, wovon wir zuerst *sagten*, daß wir daran zweifeln, nämlich daß ein vorangehender Zustand des Wissens wirklich ein Wissen war. Um den Zweifel zu beseitigen, sind lediglich zwei Dinge notwendig: einmal, daß wir die wirkliche Natur unserer Überzeugung, z. B. daß $7 \times 4 = 28$, richtig einschätzen und dadurch sehen, daß es sich nicht bloß um einen Zustand des Glaubens, sondern um einen Zustand des Wissens gehandelt hat, zum anderen, daß wir feststellen, daß wir in dem darauffolgenden Zweifel in Wirklichkeit gar nicht daran gezweifelt haben, daß diese Überzeugung wirklich ein Wissen war, sondern vielmehr daran, daß eine Überzeugung anderer Art, nämlich eine Annahme, daß $7 \times 4 = 28$, richtig war. Wir sehen dann, daß ein auf spekulativen Fundamenten basierender Zweifel zwar möglich ist, daß von diesem Zweifel aber nicht das betroffen ist, was unserer ursprünglichen Ansicht nach davon betroffen war, und wir sehen weiterhin, daß ein Zweifel dieser letzteren Art unmöglich ist.

Daraus ergeben sich zwei Schlußfolgerungen. Erstens, wenn wir, wie es gewöhnlich der Fall ist, unter »Erkenntnistheorie« jenes Wissen verstehen, das die Antwort auf die Frage »Ist das, was wir bisher für Wissen hielten, tatsächlich ein Wissen?« liefert, dann gibt es so etwas nicht und kann es nicht geben, und die Annahme, es könne etwas derartiges geben, beruht einfach auf einer Konfusion. Es kann keine Antwort auf eine illegitime Frage geben, es sei denn die, daß die Frage illegitim ist. Dennoch handelt es sich hier um eine Frage, die wir so lange stellen werden, solange wir die zwangsläufige Unmittelbarkeit des Wissens nicht erkannt haben. Und es ist ein definitives Wissen, das uns sagt, daß Wissen unmittelbar ist und durch das weitere Wissen, daß es Wissen war, weder verbessert oder bestätigt werden kann noch verbessert oder bestätigt zu werden braucht. Dieses definitive Wissen beseitigt den zwangsläufigen Zweifel, und sofern unter »Erkenntnistheorie« dieses Wissen zu verstehen ist, kann man – selbst wenn dieses Wissen nur das Wissen ist, daß es keine Erkenntnistheorie in dem früheren Sinne gibt – sagen, daß es in diesem Sinne Erkenntnistheorie gibt.

Zweitens, angenommen wir zweifeln einmal wirklich daran, daß zum Beispiel $7 \times 4 = 28$, und angenommen dies hat seinen Grund in einem echten Zweifel daran, daß unsere gestrige Annahme, $7 \times 4 =$

28, richtig war, einem Zweifel, der tatsächlich nur aufkommen kann, wenn wir die wirkliche Natur unserer gestrigen Überzeugung nicht mehr parat haben, d. h. uns nicht mehr daran erinnern können und daher der Ansicht sind, wir hätten das alles nur geglaubt. Es ist klar, daß das einzige Mittel, diesen Zweifel zu beseitigen, darin besteht, es noch einmal auszurechnen. Oder, um der Sache eine allgemeine Form zu verleihen: Wenn wir einmal daran zweifeln, daß es wahr ist, daß A, wie wir einmal dachten, B ist, dann liegt das Mittel, diesen Zweifel zu beseitigen, nicht in irgendeinem Reflexionsprozeß, sondern darin, daß wir jene Untersuchung der Natur von A und B, die zu dem Wissen führt, daß A B ist, nochmal anstellen.

Betrachten wir vor dem Hintergrund dieser Überlegungen die Parallele, wie sie, so scheint mir – wenn auch mit gewissen Unterschieden –, die Moralphilosophie aufweist. Das Gefühl, daß wir gewisse Dinge tun sollten, entsteht in unserer unreflektierten Überzeugung und ist eine Tätigkeit des moralischen Denkens, die durch die verschiedenen Situationen, in denen wir uns vorfinden, ausgelöst wird. Auf dieser Stufe ist unsere Einstellung zu diesen Verpflichtungen durch blindes Vertrauen gekennzeichnet. Doch in dem Maße, in dem wir erkennen, daß die Erfüllung dieser Verpflichtungen unseren Interessen widerspricht, entsteht zwangsläufig der Zweifel, ob diese Verpflichtungen letztlich wirklich obligatorisch sind, d. h. ob unser Gefühl, daß wir gewisse Dinge nicht tun sollten, nicht eine Täuschung ist. Wir wollen dann *bewiesen* haben, daß wir so handeln sollten, d. h. wir wollen davon überzeugt werden, und zwar durch einen Prozeß, der als Argumentationsprozeß von anderer Art ist als unsere ursprüngliche und unreflektierte Erkenntnis. Dieses Verlangen ist, wie ich zu zeigen versuchte, illegitim.

Es folgt daher erstens: Wenn, wie es fast überall der Fall ist, unter »Moralphilosophie« jenes Wissen zu verstehen ist, das dieses Verlangen erfüllen würde, dann gibt es kein solches Wissen, und alle Versuche, es zu erlangen, sind zum Scheitern verurteilt, weil sie auf einem Irrtum beruhen, nämlich dem Irrtum zu glauben, man könne beweisen, was nur direkt durch einen Akt moralischen Denkens erfaßt werden kann. Trotzdem stellt sich dieses Verlangen – obwohl illegitim – zwangsläufig so lange ein, wie wir den Reflexionsprozeß nicht weit genug getrieben haben, um uns der Evidenz unserer Verpflichtungen, d. h. der Unmittelbarkeit ihrer Wahrnehmung, bewußt zu werden. Diese Erkenntnis ihrer Evidenz ist definitives Wissen, und soweit – und nur soweit – der Ausdruck »Moralphilosophie« auf dieses Wissen und auf das Wissen von der parallelen Unmittelbarkeit, mit der das Gut-sein der verschiedenen Tugenden und gute Dispositionen allgemein wahrgenommen werden, beschränkt ist, soweit gibt es so etwas wie Moralphilosophie. Aber da dieses Wissen Zweifel beseitigen kann, die oft das gesamte Leben beeinflussen, ist es, wenn auch nicht umfassend, so doch wichtig und sogar lebenswichtig.

Zweitens, angenommen wir zweifeln einmal wirklich daran, ob wir zum Beispiel unsere Schulden bezahlen sollten, und angenommen dies hat seinen Grund in einem echten Zweifel daran, ob unsere frühere Überzeugung, daß wir es tun sollten, richtig ist, einem Zweifel also, der tatsächlich nur aufkommen kann, wenn wir uns an die wirkliche Natur dessen, was wir jetzt unsere vergangene Überzeugung nennen, nicht mehr erinnern. Das einzige Mittel, diesen Zweifel zu beseitigen, liegt darin, daß wir uns in eine Situation begeben, die diese Verpflichtung nach sich zieht, oder – falls unsere Phantasie stark genug ist – uns vorstellen, wir wären in dieser Situation, und dann die moralischen Fähigkeiten unseres Denkens das ihre tun lassen. Oder, um der Sache eine allgemeine Form zu verleihen: Wenn wir tatsächlich daran zweifeln, ob es wirklich eine Verpflichtung gibt, A in einer Situation B herbeizuführen, dann liegt das Mittel, diesen Zweifel zu beseitigen, nicht in irgendeinem generellen Denkprozeß, sondern in der unmittelbaren Konfrontation mit einem speziellen Beispiel für die Situation B und der darauffolgenden direkten Erkenntnis der Verpflichtung, in dieser Situation A herbeizuführen.

1 Vgl. Rashdalls *Theory of Good and Evil*, vol. i, S. 138.
2 Rashdell, wenn ich ihn richtig verstehe, fügt dieses Zwischenglied ein (vgl. ibid. S. 135-6).
3 Wenn wir etwas »gut« nennen, z. B. irgendein Gefühl oder irgendeine Eigenschaft eines Menschen, dann denken wir normalerweise nicht im Traum daran zu sagen, daß es sein sollte.
4 Man beachte: Wäre die Tatsache, daß Schmerz etwas Schlechtes ist, der Grund dafür, daß wir anderen keine Schmerzen zufügen sollten, so wäre dies gleichermaßen ein Grund dafür, daß wir uns selbst keine Schmerzen zufügen sollten. Doch wenn wir auch sagen würden, daß es Dummheit

ist, sich selbst mutwillig Schmerzen zuzufügen, käme uns nicht der Gedanke, es als falsch zu beschreiben.

5 Es ist, glaube ich, dieses letztere »Horn« des Dilemmas, dem Martineau's Auffassung zum Opfer fällt. Vgl. *Types of Ethical Theory*, Teil II, Buch I.

6 Es wird hier natürlich nicht bestritten, daß eine Handlung, die aus einem bestimmten Motiv vollzogen wurde, *gut* sein kann; es wird lediglich bestritten, daß die *Richtigkeit* einer Handlung davon abhängt, daß sie aus einem bestimmten Motiv vollzogen wurde.

7 Zwei Einwände seien vorweggenommen: (1) daß Verpflichtungen nicht unmittelbar evident sein können, da viele Handlungen, die von den einen als Verpflichtungen angesehen werden, von anderen nicht so gesehen werden, und (2) daß das Problem, wie man angesichts kollidierender Verpflichtungen handeln sollte, unlösbar ist, wenn Verpflichtungen unmittelbar evident sind. Auf den ersten Einwand würde ich erwidern:
(a) Daß die Erkenntnis einer Verpflichtung nur einem entwickelten moralischen Wesen möglich ist, und daß unterschiedliche Entwicklungsstufen möglich sind.
(b) Daß ein Nicht-Erkennen einer bestimmten Verpflichtung gewöhnlich daher kommt, daß das, was ich die Präliminarien dieser Erkenntnis genannt habe, – infolge mangelnder Überlegung – unvollständig ist.
(c) Daß die vorgebrachte Auffassung mit dem Eingeständnis konsistent ist, daß selbst der beste Mensch – infolge mangelnder Überlegung – für viele seiner Verpflichtungen blind ist, und daß sich letztlich zeigt, daß unsere Verpflichtungen sich fast auf unser gesamtes Leben erstrecken. Auf den zweiten Einwand würde ich erwidern, daß Verpflichtung verschiedene Grade zuläßt und daß es im Falle kollidierender Verpflichtungen bei der Entscheidung, was wir tun sollten, nicht um die Frage geht, »Welche der alternativen Handlungen führt zum Besseren?«, sondern um die Frage, »Was ist die größere Verpflichtung?«.

8 Der Hinweis, eine Handlung könne nicht ihr eigener Zweck sein, da der Zweck einer Sache nicht in der Sache selbst bestehen kann, stellt keinen Einwand dar. Denn strenggenommen besteht der Zweck nicht in dem Zweck der *Handlung*, sondern in dem Zweck, den *wir* damit verfolgen, und es liegt kein Widerspruch in der Auffassung, daß der Zweck, den wir mit unserem Handeln verfolgen, in der Handlung selbst bestehen kann.

9 Diese scharfe Unterscheidung zwischen Tugend und Moralität als koordinierten und unabhängigen Formen des Gut-seins wird eine Tatsache erklären, die ansonsten schwierig zu erklären ist. Wenn wir uns nach der Lektüre von Büchern über Moralphilosophie einmal irgendeine lebendige Darstellung menschlichen Lebens und Handelns – wie wir sie etwa bei Shakespeare finden – ansehen, dann werden wir wohl am meisten darüber erstaunt sein, wie wenig die moralphilosophischen Diskussionen mit den Tatsachen des konkreten Lebens zu tun haben. Kommt dies

nicht zum großen Teil daher, daß sich die Moralphilosophie – durchaus zu Recht – auf das Faktum der Verpflichtung konzentriert hat, daß jedoch unter denen, die wir am meisten bewundern und deren Leben von größtem Interesse ist, viele sind, in deren Leben das Gefühl der Verpflichtung zwar möglicherweise einen wichtigen aber keinen dominierenden Faktor darstellt?

V
W. K. Frankena
Der naturalistische Fehlschluß

Künftige Historiker, die sich mit »Denken und Ausdruck« des 20. Jahrhunderts befassen, werden zweifellos mit einem gewissen Schmunzeln von dem raffinierten Trick berichten, den einige Philosophen aus dem ersten Viertel dieses Jahrhunderts in ihren Auseinandersetzungen angewandt haben, nämlich: die Auffassungen ihrer Gegner als »Fehlschlüsse« zu bezeichnen. Sie werden wegen des klangvollen Titels, den ihnen ihre Erfinder gegeben haben, vielleicht sogar einige dieser angeblichen Fehlschlüsse aufzählen: den Fehlschluß der Anfangsprädikation, den Fehlschluß der einfachen Setzung, den Fehlschluß der falschen Konkretheit, den naturalistischen Fehlschluß.

Der berühmteste dieser – wirklichen oder vermeintlichen – Fehlschlüsse ist vielleicht der naturalistische Fehlschluß. Die Vertreter einer bestimmten ethischen Theorie, die in England vorherrschend ist und in Amerika fähige Repräsentanten gefunden hat und die je nachdem Objektivismus, Nicht-Naturalismus oder Intuitionismus genannt wird, haben ihren Gegnern häufig vorgeworfen, daß sie den naturalistischen Fehlschluß begingen. Einige dieser Gegner haben diesen Vorwurf entschieden zurückgewiesen, andere haben zumindest beiläufig ihren Kommentar dazu abgegeben, und im Großen und Ganzen gesehen hatte der Begriff eines naturalistischen Fehlschlusses in der ethischen Literatur eine ziemliche Verbreitung gefunden. Doch trotz seines Renommees wurde der naturalistische Fehlschluß nie ausführlich diskutiert, und aus diesem Grunde habe ich mich dazu entschlossen, hier eine Untersuchung darüber anzustellen. Ich hoffe dabei, gewisse Konfusionen zu klären, zu denen es im Zusammenhang mit dem naturalistischen Fehlschluß gekommen ist; mein Hauptinteresse besteht jedoch darin, die Kontroverse zwischen den Intuitionisten und ihren Gegnern von dem Begriff eines logischen oder quasi-logischen Fehlschlusses zu befreien und aufzuzeigen, wo das Problem wirklich liegt.

Daß der Begriff eines naturalistischen Fehlschlusses in der neueren Moralphilosophie eine solche Rolle spielt, ist ein weiterer Beweis für den großen Einfluß des Cambridger Philosophen G. E. Moore und seines Buches *Principia Ethica*. So spricht Taylor von dem »gängigen Fehler«, den Moore uns als den »naturalistischen Fehlschluß« aufgezeigt hat,[1] und G. S. Jury sagt unter Bezug auf naturalistische Definitionen von Wertausdrücken – als ob er zeigen wollte, wie gut wir diese Lektion gelernt haben – : »Keine dieser Definitionen entgeht dem Moore'schen Vorwurf des ›naturalistischen Fehlschlusses‹.«[2] Nun, Moore prägte den Begriff des naturalistischen Fehlschlusses im Rahmen seiner Polemik gegen naturalistische und metaphysische Ethiksysteme. Er schreibt, »daß der naturalistische Fehlschluß ein Fehlschluß ist«, und »daß es nicht zum naturalistischen Fehlschluß kommen darf«. Er sagt weiterhin, daß jedoch alle naturalistischen und metaphysischen Theorien der Ethik »in dem Sinne auf dem naturalistischen Fehlschluß *beruhen,* daß die Verwendung dieses Fehlschlusses der Hauptgrund ihrer weiten Verbreitung ist.«[3] Die beste Möglichkeit, sich ihrer zu entledigen, besteht daher darin, diesen Fehlschluß aufzudecken. Es ist jedoch nicht völlig klar, welchen Status der naturalistische Fehlschluß in der intuitionistischen Polemik gegen andere Theorien genau besitzt. Manchmal wird er als Waffe ins Feld geführt, etwa wenn Clarke sagt, daß man sich des naturalistischen Fehlschlusses schuldig macht, wenn man etwas einfach deshalb als gut bezeichnet, weil man es gerne mag.[4] Tatsächlich zeigt sich dieser Aspekt dem Leser in vielen Teilen der *Principia Ethica* selbst. Nun, wenn die Intuitionisten den naturalistischen Fehlschluß als Waffe verstehen, dann verwenden sie ihn so, als ob es sich – entsprechend dem Fehlschluß von den Teilen auf das Ganze – um einen logischen Fehlschluß handelte, dessen Aufdeckung naturalistische und metaphysische Ethiken erledigt und den Intuitionismus letztlich triumphieren läßt. D. h., man nimmt von vornherein an, daß es sich um einen Fehlschluß handelt, den man dann in Kontroversen anderen ankreiden kann. Doch es gibt Anzeichen in den *Principia Ethica*, nach denen der naturalistische Fehlschluß eine ganz andere Position in dem intuitionistischen Schema einnimmt und überhaupt nicht als Waffe verwendet werden sollte. Danach muß vielmehr erst bewiesen werden, daß der naturalistische Fehlschluß tatsächlich ein Fehlschluß ist. Er kann nicht zur Beilegung von Kontroversen verwendet werden, sondern kann erst dann als ein Fehlschluß hingestellt werden, wenn sich die Schwaden des Kampfes verzogen haben. Sehen wir uns die folgenden Passagen an: (a) »wie ich erklärt habe, besteht dieser Fehlschluß in der Behauptung, daß gut nichts *bedeutet* als einen einfachen oder zusammengesetzten Begriff, der im Sinne von natürlichen Eigenschaften definiert werden kann«; (b) »daß nämlich ›gut undefinierbar ist‹, und daß es zum Fehlschluß führt, dies zu leugnen, ist ein Punkt, der eines strengen Beweises fähig ist;«[5] diese Passagen scheinen zu implizieren, daß der Fehlschlußcharakter des naturalistischen Fehlschlusses gerade der strittige Punkt in der Kontroverse zwischen den Intuitionisten und ihren Gegnern ist und daher nicht als Waffe in dieser Kontroverse eingesetzt werden kann. Was ich u. a. in dieser Arbeit zeigen möchte, ist, daß der Vorwurf des naturalistischen Fehlschlusses wenn überhaupt, dann nur als Ergebnis dieser Diskussion erhoben werden kann und nicht als ein Mittel, sie zu entscheiden.

Der Begriff eines naturalistischen Fehlschlusses wurde mit dem Begriff einer Dichotomie zwischen »Sollen« und »Sein«, zwischen Wert und Tatsache, zwischen dem Normativen und dem Deskriptiven verknüpft. So sagt D. C. Williams, daß einige Ethiker es für angebracht hielten, den Versuch, das Sollen aus dem Sein abzuleiten, als den naturalistischen Fehlschluß zu brandmarken.[6] Wir beginnen daher am besten mit einer Betrachtung dieser Dichotomie, deren Hervorhebung durch Sidgwick, Sorley und andere zum großen Teil eine Reaktion auf das Vorgehen von Mill und Spencer darstellte. Hume bringt für diese Dichotomie in seinem Traktat vor: »ich kann nicht umhin, diesen Betrachtungen eine Bemerkung hinzuzufügen, der man vielleicht einige Wichtigkeit nicht absprechen wird. In jedem Moralsystem, das mir bisher vorkam, habe ich immer bemerkt, daß der Verfasser eine Zeitlang in der gewöhnlichen Betrachtungsweise vorgeht, das Dasein Gottes feststellt oder Beobachtungen über menschliche Dinge vorbringt. Plötzlich werde ich damit überrascht, daß mir anstatt der üblichen Verbindungen von Worten mit »*ist*« und »*ist nicht*« kein Satz mehr begegnet, in dem nicht ein »*sollte*« oder »*sollte nicht*« sich fände.

Dieser Wechsel vollzieht sich unmerklich; aber er ist von größter Wichtigkeit. Dies *sollte* oder *sollte nicht* drückt eine neue Beziehung oder Behauptung aus, muß also notwendigerweise beachtet und erklärt werden. Gleichzeitig muß ein Grund angegeben werden für etwas, das sonst ganz unbegreiflich scheint, nämlich dafür, wie diese neue Beziehung zurückgeführt werden kann auf andere, die von ihr ganz verschieden sind. Da die Schriftsteller diese Vorsicht meistens nicht ganz gebrauchen, so erlaube ich mir, sie meinen Lesern zu empfehlen; ich bin überzeugt, daß dieser kleine Akt der Aufmerksamkeit alle gewöhnlichen Moralsysteme umwerfen und zeigen würde, daß die Unterscheidung von Laster und Tugend nicht in der bloßen Beziehung der Gegenstände begründet ist, und nicht durch die Vernunft erkannt wird.«[7]

Unnötig zu sagen, daß die Intuitionisten dieser Beobachtung einige Bedeutung beigemessen *haben*.[8] Sie stimmen mit Hume darin überein, daß sie alle gewöhnlichen Moralsysteme umwirft, wenn sie auch natürlich leugnen, daß sie uns erkennen läßt, daß die Unterscheidung von Laster und Tugend nicht in der Beziehung der Gegenstände begründet ist, und auch nicht durch die Vernunft erkannt wird. Sie vertreten dagegen die Ansicht, daß dieser kleine Akt der Aufmerksamkeit Humes eigenes System ebenfalls umwirft, da dieses naturalistische Definitionen von Tugend und Laster und von Gut und Böse liefert.[9]

Worauf es Hume ankommt, ist, daß sich ethische Schlußfolgerungen nicht aus nicht-ethischen Prämissen gültig ableiten lassen. Doch wenn die Intuitionisten der Sein/Sollen-Dichotomie zustimmen, so meinen sie damit mehr als nur, daß ethische Sätze nicht aus nicht-ethischen deduziert werden können. Denn diese Schwierigkeit in den gewöhnlichen Moralsystemen ließe sich, wie wir sehen werden, durch die Einführung von Definitionen ethischer durch nicht-ethische Begriffe beheben. Sie meinen darüber hinaus, daß solche Definitionen ethischer durch nicht-ethische Begriffe unmöglich sind. »Worauf es wesentlich ankommt«, sagt Laird, »ist die Irreduzibilität von Werten auf Nicht-Werte.«[10] Doch sie meinen noch mehr damit. »Gelb« und »angenehm« sind nach Moore durch nicht-ethische Ausdrücke nicht definierbar, dennoch handelt es sich um natürliche Eigenschaften, die auf die »Sein«-Seite der Abgrenzung gehören. Ethische Eigenschaften sind jedoch für ihn nicht bloß undefinierbare natürliche – deskriptive oder expositive – Eigenschaften. Es handelt sich dabei um eine andere *Art* von Eigenschaften – um nicht-deskriptive oder nicht-natürliche Eigenschaften.[11] Die intuitionistische Dichotomie besteht aus drei Feststellungen:

(1) Ethische Sätze sind nicht aus nicht-ethischen deduzierbar.[12]

(2) Ethische Eigenschaften sind nicht mit Hilfe nicht-ethischer Eigenschaften definierbar.

(3) Ethische Eigenschaften sind von anderer Art als nicht-ethische Eigenschaften.

In Wirklichkeit besteht sie jedoch nur aus einer einzigen Feststellung, nämlich (3), da (2) aus (3) und (1) aus (2) folgt. Sie beinhaltet nicht, daß alle ethischen Eigenschaften absolut undefinierbar sind. Dies ist wieder ein ganz anderes Problem, obwohl das nicht immer gesehen wird.

Was hat nun der naturalistische Fehlschluß mit der Sein/Sollen-Dichotomie zu tun? Zunächst besteht der Zusammenhang darin: Viele naturalistische und metaphysische Ethiker – die klassichen Beispiele sind Mill und Spencer – tun so, als ob ethische Schlußfolgerungen aus lauter nicht-ethischen Prämissen deduziert werden könnten. D. h. sie verletzen (1). Dieses Vorgehen wurde neuerdings von Wheelwright als der »Tatsachen-Fehlschluß« und von Wood als der »Wertungs-Fehlschluß« bezeichnet.[13] Moore scheint es bisweilen mit dem naturalistischen Fehlschluß zu identifizieren, vertritt jedoch in der Hauptsache lediglich die Ansicht, daß es diesen Fehlschluß involviert, impliziert oder auf ihm beruht.[14] Sehen wir uns nun den Vorwurf an, daß das betreffende Vorgehen einen Fehlschluß darstellt bzw. einen solchen involviert.

Man beachte zugleich, daß selbst wenn die Deduktion ethischer Konklusionen aus nicht-ethischen Prämissen überhaupt keinen Fehlschluß darstellt, Mill sicherlich einen Fehlschluß beging, als er in seiner Argumentation für den Hedonismus eine Analogie zwischen Sichtbarkeit und Wünschbarkeit zog; und vielleicht ist die Tatsache, daß er *diesen* Fehlschluß beging – den wir alle, wie Broad sagte, schon im Mutterschoße lernen – hauptsächlich für den Begriff eines naturalistischen *Fehlschlusses* verantwortlich. Doch ist es ein Fehlschluß, ethische Konklusionen aus nicht-ethischen Prämissen zu deduzieren? Sehen wir uns das Epikureische Argument für den Hedonismus an, das Mill auf eine so unkluge Weise aufzupolieren suchte: Lust ist gut, da alle Menschen danach trachten. Hier wird eine ethische Konklusion aus einer nicht-ethischen Prämisse abgeleitet. Und streng wörtlich genommen *ist* das Argument tatsächlich ein Fehlschluß. Doch es ist nicht deshalb ein Fehlschluß, weil in der Konklusion ein *ethischer* Ausdruck vorkommt, der in der Prämisse nicht vorkommt. Es ist ein Fehlschluß, weil jedes Argument der Form »A ist B, folglich ist A C«, wenn es streng wörtlich genommen wird, nicht schlüssig ist. Beispielsweise ist das Argument nicht schlüssig, wonach Krösus reich ist, weil er ein großes Vermögen besitzt. Solche Argumente wollen jedoch nicht streng wörtlich genommen werden. Es sind Enthymeme, die eine unterschlagene

87

Prämisse enthalten. Und wenn diese unterschlagene Prämisse explizit gemacht wird, sind sie gültig und involvieren keinen logischen Fehlschluß.[15] Der epikureische Schluß von einem psychologischen auf einen ethischen Hedonismus ist somit gültig, wenn die unterschlagene Prämisse, nach der das gut ist, wonach alle Menschen trachten, hinzugefügt wird. Dann bleibt allein die Frage, ob die Prämissen wahr sind.

Es ist also klar, daß der naturalistische Fehlschluß kein logischer Fehlschluß ist, da er selbst dann vorliegen kann, wenn das Argument gültig ist. Wie geht dann der naturalistische Fehlschluß in solche »gemischten ethischen Argumente«[16] wie das der Epikureer ein? Ob dies der Fall ist oder nicht, hängt von der Natur der unterschlagenen Prämisse ab. Bei dieser kann es sich entweder um eine Induktion, eine Intuition, eine Deduktion aus einem »reinen ethischen Argument«, eine Definition oder um einen Satz handeln, der per definitionem wahr ist. Handelt es sich um eine der ersten drei Möglichkeiten, dann liegt überhaupt kein naturalistischer Fehlschluß vor. Tatsächlich involviert das Argument dann keine Verletzung von (1), da eine seiner Prämissen eine ethische Prämisse sein wird. Doch wenn die zu ergänzende Prämisse eine Definition ist oder ein Satz, der per definitionem wahr ist – wie sie es für die Epikureer wahrscheinlich war – dann involviert das Argument, obwohl es immer noch gültig ist, den naturalistischen Fehlschluß und wird folgendermaßen lauten:

(a) Alle Menschen trachten nach Lust.

(b) Das, wonach alle Menschen trachten, ist gut (Definition).

(c) Folglich ist Lust gut.

Ich bin nun hier nicht sehr daran interessiert, ob das Argument, wie es hier wiedergegeben ist, (1) verletzt. Tut es das nicht, dann begeht kein »gemischtes ethisches Argument« je einen Tatsachen- oder Wertungs-Fehlschluß, es sei denn, es wird fälschlicherweise in seiner enthymematischen Form für vollständig gehalten. Tut es das, dann kann ein gültiges Argument die Deduktion einer ethischen Konklusion aus nicht-ethischen Prämissen involvieren, und der Tatsachen- oder Wertungs-Fehlschluß ist in Wirklichkeit gar kein Fehlschluß. Die Frage hängt davon ab, ob (b) und (c) als ethische Sätze anzusehen sind oder nicht. Moore lehnte es ab, sie als solche zu betrachten, und behauptete, daß (b) nach Voraussetzung analytisch bzw. eine Tautologie ist, und daß (c) psychologisch ist, da es eigentlich nur besagt, daß alle Menschen nach Lust trachten.[17] Doch zu sagen, daß (b) analytisch und nicht ethisch und daß (c) nicht ethisch sondern psychologisch ist, heißt die Antwort auf die Frage, ob »gut« definiert werden kann, präjudizieren; denn die Epikureer würden gerade behaupten, daß falls ihre Definition korrekt ist, (b) zwar ethisch, aber analytisch und (c) ethisch, obwohl psychologisch ist. Wenn also bezüglich der Frage der Definierbarkeit von »gut« keine *petitio principii* begangen werden soll, dann müssen (b) und (c) als ethisch angesehen werden, und dann verletzt unser Argument (1) nicht. Doch angenommen, es wäre nicht unsinnig, daß (b) nicht-ethisch und (c) ethisch ist, dann würde das Argument (1) zwar verletzen, doch es würde immer noch allen Regeln der Logik gehorchen, und es ist nur irreführend, wenn man von einer Logik der Werte spricht, deren Grundregel besagt, daß eine wertende Konklusion nicht aus nicht-wertenden Prämissen deduziert werden kann.[18]

Für die Intuitionisten wie für Postulationisten wie Wood besteht die einzige Möglichkeit, die Konklusion des epikureischen Arguments (oder die Konklusion irgendeines parallelen Arguments) anzuzweifeln, darin, die Prämissen anzugreifen, insbesondere die Prämisse (b). Nun, nach Moore liegt es an der Prämisse (b), daß das Argument den naturalistischen Fehlschluß involviert. (b) involviert die Identifikation von »gut« mit »wonach alle Menschen trachten«, und diese oder eine andere derartige Identifikation vornehmen heißt, den naturalistischen Fehlschluß begehen. Der naturalistische Fehlschluß besteht nicht darin, daß man (1) verletzt. Er besteht darin, daß man – was in vielen gemischten ethischen Argumenten impliziert ist und losgelöst von solchen Argumenten von vielen Ethikern explizit gemacht wird – Eigenschaften wie »gut« definiert oder irgendwelche anderen Eigenschaften für sie substituiert. Um einige Passagen aus den *Principia Ethica* zu zitieren:

(a) ». . . viel zu viele Philosophen haben gemeint, daß sie, wenn sie diese anderen Eigenschaften [die allen Dingen, die gut sind, zukommen] nennen, tatsächlich ›gut‹ definieren; daß diese Eigenschaften in Wirklichkeit nicht ›andere‹ seien, sondern absolut und vollständig gleichbedeutend mit Gutheit [goodness]. Diese Ansicht möchte ich den ›naturalistischen Fehlschluß‹ nennen . . .«[19]

(b) »Damit weise ich den Namen Naturalismus einem besonderen Ansatz der Ethik zu. . . . Die Methode dieses Ansatzes besteht darin, für ›gut‹ eine bestimmte Eigenschaft

eines natürlichen Gegenstandes oder einer Anzahl natürlicher Gegenstände einzusetzen . . .«[20]

(c) der naturalistische Fehlschluß ist der »Fehlschluß, der
darin besteht, daß der einfache Begriff, den wir mit ›gut‹
meinen, mit einem anderen Begriff identifiziert wird.«[21]

»Besser« und »mehr entwickelt«, »gut« und »begehrt« etc. identifizieren heißt somit, den naturalistischen Fehlschluß begehen.[22]
Doch was genau ist der Grund dafür, daß ein solches Vorgehen einen Fehlschluß oder einen Fehler darstellt? Und bedeutet es nur
dann einen Fehlschluß, wenn es auf die Eigenschaft »gut« angewandt wird? Wir müssen uns dazu Abschnitt 12 der *Principia
Ethica* ansehen. Hier trifft Moore einige interessante Feststellungen:

». . . wenn jemand versuchte, Lust für uns als irgendeinen anderen natürlichen Gegenstand zu definieren; wenn jemand z. B. sagen würde, Lust *bedeutet* die Empfindung von Rot . . . . Das wäre
aber derselbe Irrtum, den ich den naturalistischen Fehlschluß genannt habe . . . dann würde ich das allerdings nicht einen naturalistischen Fehlschluß nennen, wenn es auch derselbe Fehlschluß
wäre, den ich im Hinblick auf die Ethik naturalistisch genannt
habe. . . Wenn jemand zwei natürliche Dinge miteinander verwechselt, indem er das eine durch das andere definiert, . . . so besteht kein Grund, den Fehlschluß naturalistisch zu nennen. Wenn
er aber ›gut‹, welches nicht . . . ein natürlicher Gegenstand ist, mit
irgendeinem Gegenstand verwechselt, dann besteht Grund, von
einem naturalistischen Fehlschluß zu sprechen.«[23]

Moore hätte hier hinzufügen sollen, daß im Falle einer bei metaphysischen Ethikern tatsächlich vorkommenden Verwechslung
von »gut« – das weder einen metaphysischen Gegenstand noch
eine metaphysische Eigenschaft darstellt – mit irgendeinem metaphysischen Gegenstand bzw. einer metaphysischen Eigenschaft
der Fehlschluß besser der metaphysische Fehlschluß genannt werden sollte. Stattdessen spricht er auch in diesem Fall von einem naturalistischen Fehlschluß, obwohl er erkennt, daß es sich hier – da
metaphysische Eigenschaften nicht-natürlich sind[24] – um einen anderen Fall handelt – ein Schritt, der viele Leser der *Principia Ethica*
irregeführt hat. So wurde z. B. Broad dazu geführt, von einem
»theologischen Naturalismus« zu sprechen.[25]

Um zu resümieren: »selbst wenn es [gut] ein natürlicher Gegenstand wäre, so würde dadurch weder die Eigenart des Fehlschlus-

90

ses geändert, noch seine Bedeutung im geringsten geschmälert.«[26]

Aus diesen Passagen wird klar, daß der Fehlschlußcharakter des Vorgehens, das Moore den naturalistischen Fehlschluß nennt, nicht an der Tatsache liegt, daß es auf »gut« oder auf eine ethische oder nicht-natürliche Eigenschaft angewandt wird. Wenn R. B. Perry »gut« als »ein Gegenstand des Interesses« definiert, so ist der Haken dabei nicht bloß, daß er *gut* definiert. Er liegt auch nicht darin, daß er eine *ethische* mit Hilfe *nicht-ethischer* Eigenschaften definiert; auch nicht darin, daß er eine *nicht-natürliche* als eine *natürliche* Eigenschaft betrachtet. Der Haken dabei liegt vielmehr auf einer allgemeineren Ebene. Um der Klarheit willen werde ich von dem Definitions-Fehlschluß sprechen und damit den Typ von Fehlschluß bezeichnen, der dem naturalistischen Fehlschluß zugrunde liegt. Der naturalistische Fehlschluß ist dann – entsprechend den obigen Passagen – eine Spezies oder Form des Definitions-Fehlschlusses; dasselbe gälte für den metaphysischen Fehlschluß, wenn Moore diesem einen eigenen Namen gegeben hätte.[27] D. h., der naturalistische Fehlschluß, wie er durch Perrys Vorgehen illustriert wird, ist nicht deshalb ein Fehlschluß, weil er naturalistisch ist oder eine nicht-natürliche Eigenschaft mit einer natürlichen gleichsetzt, sondern allein deshalb, weil er den Definitions-Fehlschluß involviert. Wir wollen uns im folgenden ausschließlich auf ein Verstehen und Beurteilen des Definitions-Fehlschlusses konzentrieren.

Nach den eben zitierten Passagen zu schließen besteht der Definitions-Fehlschluß darin, zwei Eigenschaften gleichzusetzen oder miteinander zu identifizieren, eine Eigenschaft durch eine andere zu definieren oder eine Eigenschaft für eine andere zu substituieren. Ferner besteht der Fehlschluß stets nur darin, daß zwei Eigenschaften als eine behandelt werden, und es ist irrelevant, daß vielleicht eine davon natürlich oder nicht-ethisch und die andere nicht-natürlich oder ethisch ist. Man kann den Definitions-Fehlschluß begehen, ohne dabei gegen die ethisch/nicht-ethisch-Dichotomie zu verstoßen, etwa wenn man »angenehm« und »rot« oder »richtig« und »gut« miteinander identifiziert. Doch selbst wenn man durch den Definitions-Fehlschluß gegen diese Dichotomie verstößt – etwa wenn man »gut« und »angenehm« oder »gut« und »Befriedigung-verschaffend« miteinander identifiziert – so liegt auch dann der *Fehler* nicht darin, daß gegen diese Dichotomie verstoßen wird, sondern einzig und allein darin, daß zwei Eigenschaften als eine behandelt werden. Der Definitions-*Fehlschluß* besteht daher nach der vorliegenden Interpretation in keiner seiner Formen in einer Verletzung von (3) und steht in keinem wesentlichen Zusammenhang mit der Sein/Sollen-Dichotomie.

Durch diese Formulierung des Definitions-Fehlschlusses wird das von Bischof Butler stammende Motto der *Principia Ethica*: »Jedes Ding ist, was es ist und nicht ein anderes Ding« erklärt und wiedergegeben. Aus diesem Motto folgt, daß die Eigenschaft »gut« ist, was sie ist und nicht etwas anderes. Es folgt weiterhin, daß Auffassungen, die sie mit etwas anderem zu identifizieren versuchen, einen elementaren Fehler begehen. Denn es *ist* ein Fehler, zwei Eigenschaften gleichzusetzen oder miteinander zu identifizieren. Wenn es sich wirklich um zwei Eigenschaften handelt, dann sind sie einfach nicht identisch. Doch machen diejenigen, die ethische mit Hilfe nicht-ethischer Begriffe definieren, diesen Fehler? Sie werden Moore erwidern, daß sie nicht zwei Eigenschaften miteinander identifizieren; was sie sagen, ist, daß zwei Wörter oder Mengen von Wörtern für ein und dieselbe Eigenschaft stehen bzw. ein und dieselbe Eigenschaft bedeuten. Moore ist z. T. durch die, wie Carnap sie nennt, materiale Redeweise in Sätzen wie »Gut ist dasselbe wie angenehm«, »Wissen ist dasselbe wie richtig annehmen« etc. irregeführt worden. Wenn man statt dessen sagt »Das Wort ›gut‹ und das Wort ›angenehm‹ bedeuten dasselbe« etc., so wird klar, daß man nicht zwei Dinge miteinander identifiziert. Doch Moore nimmt sich selbst die Möglichkeit, dies zu erkennen, wenn er erklärt, daß er nicht an Feststellungen über den Gebrauch von Wörtern interessiert sei.[28]

Der Definitions-Fehlschluß, wie wir ihn formuliert haben, schließt daher naturalistische oder metaphysische Definitionen ethischer Ausdrücke nicht aus. Die Eigenschaft »gut« ist nicht mit irgendeiner »anderen« Eigenschaft (wenn es überhaupt eine Eigenschaft ist) identifizierbar. Doch die Frage ist: *welche* Eigenschaften sind anders als die Eigenschaft »gut«, welche Bezeichnungen stehen für andere Eigenschaften als für die Eigenschaft »gut«? Und es heißt bezüglich der Frage der Definierbarkeit von »gut«, eine petitio principii begehen, wenn man so ohne weiteres sagt, daß beispielsweise Perry »gut« mit etwas anderem identifiziert. Entscheidend ist, daß die Eigenschaft »gut« ist, was sie ist, selbst wenn sie definierbar ist. Das ist der Grund, warum Perry einen anderen Satz von Bischof Butler als Motto seiner naturalistischen *Moral Eco-*

nomy wählen kann: »Dinge und Handlungen sind, was sie sind, und ihre Folgen werden sein, was sie sein werden; warum also sollten wir wollen, daß wir getäuscht werden?« Das Motto der *Principia Ethica* ist eine Tautologie und sollte wie folgt erweitert werden: Jedes Ding ist, was es ist, und nicht ein anderes Ding, es sei denn, es ist etwas anderes, und selbst dann ist es, was es ist.

Wenn andererseits Moores Motto (oder der Definitions-Fehlschluß) jegliche Definitionen z. B. von »gut« ausschließt, dann schließt es alle Definitionen von jedwedem Ausdruck aus. Um überhaupt brauchbar zu sein, muß es so verstanden werden: »Jeder Ausdruck bedeutet, was er bedeutet, und nicht, was irgendein anderer Ausdruck bedeutet.« In Abschnitt 13 scheint Moore sein Motto implizit in dieser Weise zu verstehen, denn er tut hier so, als ob »gut« keine Bedeutung hätte, wenn es keine nur für es zutreffende Bedeutung hätte. Wenn das Motto in dieser Weise aufzufassen ist, dann folgt, daß »gut« ein undefinierbarer Ausdruck ist, da sich keine Synonyme dafür finden lassen. Doch es folgt ebenso, daß kein Ausdruck definierbar ist. Und dann ist die Analyse-Methode so nutzlos wie ein englischer Metzger in einer Welt ohne Schafe.

Vielleicht haben wir den Definitions-Fehlschluß fehlinterpretiert. Tatsächlich scheinen einige der von mir oben zitierten Passagen zu implizieren, daß der Definitions-Fehlschluß lediglich in dem Irrtum besteht, eine undefinierbare Eigenschaft zu definieren. Auch nach dieser Interpretation steht der Definitions-Fehlschluß in keiner seiner Formen in einem wesentlichen Zusammenhang mit der ethisch/nicht-ethisch-Dichotomie. Auch jetzt kann man den Definitions-Fehlschluß begehen, ohne diese Dichotomie zu verletzen, etwa wenn man »angenehm« mit Hilfe von »rot« oder »gut« mit Hilfe von »richtig« definiert (vorausgesetzt, Moore ist der Ansicht, daß »angenehm« und »gut« undefinierbar sind). Doch selbst wenn man gegen diese Dichotomie verstößt und »gut« mit Hilfe von »begehrt« definiert, dann besteht der *Fehler* nicht darin, daß man gegen diese Dichotomie verstößt, indem man (3) verletzt, sondern einzig und allein darin, daß man eine undefinierbare Eigenschaft definiert. Dies ist möglich, da die Proposition, daß »gut« undefinierbar ist, von der Proposition, daß »gut« nicht-natürlich ist, logisch unabhängig ist: was sich daran zeigt, daß eine Eigenschaft undefinierbar und dennoch natürlich sein kann, wie etwa die Eigenschaft »gelb«; oder nicht-natürlich und dennoch definierbar, wie etwa die Eigenschaft, »richtig« (Moores Auffassungen über die Eigenschaften »gelb« und »richtig« vorausgesetzt).

Sehen wir uns den Definitions-Fehlschluß an, so wie wir ihn eben formuliert haben. Es ist zweifellos ein Fehler, eine undefinierbare Eigenschaft zu definieren. Doch auch hier ist die Frage: welche Eigenschaften sind undefinierbar? Man begeht eine *petitio principii* zugunsten des Intuitionismus, wenn man im voraus sagt, daß die Eigenschaft »gut« undefinierbar ist, und daß daher aller Naturalisten den Definitions-Fehlschluß begehen. Man muß wissen, daß »gut« undefinierbar ist, bevor man behaupten kann, daß der Definitions-Fehlschluß ein Fehlschluß *ist*. Dann jedoch kann der Definitions-Fehlschluß erst am Ende der Kontroverse zwischen Intuitionismus und Definismus eine Rolle spielen und nicht als Waffe in der Kontroverse verwendet werden. Der Definitions-Fehlschluß kann so formuliert werden, daß er die Sein/Sollen-Dichotomie einschließt.[29] Er würde dann von jedem begangen, der eine ethische Eigenschaft mit Hilfe nicht-ethischer Eigenschaften definiert. Der Haken bei einer derartigen Definition wäre nach dieser Interpretation, daß eine *ethische* Eigenschaft auf eine *nicht-ethische*, eine *nicht-natürliche* auf eine *natürliche* reduziert wird. D. h., die Definition würde dadurch ausgeschlossen, daß die Eigenschaft, die definiert wird, ethisch oder nicht-natürlich ist und daher nicht mit Hilfe nicht-ethischer oder natürlicher Eigenschaften definiert werden kann. Doch auch nach dieser Interpretation besteht die Gefahr einer *petitio* in der intuitionistischen Argumentation. Anzunehmen, daß die ethische Eigenschaft ausschließlich ethisch ist, heißt genau in der Frage eine *petitio principii* begehen, um die es geht, wenn die Definition vorgebracht wird. Somit muß man auch hier wissen, daß es sich um eine nicht-natürliche und nicht mit Hilfe natürlicher Eigenschaften definierbare Eigenschaft handelt, bevor man sagen kann, daß die Definisten einen Fehler machen.

Moore, Mc Taggart u. a. formulieren den naturalistischen Fehlschluß manchmal in einer Weise, die sich von den bisher diskutierten Formulierungen etwas unterscheidet. Sie sagen, daß die Definisten eine universelle synthetische Proposition über *das Gute* mit einer Definition der Eigenschaft »gut« verwechseln.[30] Abraham nennt dies den »Fehlschluß der fehlinterpretierten Proposition.«[31] Auch hier besteht die Schwierigkeit darin, daß es zwar einerseits stimmt, daß es verkehrt ist, eine universelle synthetische Proposition als Definition aufzufassen, andererseits jedoch eine *petitio* der

Intuitionisten darstellt, wenn sie sagen, daß das, was der Definist für eine Definition hält, in Wirklichkeit eine universelle synthetische Proposition ist.[32]

Dennoch wird der Streit zwischen den Intuitionisten und den Definisten (ob von der naturalistischen oder metaphysischen Art) allmählich klarer. Die Definisten vertreten alle die Ansicht, daß gewisse Sätze mit ethischen Ausdrücken analytisch, tautologisch oder per definitionem wahr sind; Perry beispielsweise versteht die Feststellung »Alle Wunschgegenstände sind gut« in diesem Sinne. Die Intuitionisten vertreten die Ansicht, daß solche Feststellungen synthetisch sind. Was dieser Meinungsverschiedenheit zugrunde liegt, ist folgendes: Die Intuitionisten behaupten, sie besäßen zumindest eine schwache Vorstellung von einer einfachen einzigartigen Eigenschaft oder Relation des Gut-Seins oder der Richtigkeit, die sich in jenen Bereichen zeigt, die durch unsere ethischen Ausdrücke indiziert werden; die Definisten behaupten demgegenüber, sie besäßen keine Vorstellung von einer in jenen Bereichen befindlichen Eigenschaft oder Relation, die sich von allen anderen Eigenschaften und Relationen, die zum selben Kontext gehören, jedoch durch andere Wörter als »gut«, »richtig« und deren offenkundige Synonyme bezeichnet werden, unterscheidet.[33] Die Definisten behaupten allen Ernstes, nur *eine* Eigenschaft zu sehen, wo die Intuitionisten zwei zu sehen behaupten. So behauptet Perry, daß er nur die Eigenschaft, ein Wunschgegenstand zu sein, sieht, wo Moore sowohl diese als auch die Eigenschaft »gut« zu sehen behauptet. Der Streit geht daher um Introspektionen oder Intuitionen und betrifft die Vorstellung oder Wahrnehmung von Eigenschaften und Relationen.[34] Dies ist der Grund, warum er nicht durch die Verwendung des Begriffs eines Fehlschlusses entschieden werden kann.

Nimmt man die Definisten beim Wort, dann setzen sie tatsächlich nicht zwei Eigenschaften miteinander gleich, noch definieren sie eine undefinierbare Eigenschaft, noch verwechseln sie Definitionen und universelle synthetische Propositionen – kurz, sie begehen nach keiner der oben gegebenen Interpretationen den naturalistischen oder den Definitions-Fehlschluß. Der einzige Fehlschluß, den sie begehen – der wirkliche naturalistische oder Definitions-Fehlschluß –, besteht dann darin, daß sie die für die Moral zentralen Eigenschaften und Relationen nicht erkennen können. Doch dies ist weder ein logischer Fehlschluß noch eine logische Konfusion.

Es ist streng genommen nicht einmal ein Irrtum. Es ist eher eine Art Blindheit, der Farbenblindheit vergleichbar. Und selbst diese moralische Blindheit kann man den Definisten nur dann zuschreiben, wenn ihre Behauptung richtig ist, daß sie keine Vorstellung von irgendwelchen einzigartigen ethischen Eigenschaften besitzen, und wenn die Intuitionisten mit ihrer Behauptung recht haben, daß solche Eigenschaften existieren. Doch diese Blindheit einen »Fehlschluß« zu nennen, und sei es auch nur in einem weiten Sinn, ist sicherlich erstens nicht fair und bringt zweitens nichts ein.

Andererseits unterliegen natürlich die Intuitionisten – nimmt man sie beim Wort – einer entsprechenden moralischen Halluzination, wenn es an den Gegenständen, denen wir ethische Prädikate beilegen, keine solchen Eigenschaften gibt. Definisten könnten dies dann den intuitionistischen oder moralistischen Fehlschluß nennen, es sei denn, es ist ebensowenig ein »Fehlschluß« wie die eben beschriebene Blindheit. Doch sie glauben den Intuitionisten sowieso nicht, wenn diese behaupten, einzigartige ethische Eigenschaften wahrzunehmen, und infolgedessen schreiben sie ihnen auch diese Halluzinationen nicht zu. Statt dessen bestreiten sie einfach, daß die Intuitionisten wirklich solche einzigartigen Eigenschaften oder Relationen sehen, und suchen dann nach einer plausiblen Erklärung für die Tatsache, daß durchaus ernstzunehmende und vertrauenswürdige Leute glauben, sie würden solche Eigenschaften oder Relationen sehen.[35] So werfen sie den Intuitionisten Verbalismus, Hypostasierungen und ähnliches vor. Doch diese Seite der Medaille soll uns hier nicht interessieren.

Was uns mehr interessiert, ist die Tatsache, daß die Intuitionisten der Behauptung der Definisten ebensowenig glauben. Es müßte sie auch ziemlich beunruhigen, würden sie wirklich glauben, daß ihre Gegner moralisch blind sind, denn sie sind nicht der Ansicht, daß man durch Gottes Gnade erneuert werden muß, bevor man moralische Einsichten haben kann, und sie teilen die allgemeine Überzeugung, daß Moralität etwas Demokratisches ist, selbst wenn nicht alle Menschen gut sind. Sie vertreten also die Ansicht, daß jedem gewisse einzigartige Eigenschaften gegenwärtig sind, wenn er die Ausdrücke »gut«, »richtig«, etc. verwendet, daß es lediglich auf Grund mangelnder analytischer Geistesschärfe – begünstigt vielleicht durch ein philosophisches Vorurteil – sein kann, daß er sich *nicht* vergegenwärtigt, daß sie sich von anderen Eigenschaften, die ihm ebenfalls gegenwärtig sind unterscheiden.[36] Ich habe behauptet, daß die Intuitionisten den Definisten keinen Fehlschluß vorwerfen können, wenn sie nicht und solange sie nicht gezeigt haben, daß wir alle, die Definisten eingeschlossen, die umstrittenen einzigartigen Eigenschaften wahrnehmen. Sollten sie dies jedoch zeigen, dann könnten sie zumindest am Ende der Kontroverse den Definisten den Fehler vorwerfen, zwei Eigenschaften gleichzusetzen, bzw. den Fehler, eine undefinierbare Eigenschaft zu definieren, und diese Fehler könnte man, da der Ausdruck eine relativ weite Verwendung hat, »Fehlschlüsse« nennen, obwohl es sich nicht, wie bei einer ungültigen Argumentation, um logische Fehlschlüsse handelt. Der Fehlschluß der fehlinterpretierten Proposition hängt von dem Fehler, zwei Eigenschaften gleichzusetzen, ab und könnte daher nach unserer gegenwärtigen Annahme den Definisten ebenfalls angelastet werden; doch er stellt keine echte *logische* Konfusion dar[37], da in Wirklichkeit keine Konfusion bzgl. des Unterschieds zwischen einer Proposition und einer Definition mit im Spiel ist.

Es ist nur schwierig zu sehen, wie die Intuitionisten beweisen können, daß die Definisten zumindest eine vage Vorstellung von den erforderlichen einzigartigen Eigenschaften besitzen.[38] Diese Frage muß sicherlich der Introspektion oder Intuition der Definisten selbst überlassen werden; die Hinweise der Intuitionisten können dabei eine Hilfe sein. Doch wenn dies so ist, dann müssen wir dem Urteil ihrer Introspektion Glauben schenken, insbesondere dem Urteil derer, die die Arbeiten der Intuitionisten sorgfältig gelesen haben, und dann kann man ihnen, wie wir gesehen haben, höchstens moralische Blindheit vorwerfen.

Ich habe nicht nur herauszufinden versucht, was genau unter dem naturalistischen Fehlschluß zu verstehen ist, ich habe ebenfalls zu zeigen versucht, daß die Vorstellung, die Definisten würden einen logischen oder quasi-logischen Fehlschluß begehen, den Streit zwischen den Intuitionisten und den Definisten (und den Streit zwischen den letzteren und den Emotivisten oder Postulationisten) nur verunklart und eine verzerrte Darstellung davon gibt, wie der Streit beizulegen ist. Nirgends in dem Vorgehen der Definisten braucht ein logischer Fehlschluß aufzutreten. Selbst Fehlschlüsse in irgendeinem weiteren Sinne können nicht ins Feld geführt werden, um die Kontroverse gegen die Definisten zu entscheiden. Man kann sie ihnen bestenfalls erst dann anlasten, wenn der Streit aus unabhängigen Gründen gegen sie entschieden worden ist. Der einzige Fehler, der den Definisten zugeschrieben werden kann, *wenn* die Intuitionisten mit ihrer Behauptung recht haben, daß es einzigartige undefinierbare ethische Eigenschaften gibt, ist eine spezifische moralische Blindheit, die aber nicht einmal in dem weiteren Sinn einen Fehlschluß darstellt. Der fragliche Streit muß durch eine Methode entschieden werden, mit der sich hinreichend gut bestimmen läßt, ob ein Wort überhaupt für eine Eigenschaft steht oder nicht, und wenn ja, ob es für eine einzigartige Eigenschaft steht oder nicht. Was für eine Methode hier zu wählen ist, ist vielleicht in der einen oder anderen Form das Grundproblem der zeitgenössischen Philosophie; bis jetzt jedenfalls wurde noch keine generell befriedigende Lösung des Problems gefunden. Ich wage nur so viel zu sagen: Es scheint mir, daß der Streit nicht dadurch gegen die Intuitionisten zu entscheiden ist, daß man *ab extra* irgendein empirisches oder ontologisches Bedeutungs-Diktum auf ethische Urteile anwendet.[39]

1 A. E. Taylor, *The Faith of a Moralist,* vol. I, S. 104

2 *Value and Ethical Objectivity,* S. 58

3 *Principia Ethica,* Stuttgart 1970 (dtsch. Übers.), S. 75, 108

4 M. E. Clarke, *Cognition and Affection in the Experience of Value,* in: *Journal of Philosophy* 1938

5 *Principia Ethica* S. 199, 123, siehe auch S. 17

6 *Ethics as Pure Postulate,* in: *Philosophical Review* 1933, siehe auch T. Whittaker, *The Theory of Abstract Ethics,* S. 19 f.

7 D. Hume, *Traktat über die menschliche Natur,* Drittes Buch, Erster Teil, Erster Abschnitt

8 Siehe J. Laird, *A Study in Moral Theory,* S. 16 f; Whittaker, op. cit. S. 19

9 Siehe C. D. Broad, *Five Types of Ethical Theory,* Kap. IV.

10 *A Study in Moral Theory,* S. 94

11 Vgl. seine *Philosophical Studies,* S. 259, 273 f.

12 Siehe J. Laird, op. cit., S. 318. Ebenso S. 12 ff.

13 P. E. Wheelwright, *A Critical Introduction to Ethics,* S. 40-51, 91 f; L. Wood, *Cognition and Moral Value,* in: *Journal of Philosophy* 1937, S. 237

14 Vgl. *Principia Ethica,* S. 169, 99, 81, 89. Whittaker identifiziert ihn mit dem naturalistischen Fehlschluß und betrachtet ihn als einen »logischen« Fehlschluß, op. cit. S. 19f.

15 Vgl ibid. S. 90/91, 199/200; Wheelwright, loc. cit.

16 Siehe C. D. Broad, *The Mind an Its Place in Nature*, S. 488 f; Laird, loc. cit.

17 Siehe op cit., S. 41, 51, 75, 119, 199/200

18 Siehe L. Wood, loc. cit.

19 Op. cit. S. 40/41

20 Op. cit. S. 77

21 Op. cit. S. 100, vgl. auch S. 9/10, 119

22 vgl. op. cit. S. 89, 94, 162, 200

23 Op. cit. S. 44

24 Siehe op. cit. S. 75-78, 164-167

25 *Five Types of Ethical Theory*, S. 259

26 *Principia Ethica* S. 44/45

27 Wie es Whittaker getan hat, loc. cit.

28 Siehe op cit. S. 35, 38, 42/43

29 Siehe J. Wisdom, *Mind*, 1931, S. 213, Anm. 1

30 Vgl. *Principia Ethica*, S. 40/41, 48, 75; *The Nature of Existence*, Bd. II, S. 398

31 Leo Abraham, *The Logic of Intuitionism*, in: *International Journal of Ethics* 1933

32 Wie Abraham zeigt, loc. cit.

33 Siehe R. B. Perry, *General Theory of Value*, S. 30; vgl. auch *Journal of Philosophy*, 1931, S. 520

34 Siehe H. Osborne, *Foundations of the Philosophy of Value*, S. 15, 19, 70

35 Vgl. R. B. Perry, *Journal of Philosophy* 1931, S. 520 ff

36 *Principia Ethica* S. 48, 75, 102, 104

37 Siehe jedoch H. Osborne, op. cit. S. 18 f

38 Zu einer kurzen Diskussion ihrer Argumente siehe ibid. S. 67; L. Abraham, op. cit. Meiner Ansicht nach sind sie alle nicht überzeugend; ich kann dies jedoch hier nicht zeigen.

39 Siehe *Principia Ethica*, S. 181 ff., 201/202

VI

P. F. Strawson
Der ethische Intuitionismus

Schwarz: Was ist denn an moralischen Tatsachen so problematisch? Wenn jemand die Existenz einer objektiven moralischen Ordnung leugnet oder die Behauptung aufstellt, daß ethische Aussagen Pseudoaussagen seien, kann ich ihn dann nicht dadurch widerlegen (etwa so wie Moore die widerlegte, die die Existenz der Außenwelt leugneten), daß ich ihm entgegenhalte: »Du weißt doch recht gut, daß es von Peter nicht richtig war, seine Frau zu schlagen. Du weißt recht gut, daß du Versprechen halten solltest. Du weißt recht gut, daß menschliche Zuneigung gut, Grausamkeit aber Schlecht ist, daß viele Handlungen falsch und daß einige richtig sind?«

Weiß: Sind unsere Probleme mit moralischen Tatsachen nicht einfach ein spezieller Fall der Probleme, die wir mit der Erkenntnis bzw. mit dem Zustandekommen unserer Erfahrungen haben? Tatsachen über die Außenwelt finden wir durch Sehen und Hören heraus; Tatsachen über uns selbst durch unser Fühlen; solche über andere Leute durch Sehen, Hören *und* Fühlen. Hat man das erst einmal bemerkt, so ist man eben zu der Behauptung geneigt, Tatsachen *seien* das, was gesehen, gehört bzw. gefühlt wird – und folglich auch zu der weiteren Behauptung, daß auch moralische Tatsachen in eine von diesen Klassen fallen. Wer die Existenz ›objektiver moralischer Merkmale‹ geleugnet hat, wollte somit nicht leugnen, daß Peters Handlung nicht richtig war oder daß das Halten von Versprechen richtig ist. Er wollte uns vielmehr darauf hinweisen, daß Richtig und Falsch etwas ist, das man in seinem eigenen Herzen fühlt, nicht etwas, das man mit den Augen sehen oder mit den Ohren hören kann. Er wollte ausdrücklich darauf aufmerksam machen, auf welche Weise »Versprechen halten ist richtig« den Äußerungen »Ins Ausland gehen ist aufregend«, »Geschichten über Schwiegermütter sind komisch« und »Bomben sind etwas Schreckliches« gleicht bzw. sich von »Rosen sind rot« und »Meerwasser ist salzig« unterscheidet. Das hindert dich jedoch nicht, auch weiterhin von der moralischen Ordnung oder der moralischen Welt zu reden, wenn du das willst. Du solltest dir dadurch nur gesagt sein lassen, ja nicht zu vergessen, daß der einzige Zugang zur moralischen Welt über die Gefühle der Reue, der Billigung usw. führt, gerade wie der einzige Zugang zur Welt der Komödie über das Lachen und der einzige Zugang zur Welt des Feiglings über die Furcht geht.

Schwarz: Ich gebe natürlich zu, daß wir das Gutsein von etwas nicht so sehen können, wie wir seine Farbe sehen, und daß wir nicht durch den Tastsinn entscheiden können, ob etwas richtig ist oder nicht, obschon ich der Meinung bin, daß du noch hinzufügen solltest, daß wir beim Bewußtwerden der Merkmale, von denen die moralischen Merkmale abhängen, nicht auf die Sinne verzichten können. Du magst auch mit deiner Behauptung teilweise recht haben, daß der Zugang zur moralischen Welt durch die erlebten moralischen Emotionen erlangt wird. Es kann ja sein, daß wir nur dann, wenn unsere moralischen Gefühle stark erregt worden sind, uns erstmals derjenigen Merkmale klar bewußt werden, durch die diese Gefühle hervorgerufen werden. Diese Gefühle sind jedoch mit jenem Bewußtsein nicht identisch. »Gut« steht nicht in der gleichen Weise für »das Gefühl der Zustimmung haben«, »Schuld« nicht für »sich schuldig fühlen«, »Pflicht« nicht für »sich gebunden fühlen«, wie etwa »Aufregung« für »aufgeregt sein« und »Humor« für »sich amüsiert fühlen« steht. Um für einen Augenblick im Jargon zu reden: moralische Merkmale und Relationen sind nichtempirisch, und das Bewußtsein, das wir von ihnen haben, beruht weder auf sinnlicher Wahrnehmung noch auf Introspektion. Es ist eine andere Form von Bewußtsein, das von den Fachleuten »Intuition« genannt wird. Was dich vor der Anerkennung ihrer Existenz zurückhält, ist nur ein empiristisches Vorurteil. Gibt man ihre Existenz einmal zu, so sind unsere Probleme gelöst: Wir sehen, daß »Versprechen halten ist richtig« sich zwar von »Meerwasser ist salzig« unterscheidet, aber eben nicht deshalb, weil es »Detektivgeschichten sind spannend« ähnlich ist. Es unterscheidet sich von beiden. Es ist nämlich weder ein Bericht über eine sinnliche Wahrnehmung noch ein Bericht über eine Wahrnehmung, die auf Introspektion beruht. Es handelt sich vielmehr um einen Bericht über eine Intuition. Nun kann es ja sein, daß wir von manchen moralischen Merkmalen nur mittelbar, d. h. über andere Merkmale, Kenntnis haben. (»Pflicht« läßt sich vielleicht mit Hilfe von »Gutsein« definieren.) Zumindest *ein* solches Merkmal – Richtigkeit bzw. Gutsein – ist jedoch nicht weiter analysierbar. Wir wissen von ihm allein durch die Intuition. Die fundamentale kognitive Situation in der Moral ist, daß wir die Richtigkeit einer bestimmten Handlung oder das Gutsein eines bestimmten Sachverhalts *unmittelbar sehen* (intuit). Wir sehen dieses betreffende moralische Merkmal aufgrund irgendwelcher anderer Merkmale der betreffenden Handlung bzw. des betreffenden Sachverhalts, die sich mit Hilfe empirischer Ausdrücke beschreiben lassen. (Aus diesem Grund behauptete ich, daß Sinneswahrnehmungen zwar eine notwendige, nicht aber eine hinreichende Bedingung dafür sind, Informationen über die moralische Ordnung zu erhalten.) Unsere Intuition ist demnach keine bloße Intuition von dem moralischen Merkmal für sich, sondern auch eine Intuition von der Abhängigkeit dieses Merkmals von bestimmten anderen Merkmalen. Somit versieht uns diese fundamentale Situation auf dem Wege einer intuitiven Induktion mit der Kenntnis derjenigen moralischen Regeln, Verallgemeinerungen hinsichtlich des Richtigen und des Guten, die wir auch in anderen Fällen anwenden können, und zwar selbst dann, wenn uns eine echte Intuition abgeht. Diese Regeln werden als etwas derart Selbstverständliches angesehen, werden so sehr zu einem Teil unserer moralischen Lebensgewohnheiten, daß die meisten unserer alltäglichen Moralurteile nur noch einen impliziten Bezug auf sie beinhalten[1] – einen Bezug, der nur dann explizit gemacht wird, wenn ein von uns gefälltes Moralurteil angezweifelt oder weiter hinterfragt wird. Auch moralische Emotionen nehmen den Charakter von Reaktionsgewohnheiten an. Emotionen und Urteile gründen sich jedoch gleichermaßen auf Intuitionen. Emotionen mögen die Türhüter zur moralischen Welt sein, das Tor selbst ist jedoch die Intuition.

Weiß: Nicht so schnell. So wie ich dich verstehe, ist zumindest *ein* fundamentales moralisches Merkmal – Richtigkeit bzw. Gutsein – nicht analysierbar. Vielleicht sind es beide nicht. Die Experten sind darin geteilter Meinung. Jedenfalls kann das fundamentale Merkmal (bzw. die fundamentalen Merkmale) nur dann erkannt werden, wenn man sich seines (bzw. ihres) Vorliegens bei irgendeiner bestimmten Handlung bzw. bei einem bestimmten Sachverhalt, die bzw. den man sich daraufhin angesehen hat, intuitiv bewußt ist. Demnach besteht eine Art Analogie zwischen dem Wort »richtig« (bzw. »gut«) und dem Namen eines solchen einfachen, wahrnehmbaren Merkmals wie »rot«.[2] Gerade wie jeder, der das Wort »rot« versteht, irgendwelche roten Dinge gesehen hat, so hat jeder,

der das Wort »richtig« bzw. das Wort »gut« versteht, das Merkmal »richtig« bei irgendeiner Handlung bzw. das Merkmal »gut« bei irgendeinem Sachverhalt unmittelbar gesehen. Wer diese Merkmale nicht gesehen hat, der versteht eben die Wörter »richtig« bzw. »gut« nicht. Aber das reicht noch nicht aus, nicht wahr? Um *jetzt* die Bedeutung eines nicht-definierbaren Wortes zu kennen, genügt es nicht, daß ein gewisses Wahrnehmungs- bzw. Intuitionsereignis zu irgendeinem Zeitpunkt meiner Biografie stattgefunden hat. Es könnte ja sein, daß ich nicht nur die Details jenes Ereignisses vergessen habe, sondern daß ich sogar vergessen habe, um welche *Art* von Ereignis es sich dabei gehandelt hat. Es könnte sein, daß ich *jetzt* gar nicht mehr weiß, was das Eintreten eines solchen Ereignisses bedeuten würde. Wenn das Wort »rot« einen nicht-definierbaren visuellen Begriff ausdrückt, dann ist die folgende Äußerung widersprüchlich: »Ich kenne die Bedeutung des Wortes ›rot‹, kann mich jedoch nicht daran erinnern, jemals etwas Rotes gesehen zu haben, und ich weiß auch gar nicht, was es heißt, etwas Rotes zu sehen.« Wenn nun das Wort »richtig« bzw. das Wort »gut« einen nicht-definierbaren intuitiven Begriff ausdrückt, dann ist die folgende Behauptung in ähnlicher Weise widersprüchlich: »Ich kenne die Bedeutung des Wortes »richtig« bzw. des Wortes »gut«, kann mich aber nicht daran erinnern, jemals die Richtigkeit bzw. das Gutsein von etwas *intuitiv gesehen* zu haben, und ich weiß auch gar nicht, was es bedeuten würde, die Richtigkeit bzw. das Gutsein von etwas intuitiv zu sehen.« Wenn deine Theorie wahr ist, so ist diese Behauptung ein Widerspruch. Es leuchtet mir jedoch überhaupt nicht ein, daß das ein Widerspruch sein soll. Ich wäre nämlich durchaus zu der Behauptung bereit, daß ich die Wörter »richtig« und »gut« zwar verstünde, mich aber nicht daran erinnern könnte, Richtigkeit bzw. Gutsein jemals gesehen zu haben und mir zudem auch nicht vorstellen könnte, was das heißen soll. Ich bin mir ganz gewiß, daß ich dabei nicht allein stehe, daß es vielmehr eine große Anzahl von Leuten gibt, von denen man voraussetzen kann, daß sie zu genauen Berichten über ihre eigenen kognitiven Erfahrungen fähig sind, in meiner Behauptung jedoch nichts Widersprüchliches sehen würden. Wenn dem nun so ist, so stehst du vor der Wahl zwischen zwei Möglichkeiten. Die erste: Die Wörter »richtig« und »gut« haben für eine bestimmte Klasse von Leuten eine ganz andere Bedeutung als für eine andere Klasse. Daran glauben wir aber beide nicht. Die zweite: Die intuitionistische Theorie ist ein Fehlschlag. Die Wendung »intuitives Ereignis, das ein moralisches Merkmal zum Gegenstand hat (bzw. unter anderem ein solches Merkmal zum Gegenstand hat)« beschreibt überhaupt nichts. Oder aber sie beschreibt auf eine irreführende Art und Weise jene Art emotionaler Erfahrungen, deren Existenz wir beide ja zugeben. Eine dritte Möglichkeit gibt es nicht. Es hilft auch nichts, wenn man sagt: »Wer die Bedeutung moralischer Wörter gelernt hat, hat in der Tat moralische Intuitionen gehabt; leider neigen jedoch viele dazu, diese Intuitionen zu vergessen, und sind daher außerstande, sich daran zu erinnern, wie solche Intuitionen aussehen.« Gewiß, in dieser Aussage würde nichts Widersprüchliches stecken. Es würde sich jedoch einfach um eine Variante der ersten Möglichkeit handeln. Man kann nämlich von mir nicht behaupten, ich würde die Bedeutung eines Wortes, das einen intuitiven Begriff ausdrückt, *jetzt* kennen, wenn ich nicht weiß, was es bedeutet, das Merkmal unmittelbar zu sehen, wovon es ein Begriff ist. Der Haken an deiner intuitionistischen Theorie ist, daß sie dann, wenn sie wahr ist, einfach eine Binsenwahrheit darstellt. Über das Vorkommen der distinktiven Erfahrung, die Richtigkeit (oder das Gutsein) von etwas zu sehen, dürfte es keinen Zweifel geben. Genausowenig darüber, daß eine solche Erfahrung der einzige Weg ist, auf dem man die Bedeutung der primären moralischen Wörter lernen kann. Geradeso wie es keinen Zweifel über das Vorkommen einer Wahrnehmung von Rot (oder Blau) gibt und auch keinen Zweifel darüber, daß das der einzige Weg ist, die Bedeutung der primären Farbwörter zu lernen. Nun *gibt* es aber einen solchen Zweifel. Auch diesem Zweifel gegenüber ergibt sich jedoch eine Gewißheit: die Gewißheit nämlich, daß wir alle wissen, was es heißt, sich schuldig zu *fühlen*, sich gebunden zu *fühlen*, das *Gefühl* der Billigung zu haben.

Schwarz: Was ich sagte, *ist* eine Binsenwahrheit. Gerade darin besteht jedoch seine Stärke. Nicht ich bin es, der eine mythische Fähigkeit erfindet, sondern du bist es, der, irritiert vielleicht durch die Sprache des Intuitionismus, in Abrede stellt, was doch offen zutage liegt. Wenn du sagtest, du könntest es dir nicht *vorstellen*, was es bedeutete, moralische Intuitionen zu haben, ist dann nicht klar, daß du »moralische Intuitionen unmittelbar sehen« dem Sehen von Farben oder dem Hören von Tönen angleichen wolltest? Natürlich, etwas derartiges könntest du dir gar nicht *vorstellen*. Ich habe jedoch bereits darauf hingewiesen, daß moralische Merkmale von anderen Merkmalen abhängen, deren Vorkommen tatsächlich durch Sehen und Hören feststellbar ist. Du siehst die Richtigkeit oder das Gutsein von etwas eben nicht unabhängig von den anderen Eigenschaften der betreffenden Situation. Du siehst, *daß* eine Handlung richtig bzw. ein Sachverhalt gut ist (oder wäre), *weil* die Handlung bzw. der Sachverhalt gewisse andere empirisch feststellbare Eigenschaften besitzt (bzw. besitzen würde). Im ganzen Gehalt deiner Intuition steckt die »weil«-Klausel schon drin. Gewiß, unsere gewöhnlichen Moralurteile drücken lediglich Reaktionen aus. Nichtsdestoweniger wird durch »Diese Handlung ist richtig (bzw. dieser Sachverhalt ist gut), weil sie die Eigenschaften P, Q, R besitzt« – wobei »P, Q, R« für solche empirisch feststellbaren Eigenschaften steht – jener Typ einer fundamentalen kognitiven Situation in der Ethik zum Ausdruck gebracht, von der unsere gewöhnlichen Urteile lediglich durch Gewohnheit vermittelte Kopien sind, die sich jedoch dann, wenn man sie weiter hinterfragt, jederzeit als deren Original manifestieren kann. Schau dir doch einmal an, was passiert, wenn jemand anderer Meinung ist als du. Du bringst dann Gründe vor. Und dabei geht es nicht um das Erklären eines emotionalen Zustands, sondern darum, Beweise zur Stützung eines Urteils vorzubringen.

Weiß: Wenn ein Angeklagter von den Geschworenen des Mordes schuldig gesprochen wird, so deshalb, weil die als Beweis vorgebrachten Tatbestände derart sind, daß die Definition von »Mord« auf sie zutrifft. Wenn ein Chemiker bei einer Analyse zu dem Schluß kommt, bei dem von ihm analysierten Material handle es sich um Salz, so eben deshalb, weil sein Material die definierenden Merkmale von Salz aufweist. Als Beweis dient das, was zur *Bedeutung* von »Mord« bzw. von »Salz« gehört. Nun ist jedoch nach deiner Behauptung das fundamentale moralische Wort (bzw. sind die fundamentalen moralischen Wörter) nicht definierbar; die entsprechenden Begriffe sind nicht analysierbar. Somit kann die »weil«-Klausel deines ethischen Satzes nicht auf diese Art und Weise als Beweis dienen. »X ist eine richtige Handlung, weil sie ein Fall von Versprechen-Halten ist« funktioniert nicht wie »X ist Salz, weil es eine Verbindung aus basischen und sauren Radikalen ist« denn wenn »richtig« nicht definiert werden kann, dann *bedeutet* eben »X ist richtig« nicht: »X ist ein Fall von Versprechen-Halten oder von den-Armen-zu-Hilfe-Kommen oder von die-Wahrheit-Sagen oder . . .«

Wenn ich die Behauptung aufstelle: »Morgen früh werden wir schönes Wetter haben, denn der Abendhimmel ist heute rot«, so ist mein Beweis anders geartet. Denn daß es am Morgen schön ist, kann ich auch sehen, ohne auf den Zustand des Abendhimmels geachtet zu haben. Du hast jedoch mit Recht betont, daß man sich *moralischer* Eigenschaften nicht *unabhängig* von anderen Eigenschaften bewußt sein kann; daß man sie immer als von den anderen Merkmalen, die in der »weil«-Klausel erwähnt werden, abhängig »sieht«. Somit dient also die »weil«-Klausel deines ethischen Satzes auch nicht auf diese Art und Weise als Beweis. Und eine weitere Möglichkeit gibt es nicht. Allgemein formuliert kann man sagen: Immer wenn q ein Beleg für p ist, so ist die von q bezeichnete Art von Handlung bzw. von Sachverhalt entweder Teil der Bedeutung von »p« (»p« ist mit Hilfe von »q« definierbar), oder wir haben von dem durch »p« beschriebenen Sachverhalt auch unabhängig von unserem Wissen über den durch »q« beschriebenen Sachverhalt Kenntnis. Keine dieser beiden Bedingungen wird jedoch durch das q, die »weil«-Klausel, deines ethischen Satzes erfüllt.

Die »weil«-Klausel stellt also, im Gegensatz zu deiner Behauptung, keinen Bewis für ein ethisches Urteil dar. Das sollte, so scheint mir, ein ernstes Problem für dich sein. Denn wo sonst kann ein solcher Beweis noch gefunden werden? Es hilft nicht viel, wenn du darauf antwortest, daß schließlich die ethischen Urteile anderer (oder die, die von dir selbst zu anderer Zeit gefällt werden) eine Bestätigung deines eigenen gegenwärtigen Urteils darstellen. Es kann ja sein, daß sie mit ihm übereinstimmen; ihre Übereinstimmung erhöht jedoch die Wahrscheinlichkeit deines eigenen Urteils nur auf Grund der Annahme, daß die moralischen Intuitionen der andern insgesamt in der Regel korrekt sind. Nun besteht jedoch der einzig mögliche Beweis dafür, *daß* derartige Intuitionen *in der Regel* korrekt sind, eben darin, daß man zeigt, daß die Intuitionen, die man gerade *wirklich* hat, korrekt sind. Und es ist genau die Korrektheit von gerade wirklich präsenten Intuitionen, wofür wir nach Beweisen suchen, aber keine finden können. Beweise mußt du aber vorlegen können, wenn deine Darstellung des Problems richtig ist. Du wirst ja wohl kaum behaupten wollen, daß ethische Intuitionen unfehlbar sind. Ethische Meinungsverschiedenheiten kann es nämlich auch dann noch geben, wenn alle Meinungsverschiedenheiten über Tatsachenfragen beseitigt sind. (Du könntest natürlich noch die Ansicht vertreten, daß die *echten* Intuitionen tatsächlich unfehlbar sind. Damit wird jedoch das Problem nur verschoben. Wir müssen jetzt nämlich ein Kriterium für die Unterscheidung zwischen den echten Intuitionen und solchen finden, die nur beanspruchen, echt zu sein, jedoch die gleiche innere Überzeugung mit sich führen.) Somit führt also dein Reden von »nicht-analysierbaren Prädikaten, die beim moralischen Urteilen bestimmten Handlungen oder Sachverhalten zugeschrieben werden« zu einem Widerspruch. Denn ein solches Urteil »nicht-unfehlbar« zu nennen, wäre bedeutungslos – es sei denn, wir hätten eine Möglichkeit, es zu testen, eine Möglichkeit also, es durch Beweise pro und contra zu bestätigen bzw. zu widerlegen. Ich habe jedoch gerade gezeigt, daß deine Behandlung dieser Urteile mit der Möglichkeit, Beweise für oder gegen sie vorzubringen, unverträglich ist. Wenn deine Darstellung richtig ist, so gilt also: Diese Urteile sind sowohl korrigierbar als auch nicht korrigierbar. Und das ist eine Absurdität.

Die Absurdität weist jedoch auf die Lösung hin. Natürlich sind diese Urteile korrigierbar – nur eben nicht so, wie eine ärztliche Diagnose korrigierbar ist. Vielmehr so, wie es der musikalische Geschmack eines Kindes ist. Die Korrigierbarkeit dieser Urteile hat nichts damit zu tun, daß man für bzw. gegen sie *Beweise* vorbringen kann, obwohl es (teilweise) etwas damit zu tun hat, daß man für bzw. gegen sie *Gründe* vorbringen kann. Im Sinne einer Warnung behaupten wir die Korrigierbarkeit ethischer Urteile, weil es ethische Meinungsverschiedenheiten auch dann noch geben kann, wenn alle Meinungsverschiedenheiten in Tatsachenfragen beseitigt sind. Im Sinne einer Ermutigung dagegen behaupten wir die Korrigierbarkeit ethischer Urteile, weil die Beseitigung von Meinungsverschiedenheiten in Tatsachenfragen manchmal eben auch zur Beseitigung von ethischen Meinungsverschiedenheiten führt. Die eine Art von Übereinstimmung führt jedoch nicht so zu der anderen (wenn sie das überhaupt tut), wie unbezweifelte Erfahrungen zu unbezweifelten Schlußfolgerungen führen, sondern so, wie gemeinsam gemachte Erfahrungen zu gegenseitiger Sympathie führen. Diese beiden Arten von Übereinstimmung, diese beiden Urteilsformen, sind so verschieden wie Tag und Nacht. Die normale Sprache kann sich diesem Unterschied zwanglos anpassen; der pseudopräzise philosophische Gebrauch von »Urteil« ist es, der den Unterschied verwischt und zu Schwierigkeiten führt. Ist denn nicht klar, was mit der Behauptung von einigen gemeint war, ethische Meinungsverschiedenheiten seien wie Meinungsverschiedenheiten in Sachen des Geschmacks, in Entscheidungssituationen, in praktischen Einstellungen?[3] Natürlich geben wir, wie du sagtest, dann, wenn wir unsere Gründe vorlegen, selten einfach die Ursachen unserer eigenen emotionalen Verfassung an. Wir legen dabei aber auch keine Beweise für ein Urteil, für eine moralische Diagnose vor. Wir verwenden die Tatsachen vielmehr zur Stützung unserer eigenen Einstellungen, als Appell an die Fähigkeiten der anderen, so zu fühlen und zu antworten, wie wir selbst es tun.

Schwarz: Jetzt kann ich, glaube ich, sehen, was du die ganze Zeit über ausgelassen hast. Zunächst hast du mir vorgeworfen, ich würde eine mythische Fähigkeit erfinden, durch die wir ethisches Wissen erlangen. Als ich dann darauf hinwies, daß ethische Eigenschaften nicht ohne jede Beziehung zu anderen empirisch feststellbaren Merkmalen von Handlungen und Sachverhalten, vielmehr gerade in Abhängigkeit von diesen gesehen werden, da hast du es so hingedreht, als sei diese Abhängigkeit gar nicht erkennbar. Du wolltest sie der kausalen Abhängigkeit einer psychologischen Disposition von bestimmten empirischen Merkmalen ihres Gegenstands angleichen, etwa wie die Vorliebe eines Kindes für Erdbeeren von deren Süßigkeit abhängt. Nun ist jedoch die Verknüpfung zwischen der Falschheit einer Handlung und der Tatsache, daß durch sie anderen Leuten Leid zugefügt wird, keine Zufälligkeit unserer menschlichen Natur. Diese Verknüpfungen wahrzunehmen erfordert auch keine besondere Fähigkeit, sondern *lediglich die, von der wir bei all unseren Begründungen Gebrauch machen.* Aus der Tatsache, daß eine Handlung für andere unnötiges Leid mit sich bringt, *folgt* notwendigerweise, daß die betreffende Handlung falsch ist, gerade wie aus der Tatsache, daß ein Dreieck gleichseitig ist, notwendigerweise folgt, daß seine Winkel gleich groß sind. Das ist die Art von Abhängigkeit, die wir unmittelbar sehen. Es ist keine analytische Abhängigkeit, sondern eine synthetische Folgerungsbeziehung. Das ist auch der Grund dafür, daß die »weil«-Klausel meines ethischen Satzes schließlich doch einen Beweis für das Zuschreiben des moralischen Merkmals darstellt.

Deinen auf der Hand liegenden Einwand kann ich vorwegnehmen. Keine moralische Regel, so wirst du sagen, keine moralische Verallgemeinerung bezüglich der Richtigkeit von Handlungen oder des Gutseins von Bedingungen gilt ohne Ausnahme. Man kann sich stets Umstände vorstellen, in denen die Verallgemeinerung zusammenbricht. Oder, wenn die Verallgemeinerung so weit ist, daß man kein Gegenbeispiel finden kann, wenn man sie so interpretieren kann, daß sie für jeden einzelnen Fall gilt, dann ist sie eben zu weit geworden. Sie ist dann tautologisch geworden wie »Es ist stets richtig, das zu tun, was insgesamt zu den besten Ergebnissen führen wird« oder so untragbar vage wie »Es ist stets richtig, den anderen als Zweck an sich zu behandeln« oder »Das größte Gut ist die größte allgemeine Wohlfahrt«. Es liegt offenbar nicht an solchen Rezepten, daß wir in konkreten Fällen das Richtige bzw. das Gute herausfinden können. Es gibt keine Kriterien dafür, welche Bedeutung »jemand als Zweck behandeln« bzw. »die größte allgemeine Wohlfahrt« hat und von denen nicht schon die engeren Kriterien der Richtigkeit und des Gutseins, von denen ich sprach und die stets Ausnahmen zu haben scheinen, vorausgesetzt werden. Nun ist all das wahr. Es verlangt jedoch nur nach einer geringfügigen Verbesserung jener engeren Kriterien. Wir können zum Beispiel folgendes nicht im Sinne einer notwendigen, synthetischen Aussage behaupten: »Alle Handlungen, mit denen man sein Versprechen hält, sind richtig« oder »Alle Zustände des ästhetischen Genießens sind gut«. Doch wir *können* als eine notwendige, synthetische Aussage behaupten: »Alle Handlungen, mit denen man sein Versprechen hält, sind *in der Regel als solche* richtig (bzw. besitzen eine *prima facie* Richtigkeit)«[4] oder »Alle Zustände des ästhetischen Genießens sind *als solche in der Regel* gut«. Und unser Wissen um solche allgemeinen, notwendigen Verknüpfungen leiten wir davon ab, daß wir bei einzelnen Fällen sehen, daß die Richtigkeit einer Handlung bzw. das Gutsein eines Sachverhalts daraus *folgt*, daß es sich um eine Handlung bzw. um einen Sachverhalt einer gewissen Art handelt.

Weiß: Deine geringfügige Verbesserung ist destruktiv. Wenn wir von Schwänen sagen, sie seien in der Regel weiß, dann schreiben wir nicht jedem einzelnen Schwan eine gewisse Eigenschaft – nämlich »ist in der Regel weiß« – zu. Wir behaupten damit vielmehr, daß die Zahl derjenigen Schwäne, die weiß sind, größer ist als die Zahl derer, die es nicht sind bzw. daß etwas, das ein Schwan ist, wahrscheinlich weiß sein wird. Wenn wir behaupten »Allgäuer können in der Regel gut jodeln« dann meinen wir damit, daß die meisten Allgäuer gut jodeln können. Wenn wir von einem *einzelnen* Allgäuer sagen, *er* könne in der Regel gut jodeln, so meinen wir damit, daß er so gut wie immer gut jodelt. In all diesen Fällen reden wir über eine *Klasse* von Dingen, Situationen oder Ereignissen. Wir behaupten damit nicht, daß *allen* Elementen dieser Klasse die Eigenschaft zukommt, in der Regel ein gewisses Merkmal zu besitzen, sondern daß die *meisten* Elemente der Klasse dieses Merkmal tatsächlich besitzen. Niemand würde die Behauptung akzeptieren, daß ein Satz von der Form »Die *meisten* As sind Bs« eine notwendige Proposition ausdrückt. Wird diese Behauptung etwa plausibler, wenn man die Proposition in der Form »Alle As sind in der Regel Bs« neu formuliert?

Aber auch bei einem Verzicht auf diesen Punkt bleibt doch noch folgende Schwierigkeit: Die Notwendigkeit einer Verbesserung unserer moralischen Verallgemeinerungen ist unverträglich mit der von dir gegebenen Darstellung von der Art und Weise, wie wir zu unserem Wissen von den moralischen Merkmalen einzelner Handlungen bzw. Zustände und von den moralischen Verallgemeinerungen selbst kommen. Nach deinen Aussagen sehen wir das moralische Merkmal als eine *Folgerung* aus bestimmten empirisch feststellbaren Eigenschaften einer Handlung oder eines Zustands. Wenn das wirklich so wäre, so hätten wir zwar implizit eine moralische Verallgemeinerung gelernt: aber es wäre eine Verallgemeinerung, die *ohne jede Einschränkung* besagt, daß das betreffende moralische Merkmal aus diesen anderen Eigenschaften des vorliegenden Falles logisch folgt. Mit anderen Worten und um dein eigenes Beispiel zu verwenden: Wenn aus der Tatsache, daß eine Handlung diejenigen empirisch feststellbaren Eigenschaften besitzt, die durch die Wendung ›ein Fall von Versprechen einhalten‹ beschrieben werden, *auch nur einmal* folgt, daß diese Handlung richtig ist, dann gilt: Aus der Tatsache, daß eine Handlung von dieser bestimmten Art ist, folgt *immer,* daß sie diese moralische Eigenschaft besitzt. Somit gilt also: Wenn es zutrifft, daß wir moralische Merkmale auf diese Weise aus anderen Merkmalen ›folgen‹ sehen, dann stimmt es nicht, daß die implizierten Verallgemeinerungen einer ›geringfügigen Verbesserung‹ bedürfen. Und wenn es stimmt, daß sie eine Verbesserung brauchen, dann ist es eben nicht wahr, daß wir moralische Merkmale so sehen.[5]

Das ist aber auch schon alles, was über diesen rationalistischen Aberglauben gesagt werden muß, dem zufolge moralische Prädikate an andere Prädikate durch eine quasi-logische Notwendigkeit gebunden sind. »Le coeur a ses raisons, que la raison ne connaît pas«: Das ist die ganze Wahrheit. Deine Aufmerksamkeit war jedoch so sehr der ersten Hälfte dieser Wahrheit verhaftet, daß du die zweite ganz vergessen hast.

Auf der Suche nach einer logischen Verknüpfung, wo es doch keine zu finden gab, hast du diejenigen Beziehungen übersehen, die zwischen den ethischen Wörtern selbst bestehen. Und so hast du vergessen, worauf doch schon so oft hingewiesen worden ist: daß für jeden Ausdruck, der die Wörter »richtig« oder »gut« enthält – wobei diese in ihrer ethischen Bedeutung verwendet werden –, stets ein Ausdruck gefunden werden kann, der die gleiche Bedeutung hat, anstelle jener Wörter jedoch das Wort »sollte« (ought) enthält. Die Äquivalenzen sind unterschiedlich und die Unterschiede selbst subtil; aber finden lassen sie sich immer. Es wäre zum Beispiel widersprüchlich, wenn man behaupten würde: »Ich weiß, wo das Gute zu finden ist, und ich weiß, was der richtige Weg ist. Ich weiß aber nicht, wonach ich streben bzw. welchem Weg ich folgen *sollte*.« »Richtig«-Sätze bzw. »gut«-Sätze sind Abkürzungen für »sollte«-Sätze. Und das ist an sich genug, um den Mythos von nicht-analysierbaren Merkmalen, die durch die nicht-definierbaren Prädikate »richtig« und »gut« bezeichnet werden, zu beseitigen. »Sollte« ist nämlich ein *Relations*wort; »richtig« und »gut« sind dagegen *prädikativ*. Die einfachsten Sätze, die »sollte« enthalten, sind syntaktisch weitaus komplizierter als die einfachsten Sätze, die »richtig« oder »gut« enthalten. Folglich sind wegen der Geltung der Bedeutungsäquivalenzen die unterschiedlichen ethischen Verwendungsweisen von »richtig« oder »gut« *alle definierbar* – unterschiedlich definierbar mit Hilfe von »sollte«.

Diese letzte Erwägung alleine ist natürlich gegenüber dem Intuitionismus nicht ausschlaggebend. Wenn das alles wäre, könntest du die Reihen immer noch neu ordnen und dich selbst auf die Seite derer stellen, die die Existenz einer unmittelbar gesehenen, nicht-analysierbaren und nicht-natürlichen *Relation* der Verpflichtung vertreten und dennoch die Definierbarkeit der ethischen Prädikate mit Hilfe dieser Relation zugeben. Doch die von mir bereits vorgebrachten Einwände behalten auch gegenüber dieser modifizierten Position ihre uneingeschränkte Gültigkeit. In anderer Hinsicht ist die Schwäche dieser Position zudem noch offensichtlicher.[6]

Schwarz: Nun gut, nehmen wir doch einmal an, wir würden uns darin einig sein, daß der Intuitionismus begraben werden muß. Was hast du denn dann an seiner Stelle anzubieten? Ist denn je eine Analyse von Moralurteilen vorgeschlagen worden, die auf der Gefühlsterminologie basiert und die nicht ungeheuer paradox oder künstlich gewesen wäre? Selbst der einfachste ethische Satz widersetzt sich hartnäckig einer Übersetzung. Aber nicht etwa so, wie sich der Satz »Wie ein Dom aus tausendfarbnem Glas färbt den weißen Strahl der Ewigkeit das Leben« einer Übersetzung widersetzt. Die ethische Sprache ist nicht die Sprache der Dichter, sondern die der ganzen Welt. Irgendwie muß doch sowohl diesem irreduziblen Bedeutungselement ethischer Sätze als auch der Allgemeinheit des Wissens, wie sie korrekt und angemessen verwendet werden, Gerechtigkeit widerfahren. Und der Intuitionismus war zumindest ein Weg, das zu versuchen.

Weiß: Ja, der Intuitionismus war ein solcher Weg. Er ging von der Tatsache aus, daß Abertausende von Leuten völlig richtig von sich sagen können: »Ich weiß, daß das richtig ist bzw. daß das gut ist.« Und er führte, wie wir gesehen haben, am Ende dazu, daß es ganz unerklärlich ist, wie man etwas derartiges jemals sagen kann. Schuld daran war: einmal der Fehler, daß nicht bemerkt worden war, daß der ganze Satz, einschließlich des »Ich weiß« und nicht nur das vorletzte Wort des Nebensatzes, eine Einheit der ethischen Sprache ist; und dann, als eine Folge dieses Fehlers, daß man die Schubladen der Erkenntnistheorie fieberhaft nach einem passenden »Ich weiß« durchsuchte. (Komme ich vielleicht zu diesem »Ich weiß« so, als würde ich eine Summe ausrechnen?)

Bei dem Versuch einer Übersetzung sieht man jedoch schon mehr. Man sieht zumindest, daß der Satz als eine Einheit zu behandeln ist. Der Irrtum besteht in diesem Fall aber in der Annahme, es ließe sich in einer anderen Sprache ein Substitut finden, das dem gleichen Zweck dient. Solange man sich darauf beschränkt, zu beschreiben, wie und in welcher Art von Umständen der Satz verwendet wird, wird dabei wertvolle Arbeit geleistet. Man irrt sich aber, wenn man so tut, als wäre eine Darlegung des Gebrauchs des Satzes das gleiche wie den Satz selbst zu gebrauchen. Wer behauptet, ethische Sätze in Sätze über unsere Gefühle übersetzen zu können, macht die gleiche Art von Fehler wie die, die behauptet haben, sie könnten (hätten sie nur genügend Zeit dazu) Sätze über materielle Gegenstände in solche über wirkliche und mögliche Sinneswahrnehmungen übersetzen. Was sie *meinen* – der Kommentar, den sie von dem Gebrauch der ethischen Sprache oder einer Sprache über materielle Gegenstände liefern – ist korrekt. Daß dieser Kommentar als Kommentar seinen Wert hat, liegt genau daran, daß er als eine Übersetzung inkorrekt wäre. Denn dadurch zeigt sich, daß die Nichtreduzierbarkeit dieser Sprache von der im Vergleich zu den Kommentarsprachen systematischen Vagheit der in ihnen verwendeten Begrifflichkeit herrührt und nicht von daher, daß man mit diesen normalen Sprachen über etwas anderes spricht (bzw. etwas anderes beschreibt), als worüber man mit den Kommentarsprachen spricht. Diese deskriptive Vagheit ist aber kein Mangel: durch diese Vagheit werden diese normalen Sprachen vielmehr erst für jene Kommunikationsarten (und für jene Überredungsarten) brauchbar, für die man sie eben besonders benötigt. Wenn man jene Vagheit aber irrtümlicherweise für wichtiger hält als sie wirklich ist, kommt es zu einer Art Metaphysik – der Metaphysik der Substanz (des Dings an sich) bzw. zu der Metaphysik unmittelbar wahrgenommener, nicht-analysierbarer ethischer Merkmale. Wird diese Vagheit dagegen ganz und gar übersehen so kommt es zu einer anderen Art Metaphysik – der zähen Metaphysik der Übersetzung, d. h. zu der groben Annahme, daß wir ebensogut auch ohne ethische Sprache auskommen könnten. Keine dieser beiden metaphysischen Positionen – weder die zarte Metaphysik der Substanz, noch die zähe Metaphysik der Reduktion[7] – wird jedoch den Tatsachen gerecht. Durch die letztere Position wird ihnen eben nur weniger Unrecht getan. Sie versucht nämlich nicht, die vorhandenen Tatsachen durch Märchenerzählungen zu ergänzen.

Die Alternative zum Intuitionismus besteht also nicht darin, eine Übersetzung vorzuschlagen. Um unsere moralischen Erfahrungen gegenseitig austauschen zu können, müssen wir die Werkzeuge, d. h. die ethische Sprache verwenden, die wir eben haben. Kein von einem Philosophen vorgelegter Satz wird deren Stelle einnehmen können. Die Aufgabe des Philosophen besteht nicht darin, eine neue Menge von Werkzeugen zu liefern, sondern zu beschreiben, was das ist, was wir gegenseitig austauschen, und wie die Werkzeuge verwendet werden, um ihren Zweck zu erfüllen. Und obwohl die von ihm beschriebene Erfahrung eine emotionale Erfahrung ist, sind seine Beschreibungen doch nicht wie die des Psychologen. Dem Psychologen geht es um die Beziehung dieser emotionalen Erfahrung zu Erfahrungen anderer Art. Dem Philosophen dagegen geht es darum, in welcher Beziehung diese emotionale Erfahrung zum normalen Gebrauch der ethischen Sprache steht. So wäre es natürlich absurd, wenn vom Philosophen geleugnet würde, daß gewisse Handlungen richtig (fair, legitim) und andere falsch (unfair, illegitim) sind und daß wir das wissen. Absurd wäre es aber auch, wenn von ihm behauptet würde, daß wir das, was mit Hilfe solcher Sätze ausgedrückt wird, auch ohne solche Wörter sagen könnten. Denn das *ist* nun einmal die Sprache, die wir bei der Formung wie auch bei dem Austausch unserer moralischen Erfahrung tatsächlich verwenden; und daß es eine so übermittelte und geformte Erfahrung gibt, das ist ja nicht in Frage gestellt worden.

Wir befinden uns in der Lage eines sorgfältigen Phänomenalisten, der bei all seiner Betonung der Sinneswahrnehmungen doch nicht leugnet, daß es im Nebenzimmer einen Tisch gibt, und der auch gar nicht beansprucht, diese Existenzbehauptung ohne die Verwendung solcher Wörter wie »Nebenzimmer« und »Tisch« machen zu können. Ein derart vorsichtiger Phänomenalismus habe, so wurde gesagt, das Recht verwirkt, eine »philosophische These« genannt zu werden.[8] Nun, dann wollen wir uns diesen Titel eben für die Produkte derer vorbehalten, die in Mythen und Paradoxien steckenbleiben und nicht imstande sind, jene Reise zu Ende zu führen, die von Bekanntem wiederum zu Bekanntem geht[9] und »philosophische Analyse« genannt wird.

1 Vgl. D. Daiches Raphael, *The Moral Sense,* Kp. V und VI.
2 Vgl. G. E. Moore, *Principia Ethica,* (dtsch.), S. 36.
3 Vgl. Charles Stevenson, *Ethics and Language,* Kp. I., Siehe auch seine Arbeit *The Emotive Meaning of Ethical Terms,* dtsch: *Die emotive Bedeutung ethischer Ausdrücke,* dieser Band.
4 Ross, *Foundations of Ethics,* S. 83-86; Broad, *Some of the Main Problems of Ethics,* in: *Philosophy,* 1946, S. 117.
5 Ein letzter verzweifelter Schachzug könnte Schwarz noch einfallen. Er könnte etwa sagen, daß es nicht das bloße Vorkommnis des Merkmals, ein Akt des ein Versprechen-Haltens zu sein, ist, woraus die Richtigkeit des Aktes logisch folgt, sondern das Vorkommnis dieses Merkmals zusammen mit dem Fehlen eines jeden Merkmals, aus dem die Falschheit des Aktes logisch folgen würde. Seine allgemeinen Regeln wären dann nicht von der Form »Aus ›x hat die Eigenschaft φ‹ folgt logisch ›x ist richtig‹«, sondern von der Form. »Aus ›x hat φ und x hat kein ψ, für das aus »›x hat ψ‹« logisch »›x ist falsch‹« folgt‹, folgt logisch: ›x ist richtig‹«. Dieser Vorschlag ist jedoch unzulässig, da (i) der Beweis der allgemeinen Propo-

sition »x hat kein ψ etc.« die Aufzählung all der Merkmale erfordern
würde, auf Grund derer es falsch wäre, ein Versprechen zu halten, und
da (ii) jede Regel von der Form »Aus ›x hat ψ‹ folgt logisch ›x ist falsch‹«
auf genau die gleiche Art und Weise erweitert werden müßte wie die »ist
richtig«-Regel. Dies würde aber einen infiniten Regreß solcher Erweite-
rungen nach sich ziehen. Außer diesem *theoretischen* Fehler ist das vorgeschlagene Modell natürlich auch *praktisch* absurd.

6 So liegt zum Beispiel eine gewisse Plausibilität darin, zu sagen »Mein Gefühl, moralisch verpflichtet zu sein, einen solchen Weg (bzw. einen solchen Zweck) zu verfolgen, setzt voraus, daß ich glaube, daß es der richtige Weg (bzw. ein guter Zweck) ist« und dann draus zu schließen, daß
dieser Glaube nicht auf das von ihm hervorgerufene Gefühl »reduziert«
werden kann. (Zu Beispielen für derartige Argumentationen siehe Ross,
op. cit., S. 261-262, und Broad, *op. cit.*, S. 115.) Die Schwäche dieser Begründung zeigt sich jedoch deutlicher, wenn der Satz wie folgt reformu-
liert wird: »Mein Gefühl, moralisch verpflichtet zu sein, einen solchen
Weg zu verfolgen, setzt voraus, daß ich glaube, daß ich moralisch verpflichtet bin, ihn zu verfolgen.« Nun sind jedoch – und das ist hier wesentlich – die Termini »voraussetzen« und »glauben« beide mehrdeutig.
Wenn »voraussetzen« soviel bedeutet wie »kausal erforderlich sein« und
wenn »glauben« in seiner gewöhnlichen Bedeutung verwendet wird,
dann ist es offensichtlich falsch, daß ein Glaube, der ein solches Gefühl
verursacht, in jedem Fall einen Glauben einschließt, der korrekterweise
mit diesen Termini beschrieben werden könnte. (Vergleiche: »Daß ich
mich erschreckt fühle, setzt voraus, daß ich glaube, daß ich erschreckt
werde.«) Das Argument hat gegen die »Analysierbarkeit« eines korrekterweise so beschriebenen Glaubens nur dann Gewicht, wenn er in jedem Fall einen Verursachungs-Faktor darstellt. Wenn »voraussetzen«
andererseits soviel wie »logisch erfordern« bedeutet, dann könnte »glauben« vielleicht in einem anormalen Sinne verwendet werden, so daß der
Satz *tautologisch* wahr ist. Doch dieses Ergebnis wird nur dadurch ge-
sichert, daß »glauben« (in diesem Sinne verwendet) mit Hilfe von Ge-
fühls-Termini definiert wird (vergleiche die Bedeutung, nach der »x für
lustig halten« soviel bedeutet wie »sich durch x amüsieren lassen«); und
dies war genau das Resultat, das Schwarz zu vermeiden suchte.

7 Vgl. Wisdom, *Metaphysics and Verification,* in: *Mind,* 1938.

8 Hardie, *The Paradox of Phenomenalism,* in: *Proceedings of the Aristotelian Society,* 1945-46, S. 150.

9 Wisdom.

VII

C. L. Stevenson
Die emotive Bedeutung
ethischer Ausdrücke

Ethische Fragen treten zuerst in der Form »Ist das und das gut?«
oder »Ist diese Alternative besser als jene?« auf. Diese Fragen sind
zum Teil deshalb schwierig, weil wir nicht genau wissen, wonach
wir suchen. Wir fragen »Ist eine Nadel im Heuhaufen?«, ohne
überhaupt zu wissen, was eine Nadel eigentlich ist. Als erstes stellt
sich also die Aufgabe, die Fragen selbst zu untersuchen. Wir müssen versuchen, sie klarer zu machen, indem wir die Ausdrücke definieren, mit denen die Fragen formuliert sind, oder indem wir eine
beliebige andere Methode benutzen, die uns zur Verfügung steht.

Im vorliegenden Essay geht es nur um diesen vorbereitenden
Schritt: ethische Fragen zu klären. Um die Frage »Ist X gut?« beantworten zu helfen, müssen wir für sie eine Frage *substituieren*,
die nicht mehrdeutig und konfus ist.

Bei der Substitution einer klareren Frage dürfen wir natürlich
keine völlig andere Frage zu Rate ziehen. Es geht nicht (um ein ex-
tremes Beispiel für einen weit verbreiteten Fehlschluß anzuführen), für »Ist X gut?« die Frage »Ist X rosa und hat gelbe Borten?«
zu substituieren und dann zu zeigen, wie einfach die Frage in
Wirklichkeit sei. Solch ein Vorgehen setzte die Antwort auf die ursprüngliche Frage schon voraus und würde nicht helfen, sie zu finden. Andererseits dürfen wir nicht erwarten, daß die substituierte
Frage mit der ursprünglichen genau ›identisch‹ sei. Die ursprüngliche Frage kann an Hypostasierung, Anthropomorphismus, Un-
klarheit und all den anderen Schwächen kranken, denen unsere gewöhnliche Rede ausgesetzt ist. Soll unsere substituierte Frage klarer sein, so dürfen ihr diese Übel nicht anhaften. Die Frage wird
nur in dem Sinne mit der ursprünglichen identisch sein, in dem ein
Kind mit dem Erwachsenen, zu dem es wird, identisch ist. Wir
dürfen daher nicht fordern, daß die Substitution uns auf den ersten
Blick bedeutungserhaltend vorkommt.

In welcher Beziehung genau muß denn nun die susbstituierte

Frage zu der ursprünglichen stehen? Nehmen wir einmal (unzutreffenderweise) an, sie müsse sich aus der Ersetzung von »gut« durch irgendeine Menge von Ausdrücken ergeben, die das Wort »gut« definieren. Unsere Frage verwandelt sich dann in die: In welcher Beziehung muß die definierte Bedeutung von »gut« zu der ursprünglichen Bedeutung stehen?

Meine Antwort ist: Sie muß *relevant* sein. Eine definierte Bedeutung wird unter folgenden Umständen »relevant« für die ursprüngliche Bedeutung genannt: Wer die Definition verstanden hat, muß all das, was er sagen will, dadurch sagen können, daß er den Ausdruck auf die definierte Weise verwendet. Er darf niemals Gelegenheit haben, den Ausdruck im alten, unklaren Sinn zu verwenden. (Wenn jemand das Wort weiterhin im alten Sinn verwenden müßte, so wäre dessen Bedeutung in diesem Maße ungeklärt und die philosophische Aufgabe nicht vollständig erfüllt.) Wörter werden häufig auf eine so konfuse und mehrdeutige Art gebraucht, daß wir ihnen *mehrere* definierte Bedeutungen – und nicht bloß eine – geben müssen; in diesem Falle wird nur die gesamte Menge definierter Bedeutungen »relevant« genannt – jede von ihnen heißt dann »partiell relevant«. Das ist vielleicht keine befriedigende Erklärung dessen, was »relevant« heißen soll, aber für die gegebenen Zwecke wird sie ausreichen.

Wenden wir uns nun unserer eigentlichen Aufgabe zu: eine relevante Definition von »gut« anzugeben. Untersuchen wir zu diesem Zweck erst einmal, wie andere sie zu lösen versucht haben.

Das Wort »gut« wurde häufig mit Hilfe von *Wertschätzung* oder ähnlichen psychischen Einstellungen definiert. Als typische Beispiele können wir nehmen: »gut« bedeutet *»von mir begehrt«* (Hobbes); und: »gut« bedeutet *»von den meisten Menschen wertgeschätzt«* (so läßt sich Humes Ansicht bündig auf einen Nenner bringen).[1] Eine Bezeichnung, die sich für Definitionen dieser Art anbietet, ist »Interesse-Theorien« – ein Terminus von R. B. Perry – obwohl weder »Interesse« noch »Theorie« hier auf die üblichste Weise gebraucht werden.[2,2a]

Sind Definitionen dieser Art relevant?

Es ist müßig, ihre *partielle Relevanz* zu leugnen. Die oberflächlichste Untersuchung wird ergeben, daß »gut« überaus mehrdeutig ist. Dafürzuhalten, daß »gut« niemals in Hobbes' und Humes Sinn gebraucht wird, heißt bloß, mangelndes Feingefühl für die Kompliziertheit von Sprache kundzutun. Wir müssen vielleicht nicht nur diese Bedeutungen berücksichtigen, sondern auch noch eine Vielfalt von ähnlichen, die sich sowohl hinsichtlich des Typs der fraglichen Einstellung unterscheiden, als auch hinsichtlich der Menschen, denen diese Einstellung zugesprochen wird.

Aber das ist nebensächlich. Die wesentliche Frage ist nicht, ob Interesse-Theorien *partiell* relevant sind, sondern ob sie *vollständig* relevant sind. Allein darüber ist eine vernünftige Debatte möglich. Kurz: Vorausgesetzt, es gäbe einige Bedeutungen von »gut«, für die sich relevante Definitionen angeben lassen, in denen »Einstellung« vorkommt – gibt es noch irgendeine *andere* Bedeutung, deren relevante Definition nicht so aussieht? Dieser Frage müssen wir sorgfältige Aufmerksamkeit widmen. Denn es ist gut möglich, daß es Philosophen (und vielen anderen) um diesen *anderen* Sinn von »gut« (und nicht um einen, in dessen relevanter Definition »Einstellung« vorkommt) ging, als sie die Frage »Ist X gut?« so schwierig fanden. Wenn wir auf einer Definition von »gut« durch »Einstellung« bestehen und die solchermaßen interpretierte Frage beantworten, so kann es sein, daß wir an *ihrer* Frage völlig vorbeigehen. Natürlich ist es möglich, daß dieser *andere* Sinn von »gut« nicht existiert oder daß er vollständig wirr ist; aber genau das müssen wir herausbekommen.

Nun ist vielerseits behauptet worden, Interesse-Theorien seien *alles andere* als vollständig relevant. Es wurden Argumente dafür angeführt, daß solche Theorien gerade den Sinn von »gut« außer acht ließen, der für die Ethik am typischsten ist. Und diese Argumente sind sicherlich nicht unplausibel.

Nur – welches *ist* dieser typische Sinn von »gut«? Die Antworten darauf sind so vage und voller Schwierigkeiten gewesen, daß man ihnen kaum entnehmen kann, welches der typische Sinn von »gut« ist.

Immerhin gibt es gewisse Forderungen, die der typische Sinn – so wurde erwartet – erfüllen soll; – Forderungen, die bei unserem gesunden Menschenverstand starken Anklang finden. Es wird hilfreich sein, sie zusammenzufassen und zu zeigen, wie sie die Interesse-Theorien ausschließen:

Erstens müssen wir vernünftigerweise darüber uneins sein können, ob etwas gut ist. Diese Bedingung schließt Hobbes' Definition aus. Betrachten wir die folgende Auseinandersetzung: »Das ist gut« – »Das stimmt nicht; es ist nicht gut«. Nach der Übersetzung von Hobbes wird daraus: »Ich begehre das« – »Das stimmt nicht, denn *ich* begehre es nicht«. Die Disputanten widersprechen einander nicht, sondern sie glauben nur, einander zu widersprechen, weil sie beim Gebrauch von Pronomina grundlegende Dinge durcheinanderbringen. Die Definition, nach der »gut« »von meiner Gemeinschaft begehrt« bedeutet, ist ebenfalls ausgeschlossen; denn: wie könnten Mitglieder verschiedener Gemeinschaften dann uneins sein?[3]

Zweitens muß die Eigenschaft, »gut« zu sein, eine gleichsam magnetische Wirkung haben. Wer X als »gut« anerkennt, muß sich ipso facto eher für es einsetzen, als er es sonst getan hätte. Das schließt den Typus der Humeschen Definition aus. Denn nach Hume heißt »erkennen, daß etwas gut ist«, einfach »erkennen, daß die Mehrzahl es wertschätzt«. Offensichtlich kann jemand bemerken, daß die Mehrzahl X wertschätzt, ohne daß er sich deshalb eher für es einsetzt, als er es sonst getan hätte. Gemäß dieser Forderung kann *einzig und allein* die Einstellung des Sprechers für die Definition von »gut« wesentlich sein. Der Rückgriff auf Einstellungen anderer Menschen ist durch sie ausgeschlossen.[4]

Drittens darf nicht allein durch die Verwendung der wissenschaftlichen Methode verifizierbar sein, daß irgend etwas ›gut‹ ist. »Ethik darf nicht Psychologie sein.« Diese Beschränkung schließt ausnahmslos alle traditionellen Interesse-Theorien aus. Es handelt sich bei ihr aber um eine derart weitreichende Beschränkung, daß wir untersuchen müssen, ob sie auch wirklich akzeptabel ist. Welche methodologischen Implikationen von Interesse-Theorien werden hier zurückgewiesen?

Gemäß der Definition von Hobbes kann eine Person ihre Moralurteile dadurch endgültig beweisen, daß sie zeigt, daß sie sich nicht introspektiv über ihre Wünsche irrt. Nach Humes Definition kann man Moralurteile dadurch (lax gesprochen) beweisen, daß man abstimmen läßt. *Dieser* Gebrauch der empirischen Methode scheint auf jeden Fall sehr stark von dem abzuweichen, was wir üblicherweise als Beweis akzeptieren, und er wirft ein Licht auf die vollständige Relevanz der Definitionen, die ihn implizieren.

Aber gibt es nicht kompliziertere Interesse-Theorien, die gegen solche methodologischen Implikationen immun sind? Nein, denn dieselben Faktoren treten auf; sie werden nur für einen Moment aufgeschoben. Betrachten wir beispielsweise folgende Definition: »X ist gut« bedeutet »*Die meisten Menschen würden X hochschätzen, wenn sie sein Wesen und seine Auswirkungen kennten*«. Wie könnten wir gemäß dieser Definition beweisen, daß ein gewisses X gut sei? Zuerst müßten wir, auf empirischem Wege, herausfinden, wie X beschaffen ist und welches seine Auswirkungen sein würden. Bis zu diesem Punkt scheint es gegen die empirische Methode, wie sie von dieser Definition verlangt wird, keinen vernünftigen Einwand zu geben. Aber was fehlt noch? Als nächstes müßten wir herausbekommen, ob die meisten Menschen die Art von Dingen – zu der X nach unseren Ermittlungen gehört – wertschätzen. Das ließe sich nicht durch eine Volksabstimmung feststellen – aber nur, weil es zu schwierig wäre, den Wählern vorher zu erklären, wie das Wesen und die Auswirkungen von X wirklich aussehen. Abgesehen davon wäre eine Abstimmung die geeignete Methode. Wiederum sind wir auf das Nasenzählen als das *unwiderruflich letzte* Entscheidungsverfahren angewiesen. Nun brauchen wir eine Abstimmung nicht völlig zu verschmähen. Wer Interesse-Theorien als irrelevant ablehnt, mag ohne weiteres erklären: »Falls ich glaubte, daß die Mehrheit X hochschätzte, wenn sie alles über es wüßte, so wäre ich sehr *geneigt* zu sagen, X sei gut«. Aber er würde fortfahren: »*Muß* ich unter diesen Umständen sagen, X sei gut? Resultierte meine Zustimmung zu dem vermeintlich ›endgültigen Beweis‹ nicht aus meiner demokratischen Einstellung? Was ist dann mit den etwas mehr aristokratischen Menschen? Sie würden doch einfach sagen, daß die Wertschätzung der meisten Menschen – sogar dann, wenn sie alles über den Gegenstand ihrer Wertschätzung wüßten – einfach nichts damit zu tun hat, ob irgendetwas gut ist. Und vermutlich würden sie ein paar Bemerkungen über die unkultivierten Einstellungen der Leute anfügen«. In der Tat hat es nach diesen Überlegungen den Anschein, als praesupponiere die betrachtete Definition von Anfang an demokratische Ideale; – hinter der Verkleidung einer Definition verbirgt sich aufgetakelte demokratische Propaganda.

Die von der Interesse-Theorie und anderen implizierte Allmacht der empirischen Methode läßt sich auf eine etwas andere Weise als nicht hinnehmbar erweisen. G. E. Moores geläufiger Einwand mit der offenen Frage paßt sehr gut hierher. Was für eine Menge wissenschaftlich erkennbarer Eigenschaften ein Gegenstand auch immer haben mag (so läßt sich Moores Einwand bündig zusammenfassen), es wird sich bei sorgfältiger Introspektion herausstellen, daß die Frage offen ist, ob ein Gegenstand mit diesen Eigenschaften *gut* ist. Es bereitet Schwierigkeiten anzunehmen, diese wiederauftretende Frage sei völlig konfus oder scheine nur wegen der Ambiguität von »gut« offen zu sein! Vielmehr muß es so sein, daß wir einen Sinn von »gut« gebrauchen, der nicht mit Rückgriff auf irgend etwas wissenschaftlich Erkennbares relevant definierbar ist. Das heißt: Die wissenschaftliche Methode reicht für die Ethik nicht aus.[5]

Der ›typische‹ Sinn von »gut« soll somit folgende Bedingungen erfüllen: (1) Die Eigenschaft, gut zu sein, muß Gegenstand vernünftiger Meinungsverschiedenheit sein können; (2) sie muß ›magnetisch‹ sein; und (3) sie darf nicht allein durch die wissenschaftliche Methode feststellbar sein.

II.

Ich kann mich jetzt meinem Vorhaben, der Analyse moralischer Urteile, zuwenden. Ich möchte zuerst meine Position dogmatisch darlegen und zeigen, in welchem Maße ich von der Tradition abweiche.

Ich halte die drei oben angeführten Forderungen für völlig vernünftig; ich glaube, daß es durchaus eine Bedeutung von »gut« gibt, die alle drei Bedingungen erfüllt, und weiterhin, daß keine traditionelle Interesse-Theorie das leistet. Daraus folgt jedoch nicht, daß »gut« mit einer platonischen Idee, einem kategorischen Imperativ oder einer einzigen, nicht analysierbaren Eigenschaft expliziert werden müsse. Im Gegenteil, die drei Forderungen können von einer *Art* Interesse-Theorie erfüllt werden. *Aber wir müssen eine Voraussetzung aufgeben, die von allen traditionellen Interesse-Theorien gemacht worden ist.*

Traditionelle Interesse-Theorien unterstellen, daß moralische Urteile *deskriptive* Urteile seien, die beschreiben, welche Einstellungen bestehen – daß sie einfach *Informationen* über Einstellungen *geben*. (Genauer: es wird behauptet, daß Moralurteile beschreiben, welche Einstellungen bestehen, bestanden haben oder bestehen werden; oder daß sie darauf hinweisen, welche Einstellungen unter bestimmten Umständen bestehen würden.) Diese Hervorhebung der Deskription, der Information, führt zu der unvollständigen Relevanz dieser Theorien. Zweifelsohne ist in Moralurteilen immer *irgendein* deskriptives Element enthalten – aber das ist keinesfalls alles. Die wesentliche Verwendung von Moralurteilen besteht nicht darin, auf Tatsachen zu verweisen, sondern darin, jemanden zu *beeinflussen*. Moralurteile beschreiben nicht bloß die Einstellungen von Menschen, sondern *verändern* oder *intensivieren* sie. Viel eher *empfehlen* sie eine Einstellung zu einem Gegenstand, als daß sie feststellten, die Einstellung sei bereits gegeben.

Ein Beispiel: Wenn man jemandem sagt, er solle nicht stehlen, so will man ihm nicht bloß zu verstehen geben, daß die Leute Diebstahl mißbilligen. Vielmehr versucht man, *ihn* dazu zu bringen, Diebstahl zu mißbilligen. Dieses Moralurteil hat eine quasi-imperative Kraft. Wird diese Kraft durch Suggestion wirksam und durch den Tonfall intensiviert, so gestattet sie einem ohne weiteres, mit der *Beeinflussung*, der *Modifikation* seiner Einstellungen zu beginnen. Gelingt es schließlich nicht, *ihn* zu einer Mißbilligung des Diebstahls zu bringen, so wird man das Gefühl haben, ihn nicht davon überzeugt zu haben, daß Stehlen falsch ist. Selbst wenn er restlos anerkennt, daß Diebstahl von einem selbst und fast allen anderen mißbilligt wird, so wird man trotzdem weiterhin dieses Gefühl haben. Wenn man ihm die Auswirkungen seiner Handlungsweisen klarmacht – Auswirkungen, von denen man annimmt, daß er sie bereits mißbilligt – so sind diese *Gründe,* die das Moralurteil stützen, einfach ein Mittel zur Erleichterung der Beeinflussung. Sollte man der Überzeugung sein, seine Einstellungen dadurch ändern zu können, daß man ihm vor Augen führt, wie andere ihn verurteilen werden, dann wird man das tun, – andernfalls wird man es lassen. Somit ist die Berücksichtigung der Einstellungen anderer Menschen nur ein zusätzliches Mittel, das man einspannen kann, um ihn zu etwas zu veranlassen; sie ist kein Bestandteil des Moralurteils selbst. Jemandes Moralurteil gibt dem Gesprächspartner nicht bloß eine Beschreibung von Einstellungen, – es steuert die ganz persönliche Einstellung des Gesprächspartners. Der Unterschied zwischen den traditionellen Interesse-Theorien und meiner Betrachtungsweise ähnelt dem Unterschied zwischen der Beschreibung einer Wüste und ihrer Bewässerung.

Ein anderes Beispiel: Ein Munitionshersteller erklärt, Krieg sei eine gute Sache. Meinte er damit bloß, daß er den Krieg wertschätzt, dann müßte er nicht so nachdrücklich auf seiner Behauptung bestehen oder sich ihretwegen so ereifern. Die Menschen wären ziemlich leicht davon überzeugt, daß er den Krieg schätzt. Meinte er damit bloß, daß die meisten Menschen den Krieg wertschätzten oder daß sie ihn wertschätzten, wenn sie seine Auswirkungen kennten, so müßte er seinen eigenen Standpunkt aufgeben, wenn bewiesen würde, daß dem nicht so ist. Aber er würde das nicht tun, und er brauchte es auch gar nicht, um konsequent zu sein. Er *beschreibt* nicht die Einstellungen der Menschen; er versucht, sie durch seine Beeinflussung zu *ändern*. Fände er heraus, daß wenige Menschen den Krieg wertschätzen, so könnte er um so nachdrücklicher darauf bestehen, daß er gut sei, denn dann müßte noch mehr geändert werden.

Dieses Beispiel illustriert, wie »gut« für etwas benutzt werden kann, was die meisten unter uns ›schlechte Zwecke‹ nennen. Solche Fälle gehören genauso zur Sache wie alle anderen. Ich weise hier nicht auf die *gute* Verwendungsweise von »gut« hin. Ich bin nicht dabei, Menschen zu beeinflussen, sondern ich beschreibe, wie diese Beeinflussung manchmal vor sich geht. Wenn der Leser sagen will, daß die Einflußnahme des Munitionsherstellers schlecht sei – das heißt: wenn der Leser in anderen Menschen die Mißbilligung dieses Mannes hervorrufen und den Mann selbst dazu bringen will, seine eigenen Handlungsweisen zu mißbilligen – so wäre ich bei einer anderen Gelegenheit willens, bei diesem Unternehmen mitzumachen. Aber hier geht es mir nicht darum. Ich verwende ethische Ausdrücke nicht, vielmehr weise ich darauf hin, wie sie verwendet *werden*. Der Munitionshersteller mit seinem Gebrauch von »gut« veranschaulicht genauso den Überredungs-Charakter dieses Wortes wie der selbstlose Mann, der, weil er darum bemüht ist, in jedem von uns den Wunsch nach dem Glück aller zu unterstützen, behauptet, Friede sei das höchste Gut.

Ethische Ausdrücke sind somit *Instrumente*, die in dem Wechselspiel und der Wiederanpassung menschlicher Einstellungen benutzt werden. Das läßt sich durch allgemeinere Betrachtungen ganz leicht einsehen. Menschen aus weit voneinander entfernten Gemeinschaften haben sehr unterschiedliche moralische Einstellungen. Warum? Zu einem großen Maß deshalb, weil sie verschiedenen gesellschaftlichen Einflüssen ausgesetzt waren. Nun wird dieser Einfluß natürlich nicht nur mit Zuckerbrot und Peitsche ausgeübt; Wörter spielen dabei eine große Rolle. Menschen loben einander, um bestimmte Neigungen zu unterstützen, und sie tadeln einander, um von anderen abzubringen. Starke Persönlichkeiten geben Befehle, und es fällt schwächeren Menschen auf Grund komplizierter Instinkte schwer, nicht zu gehorchen; völlig abgesehen von der Angst vor den Folgen. Weiterer Einfluß wird von Schriftstellern und Rednern ausgeübt. Gesellschaftlicher Einfluß wird also zu einem enormen Maß durch Mittel ausgeübt, die nichts mit physischem Zwang oder materieller Belohnung zu tun haben. Die ethischen Ausdrücke erleichtern diesen Einfluß. Da sie für den Gebrauch zur *Suggestion* geeignet sind, stellen sie ein Mittel dar, durch das die Einstellungen der Menschen in diese oder jene Richtung geleitet werden können. Daß in einer Gemeinschaft eine größere Ähnlichkeit der moralischen Einstellungen vorliegt, als dies in verschiedenen Gemeinschaften der Fall ist, liegt weitgehend an folgendem: Moralurteile pflanzen sich selbst fort. Einer sagt »Dies ist gut«; das mag jemand anderen beeinflussen, es wertzuschätzen; dieser äußert nun dasselbe Moralurteil, welches wiederum eine andere Person beeinflußt, und so weiter. Zu guter Letzt übernehmen die Menschen durch einen wechselseitigen Beeinflussungsprozeß mehr oder weniger dieselben Einstellungen. Zwischen Mitgliedern weit voneinander entfernter Gemeinschaften ist dieser Einfluß natürlich weniger stark; daher haben verschiedene Gemeinschaften verschiedene Einstellungen.

Diese Bemerkungen dienen dazu, eine allgemeine Vorstellung von meinem Standpunkt zu vermitteln. Wir müssen nun detaillierter werden. Es gibt verschiedene Fragen, die beantwortet werden müssen: Wie erlangt ein ethischer Satz seine Kraft, Menschen zu beeinflussen – warum ist er für Suggestion geeignet? Weiterhin: Was hat dieser Einfluß mit der *Bedeutung* ethischer Ausdrücke zu tun? Und schließlich: Führen uns diese Überlegungen wirklich zu einem Sinn von »gut«, der die in dem vorhergehenden Abschnitt angeführten Forderungen erfüllt?

Beschäftigen wir uns zuerst mit der Frage über *Bedeutung*. Diese Frage ist alles andere als leicht; wir müssen uns daher auf eine vorbereitende Untersuchung über Bedeutung im allgemeinen einlassen. Diese scheinbare Abschweifung wird sich als unerläßlich erweisen.

III.

Grob gesagt gibt es zwei verschiedene *Zwecke*, die uns dazu veranlassen, Sprache zu gebrauchen. Auf der einen Seite gebrauchen wir Wörter (wie in der Wissenschaft), um Bericht zu erstatten, etwas zu klären und *Überzeugungen* mitzuteilen. Auf der anderen Seite gebrauchen wir Wörter, um unseren Gefühlen Luft zu machen (Interjektionen) oder um Stimmungen hervorzurufen (Poesie) oder um Menschen zu Handlungen oder Einstellungen anzuspornen (Rhetorik).

Den ersten Typ des Gebrauchs von Wörtern werde ich »deskriptiv«, den zweiten »dynamisch« nennen. Man beachte, daß die Unterscheidung allein von den *Zwecken des Sprechers* abhängt. Wenn jemand sagt »Hydrogen ist das leichteste bekannte Gas«, so kann sein Ziel einfach sein, den Hörer dazu zu bringen, dies zu glauben oder zu glauben, daß der Sprecher es glaubt. In diesem Fall werden die Wörter deskriptiv gebraucht. Wenn jemand sich schneidet und »Verdammt« sagt, so ist es normalerweise nicht sein Ziel, über irgendeine Überzeugung zu berichten, sie klarzumachen oder mitzuteilen. Das Wort wird dynamisch verwandt. Diese beiden Verwendungsarten von Wörtern schließen einander keinesfalls wechselseitig aus. Das läßt sich daraus ersehen, daß unsere Ziele häufig komplex sind. Wenn jemand sagt »Ich möchte, daß du die Türe schließt«, so gehört es gewöhnlich zu seiner Absicht, den Hörer zu der Überzeugung zu bringen, daß er diesen Wunsch hat. Bis zu diesem Grade werden die Wörter deskriptiv gebraucht. Aber das Hauptziel ist, den Hörer dazu zu bringen, den Wunsch zu *erfüllen*. In dem Maße werden die Wörter dynamisch gebraucht.

Es kommt sehr häufig vor, daß derselbe Satz bei einer Gelegenheit dynamisch gebraucht wird und bei einer anderen nicht; – und daß er bei verschiedenen Gelegenheiten auf verschiedene Weisen dynamisch gebraucht wird. Ein Beispiel: Jemand sagt zu seinem Nachbarn, der ihn gerade besucht, »Ich bin völlig mit Arbeit überlastet«. Es kann sein Ziel sein, den Nachbarn wissen zu lassen, wie es ihm geht. Das wäre *kein* dynamischer Wortgebrauch. Er kann die Bemerkung aber auch fallen lassen, um eine Andeutung zu machen. Dann *läge* dynamischer (und auch deskriptiver) Gebrauch vor. Er kann diese Bemerkung weiterhin auch machen, um das Mitgefühl des Nachbarn zu wecken. Das wäre ein anderer dynamischer Gebrauch als der, der bei der Andeutung vorliegt.

Oder wenn wir zu jemandem sagen, »Natürlich werden Sie solche Fehler nicht noch einmal machen«, so *kann es sein,* daß wir einfach nur eine Vorhersage machen. Aber es ist wahrscheinlicher, daß wir ›Suggestion‹ anwenden, um ihn zu ermutigen und daher davor zu *bewahren,* Fehler zu machen. Die erste Gebrauchsart wäre deskriptiv, die zweite hauptsächlich dynamisch.

Diese Beispiele werden klargemacht haben, daß wir nicht bloß durch Studium des Lexikons feststellen können, ob Wörter dynamisch gebraucht werden oder nicht – selbst dann nicht, wenn wir annehmen, daß jeder sich an die Lexikon-Bedeutungen hält. Um zu wissen, ob jemand ein Wort dynamisch gebraucht, müssen wir vielmehr seinen Tonfall, seine Gesten, die allgemeinen Umstände seiner Äußerung usw. berücksichtigen.

Wir müssen nun zu der wichtigen Frage übergehen: Was hat der dynamische Gebrauch von Wörtern mit deren *Bedeutung* zu tun? Eines ist klar – wir dürfen »Bedeutung« nicht so definieren, daß sich die Bedeutung je nach dynamischem Gebrauch änderte. Wenn wir das machten, so hätten wir für diesen Ausdruck keine Verwendung. Alles, was wir über eine solche ›Bedeutung‹ sagen könnten, wäre, daß sie höchst kompliziert und dauerndem Wechsel ausgesetzt sei. So müssen wir gewiß zwischen dem dynamischen Gebrauch von Wörtern und ihrer Bedeutung unterscheiden.

Daraus folgt jedoch nicht, daß wir »Bedeutung« auf irgendeine nicht-psychologische Art definieren müßten. Wir müssen einfach den psychologischen Bereich einschränken. Statt Bedeutung mit allen psychischen Ursachen und Wirkungen zu kennzeichnen, die die Äußerung eines Wortes begleiten, müssen wir sie mit solchen Ursachen und Wirkungen kennzeichnen, die die *Tendenz* (kausale Eigenschaft, dispositionale Eigenschaft) haben, mit dem Wort verknüpft zu sein. Darüber hinaus muß es sich um eine bestimmte Tendenz handeln. Sie muß bei allen bestehen, die die Sprache sprechen; sie muß eine Langzeit-Tendenz sein, und sie muß mehr oder weniger unabhängig von bestimmten Umständen, die die Äußerung des Wortes begleiten, aktualisierbar sein. Es wird weitere Beschränkungen geben, die es mit den Wechselbeziehungen von Wörtern in verschiedenen Kontexten zu tun haben. Weiterhin müssen wir nicht nur unmittelbar durch Introspektion erkennbare Erfahrungen zu den psychischen Reaktionen rechnen, die von den Wörtern tendenziell hervorgerufen werden, sondern auch Dispositionen, bei geeigneten Reizen auf eine bestimmte Weise zu reagieren. Ich hoffe, diese Dinge in einem späteren Essay zu behandeln.[6] Hier möge die Bemerkung genügen, daß »Bedeutung« somit auf eine Weise definiert werden kann, daß ›propositionale‹ Bedeutung als ein wesentlicher Bedeutungstyp enthalten ist.

Die Definition wird eine Unterscheidung zwischen Bedeutung und dynamischem Gebrauch ohne weiteres zulassen. Denn daraus, daß Wörter von dynamischen Zwecken begleitet werden, folgt nicht, daß sie von ihnen in der oben erwähnten Art *tenden-*

ziell begleitet werden. Es braucht beispielsweise keine Tendenz zu geben, die mehr oder weniger unabhängig von den bestimmten Umständen, unter denen die Wörter geäußert werden, aktualisierbar ist.

Dennoch wird es eine Art von Bedeutung im oben definierten Sinn geben, die eine enge Beziehung zu dynamischem Gebrauch hat. Ich meine die ›emotive‹ Bedeutung (in einem ziemlich ähnlichen Sinn, wie dieser Terminus von Ogden und Richards gebraucht wird).[7] Die emotive Bedeutung eines Wortes ist eine aus der Geschichte seines Gebrauchs entstehende Tendenz eines Wortes, *affektive* Reaktionen in Menschen zu bewirken (beziehungsweise aus ihnen zu resultieren). Sie ist die unmittelbare Aura des Gefühls, das sich in der Nähe eines Wortes herumtreibt.[8] Solche Tendenzen, affektive Reaktionen hervorzurufen, haften Wörtern sehr hartnäckig an. Es wäre beispielsweise schwierig, mit der Interjektion »O weh« Fröhlichkeit auszudrücken. Das lange Bestehen solcher affektiver Tendenzen ermöglicht es (neben anderen Gründen), sie als »Bedeutung« zu klassifizieren.

Welche Beziehung genau besteht nun zwischen emotiver Bedeutung und dem dynamischen Gebrauch von Wörtern? Nehmen wir ein Beispiel. Nehmen wir an, jemand sagt seiner Gastgeberin am Ende einer Party, er habe sich sehr gut amüsiert, während er sich in Wirklichkeit entsetzlich gelangweilt hat. Wenn wir das als eine harmlose Bemerkung betrachten, ist es dann wahrscheinlich, daß wir ihn später daran erinnern, daß er seine Gastgeberin ›belogen‹ habe? Offensichtlich nicht, oder zumindest nicht ohne ein breites Lächeln; denn obwohl die üblichen Merkmale einer Lüge gegeben waren – er hat ihr etwas gesagt, was er für unwahr hielt, und er hat es mit der Absicht gesagt, sie glauben zu machen, es sei wahr – wäre der Ausdruck »Du hast sie belogen« für unsere Zwecke gefühlsmäßig zu stark. Es würde wie ein Tadel aussehen, selbst wenn wir es nicht als Tadel meinten. So wird es einleuchten, daß Wörter wie »lügen« (und viele parallele Beispiele könnten angeführt werden) wegen ihrer emotiven Bedeutung zu geeigneten Mitteln für eine bestimmte Form des dynamischen Gebrauchs werden – in der Tat zu so gut geeigneten Mitteln, daß der Hörer wahrscheinlich irregeführt wird, wenn wir sie auf eine andere Art verwenden. Je ausgeprägter die emotive Bedeutung eines Wortes ist, desto unwahrscheinlicher ist sein rein deskriptiver Gebrauch. Einige Wörter sind dazu geeignet, Menschen zu ermutigen, einige dazu, sie zu entmutigen, einige dazu, sie zu beruhigen, und so weiter.

Aber auch in diesen Fällen dürfen die dynamischen Zwecke natürlich nicht mit irgendeiner Art von Bedeutung gleichgesetzt werden; denn die emotive Bedeutung begleitet ein Wort viel hartnäckiger als das bei den dynamischen Zwecken der Fall ist. Aber es gibt eine wichtige kontingente Beziehung zwischen emotiver Bedeutung und dynamischem Zweck: Die erste unterstützt den zweiten. Deshalb geraten wir in eine ernsthafte Verwirrung, wenn wir Ausdrücke mit emotiver Färbung auf eine Weise definieren, die ihre emotive Bedeutung unberücksichtigt läßt. *Wir verleiten dann nämlich zu der Annahme, die definierten Ausdrücke würden seltener dynamisch verwandt als dies der Fall ist.*

IV.

Verwerten wir diese Bemerkungen nun bei der Definition von »gut«. Dieses Wort kann moralisch und nicht-moralisch gebraucht werden. Ich werde mich fast ausschließlich mit der nicht-moralischen Gebrauchsweise beschäftigen; aber nur, weil das einfacher ist. Die wesentlichen Punkte der Analyse treffen auf beide Gebrauchsweisen gleichermaßen zu.

Nehmen wir eine ungenaue Annäherung als eine vorläufige Definition. Sie ist vielleicht weniger hilfreich als irreführend, aber man wird mit ihr beginnen können. Der Satz »X ist gut« bedeutet dann etwa, daß wir *X mögen.* (»Wir« schließt den oder die Hörer ein.)

Auf den ersten Blick klingt diese Definition absurd. Machte man von ihr Gebrauch, so sollte man erwarten, auf ein Gespräch dieser Art zu treffen: A: »Das ist gut« – B: »Aber ich mag es *nicht. Wie* kommst Du darauf anzunehmen, ich möge es?« Daß Bs Antwort (nach üblichem Wortgebrauch bemessen) anomal ist, scheint die Relevanz meiner Definition zweifelhaft werden zu lassen.

Das Ungewöhnliche an B ist jedoch einfach dies: Er nimmt an, daß »Wir mögen es« (wie es implizit im Gebrauch von »gut« vorkommen würde) deskriptiv gebraucht wird. Das wird nicht ausreichen. Wenn »Wir mögen es« an die Stelle von »Das ist gut« treten soll, so darf der erste Satz nicht rein deskriptiv gebraucht werden – sein Gebrauch muß vielmehr dynamisch sein. Genauer: er muß gebraucht werden, um eine sehr subtile *Suggestion* zu unterstützen (der zu widerstehen im Falle des nicht-moralischen Gebrauchs, um den es hier ja geht, sehr einfach ist). In dem Maße, in dem sich »wir« auf den Hörer bezieht, muß der Satz den – für Suggestion wesentlichen – dynamischen Gebrauch haben, den Hörer dazu zu bewegen, das Gesagte wahrzu*machen,* und nicht so sehr, es bloß zu glauben. Und in dem Maße, in dem »wir« sich auf den Sprecher bezieht, darf der Satz nicht nur den deskriptiven Gebrauch haben, auf die eigenen Einstellungen hinzuweisen; – vielmehr muß er auch die quasi-interjektionale, dynamische Funktion haben, die Einstellung direkt auszudrücken. (Dieser unmittelbare Gefühlsausdruck unterstützt den Vorgang der Suggestion. Angesichts jemandes Enthusiasmus' fällt es schwer, etwas zu mißbilligen.)

Betrachten wir – als Beispiel für einen Fall, in dem »Wir haben dies gern« auf die dynamische Weise gebraucht wird wie »Dies ist gut« – den Fall einer Mutter, die zu ihren Kindern sagt, »Eines ist sicher, *wir alle haben es gern, ordentlich zu sein*.« Glaubte sie das wirklich, so brauchte sie es nicht zu sagen. Aber sie gebraucht die Wörter ja nicht deskriptiv. Sie *ermuntert* ihre Kinder zur Ordnungsliebe. Dadurch, daß sie ihnen sagt, sie seien gerne ordentlich, will sie die Kinder sozusagen dazu bringen, ihre Behauptung wahrzumachen. Hätte sie statt »Wir alle haben es gerne, ordentlich zu sein« gesagt, »Ordentlich zu sein, ist eine gute Sache«, wäre der Effekt annähernd derselbe gewesen.

Aber diese Bemerkungen sind immer noch irreführend. Selbst wenn »Wir haben es gerne« suggestiv gebraucht wird, ist es noch nicht genau dasselbe wie »Dies ist gut«. Die letztere Ausdrucksweise ist subtiler. Es wäre praktisch ausgeschlossen, für einen Satz wie beispielsweise »Das ist ein gutes Buch«, den Satz »Wir haben dieses Buch gerne« zu verwenden. Wenn verhindert werden soll, daß der zweite Satz mit einer deskriptiven Aussage verwechselt wird, muß er in einer derartig übertriebenen Intonation gebraucht werden, daß das Moment der Suggestion stärker und auf lächerliche Weise offensichtlicher wird als beim Gebrauch von »gut«.

Weiterhin ist die Definition insofern inadäquat, als das Definiens auf dynamischen Gebrauch eingeschränkt worden ist. Da (wie erwähnt) dynamischer Gebrauch etwas anderes als Bedeutung ist, dürfte ich ihn bei der Angabe der *Bedeutung* nicht erwähnen.

Im Zusammenhang mit diesem letzten Punkt müssen wir zur emotiven Bedeutung zurückkehren. Das Wort »gut« hat eine lobende emotive Bedeutung, die es für den dynamischen Gebrauch der Suggestion positiver Einstellungen geeignet macht. Der Satz »Wir haben es gerne« hat jedoch keine solche emotive Bedeutung. Meine Definition hat folglich die emotive Bedeutung völlig vernachlässigt. Wie ich kurz zuvor angedeutet habe, ist die Vernachlässigung der emotiven Bedeutung dazu angetan, ernsthafte Verwirrungen zu stiften; so habe ich versucht, die Inadäquatheit der Definition dadurch auszubügeln, daß ich die Beschränkung bezüglich des dynamischen Gebrauchs die Stelle der emotiven Bedeutung habe einnehmen lassen. Was ich natürlich tun sollte, ist: ein Definiens finden, dessen emotive Bedeutung einfach zum dynamischen Gebrauch *führt* – wie das bei »gut« der Fall ist.

Warum habe ich das nicht getan? Meine Antwort: Das ist nicht möglich, wenn die Definition uns größere Klarheit verschaffen soll. Zwei Wörter haben überhaupt nie genau dieselbe emotive Bedeutung. Das Beste, was wir uns erhoffen können, ist eine grobe Annäherung. Wenn wir aber nach solch einer Annäherung für »gut« suchen, werden wir nicht mehr finden als solche Synonyma wie »erstrebenswert« oder »wertvoll«; und die bringen nichts ein, weil sie die Verbindung zwischen »gut« und positiven Einstellungen nicht klären. Solche Synonyma zugunsten nicht-ethischer Ausdrücke zu verwerfen, wäre hochgradig irreführend.

»Das ist gut« hat beispielsweise eine ähnliche Bedeutung wie »Ich *habe* das gern; tu desgleichen«; aber gewiß nicht genau dieselbe. Der Imperativ appelliert nämlich an bewußte Bemühungen des Hörers. Und der kann natürlich nicht etwas nur dadurch mögen, daß er versucht, es zu mögen; er muß durch Suggestion dazu gebracht werden, es zu mögen. Ein ethischer Satz unterscheidet sich folglich von einem Imperativ darin, daß er einen in die Lage versetzt, Änderungen auf eine subtilere, weniger bewußte Art herbeizuführen. Man beachte, daß der ethische Satz die Aufmerksamkeit des Hörers nicht auf seine Einstellungen, sondern auf das Objekt der Einstellung konzentriert und dadurch Suggestion erleichtert. Darüber hinaus gestattet ein ethischer Satz seiner Subtilität wegen ohne weiteres Gegen-Suggestion und führt zu der Hin-und-her-Situation, die für Streitigkeiten über Wertfragen so charakteristisch ist.

Genau gesagt: es ist unmöglich, »gut« mit Rückgriff auf positive Einstellungen zu definieren, wenn die emotive Bedeutung nicht entstellt werden soll. Dennoch kann man sagen, daß »Das ist gut« *über* die positiven Einstellungen des Sprechers und des Hörers (beziehungsweise der Hörer) spricht und daß es eine lobende emotive Bedeutung hat, die die Wörter für den suggestiven Gebrauch geeignet macht. Das ist eine grobe Bedeutungsbeschreibung, keine

130

Definition. Aber sie erfüllt dieselbe klärende Funktion wie normalerweise eine Definition – und das ist im Grunde genug.

Über den moralischen Gebrauch von »gut« muß noch ein Wort
hinzugefügt werden. Dieser Gebrauch unterscheidet sich von
dem, um den es oben ging, darin, daß es sich bei ihm um eine andere Art von Einstellung handelt. Es handelt sich bei ihm nicht
darum, was Sprecher und Hörer *gern haben*, sondern um eine stärkere Art der Wertschätzung. Wenn jemand etwas gern hat, freut er
sich, wenn es prosperiert, und ist enttäuscht, wenn dies nicht so ist.
Wenn jemand etwas *moralisch wertschätzt,* erfährt er ein tiefes Gefühl der Geborgenheit, wenn es prosperiert – andernfalls ist er
empört oder ›schockiert‹. Dies sind grobe und ungenaue Beispiele
für die vielen Faktoren, die man bei der Unterscheidung der beiden
Einstellungstypen erwähnen müßte. Genau wie beim nicht-moralischen Gebrauch hat »gut« auch beim moralischen Gebrauch eine
emotive Bedeutung, die es für Suggestion geeignet macht.

Haben diese Überlegungen nun irgendeine Bedeutung? Warum
hebe ich emotive Bedeutungen in dieser Manier hervor? Führt es
wirklich zu Irrtümern, sie zu übergehen? Ich bin in der Tat der Ansicht, daß die aus solcher Vernachlässigung resultierenden Fehler
gewaltig sind. Um das jedoch einzusehen, müssen wir zu den in
Abschnitt I erwähnten Beschränkungen zurückkehren, die der
typische Sinn von »gut« erfüllen sollte.

V.

Man wird sich erinnern, daß die erste Beschränkung es mit Meinungsverschiedenheiten zu tun hatte. Es gibt sicherlich einen Sinn,
in dem Meinungsverschiedenheit bei ethischen Problemen möglich
ist; wir dürfen jedoch nicht voreilig annehmen, jede Art von Meinungsverschiedenheit sei von der Art, wie sie in den Naturwissen-
schaften auftritt. Wir müssen zwischen einer ›Divergenz in den
Überzeugungen‹ (typisch für die Wissenschaft) und einer ›Divergenz in der Einstellung‹ unterscheiden. Divergenz in den Überzeugungen tritt auf, wenn A glaubt, daß *p*, und B nicht glaubt, daß *p*:
Divergenz in der Einstellung besteht, wenn A eine positive Einstellung zu X hat und B eine negative. (Bei einer schwerwiegenden Divergenz in der Einstellung findet sich keine Seite mit dem Gegensatz ab.)

Lassen Sie mich ein Beispiel für Einstellungs-Divergenz geben.
A: »Komm, wir gehen heute abend ins Kino« – B: »Dazu habe ich

keine Lust. Laß uns zur Symphonie gehen«. A besteht weiterhin auf dem Film, B auf der Symphonie. Das ist eine Divergenz in einem völlig normalen Sinn. Die beiden können sich nicht darüber einigen, wohin sie gehen wollen, und jeder von beiden versucht, die Einstellung des anderen in seine Richtung zu lenken. (Man beachte, daß in dem Beispiel Imperative benutzt werden.)

In der Ethik handelt es sich um Divergenz in den *Einstellungen*. Wenn C sagt, »Dies ist gut« und D sagt, »Nein, es ist schlecht«, so haben wir einen Fall von Suggestion und Gegen-Suggestion. Jeder versucht der Einstellung des anderen eine neue Richtung zu geben. Es muß sich dabei offensichtlich nicht um eine reine Machtfrage handeln, denn jeder kann willens sein, ein offenes Ohr für die Einflußnahme des anderen zu haben; nichtsdestotrotz versucht jeder, den anderen zu etwas zu bringen. In diesem Sinn besteht zwischen den beiden keine Übereinstimmung. Wer behauptet, gewisse Interesse-Theorien schlössen Divergenz aus, ist meines Erachtens einfach dadurch irregeführt worden, daß die traditionellen Theorien durch die Vernachlässigung der emotiven Bedeutung den Eindruck erwecken, als würden alle Moral-Urteile nur deskriptiv verwandt – und wenn Urteile nur deskriptiv verwandt werden, so ist die einzig mögliche Divergenz natürlich eine in den Überzeugungen. Solch eine Divergenz kann eine Divergenz in den Überzeugungen *über* Einstellungen sein; das ist jedoch nicht dasselbe wie Divergenz *in* den Einstellungen. Meine Definition trägt der Divergenz in den Überzeugungen über Einstellungen nicht mehr Rechnung als die von Hobbes; aber das hat nichts zu bedeuten, denn es gibt keinen Grund zu der Annahme (zumindest nicht auf Grund des gesunden Menschenverstandes), daß diese Art von Divergenz existiert. Es gibt nur eine Divergenz *in* den Einstellungen. (Wir werden gleich sehen, daß die Ethik durch diese Einstellungs-Divergenz nicht aus dem Bereich sachlicher Argumentation ausgeschlossen wird – daß diese Art von Divergenz häufig mit empirischen Mitteln beseitigt werden kann.)

Für die zweite Beschränkung, die den ›Magnetismus‹ (beziehungsweise die Verbindung zwischen Handlungen und der Eigenschaft »gut«) betrifft, bedarf es nur eines Wortes. Sie schließt nur solche Interesse-Theorien aus, die die Einstellung des Sprechers bei der Definition von »gut« *nicht* berücksichtigen. Meine Darstellung schließt die Einstellung des Sprechers ein, ist folglich immun.

Der dritten Beschränkung (bezüglich der empirischen Methode) kann in einer Weise genügt werden, die sich ganz natürlich aus der oben gegebenen Darstellung der Meinungsverschiedenheit entwickeln läßt. Stellen wir die Frage so: Können zwei Personen, die bei einem ethischen Problem verschiedener Ansicht sind, ihre Meinungsverschiedenheit durch empirische Erwägungen vollständig beseitigen – unter der Voraussetzung, daß beide die empirische Methode erschöpfend, konsistent und fehlerlos anwenden?

Meine Antwort ist: Manchmal können sie es, und manchmal können sie es nicht; und auf jeden Fall – auch dann, wenn sie es können – ist die Beziehung zwischen empirischem Wissen und Moral-Urteilen eine ziemlich andere als die, die von traditionellen Interesse-Theorien impliziert zu sein scheint.

Dies läßt sich am besten an Hand einer Analogie sehen. Kehren wir zu dem Beispiel zurück, in dem sich A und B nicht auf Kino oder Symphonie einigen konnten. Das Beispiel unterschied sich von einer ethischen Argumentation darin, daß Imperative und nicht Moral-Urteile verwandt wurden. Es war jedoch insofern einer ethischen Argumentation analog, als jeder sich bemühte, die Einstellungen des anderen zu modifizieren. Wie würden nun diese Menschen die Frage ausdiskutieren – vorausgesetzt sie sind zu vernünftig, um sich bloß gegenseitig anzuschreien?

Offensichtlich würden sie ›Gründe‹ anführen, um ihre Imperative zu stützen. A könnte sagen, »Aber hör mal, im Eldorado läuft ein Film mit der Garbo«. Er hofft, daß B – ein Bewunderer der Garbo – den Wunsch bekommt, ins Kino zu gehen, wenn er weiß, was dort für ein Film läuft. B könnte entgegnen, »Aber Toscanini ist der Gastdirigent beim heutigen Beethoven-Abend«. Und so weiter. Jeder stützt seinen Imperativ (»*Komm*, wir machen das und das«) mit Gründen, die empirisch fundiert sein können.

Die Verallgemeinerung daraus: Einstellungs-Divergenz kann in Überzeugungs-Divergenz wurzeln. Das heißt: Divergenz in den Einstellungen würde häufig verschwinden, wenn die Opponenten Wesen und Auswirkungen des Objekts ihrer Einstellung genau kennten. Insofern kann Divergenz in den Einstellungen dadurch beseitigt werden, daß Übereinstimmung in den Überzeugungen erreicht wird – und die kann wiederum auf empirischem Weg erreicht werden.

Diese Verallgemeinerung trifft für die Ethik zu. Hätten A und B, statt Imperative zu verwenden, gesagt, »Es wäre *besser*, ins Kino zu gehen«, beziehungsweise, »Es wäre besser, in die Symphonie zu ge-

133

hen«, so wären die Gründe, die sie vorbrächten, etwa dieselben. Beide gäben eine gründlichere Darstellung des Objekts ihrer Einstellung, um eine vollständige Einstellungsänderung zu erreichen, die ja bereits durch die suggestive Kraft des ethischen Satzes in Angriff genommen worden ist. Aufs ganze gesehen, reicht der Druck, den die suggestive Kraft ethischer Feststellungen ausübt, natürlich nur aus, um solch eine Begründungsabfolge in Gang zu bringen. Denn die Gründe sind ja viel wesentlicher für die Beseitigung der Divergenz in den Einstellungen als der Überredungseffekt des Moral-Urteils selbst.

Somit ist die empirische Methode einfach deshalb für die Ethik relevant, weil unser Wissen über die Welt ein Faktor ist, der unsere Einstellungen bestimmt. Man beachte jedoch, daß die empirischen Tatsachen keine induktiven Argumente sind, aus denen die ethische Feststellung mit einer gewissen Wahrscheinlichkeit folgt. (Dies wird von traditionellen Interesse-Theorien impliziert.) Sagte jemand »Schließ die Tür« und fügte die Begründung »Wir werden uns eine Erkältung holen« hinzu, so würde das letztere kaum ein induktives Argument für das erstere genannt. Imperative stehen nun zu den sie stützenden Gründen in derselben Beziehung, in der Moral-Urteile zu Gründen stehen.

Reicht die empirische Methode *aus*, um ethische Übereinstimmung zu erreichen? Sicherlich nicht. Denn empirisches Wissen beseitigt Einstellungs-Divergenz nur insoweit, als solche Divergenz ihre Wurzel in Überzeugungs-Divergenzen hat. Nicht jede Einstellungs-Divergenz ist von dieser Art. Ein Beispiel: A ist ein mitfühlender Mensch und B nicht. Sie diskutieren darüber, ob eine öffentliche Arbeitslosen-Unterstützung gut wäre. Nehmen wir einmal an, sie hätten alle Auswirkungen der Arbeitslosen-Unterstützung ausfindig gemacht. Ist es nicht trotzdem möglich, daß A sagen wird, sie sei gut, und B, sie sei es nicht? Die Divergenz in der Einstellung mag nicht durch das begrenzte Tatsachenwissen, sondern einfach durch As Mitgefühl und Bs Kälte entstehen. Oder, eine andere Version des Beispiels: A ist arm und arbeitslos und B ist reich. Hier könnte es wiederum sein, daß die Divergenz nicht auf unterschiedlichem Tatsachenwissen beruht. Sie würde auf der unterschiedlichen sozialen Stellung der Männer beruhen, in Verbindung mit ihren vorherrschenden Eigeninteressen.

Wenn ethische Meinungsverschiedenheit ihre Wurzel nicht in Überzeugungs-Divergenz hat, gibt es dann *irgendeine* Methode, durch die sie beseitigt werden könnte? Wenn mit »Methode« *rationale* Methode gemeint ist, dann gibt es keine. Aber in jedem Fall gibt es einen ›Weg‹. Betrachten wir noch einmal das oben angeführte Beispiel, in dem die Divergenz auf As Mitgefühl und Bs Kälte beruhte. Müssen sie sich damit bescheiden zu sagen »Nun ja, wir sind halt verschieden veranlagt«? Nicht unbedingt. A mag beispielsweise versuchen, die Veranlagung seines Opponenten zu *ändern*. Er mag seinen Enthusiasmus auf eine derart mitreißende Art verbreiten – die Leiden der Armen mit solcher Eindringlichkeit schildern –, daß er seinen Opponenten dazu bringt, das Leben mit anderen Augen zu sehen. Indem er B mit seinen Gefühlen infiziert, kann er einen Einfluß ausüben, der Bs Veranlagung verändert und in ihm ein Mitgefühl mit den Armen schafft, das vorher nicht existiert hatte. Das ist häufig der einzige Weg, um zu ethischer Übereinstimmung zu gelangen, falls es überhaupt einen gibt. Dieser Weg ist persuasiv – weder empirisch noch rational; aber das ist kein Grund, ihn außer acht zu lassen. Es gibt auch keinen Grund, ihn geringzuschätzen, denn nur durch solche Mittel – durch unseren Kontakt mit anderen – kann unsere Persönlichkeit wachsen.

Was ich jedoch betonen will, ist einfach folgendes: Die empirische Methode trägt nur in dem Maße etwas zur ethischen Übereinstimmung bei, in dem Einstellungs-Divergenz ihre Wurzel in divergenten Überzeugungen hat. Es gibt wohl kaum einen vernünftigen Grund für die Annahme, jede Meinungsverschiedenheit sei von dieser Art. Daher reicht die empirische Methode für die Ethik nicht aus. Ethik ist keinesfalls Psychologie, denn Psychologie versucht nicht, unsere Einstellungen zu *steuern*; sie ermittelt, auf welche Weise Einstellungen gesteuert werden oder gesteuert werden können, – aber das ist etwas völlig anderes. Um diesen Abschnitt zusammenzufassen: Meine Analyse von Moral-Urteilen erfüllt die drei in Abschnitt I erwähnten Bedingungen für den typischen Sinn von »gut«. Den traditionellen Interesse-Theorien gelingt es nicht, diese Bedingungen zu erfüllen, einfach weil sie emotive Bedeutung außer acht lassen. Diese Vernachlässigung führt dazu, daß dynamischer Gebrauch und die Art von Divergenz, die aus solchem Gebrauch resultiert, nicht berücksichtigt werden, genausowenig wie die Methode zur Beseitigung solcher Divergenz. Ich kann noch hinzufügen, daß meine Analyse eine Antwort auf Moores Einwand mit der offenen Frage gibt. Ganz gleich, was für wissenschaftlich erkennbare Eigenschaften ein Gegenstand auch immer haben mag, es *steht* immer offen zu fragen, ob ein Ding mit diesen (aufgezählten) Eigenschaften gut ist. Wer danach fragt, ob etwas gut ist, bittet um Beeinflussung. Und ganz gleich, was man über einen Gegenstand weiß, man kann immer noch darum bitten, daß die eigene Einstellung zu diesem Gegenstand beeinflußt werde.

VI.

Habe ich nun wirklich den ›typischen‹ Sinn von »gut« dargelegt?

Viele werden vermutlich immer noch ›Nein‹ sagen und behaupten, mir sei es einfach nicht gelungen, *genug* Forderungen anzugeben, die dieser Sinn erfüllen muß, und daß meine Analyse – wie alle anderen, die auf Einstellungen zurückgreifen – an dem zentralen Punkt völlig vorbeigeht. Sie werden sagen »Wenn wir fragen ›Ist X gut?‹, so wollen wir nicht bloße Beeinflussung, bloßen Rat. Wir wollen ganz entschieden nicht durch Überredung beeinflußt werden, und wir sind auch nicht völlig zufrieden, wenn diese Beeinflussung mit umfangreichen wissenschaftlichen Erkenntnissen über X abgestützt wird. Die Antwort auf unsere Frage wird natürlich unsere Einstellungen verändern; – aber nur deshalb, weil uns eine einzigartige Wahrheit enthüllt wird: eine Wahrheit, deren Erkenntnis apriorisch sein muß. Wir möchten, daß unsere Einstellungen von nichts anderem als von dieser Wahrheit geleitet werden. Für diese spezielle Wahrheit bloß emotive Bedeutung und bloß faktische Wahrheit substituieren heißt, das tatsächliche Objekt unseres Forschens vor uns zu verstecken.«

Darauf kann ich nur antworten: Ich verstehe nicht. *Was* soll eigentlich der Inhalt dieser Wahrheit sein? Denn ich erinnere mich nicht an eine Platonische Idee, und ich weiß auch gar nicht, woran ich mich da zu erinnern versuchen könnte. Ich finde keine undefinierbare Eigenschaft und ich weiß auch nicht, wonach da zu suchen wäre. Und die ›evidenten‹ Äußerungen der Vernunft, die so viele Philosophen erwähnt haben, scheinen bei genauerer Betrachtung Äußerungen ihrer jeweiligen (falls überhaupt irgendeiner) Vernunft zu sein; jedenfalls nicht solche der meinigen.

Ich hege sehr stark den Verdacht, daß jeder beliebige Sinn von »gut«, der sich sowohl in synthetisch-apriorischer Manier mit anderen Begriffen verbinden als auch Einstellungen beeinflussen soll, in Wirklichkeit eine große Verwirrung darstellt. Ich hole aus der Bedeutung dieses Wortes einzig die Macht der Beeinflussung heraus, die ich für den allein einsichtigen Bedeutungs-Bestandteil halte. Ist der Rest jedoch Verwirrung, so verdient er sicherlich mehr als ein Achselzucken. Ich würde diese Verwirrung gerne *erklären* – die psychischen Bedürfnisse untersuchen, aus denen sie entstanden ist, und zeigen, wie diese Bedürfnisse auf andere Weise befriedigt werden könnten. Dies ist *das* Problem, wenn der Verwirrung an ihrer Wurzel ein Ende bereitet werden soll. Aber es ist ein riesiges Problem, und meine Gedanken dazu, die gegenwärtig nur skizzenhaft ausgearbeitet sind, müssen bis zu einem späteren Zeitpunkt zurückgehalten werden.

Ich möchte noch hinzufügen: Wenn »X ist gut« die Bedeutung hat, die ich ihm zuschreibe, dann ist es kein Urteil, das abzugeben professionelle Philosophen allein qualifiziert sind. In der Ethik wird weniger die Bedeutung ethischer Ausdrücke geklärt, als daß mit diesen Ausdrücken Moralurteile aufgestellt werden. In dem Maße, in dem dies der Fall ist, wird Ethik zu mehr als einer rein intellektuellen Beschäftigung. Moralurteile sind soziale Instrumente. Von ihnen wird in einer Unternehmung Gebrauch gemacht, die gemeinsam betrieben wird und zu einer wechselseitigen Anpassung der menschlichen Einstellungen führt. Philosophen haben daran teil; aber das ist ja auch bei allen anderen Menschen der Fall.

---

1 Die Hume zugeschriebene Definition ist zwar stark vereinfacht, aber meines Erachtens nicht so sehr, daß dadurch die Richtigkeit der Bemerkungen, die ich gleich machen werde, eingeschränkt würde. Dasselbe sollte vielleicht auch bei Hobbes gesagt werden.
 Eine sorgfältigere Darstellung der Humeschen Ethik findet sich in *Ethics and Language* (New Haven, 1944), pp. 273-76

2 In *General Theory of Value* (New York, 1926) hat Perry »Interesse« als Bezeichnung für jede Art von Vorliebe oder Mißbilligung gebraucht, beziehungsweise für jede Art von Disposition, für oder gegen etwas zu sein. Und »Theorie« hat er verwandt, wo er stattdessen hätte »Definitionsvorschlag« oder »Analysevorschlag für eine common sense-Bedeutung« usw. verwenden können.

2a *Anmerkung des Übersetzers:* »Interest« wird im folgenden mit »Einstellung« übersetzt; – allein für Perrys Terminus »interest-theory« wird weiterhin »Interesse-Theorie« beibehalten. Die Übersetzung mit »Interesse« legte eine Fehlinterpretation der Ausführungen Stevensons nahe; in *Ethics and Language* verwendet er durchgehend »attitude« statt »interest« und setzt die beiden (auf Seite 268 dieses Werkes) synonym.

3 Siehe G. E. Moore, *Philosophical Studies* (New York, 1922), pp. 332-34
4 Siehe G. C. Field, *Moral Theory* (London, 1921), pp. 52, 56-57
5 Siehe G. E. Moore, *Principia Ethica* (Cambridge 1903, deutsche Übersetzung: Stuttgart 1970), Kapitel 1. Ich versuche nur, den Geist des Mooreschen Einwandes zu bewahren, und nicht dessen exakte Form.
6 Aus dem ›späteren Essay‹ wurde statt dessen Kapitel 3 von *Ethics and Language*, in dem neben anderen Punkten auch noch folgende verteidigt werden:

   (1) Wenn der Ausdruck »Bedeutung« in einem allgemeinen Sinn gebraucht wird – in einem Sinn, der die von C. W. Morris *pragmatisch* genannten Aspekte von Sprache hervorhebt – so bezeichnet er eine Tendenz von Wörtern, Geisteszustände der Wortbenutzer auszudrücken oder zu bewirken. Es handelt sich jedoch um eine besondere Tendenz, und es bedarf vieler Einschränkungen (einschließlich einiger syntaktischer), um sie genau zu kennzeichnen.

   (2) Handelt es sich bei diesen Geisteszuständen um kognitive, so kann die Bedeutung recht passend *deskriptiv* genannt werden; handelt es sich bei ihnen um Gefühle, Emotionen oder Einstellungen, so kann die Bedeutung geeigneterweise *emotiv* genannt werden.

   (3) Die Geisteszustände (in einem groben und vorläufigen Sinn dieses Ausdrucks) sind normalerweise ziemlich kompliziert. Sie sind nicht unbedingt Vorstellungen oder Gefühle, sondern können wiederum weitere Tendenzen sein – Tendenzen, auf verschiedene (möglicherweise später auftretende) Reize zu reagieren. Entsprechend kann ein Wort eine gleichbleibende Bedeutung haben, auch wenn es zu verschiedenen Verwendungszeitpunkten von verschiedenen Vorstellungen oder Gefühlen begleitet wird.

   (4) Emotive Bedeutung ist manchmal mehr als ein Nebenprodukt der deskriptiven Bedeutung. Wenn ein Ausdruck beispielsweise beide Arten von Bedeutung besitzt, so kann es sein, daß eine Änderung seiner deskriptiven Bedeutung nicht von einer Änderung seiner emotiven Bedeutung begleitet wird.

   (5) Ruft die Verwendung eines emotiven Ausdrucks in einem Hörer eine Einstellung hervor (was nicht immer der Fall sein muß, denn ein emotiver Ausdruck hat nur die *Tendenz*, dies zu tun), so darf sie nicht als etwas die Einstellung des Hörers bloß Verstärkendes begriffen werden, in der Weise etwa, in der ein Funke der Atmosphäre seine Wärme hinzufügt. Ein Funke, der Zunder entfacht, ist häufig eine angemessenere Analogie.

7 Siehe C. K. Ogden und I. A. Richards, *The Meaning of Meaning* (2. Auflage, London 1927). Auf Seite 125 findet sich ein Abschnitt über

Ethik, der die Quelle der in diesem Essay dargestellten Gedanken ist.

8 In *Ethics and Language* ist die Ausdrucksweise ›Aura des Gefühls‹ ausdrücklich verworfen worden. Wäre es im vorliegenden Essay besser gelungen, die in diesem späteren Werk gegebene Analyse vorwegzunehmen, so wäre der Begriff der emotiven Bedeutung in etwa der folgenden Art eingeführt worden:

Die emotive Bedeutung eines Wortes ist eine starke, im Laufe der Sprachgeschichte entstandene Langzeit-Tendenz, bestimmte Gefühle, Emotionen oder Einstellungen des Sprechers direkt (quasi-interjektional) auszudrücken; zugleich ist sie eine Tendenz, entsprechende Gefühle, Emotionen oder Einstellungen, in denen (quasi-imperativisch) hervorzurufen, an die die Bemerkungen des Sprechers gerichtet sind. Entsprechend ist es die emotive Bedeutung eines Wortes, die uns dazu führt, es als *lobend* oder *abfällig* zu kennzeichnen – diese sehr allgemeine Kennzeichnung ist bei der Behandlung von Ausdrücken wie »gut« und »schlecht« oder »richtig« und »falsch« von besonderer Wichtigkeit. Emotive Bedeutungen gibt es jedoch in mannigfachen Spielarten: Es können Ausdrücke darunter sein, die Entsetzen, Verwunderung, Traurigkeit, Mitgefühl und so weiter hervorrufen.

VIII
J. O. Urmson
Einstufen[1]

A. Ein Überblick über einige typische Einstufungssituationen

Wer selbst Besitzer eines Apfelbaums ist, dürfte wissen, daß nicht alle Äpfel zum Essen taugen und daß der Baum nach einem normalen Sommer mehr eßbare Äpfel hergibt, als man selber verbrauchen kann, wenn sie gerade reif geworden sind. Man wird sie deshalb beim Einbringen der Ernte wahrscheinlich in drei Haufen einteilen – in die wirklich guten, die weniger guten aber immer noch eßbaren und in den Abfall. Die guten lagert man (oder verkauft einige zu einem hohen Preis), die weniger guten verbraucht man gleich (oder verkauft einige zu einem niedrigeren Preis), den Abfall aber wirft man weg oder verwendet ihn zur Fütterung von Schweinen bzw. verkauft ihn zu einem sehr niedrigen Preis an einen andern für dieselbe Verwendung weiter. Der ganze Vorgang wird von den Obstbauern *sortieren* genannt. Ein solcher Sortierungsvorgang stellt ein Musterbeispiel für Situationen dar, in denen wir diejenige Tätigkeit vollziehen, die ich im folgenden *einstufen* nennen werde. *Einstufungsausdrücke* sollen die Adjektive heißen, die wir als Namen für die verschiedenen Qualitätsgrade verwenden: gut, schlecht, mittelmäßig, Klasse I, Klasse II, Klasse III, hohe Qualität, mittlere Qualität usw.

Die Ausdrücke »einstufen« und »Einstufungsausdrücke« will ich im folgenden in einer über die normale Verwendung hinausgehenden Bedeutung verwenden, so daß sie auch auf solche Tätigkeiten und Wörter zutreffen, die mir – zumindest unter dem Aspekt, unter dem sie hier diskutiert werden sollen – dem Einstufen in wesentlicher Hinsicht ähnlich zu sein scheinen. Das braucht kein Manko zu sein, vorausgesetzt, wir sind uns dieser Bedeutungserweiterung bewußt und können sicherstellen, daß diese anderen Tätigkeiten und Wörter den ziemlich eindeutigen Einstufungsfällen auch wirklich in wesentlicher Hinsicht ähnlich sind.

Ich will mit einer Reihe von ziemlich unstrittigen Bemerkungen über einige ziemlich eindeutige Einstufungsfälle beginnen, an denen überhaupt nichts Mysteriöses zu finden ist.

1) Das Sortieren bzw. Einstufen von Äpfeln ist eine manuelle Tätigkeit. Oft ist das Einstufen jedoch so etwas wie eine geistige Tätigkeit – eine entsprechende manuelle Tätigkeit läßt sich gar nicht durchführen. Ein Eisenbahninspekteur, der Schlafwagen zu inspizieren hat, stuft sie vermutlich in solche Kategorien wie »in gutem Zustand«, »in ordentlichem Zustand« und »nicht mehr verwendungsfähig« ein. Aber auch wenn er die einzelnen Schlafwagen nicht von den Schienen reißt und sie in verschiedene Haufen stapelt, so tut er doch eindeutig etwas, was vom Sortieren bzw. Einstufen von Äpfeln gar nicht so verschieden ist. ›Geistiges‹ Einstufen ist offensichtlich geläufiger als ›manuelles‹ Einstufen. Wir werden zwischen beiden Formen nur selten zu unterscheiden haben.

2) Einstufen und Einstufungsausdrücke zu verwenden ist allgemein üblich. Wareninspekteure, Weinprüfer und andere derartige Leute (Prüfer in Examina z. B.) tun es von Berufs wegen; wir alle müssen es für die alltäglichsten Dinge des Lebens tun.

3) Im Fall des Sortierens kann man es lernen, den manuellen Prozeß korrekt auszuführen, und zwar auch ohne daß man über die Dinge, die sortiert werden sollen, vorher etwas weiß. Man braucht dazu auch gar nicht zu wissen, was der, von dem man diesen Prozeß auszuführen lernt (oder irgendjemand sonst), über die zu sortierenden Dinge denkt bzw. wie er überhaupt zu ihnen steht. So könnte z. B. auch der, der noch nie einen Apfel auch nur gesehen, geschweige denn probiert hat, und der zudem unsere eigenen Ansichten über Äpfel überhaupt nicht kennt, dennoch – wenn er auch nur einigermaßen intelligent ist und genügend Zeit zum Zuschauen eingeräumt bekommt – lernen, uns beim Aufteilen der Äpfel auf die richtigen Haufen behilflich zu sein. Und je intelligenter er ist und je länger seine Lehrzeit dauert, umso eher wird er es schließlich dazu bringen, dabei nahezu überhaupt keine Fehler mehr zu machen. Natürlich könnten auch Grenzfälle vorkommen, in denen er etwas anderes tut als wir; in solchen Fällen könnte aber die Abweichung genausogut auch auf unser Konto gehen. Dabei darf jedoch der folgende Punkt nicht außer Acht gelassen werden: Auch wenn der intelligente Lehrling das Einstufen von Äpfeln oder von Schlafwagen in dem Sinne lernen kann, in dem auch ein Papagei es lernen kann, Deutsch zu sprechen, so könnte er ohne weitere Information doch genausowenig wie ein Papagei zu der Er-

kenntnis kommen, daß er die Tätigkeit des Einstufens vollzieht. Vielleicht ist er der Meinung, er würde da bei einem ziemlich langweiligen Spiel mitmachen oder er müsse aufräumen oder bei einer wissenschaftlichen Klassifikationsaufgabe assistieren; kann sein, daß er sich über sein Tun überhaupt keine Gedanken macht. Und wie wir sagen könnten, daß der Papagei gar nicht wirklich Deutsch spricht – wobei uns klar ist, was wir damit sagen wollten –, genauso könnten wir sagen, daß der Lehrling im Gegensatz zu uns eben gar nicht wirklich die Tätigkeit des Einstufens vollzieht. Dieser Sachverhalt dürfte insbesondere dann eintreten, wenn wir dem Lehrling entweder gar nicht sagen, welche Einstufungsausdrücke wir verwenden, oder wenn wir eben solche Wörter verwenden, die normalerweise nicht zum Einstufen verwendet werden.

Bezüglich dieser Möglichkeiten und Einschränkungen gibt es natürlich zwischen dem Einstufen als einer manuellen Tätigkeit und dem Einstufen als einer geistigen Tätigkeit keine wesentlichen Unterschiede. Vorauszusetzen ist dabei lediglich, daß der Lehrling die entsprechenden Einstufungsausdrücke gehört hat, mit Hilfe derer über die diversen Gegenstände gesprochen wurde, dabei aber nicht gemerkt hat, daß es sich um Einstufungsausdrücke handelt.

Etwas kann man daraus ganz offensichtlich lernen: Wie das Lügen oder das Begehen eines Mordes ist die Tätigkeit des Einstufens – ebenso wie Deutsch in dem Sinne zu sprechen, in dem es ein Papagei eben nicht kann – etwas, das man im vollen Sinne des Wortes nur dann tun kann, wenn man auch versteht, was man tut. Aber auch noch eine andere Lehre läßt sich daraus ziehen: Einstufen ist eine ganz andere Tätigkeit als die, etwas aufzuräumen oder etwas wissenschaftlich zu klassifizieren. Der Unterschied liegt aber in der Absicht dessen, der die Tätigkeit des Einstufens vollzieht, nicht in der äußeren Form.

4) Es bringt uns vielleicht weiter, wenn wir sehen, daß es zwischen der Situation, in der wir die Tätigkeit des Einstufens ganz bewußt vollziehen, und der Situation des noch unerfahrenen, aber intelligenten und aufmerksamen Lehrlings ein mögliches Mittelding gibt. Nehmen wir nun an, wir verwendeten für unsere verschiedenen Haufen von Äpfeln die Einstufungsausdrücke »gut«, »mittelmäßig« und »schlecht« (zu diesem Thema später mehr). Da dies Adjektive sind, die für die Verwendung als Einstufungsausdrücke reserviert sind, wird der Lehrling nicht nur in der Lage sein, die richtigen Bewegungen auszuführen, sondern er wird vermutlich

auch erkennen, daß er die Tätigkeit des Sortierens (also eine Sonderform des Einstufens) ausübt. Was ihm aber im Gegensatz zu uns noch abgeht, ist: erstens, eine Erklärung dafür, weshalb wir den einen Haufen als höherwertig einstufen als den andern – auch wenn er durchaus die einzelnen Mengen unterscheiden kann und auch weiß, welche von uns höher eingestuft werden – und zweitens, jegliche Sicherheit, wenn es darum geht, ob er, wenn er ganz alleine entscheiden könnte, die gleichen Einstufungskriterien wählen würde wie wir selbst. Auch hier könnten wir deshalb mit einiger Berechtigung (wenn auch nicht mit der gleichen wie in dem in (3) dargelegten Beispiel) sagen, daß der Lehrling die Tätigkeit des Einstufens in Wirklichkeit gar nicht vollzieht. Man vergleiche damit, daß wir von jemandem, der die herkömmlichen Moralurteile lediglich nachbetet, in der Regel nicht sagen würden, daß er wirklich Moralurteile fällt – und erinnern wir uns dabei insbesondere an das, was Platon über die zu sagen hat, die in moralischen Fragen nur Meinungen aber kein echtes Wissen besitzen.

5) In unseren Beispielen haben wir uns Einstufungssituationen angesehen, wo wir es mit einer großen Zahl von Gegenständen einer bestimmten Art wie z. B. Äpfeln oder Schlafwagen zu tun hatten. Dies sind vielleicht die einzigen Fälle, auf die man den Ausdruck »einstufen« wirklich korrekt anwenden kann. Manchmal wenden wir aber ein und dieselben Einstufungsausdrücke auch nur auf ein einziges Ding an, ohne uns dabei ausdrücklich auf irgendwelche anderen Dinge zu beziehen, verwenden dabei aber doch dieselben Kriterien. Ich kann zwischen diesen beiden Situationstypen keinen wesentlichen Unterschied entdecken. Jedesmal vollziehen wir die Tätigkeit des Einstufens. Derart also will ich, wie bereits erwähnt, die Bedeutung des Wortes »einstufen« erweitert wissen.

6) Noch eine letzte Bemerkung: Es sollte jetzt klar sein, daß, was auch immer sonst am Einstufen vielleicht rätselhaft sein mag, zumindest an den ganz typischen Fällen des Einstufens überhaupt nichts Rätselhaftes dran ist. Ohne Zweifel handelt es sich um eine Sache, die man in Übereinstimmung mit bestimmten Prinzipien tut und von der man lernen kann, sie so zu tun, wie sie auch von den andern getan wird. Wie sagte doch ein Sprecher des englischen Landwirtschaftsministeriums so weise: »In der Praxis läßt sich das Einstufen ziemlich leicht erlernen – selbst wenn es nach den strengsten Standards zu erfolgen hat; doch eine präzise und zugleich ein-

fache Definition dieser Standards zu geben – sei's in Wort oder Bild –, ist recht schwierig.«

B. Typen von Einstufungsausdrücken

Ehe ich den Versuch mache, die Natur des Einstufens und den Unterschied zu anderen, ebenfalls auf die Sprache rekurrierenden Tätigkeiten wie z. B. dem wissenschaftlichen Klassifizieren eingehender zu untersuchen, ist es vielleicht ratsam, die von uns beim Einstufen verwendeten Einstufungsausdrücke etwas näher zu betrachten.

1) Es gibt eine ganze Reihe von Wörtern, die *ad hoc* als Einstufungsausdrücke verwendet werden können und auch tatsächlich oft so verwendet werden – und zwar durchaus in Übereinstimmung mit dem normalen Sprachgebrauch. Dazu gehören auch Wörter, die eigens zu diesem Zweck erfunden werden wie auch Wörter, die manchmal zu etwas anderem als zum Einstufen verwendet werden. So könnte ich zum Beispiel »rot«, »weiß« und »blau« bzw. »Klasse X«, »Klasse Y« und »Klasse Z« so verwenden, wobei allerdings explizit angegeben werden müßte, in welcher Rangordnung sie stehen sollen; genausogut könnte ich »rot« für das Beste und »grün« für das Schlechteste verwenden oder umgekehrt. Ohne an dieser Stelle schon auf kontroverse Fragen eingehen zu wollen, ist es vielleicht doch nicht schlecht, bereits hier auf einen Vorteil hinzuweisen, den der Gebrauch von ad hoc gebildeten Einstufungsausdrücken mit sich bringt: Die ›professionelleren‹ Einstufungsausdrücke, insbesondere die extremen, tendieren ganz natürlich dazu, mit einer emotionalen Bedeutung aufgeladen zu werden, für die es nur noch die beiden Pole »gut« und »schlecht« gibt; der Gebrauch von ad hoc Einstufungsausdrücken ermöglicht es uns dagegen, von Vorurteilen unbeeinträchtigt und objektiv zu sein. Es ist leichter, einem Schüler eine mit »6« zensierte Arbeit zurückzugeben als eine, auf der «dumm und wertlos» steht.

2) Es gibt aber auch eine große Klasse von (im vorigen Absatz »professionell« genannten) Wörtern, die nahezu bzw. ganz ausschließlich als Einstufungsausdrücke verwendet werden. Einige naheliegende Beispiele: »erste Klasse«, »gut«, »mittelmäßig«, »schlecht«, »von mittlerer Qualität«. Man kann sie als Einstufungsausdrücke verwenden, ohne vorher ausdrücklich sagen zu müssen, daß man sie als solche verwendet; sie zeigen selbst an (so-

fern es nicht bereits anderweitig klar geworden ist), daß die Handlung des Einstufens vollzogen wird. Es ist leicht und zudem ganz natürlich, solche Mengen von Einstufungsausdrücken zu wählen, deren Rangfolge genau definiert ist. Es wäre eben ein Mißbrauch der Sprache, wenn man »mittelmäßig« für einen höheren Qualitätsgrad verwenden würde als »gut«. Um als Einstufungsausdruck fungieren zu können ist es nahezu notwendig, daß die betreffenden Wörter ihren jeweiligen Platz in der Rangfolge anzeigen. Dabei gibt es natürlich Unterschiede (was uns aber nur recht sein kann): Von einigen Wörtern wird ihre jeweilige absolute Position innerhalb der Qualitätshierarchie unmittelbar angezeigt. »Klasse I«, »Klasse II« und »Klasse III« zeigen z. B. sowohl die Rangordnung selbst als auch die jeweiligen absoluten Positionen – deshalb muß man mit ihnen (wie immer, wenn man es mit präziseren Werkzeugen zu tun hat) schon etwas sorgfältiger umgehen. »Gut«, »schlecht« und »mittelmäßig« zeigen dagegen zwar die Rangordnung, aber nicht die jeweilige absolute Position. Wenn es auf Präzision ankommt, muß diese Position eben jeweils eigens bestimmt werden. So kann »gut« zum Beispiel ganz an der Spitze der Hierarchie oder ziemlich weit unten stehen. Aus den Zeugnissen können die Eltern entnehmen, ob die Arbeit ihrer Kinder in den verschiedenen Fächern mit einer 1, einer 2 usw. zensiert wurde. Am unteren Rand der Zeugnisse findet sich dabei folgende Liste:

0,5 = ausgezeichnet
1   = sehr gut
2   = gut
3   = befriedigend
usw.

Beim Verkauf von Waren unterschiedlicher Qualität bedienen sich Verkäufer ganz offensichtlich des folgenden Tricks: In der Hierarchie von Einstufungsausdrücken verwenden sie das Wort »gut« bereits ziemlich weit unten und reservieren für den oberen Bereich eine ganze Reihe von Superlativen.

3) Einige Wörter, die hauptsächlich oder ausschließlich als Einstufungsausdrücke fungieren, können zum Einstufen von Gegenständen, Personen, Handlungen usw. der unterschiedlichsten Art verwendet werden. Das gilt zum Beispiel für »gut«, »schlecht« und »mittelmäßig«. Andere ›professionelle‹ Einstufungsausdrücke, die aus diesem wie auch aus anderen weiter unten aufgeführten Gründen »spezialisiert« genannt werden sollen, sind auf eine bestimmte

Art bzw. auf einige wenige Arten von Gegenständen beschränkt. So sind, soweit ich weiß, die Ausdrücke »Klasse I«, »Klasse II« und »Klasse III« als geordnete Rangfolge mit absoluten Positionen ausschließlich im kommerziellen Handel mit Äpfeln, Eiern usw. im Gebrauch. Zweifellos könnten sie auch für andere Handelswaren gebraucht werden. Auf Menschen oder Tätigkeiten aber könnten derartige Ausdrücke nur in einem sehr ungewöhnlichen und metaphorischen Sinne angewandt werden.

Eine besonders interessante und wichtige Menge spezialisierter Einstufungsausdrücke ist hier noch zu erwähnen. (Indem ich sie überhaupt so nenne, nehme ich die zweite Erweiterung des Begriffs »einstufen« vor, die ich natürlich zu begründen habe.) »Tollkühn«, »tapfer«, »feige«, »zügellos«, »großzügig«, »gemein«, »bäurisch« und »arrogant« sind Beispiele dafür. Aristoteles in Buch III und IV der *Nikomachischen Ethik* und Theophrast in den *Charakteren* bringen für solche Einstufungsausdrücke zahlreiche Beispiele und versuchen, die Anwendungskriterien dieser Ausdrücke darzulegen. Wie jedoch schon Aristoteles bemerkte, besitzen wir explizite Einstufungsausdrücke in der Regel nur für bestimmte stillschweigend vorausgesetzte Einstufungsskalen und zudem nur für einige Positionen innerhalb dieser Skalen. Daß die als Beispiel angeführten Wörter Einstufungsausdrücke sind, kann man daran erkennen, daß sie Wertordnungen ausdrücken.[2]

Wenn ein Kompaniechef, der für einen wichtigen Einsatz einige Leute abzustellen hat, als Vorbereitung dazu seine Kompanieliste zur Hand nimmt und hinter jedem Namen entweder den Vermerk »tapfer« oder »feig« einträgt, dann würden wir es sicher überhaupt nicht unnatürlich finden, wenn man sagte, daß er mit diesen Eintragungen seine Leute (von einem speziellen Standpunkt aus) einstuft. Lediglich »Er ist tapfer« zu äußern, würde dagegen normalerweise nicht ein Einstufen genannt werden. Ich sehe jedoch nicht, weshalb eine derartige Bedeutungserweiterung ein Manko sein sollte. Daß wir »tapfer« nur ungern einen Einstufungsausdruck nennen wollen, kommt daher, daß »tapfer« etwas spezieller ist als »gut« und deshalb auch nur innerhalb eines engeren Bereichs eine genauere Prognose über das Verhalten des so eingestuften Menschen ermöglicht. Dies verführt dann zu der Annahme, daß »tapfer« genauso ein deskriptives Wort ist wie normalerweise das Wort »wild«. Aber das ist einfach falsch. Den dahintersteckenden Widerstand gegen die Behandlung von »tapfer« als Einstufungsausdruck gilt es zu überwinden. Es wäre besser, wenn man »tapfer« als einen Einstufungsausdruck ansähe, der nur auf ein menschliches Verhalten in gefährlichen Situationen angewandt werden kann, während »gut« in allen Situationen, darunter auch in gefährlichen, verwendet werden kann.

4) Spezialisierte Einstufungsaudrücke zeigen, wie auch nicht anders zu erwarten war, sowohl ihre absolute als auch ihre relative Position expliziter und häufiger als die eher allgemeinen Einstufungsausdrücke.

5) Außer den ›professionellen‹ und den ad-hoc-Einstufungsausdrücken gibt es noch eine Reihe solcher Wörter, die wir ›enthusiastische Amateure‹ nennen könnten – Wörter, von denen sich nur schwer sagen läßt, ob sie wirklich als Einstufungsausdrücke oder als gewöhnliche Klassifikationsbegriffe fungieren. Manchmal werden sie offensichtlich für den einen Zweck verwendet, manchmal für den anderen. Oft schlagen wir anscheinend auch gleich zwei Fliegen mit einer Klappe, indem wir etwas einstufen und zugleich auch klassifizieren. Beispiele für solche Wörter wären etwa: (a) *wertvoll;* vergleiche »Ihre Juwelen waren zwar geschmacklos, aber wertvoll« mit »Das war eine wertvolle Information«; (b) *sinnlos,* insbesondere in der Bedeutung, in der es in den Arbeiten von einigen logischen Positivisten vorkommt. Es läßt sich oft nur schwer sagen, ob ein logischer Positivist mit seiner Behauptung, daß ethische Aussagen sinnlos seien, ausdrücken will, daß sie weniger wert seien als wissenschaftliche Aussagen, oder ob er damit lediglich auf einen logischen Unterschied hinweisen will. Der Verdacht liegt oft nahe, daß er beides will. *Normal* ist ein weiteres Beispiel.

Umgekehrt lassen sich selbst die ›professionellsten‹ Einstufungsausdrücke manchmal praktisch deskriptiv gebrauchen – nahezu ganz und gar deskriptiv etwa in »Ich lief gut vier Kilometer«; und die Äußerung »Es war eine gute Portion Glück dabei« wird verwendet, wenn man ausdrücken will, wie groß das Glück des Betreffenden doch war, und nicht, für wie verdient man es hält.

Daß dem so ist, braucht uns weder zu verwundern noch zu verunsichern. Dennoch ist es vielleicht am besten, wenn wir uns in der Hauptsache nur mit typischen und unzweideutigen Beispielen von Einstufungssituationen beschäftigen. Man sollte sich der Grenzfälle bewußt sein, aber man sollte nicht auf ihnen herumreiten.

6) Auch von solchen Grenzfällen ganz abgesehen, muß noch eine weitere Einschränkung gemacht werden. Manchmal beschreiben

wir einen Gegenstand nur und stufen ihn nicht explizit ein, auch wenn wir ganz klar in erster Linie darauf aus sind, ihn einzustufen. So bestehen zwei der Kriterien, die Theophrast in den *Charakteren* dafür angibt, daß jemand bäurisch ist, darin, daß er genagelte Stiefel trägt und beim Baden singt. Nun könnte es aber sein, daß ich zwar von jemandem behaupte, daß er genagelte Stiefel trägt und beim Baden singt, ohne jedoch explizit zu behaupten, daß er sich bäurisch benimmt, selbst wenn ich ihn mit meiner Behauptung in erster Linie eben als bäurisch einstufen wollte. Das Umgekehrte kann zweifellos auch vorkommen. So könnte etwa ein Arbeiter in einer Verpackungshalle, der zu seinem Gegenüber bemerkt, daß ein bestimmter Teil einer Ladung Äpfel von der Klasse I (»erstklassig«) sei, ihm damit eigentlich nur die darin enthaltene deskriptive Information geben wollen. Ein anderes Beispiel: Ich sage, daß Herr So-und-so gut aussieht, und möchte damit einem andern lediglich helfen, ihn gleich zu erkennen. Man tut gut daran, auf diesen Punkt ausdrücklich hinzuweisen. Gegen bestimmte Einwände ist man dann nämlich gefeit: Wenn wir z. B. zwischen Befehlen und Beschreibungen unterscheiden, so bedeutet es eben keinen Einwand, wenn darauf verwiesen wird, daß wir den Satz »Die Tür ist offen« auch dann äußern können, wenn wir lediglich erreichen wollen, daß der andere die Tür zumacht.

7) Es gibt einen weiteren Grund, zwischen spezialisierten und allgemeineren Einstufungsausdrücken zu unterscheiden: Die spezialisierten Einstufungsausdrücke besitzen in der Regel schärfere und explizitere Anwendungskriterien. Dies läßt sich am besten anhand eines Beispiels illustrieren. Ich zitiere aus einer Bekanntmachung des Landwirtschaftsministeriums,[3] in der die Verwendung der Bezeichnungen für die verschiedenen Güteklassen für Äpfel wie folgt festgelegt ist (Die Kriterien für die Güteklasse III lasse ich aus Raumgründen weg):

Definition der Güteklassen

Klasse I (Nur Dessertäpfel)
Größe: Jeder Apfel muß einen Durchmesser von mindestens 6,5 cm haben. In jeder Steige müssen die Äpfel etwa gleich groß sein und dürfen im Durchmesser nicht mehr als um 3 mm voneinander abweichen.
Reifegrad: Jeder Apfel muß einen Reifegrad erreicht haben, der

die nachträgliche Vollendung des Reifungsprozesses erlaubt.

Form: Jeder Apfel soll eine gute Form haben.

Fehler: (außer Rötling): Jeder Apfel soll völlig frei von jeglichem Fehler sein, mechanische Verletzungen, Druckstellen und Schorf eingeschlossen.

Rötling: Rötling, durch den der Apfel rissig wurde, und korkartiger Rötling sind bei keinem Apfel erlaubt. Erlaubt sind: Fester Rötling in der Stielmulde und sehr fein verteilter Rötling, der insgesamt über höchstens ein Achtel der Oberfläche gesprenkelt ist.

Farbe: In jeder Steige möglichst gleichmäßig.

Zustand: Nahezu gleicher Reifegrad.

Klasse II

Größe: Dessertäpfel: Jeder Apfel muß einen Durchmesser von mindestens 6 cm haben. Kochäpfel: Jeder Apfel muß einen Durchmesser von mindestens 6,5 cm haben. In jeder Kiste müssen die Äpfel einigermaßen gleich groß sein und dürfen im Durchmesser nicht um mehr als 6 mm voneinander abweichen.

Reifegrad: Jeder Apfel muß einen Reifegrad erreicht haben, der die nachträgliche Vollendung des Reifungsprozesses erlaubt.

Form: Kein Apfel darf mißgestaltet sein.

Fehler: (außer Rötling): Jeder Apfel soll von solchen Fehlern, Druckstellen und anderen mechanischen Verletzungen frei sein, die die Haltbarkeit beeinträchtigen. Dies gilt für den Zeitraum, der normalerweise zwischen dem Zeitpunkt der Verpackung und dem Zeitpunkt des Verkaufs im Einzelhandel verstreicht. Nicht-rissiger Apfelschorf darf auf jedem Dessertapfel insgesamt nicht mehr als $3/4$ cm² bedecken, jeder einzelne Schorf darf nicht größer als $3/8$ cm² sein. Nicht-rissiger Apfelschorf darf auf jedem Kochapfel insgesamt nicht mehr als 1,5 cm² bedecken, jeder einzelne Schorf darf nicht größer als $3/4$ cm² sein.

Andere sich vergrößernde Fehler an der Oberfläche dürfen auf jedem Apfel insgesamt 1,5 cm² bei Dessertäpfeln und insgesamt $2^{1}/4$ cm² bei Kochäpfeln nicht überschreiten.

Rötling: Rötling, durch den der Apfel rissig wurde, ist nicht erlaubt. Fester und korkartiger Rötling in der Stielmulde oder in der Blütenblättermulde ist erlaubt. Feinverteilter Rötling zusammen mit Flecken festen Rötlings, die nicht mehr als 1 cm Durchmesser haben, sind erlaubt, sofern sie insgesamt nicht über mehr als ein Drittel der Oberfläche gesprenkelt sind.

Farbe: Dessertäpfel müssen in jeder Kiste einigermaßen von gleicher Farbe sein.

Zustand: Dessertäpfel müssen in jeder Kiste im Reifegrad einigermaßen gleich sein.

8) Viele Einstufungsausdrücke, die eine spezialisierte Bedeutung besitzen, können, sofern sie außerhalb ihrer speziellen Kontexte verwendet werden, auch eine allgemeinere Bedeutung annehmen. »Erstklassig« ist ein Beispiel dafür. Dies stellt einen weiteren Grund dar, in technischen Zusammenhängen ad-hoc-Einstufungsausdrücke zu verwenden. Da diese keine konventionellen Anwendungskriterien besitzen, besteht nicht die Gefahr, daß eine allgemeine mit einer spezialisierten Verwendung verwechselt wird, was bei solchen Äußerungen wie »Das war aber eine Sendung erstklassiger Äpfel« durchaus möglich wäre.

9) Außer dem allgemeinen philosophischen Problem der Natur des Einstufens werfen die allgemeineren (weniger spezialisierten) Einstufungsausdrücke ihre eigenen Probleme auf. Von daher erklärt sich vielleicht zum Teil, weshalb sich Philosophen, die eine Vorliebe für Schwierigkeiten besitzen, hauptsächlich für solch allgemeine Einstufungsausdrücke wie »gut« und »schlecht« interessiert haben. (Es scheint zumindest keinen guten Grund dafür zu geben, daß sie z. B. »mittelmäßig« vernachlässigt haben.) Eine derartige Fixierung auf Beispiele, die in (ethischen) Kontexten, die selbst äußerst kompliziert sind, natürlich noch ganz spezielle Probleme aufwerfen, führte unglücklicherweise dazu, daß das *allgemeine* Problem der Natur des Einstufens dadurch beträchtlich schwieriger erscheinen mußte, als es in Wirklichkeit ist.

Selbstverständlich wirft der Ausdruck »erstklassig« praktisch die gleichen speziellen Probleme auf, die sich auch bei »gut« stellen, aber der Einfachheit halber will ich bei der folgenden Formulierung von einigen derartigen Problemen doch lieber »gut« als Beispiel wählen.

(a) Vorausgesetzt, »gut« ist ein Einstufungsausdruck. Wird er nur deshalb so allgemein gebraucht, weil seine Anwendungskriterien (in Entsprechung zu den technischen Kriterien für den Gebrauch von »Klasse I«) so allgemein sind oder weil in jedem neuen Kontexttyp jeweils eine andere Menge von Kriterien verwendet wird (die eine Menge für Äpfel, eine andere für Kohl, eine weitere für Gewehre, wieder eine andere für moralisches Handeln usw.)?

(b) Vorausgesetzt, es gibt für einige spezialisierte Einstufungsausdrücke Anwendungskriterien, die man, wenn man vom normalen Sprachgebrauch nicht erheblich abweichen will, einfach akzeptieren muß. Ist es dann so offensichtlich, daß es in einer jeden Situation Anwendungskriterien für das Prädikat »gut« gibt, seien es nun allgemeine oder dem jeweiligen Kontext angepaßte? Gewiß, wenn es für die Bezeichnung »gut« überhaupt Anwendungskriterien gibt, so werden das ziemlich vage Kriterien sein; die Frage ist jedoch: Gibt es überhaupt derartige Kriterien (wie vage sie auch immer sein mögen), die allgemein akzeptiert sind? (Dies ist, wie bemerkt werden dürfte, das bekannte ethische Problem der moralischen Relativität.)

(c) Hat es denn nicht den Anschein, als hätte das Wort »gut« viele Bedeutungen? Selbst wenn sich herausstellen sollte, daß es in einigen Kontexten einen Einstufungsausdruck mit akzeptierten, wenngleich auch vagen Kriterien darstellt, könnte es dann nicht auch andere Kontexte geben, in denen es zwar nicht als eine empirische Beschreibung (wie etwa in dem Satz »Es war eine gute Portion Glück dabei«), aber eben auch nicht als ein Einstufungsausdruck verwendet wird?

10) Es läßt sich nicht leugnen, daß von diesen speziellen Problemen, die bei derart allgemeinen Bezeichnungen auftreten, auch die spezialisierteren Einstufungsausdrücke infiziert werden. Deren Anwendungskriterien enthalten nämlich oft einen impliziten Bezug auf »gut«. Ein Beispiel: Bei einer Misswahl werden die einzelnen Teilnehmerinnen unter anderem nach so nüchternen Kriterien wie dem beurteilt, ob sie die entsprechenden Maße aufzuweisen haben. Vermutlich dürften aber solche Dinge wie »guter allgemeiner Eindruck« oder »gutes Auftreten auf dem Laufsteg« fast immer (oder jedenfalls in bestimmten Fällen) eine höhere Punktzahl einbringen. Vergleiche auch das in B(7) oben angeführte Beispiel für die Einstufungsstandards von Äpfeln.

C. Die allgemeine Natur des Einstufens

In B wurden einige spezielle Probleme von »gut« umrissen. Daß dabei einige von den berühmtesten Problemen fehlten, lag zum Teil daran, daß sie bei allen Einstufungsausdrücken auftauchen. Das grundlegende Problem, *warum* ich den, der die Wahrheit liebt, höher einstufe als den, der lügt, bzw. *warum* ich einen unversehrten Apfel als besser ansehe als einen faulen, taucht genauso bei der Frage auf, warum die Kriterien für »Klasse I« nicht mit denen für »Klasse II« zu vertauschen sind. Ich werde daher zunächst auf einige allgemeine Fragen die Natur des Einstufens betreffend eingehen. Spezielle Probleme, die sich bei »gut« und ähnlichen Wörtern ergeben, werde ich dabei so weit wie möglich vermeiden.

Sehen wir uns folgendes Beispiel an, in dem X für einen spezialisierten Einstufungsausdruck und A, B und C für die akzeptierten empirischen Anwendungskriterien stehen. Wir wollen dabei hauptsächlich auf die Frage eingehen, wie sich der Gebrauch eines Satzes von der Form »Dies ist X« in logischer Hinsicht von anderen Verwendungen von Sätzen unterscheidet bzw. inwieweit er anderen Verwendungen ähnlich ist. Daher vernachlässigen wir zunächst solche Fragen wie die, *warum* A, B und C die Kriterien für X sind.

Soviel scheint zumindest klar zu sein: Die Frage, ob dies X ist, läßt sich – die akzeptierten Kriterien vorausgesetzt – genauso definitiv entscheiden wie die empirische Frage, ob es A, B oder C ist. Wenn A = »nicht weniger als 5 cm im Durchmesser«, dann könnte es natürlich in einem Grenzfall strittig sein, ob dies X ist, und zwar einfach deshalb, weil strittig ist, ob dies tatsächlich nicht weniger als 5 cm im Durchmesser ist. Daß uns in solchen Fällen Gewißheit fehlt, braucht uns hier aber nicht lange aufzuhalten. Wenn etwas die empirischen Merkmale A, B und C besitzt, dann verdient es eben auch den Einstufungsausdruck X, und wenn nicht, dann eben nicht; und diese Frage ist im erforderlichen Sinne entscheidbar.

Die im letzten Absatz festgehaltenen Fakten können uns leicht zu der Behauptung verführen, daß »Dies ist X« einfach eine ganz gewöhnliche empirische Behauptung sei, daß X bloß eine Abkürzung für A, B und C sei. Das Verhältnis von »Klasse I – Apfel« zu seinen Kriterien wäre demnach dasselbe wie das von »Boskopapfel« zu seinen Kriterien. Diese Theorie, die, wie man leicht sehen kann, mit der Theorie des ethischen Naturalismus eng verknüpft ist, dürfte jedoch einer näheren Prüfung sicher nicht standhalten. Dazu sei an dieser Stelle lediglich vermerkt: Das Problem, wie denn der intelligente Lehrling zwischen dem Einstufen von Äpfeln und dem Auseinandersortieren von schwarzen und weißen Schachfiguren unterscheiden soll, wird von dieser naturalistischen Theorie im Endeffekt mit der Behauptung zurückgewiesen, daß es einen derartigen Unterschied in Wirklichkeit gar nicht gebe. Dies ist jedoch offensichtlich falsch.

Eine zweite mögliche Theorie über das Verhältnis von X zu A, B und C hängt eng mit der Theorie des ethischen Intuitionismus zusammen. Wer den Naturalismus verwirft, aber dennoch zugibt, daß zwischen X und A B C eine enge Verbindung besteht, hätte nach dieser Theorie folgendes zu behaupten: X (z. B. »Klasse I«) bezeichnet eine nicht-empirische, intuitiv erfaßbare Folgeeigenschaft, die in Situationen, in denen A, B und C vorkommen, noch hinzukommt und die notwendig, wenn auch synthetisch, mit A, B und C verknüpft ist. (Wenn X für »gut« und A für »Wissen« stünde, so könnte dies geradezu als eine Parodie des Intuitionismus selbst angesehen werden.) *Ein* indirektes Argument für diese Theorie besteht darin, daß wir gesehen haben, daß der Naturalismus falsch ist und daß zudem auch der Subjektivismus nicht in Frage kommt, und zwar deshalb nicht, weil sich eben (objektiv) entscheiden läßt, ob etwas X ist oder nicht. Es ist natürlich auch ganz unplausibel, die Äußerung »Dies ist eine Sendung erstklassiger Äpfel« einfach als einen Ausruf des Entzückens anzusehen. Und somit bleibt in Ermangelung anderer Theorien eben der Intuitionismus. Positiver ausgedrückt: »Erstklassig« ist ein Adjektiv, das in wahren bzw. falschen Aussagen verwendet wird. Es muß für irgendeine Eigenschaft stehen. Diese von »erstklassig« bezeichnete Eigenschaft kann man aber weder sehen noch hören noch riechen. Es muß sich also um ein nicht-empirisches Merkmal handeln.

Obwohl ich diese Theorie natürlich nicht akzeptiere, will ich sie hier nicht angreifen. Wahrscheinlich dürften sie selbst diejenigen, die sie im Fall von »gut« akzeptieren, bei solchen Einstufungsausdrücken wie »erstklassig« und »durchschnittlich« nicht verteidigen wollen. Als eine theoretische Möglichkeit habe ich sie auch nur deshalb erwähnt, weil die ganzen von Moore und Ross vorgebrachten Argumente auch so formuliert werden können, daß sie sich auf sämtliche Einstufungsausdrücke beziehen. Es ist schwer zu sehen, weshalb die Theorie nur für »gut« und nicht auch für »erstklassig« gelten sollte.

In allen Einstufungssituationen können vermutlich gute Gründe für eine Analyse à la Stevenson[4] vorgebracht werden. Mit unserer Betonung des engen Zusammenhangs zwischen X und A B C haben wir uns dieser Theorie zufolge eben zu ausschließlich lediglich auf das zweite Analyseschema konzentriert. Weshalb zwischen X und A, B und C keine Äquivalenz besteht, wird uns klar, wenn wir das vernachlässigte erste Analyseschema berücksichtigen. Wer einen Apfel »erstklassig« nennt, drückt damit vielleicht eine besondere Art bzw. einen besonderen Grad von Zustimmung aus und fordert diese auch von den andern. Einstufungsausdrücke unterscheiden sich von andern Wörtern dadurch, daß sie eine besondere emotive Ladung besitzen.

Je extremer und je allgemeiner ein Einstufungsausdruck ist, desto eher gehört er zu den Wörtern, die eine starke emotive Ladung besitzen bzw. erwerben (so z. B. »gut« und »schlecht«, weit weniger – aus Gründen, die ganz offensichtlich sind – dagegen »weder gut noch schlecht«). Dies läßt sich wohl kaum bestreiten. Wir haben jedoch bereits darauf hingewiesen, daß ad-hoc-Einstufungsausdrücke unter anderem den ungeheuren Vorteil besitzen, von Emotionen ungetrübte Beurteilungen zu ermöglichen.[5] Daß ›professionelle‹ Einstufungsausdrücke normalerweise eine emotive Bedeutung haben, ist durchaus verständlich.[6] Diese emotive Bedeutung wird von uns auch oft ausgenützt. Dies alles scheint jedoch für die wahre Natur des Einstufens ganz und gar nebensächlich zu sein.

Alle drei Theorien, nämlich Naturalismus, Intuitionismus und Emotivismus, haben jedoch zu einigen wichtigen Erkenntnissen geführt. (Das gleiche gilt auch, wie wir noch sehen werden, für den gewöhnlichen Subjektivismus und den Utilitarismus.) Der Naturalismus betont ganz richtig den engen Zusammenhang zwischen dem jeweiligen Einstufungsausdruck und derjenigen Menge empirischer Eigenschaften, die den Gebrauch dieses Einstufungsausdrucks rechtfertigen. Der Intuitionismus betont ganz zurecht, daß es sich bei diesem engen Zusammenhang um keine Identität der Bedeutung handelt, und besteht daher auf dem unterschiedlichen logischen Charakter von Einstufungsausdrücken und empirischen Beschreibungen. Beide Theorien betonen zurecht den objektiven Charakter des Einstufens. Der Emotivismus wiederum, der mit dem Intuitionismus darin übereinstimmt, daß der Naturalismus versagt hat, betont seinerseits zu recht, daß auch der intuitionistische Lösungsvorschlag (nach dem Einstufungsausdrücke eine besondere Art von nicht-empirischen, deskriptiven Adjektiven darstellen) nicht weiterführt.

Irgendwann (warum also nicht gleich an dieser Stelle) müssen wir ja doch einmal ganz deutlich werden: Beschreiben bleibt eben Beschreiben, Einstufen bleibt Einstufen und das Ausdrücken von Gefühlen bleibt eben das Ausdrücken von Gefühlen. Keine dieser drei Tätigkeiten kann auf eine der beiden andern reduziert werden. Keine läßt sich zudem auf irgendetwas sonst reduzieren bzw. durch irgendetwas sonst definieren. Wir können mit Hilfe von Beispielen und Vergleichen lediglich bestimmte Ähnlichkeiten und die diversen Unterschiede herausarbeiten. Vermutlich wäre dies letzten Endes auch die einzige Möglichkeit, den Unterschied zwischen dem Stellen einer Frage und dem Geben eines Befehls herauszubringen. (Auch hier dürfen solche Grenzfälle wie »Willst du nicht hinausgehen?« nicht überbetont werden.)

Wir könnten zum Beispiel schildern, wie aus einem Obsthaufen Äpfel, Birnen und Pflaumen bzw. aus einem Haufen von Äpfeln jeweils Boskopäpfel, Goldparmenen usw. aussortiert werden, und dabei auf den Unterschied hinweisen, der zwischen diesem Aussortieren und der Tätigkeit besteht, aus einem Obsthaufen die guten, die schlechten und die durchschnittlichen Früchte bzw. aus einem Haufen von Äpfeln die Äpfel der Klasse I, der Klasse II usw. auszusuchen. Wir könnten zudem Beispiele konstruieren, in denen der Unterschied zwischen dem Einstufen als einer manuellen Tätigkeit und dem Einstufen als einer geistigen Tätigkeit klar wird. Und weil Philosophen von der fixen Vorstellung ausgehen, indikativische Sätze würden lediglich dazu verwendet, Dinge zu beschreiben, ist es vielleicht auch nicht schlecht, sie auch noch an die anderen nicht-deskriptiven (und nicht-emotiven) Verwendungsweisen von Indikativsätzen zu erinnern – zum Beispiel an Austins performative Sätze.

Kehren wir zu dem Problem zurück, welche Relation zwischen den empirischen Kriterien A B C und dem durch sie gerechtfertigten Einstufungsausdruck X besteht. Ist der Satz »Was A B C ist, ist auch X« analytisch oder synthetisch? Auf die naturalistischen Schwierigkeiten, die aus der Antwort »analytisch« resultieren, haben wir bereits hingewiesen. Wegen der Unsinnigkeit, ja Unmöglichkeit der Behauptung, daß etwas zwar X, aber nicht A B C bzw. daß etwas zwar A B C, aber nicht X sei, ergibt sich jedoch, daß die Antwort »synthetisch« ebenso unplausibel ist.[7] Wenn wir aber sehen, daß Einstufen vom gewöhnlichen Beschreiben verschieden ist, dann können wir verstehen, warum dieses Dilemma unauflösbar ist. Die Frage, ob eine Verbindung zwischen zwei Merkmalsmengen analytisch oder synthetisch ist, läßt sich nämlich nur dann stellen, wenn die miteinander verknüpften Merkmale deskriptiv sind. Die Analogie zu der Relation zwischen der Erfüllung rechtlicher Voraussetzungen für ein bestimmtes Recht oder Privileg und dem Besitz dieses Rechts oder Privilegs selbst kann (falls man diese Analogie nicht überzieht) die zwischen empirischen Kriterien und den entsprechenden Einstufungsausdrücken bestehende Relation viel besser verdeutlichen als die Analogie zu der zwischen längeren deskriptiven Wendungen und ihren definitorischen Abkürzungen bestehenden Relation. Wenn man nämlich von jemandem behauptet, er erfülle die rechtlichen Voraussetzungen für ein bestimmtes Recht (z. B. für das Wahlrecht, der Betreffende also deutscher Staatsbürger, 18 Jahre oder älter, im Besitz der bürgerlichen Ehrenrechte usw. sein muß), so folgt daraus nicht analytisch, daß der Betreffende dieses Recht auch tatsächlich besitzt. Andererseits bedeutet die Feststellung, daß jemand dieses Recht besitzt, aber auch nicht, daß er irgendwelche zusätzlichen, über diese Voraussetzungen hinausgehenden deskriptiven Eigenschaften erfüllt.

Natürlich bestehen auch Unterschiede; sonst könnte man ja zwischen dem Besitz einer bestimmten Qualitätseigenschaft und dem Besitz eines bestimmten Rechts gar nicht unterscheiden.

Ein kontrastierender Vergleich zwischen der Tätigkeit des Einstufens und der des Wählens kann uns vielleicht weitere Aufschlüsse geben:

(a) Es besteht eine Analogie zwischen dem Einstufen als einer geistigen Tätigkeit und dem Verhalten dessen, der sich verschiedene Gegenstände ansieht und dann sagt »Den will ich haben« – er trifft eine Wahl und stellt keine Prognose auf.

(b) Es besteht eine Analogie zwischen dem Einstufen als einer manuellen Tätigkeit und dem Verhalten dessen, der sich verschiedene Gegenstände ansieht und sich dann einen davon herausgreift.

Zwischen diesen Fällen gibt es aber auch einen Unterschied. Er läßt sich folgendermaßen ausdrücken: Im einen Fall vollzieht man die Tätigkeit des Einstufens nachdem man sich die betreffenden Gegenstände angesehen und ehe man seine Wahl getroffen hat, im andern Fall trifft man die Wahl überhaupt erst auf der Grundlage dessen, wie man die Dinge einstuft.

(c) Wir wollen daher ein etwas künstlicheres Beispiel konstruieren. Ob ein Mannschaftskapitän einen Spieler in sein Team wählt, hängt normalerweise davon ab, für wie gut er ihn hält. Angenommen, es gebe für eine derartige Wahl gewisse Regeln (etwa: Die Spieler sind in alphapetischer Reihenfolge zu wählen!); d. h. die Wahl soll richtig oder falsch sein können. Dieses Beispiel macht den logischen Unterschied deutlich, den es zwischen einer nicht-deskriptiven Tätigkeit (jemanden als Spieler wählen) und den (für diese Wahl geltenden) deskriptiven Kriterien geben kann. Insofern sollte uns jetzt die zwischen einem Einstufungsausdruck und seinen Kriterien bestehende Relation weniger mysteriös erscheinen. Daß es zwischen einer bestimmten Tätigkeit (z. B. etwas auszuwählen) und den für sie geltenden Regeln eine enge Verknüpfung geben soll, wir aber trotzdem nicht fragen können, ob diese Verknüpfung analytisch oder synthetisch ist, braucht uns nicht zu verwundern – auch dann nicht, wenn es um die Verwendung von Einstufungsausdrücken und ihre empirischen Kriterien geht. Wenn wir zudem sehen, wie unwesentlich der Unterschied zwischen der Tätigkeit des Wählens und der Äußerung »Dies will ich haben« ist (wir können nicht fragen, ob aus der für die Wahl geltenden Regel die Äußerung »Dies will ich haben« *logisch folgt*), dann können wir auch sehen, wie unwesentlich der Unterschied zwischen dem Einstufen und dem Verwenden eines Einstufungsausdrucks ist. Natürlich tut man dann, wenn man etwas in Übereinstimmung mit einer Regel wählt, in vielerlei Hinsicht etwas ganz anderes als wenn man etwas lediglich einstuft. Aber die Analogie, auf die ich hinweisen möchte, besteht ja auch nur zwischen dem Verhältnis einer Wahl zu der entsprechenden Regel einerseits und dem Verhältnis eines Einstufungsausdrucks zu seinen Anwendungskriterien andererseits.

Zum Schluß wollen wir jetzt die allgemeine Natur des Einstufens noch kurz durch einige Bemerkungen zu dem englischen Wort *to approve* zu klären versuchen. In der neueren Philosophie diente dieses Wort des öfteren zu einer Verdeutlichung von ganz spezifischen Einstufungssituationen.

Der im Englischen bestehende Unterschied zwischen dem einfachen Präsens (*I sit, I run, I play*) und der Verlaufsform des Präsens (*I am sitting, running, playing*) war in letzter Zeit wiederholt ein Untersuchungsgegenstand vieler Philosophen.[8] Es ist ganz klar, daß diese Präsensformen eine ganz verschiedene Verwendung besitzen. Es gibt anscheinend Verben, die gar keine Verlaufsform Präsens besitzen. Ihr Gebrauch im einfachen Präsens scheint sich zudem von dem Gebrauch anderer Verben, ganz gleich, ob diese im einfachen Präsens oder in der Verlaufsform verwendet werden, zu unterscheiden. Beispiele: *I know, I believe, I regret.* Zu diesen anomalen Verben gehört anscheinend auch *I approve* (= ich billige, heiße gut, akzeptiere). Es ist zwar möglich, es auch in der Verlaufsform Präsens zu gebrauchen; das folgende Beispiel zeigt jedoch, wie anomal eine solche Verwendung ist. Angenommen, Smith hätte, wenn er eine bestimmte Sache tun will, zuerst meine schriftliche Zustimmung einzuholen. Im Englischen werde ich dann meine Zustimmung einfach dadurch zum Ausdruck bringen, daß ich *I approve* (nicht *I am approving*) hinschreibe. Machen wir nun die folgende zusätzliche Annahme: Jemand stürzt, eben als ich dies niederschreibe, in mein Zimmer und fragt mich, was ich denn da gerade mache. Im Englischen könnte ich dann eventuell antworten *Oh, I am just approving Smith's application*. Diese Äußerung beschreibt, was ich gerade tue. Aber was von dieser Äußerung beschrieben wird, besteht eben nicht darin, daß ich etwas behaupte, etwas ausdrücke, mir etwas anmerken lasse, irgendwelche Gefühle oder Emotionen habe oder mich in einem bestimmten Geisteszustand befinde. Ich schreibe *I approve* hin und das ist eben die Handlung, die von mir beschrieben wird, wenn ich *I am approving* sage. Aber wenn ich *I approve* sage oder hinschreibe, beschreibe ich überhaupt nichts.

Andere Verwendungsweisen von *approve* unterscheiden sich davon in vielerlei Hinsicht, ähneln der obigen aber zumindest darin, daß sie ebenfalls keine deskriptiven Verwendungen sind.[9] Nehmen wir zum Beispiel an, jemand sagte, daß er alles in allem die Lizenzgesetze für akzeptabel halte, und drücke dies im Englischen mit dem Satz aus: *On the whole, I approve of the licensing laws*. Eine solche Äußerung ist natürlich nicht so absurd wie der Fall, wo wir etwas genehmigen, was unserer Genehmigung gar nicht bedarf. Eine bessere Interpretation wäre, daß der Sprecher alles in allem die Lizenzgesetze als befriedigend beurteilt. Er mag seine Meinung ändern und die Lizenzgesetze später vielleicht nicht mehr für akzeptabel halten, aber dieser Gesinnungswandel ist dann eben etwas anderes als eine Korrektur eines bloßen Tatsachenirrtums.

Ich will die Logik des Begriffs *approve* und der entsprechenden Äquivalente wie *billigen, gutheißen, akzeptieren* nicht um ihrer selbst willen weiter untersuchen. Mit den Subjektivisten und den Emotivisten stimme ich jedoch insofern überein, als ich die Analogie zwischen Gutheißen etc. einerseits und Einstufen andererseits für erhellend halte – aber nicht in der Weise, wie sie glauben. Ich bestreite nämlich, daß solche Äußerungen wie *I approve* eine Beschreibung subjektiver Ereignisse sind oder daß *Please approve* eine Bitte darstellt, doch bestimmte Gefühle zu haben.

Dies ist alles, was ich zur logischen Beschreibung des Einstufens vorzubringen habe. Ehe ich des weiteren auf solche allgemeinen Probleme wie das eingehe, wie wir zu den jeweiligen Einstufungskriterien kommen, möchte ich zuerst noch einige spezielle, von »gut« und anderen sehr allgemeinen Einstufungsausdrücken aufgeworfene Probleme diskutieren.

D. Einige spezielle Probleme von »gut«

Wir werden von der folgenden (später noch zu diskutierenden) Annahme ausgehen: »Gut« ist ein Einstufungsausdruck, der sich in den verschiedensten Kontexttypen verwenden läßt, dabei aber jeweils andere Anwendungskriterien besitzt. Nun muß zuallererst darauf hingewiesen werden, daß solche allgemeinen Einstufungsausdrücke Eigenschaften besitzen, die den Eigenschaften der Vagheit bzw. der Offenheit genau entsprechen, auf die Waismann[10] im Fall von ganz gewöhnlichen deskriptiven Wörtern aufmerksam gemacht hat. Sehen wir uns nochmals das Apfelbeispiel an. Was sind die Kriterien dafür, daß ein Apfel gut ist? Zunächst einmal muß er zweifelsohne einen angenehmen Geschmack haben – und schon haben wir ein Beispiel für ein vages und offenes Kriterium. »Einen angenehmen Geschmack für wen?« wird gefragt werden. Auf diese Frage gibt es keine eindeutig richtige Antwort. Wir dürfen aber diese Vagheit auch nicht überbewerten. Wenn wir nämlich antworten »für die meisten von denen, die überhaupt Äpfel essen«, dann ist diese Antwort bestimmt nicht ganz verkehrt; anders, wenn wir »für den Münchner Kardinal« oder »für Eichhörnchen« antworten. Aber können wir denn garantieren, daß die in der ersten Antwort erwähnte Mehrheit stabil ist? Sicher nicht. Aber dies braucht uns in der Philosophie auch gar nicht zu kümmern. Die Sache ist ganz einfach: Wenn es keine kontingente Tatsache wäre, daß es eine solche stabile Mehrheit gibt, dann hätten wir entweder das Einstufen von Äpfeln ganz bleiben zu lassen oder wir dürften eben den angenehmen Geschmack nicht mehr zu den Einstufungskriterien für Äpfel verwenden.[11]

Einige Philosophen scheinen in ihren Arbeiten davon auszugehen, daß ein angenehmer Geschmack das einzige Kriterium dafür ist, ob ein Apfel gut ist oder nicht.[12] Dies ist jedoch mit Sicherheit falsch. Weitere Kriterien sind: Größe, Form, Haltbarkeit,

Nährwert, gefälliges Aussehen und vielleicht die Art, wie er sich anfühlt. Daß ein bestimmtes Kriterium vage und offen sein kann, haben wir bereits bemerkt. Eben diese Eigenschaften besitzt jedoch die ganze Liste von Kriterien auch. Die präzise Liste kann niemand angeben. Einige werden ein von mir angegebenes Kriterium vielleicht weglassen und dafür ein anderes hinzufügen oder die Gewichte anders verteilen. Dabei braucht keiner von ihnen Unrecht haben (obwohl wir eine Liste erstellen könnten, die bestimmt falsch ist). Es ist stets möglich, sich auch etwas anderes als Kriterium vorzustellen. Es kann auch sein, daß man etwas als Kriterium einführt, das als solches implizit schon immer verwendet, wenngleich als solches nicht erkannt wurde. Wenn uns dies klar ist, braucht uns dieser Sachverhalt genausowenig zu kümmern wie die Vagheit der Anwendungskriterien von deskriptiven Adjektiven. »Gut« ist *sehr* vage – aber »tapfer« und »nicht mehr ganz jung« sind es auch. Solange es bei der Anwendung von Kriterien einen allgemeinen Konsensus gibt, ist alles gut. Wenn aber, was bei vagen Beschreibungen und bei vagen Einstufungsausdrücken ja manchmal vorkommt, dieser Konsensus fehlt, dann wird die Kommunikation unsicher (wie z. B. bei »demokratisch«).

Sehen wir uns als Kontrast zu Äpfeln doch einmal Kohlköpfe an (der Kontrast könnte natürlich noch größer gemacht werden). Viele Kriterien werden dann ganz anders aussehen, z. B.: konsistenter Kern, hellgrüne oder bläulich grüne Farbe, fester Sitz der äußeren Blätter, lange Haltbarkeit usw.

Wenn nun der Einstufungsausdruck »gut« in jedem dieser (wie auch in anderen) Fällen einfach eine Abkürzung für die Summe der jeweiligen Kriterien wäre (so der Naturalismus), dann hätten wir die absurde Situation, daß »gut« ein Homonym mit so vielen Bedeutungen ist, wie es Situationen gibt, in denen man es anwenden kann. Man könnte es auf eine Theateraufführung sinnvoll nicht in derselben Bedeutung anwenden wie auf einen Apfel. Die hier gemachten Annahmen vorausgesetzt, resultiert daraus eine sehr anschauliche Widerlegung des Naturalismus. Die Relation zwischen »gut« und den Kriterien für gute Äpfel als synthetisch anzusehen, ist andererseits ebenso absurd. Wenn jemand zugeben würde, daß ein bestimmter Apfel den und den Durchmesser hat, regelmäßig geformt ist, angenehm schmeckt, viele Vitamine enthält und nicht verseucht ist, und wenn er zudem auch nicht behaupten würde, daß dem betreffenden Apfel andere wesentliche Eigenschaften fehlen, dennoch aber bestreiten würde, daß es ein guter Apfel ist, so wäre das nicht nur etwas seltsam – die Kommunikation selbst würde zusammenbrechen.

Die naheliegende naturalistische Reaktion darauf – die, wenn auch aus anderen Gründen, von anderen Denkrichtungen vielleicht geteilt werden könnte – würde in der Zurückweisung der Annahme bestehen, daß die Kriterien bei jedem Situationstyp verschieden sind. »Die wirklichen Kriterien für die Verwendung von ›gut‹«, so könnten sie etwa sagen, »sind viel allgemeiner, als es deiner Darstellung zufolge den Anschein hat. Die Kriterien, die von einem Preisrichter für gute Kurzhornkühe oder von einem Messerschmied für gute Messer angeführt werden, sind eben nicht die wirklichen Kriterien dafür, daß etwas gut ist. Das wirkliche Kriterium ist: Läßt sich das erstrebte Ziel (gleichgültig, ob es ein Nah- oder ein Fernziel ist) in jedem Fall leicht erreichen? Die sogenannten Kriterien des Preisrichters und des Messerschmieds«, so könnten sie fortfahren, »sind lediglich Anzeichen bzw. Symptome dafür, daß der fragliche Gegenstand dieses allgemeine Kriterium erfüllt.« Und sie könnten hinzusetzen: »Wir müssen die verschiedenen Bedeutungen von ›gut‹ auseinanderhalten und beschränken uns dabei zunächst einmal auf die so ganz unproblematische Unterscheidung zwischen *gut als Mittel* und *gut als Zweck*. Somit gibt es also zwei allgemeine Kriterien: Eines für gut als ein Mittel – wir haben es bereits angegeben; und eines für gut als Zweck, das etwa ›um seiner selbst willen erstrebenswert‹ lautet. Vielleicht würden wir nach einiger Überlegung«, so könnten sie schließen, »noch weitere Bedeutungen von ›gut‹ unterscheiden wollen. Wir brauchen aber jedenfalls nicht die unheimlich vielen verschiedenen Bedeutungen, auf die du oben angespielt hast, sondern nur ganz wenige, die auf jeden Fall paronym, und nicht homonym sind.«

Zweifellos könnte diese Argumentation detaillierter dargestellt werden. Da ich sie aber gar nicht im Detail angreifen will, kommen wir mit ihr vielleicht auch so zurecht. Zunächst einmal bin ich zu folgendem Zugeständnis bereit: Wenn wir uns die Arten von Dingen ansehen, die man als Kriterien verwendet, dann lassen sich diese Kriterien durchaus (auch wenn dieses Vorgehen vielleicht nicht so ganz glücklich ist) in solche einteilen, die wir um ihrer selbst willen wählen, und in solche, die wir ihrer Konsequenzen wegen wählen. Wie von Platon in seiner *Politeia* gezeigt wurde, gibt es auch Kriterien, die wir sowohl um ihrer selbst willen als auch ihrer Konsequenzen wegen wählen. Des weiteren will ich zugestehen, daß einige Kriterien weniger zentral als andere sind und daß einige tatsächlich lediglich als Anzeichen für das Vorliegen von solchen Kriterien verwendet werden, die sich nur schwer ermitteln lassen. Diese Zugeständnisse stellen aber keineswegs eine Rechtfertigung von zwei Bedeutungen von »gut« dar – gut als Mittel und gut als Zweck. Erstens befinden sich nämlich unter den von uns für den Einstufungsausdruck »gut« jeweils verwendeten Kriterien gewöhnlich auch solche, die zu beiden Typen gehören, wie auch solche, die zu dem von Platon erwähnten Mischtyp gehören. Wenn es überhaupt Dinge gibt, deren sämtliche Kriterien für ihr Gutsein zu einem der beiden Typen gehören, so handelt es sich doch um Grenzfälle. Sie stellen nicht den Normalfall dar. Es wäre ganz falsch, wenn man sich einbildete, Bauern, Messerschmiede und Obstplantagenbesitzer würden ihre Erzeugnisse nur als Mittel zum Zweck ansehen. Der Verbraucher zahlt schließlich für ein Gemüse, das bereits unansehnlich geworden ist, eben deshalb weniger, weil es unansehnlich ist, und nicht deshalb, weil diese Unansehnlichkeit irgendwelche schädlichen Auswirkungen hat. Auf die Frage, ob ein guter Apfel denn gut als Mittel oder gut als Zweck ist, wüßte ich nicht, wie ich antworten sollte. Es ist gar keine echte Frage. Daß man bei den *Kriterien* den von uns oben akzeptierten Unterschied machen kann, würde jedoch nur dann eine entsprechende Unterscheidung zwischen zwei Bedeutungen von »gut« rechtfertigen, wenn eine Vermischung dieser zwei Mengen von Kriterien logisch unmöglich wäre.

Darauf könnte vielleicht erwidert werden (wobei die Plausibilität dieses Einwands aber erst noch zu begründen wäre), wir hätten lediglich gezeigt, daß all die Dinge, die wir als gut einstufen, »gut« in beiden Bedeutungen des Wortes genannt werden. Allein aus *diesem* Grund hätte ich eben nicht sagen können, in welchem Sinne der Apfel gut ist. Ich hätte aber immer noch nicht gezeigt, daß es für verschiedene Arten von Situationen tatsächlich jeweils verschiedene Mengen von Kriterien gibt. Meine Antwort auf diesen Einwand: Selbst wenn ein Apfel *per impossibile* all die Kriterien erfüllte, die unserer Ansicht nach ein Kohlkopf erfüllen muß, um sowohl gut als Mittel als auch gut als Zweck zu sein, so wäre er deshalb noch lange kein guter Apfel. Auch wenn wir zugegeben haben, daß einige Kriterien weniger zentral als andere sind, so gibt es doch einen harten Kern von Kriterien, die in jedem verschiedenen

Fall erfüllt sein müssen und die man nicht zu einer oder zwei Formeln verallgemeinern kann. Warum ein Apfel, der wie guter Kohl schmeckt, sicher ein sehr schlechter Apfel wäre, das haben wir noch gar nicht zu diskutieren gewagt. Aber daß es ein sehr schlechter Apfel wäre, ist so gut wie sicher. Ich sehe nicht, wie von meinen fiktiven Opponenten dieses Faktum erklärt werden könnte, wonach für die Einstufung von Äpfeln und von Kohlköpfen offensichtlich verschiedene Kriterien erforderlich sind (und somit a fortiori auch für die Einstufung von Menschen oder Gewehren). Wenn wir Jargon- oder Slangausdrücke außer acht lassen, so gibt es meines Erachtens überhaupt keinen Grund für die Annahme, daß das Wort »gut« mehr als eine Bedeutung hat. Da ich andererseits bestreite, daß es zwischen Kriterien und Einstufungsausdrükken eine analytische Bedeutungsidentität gibt, vertrete ich also immer noch die These, daß die Kriterien, so wie es von den Fakten nun einmal verlangt zu werden scheint, in jeder Situation jeweils andere sind.

An dieser Stelle noch zwei kleinere Bemerkungen. Vielleicht tragen sie zur Klärung der obigen Diskussion bei, vielleicht werden sie aber auch erst vor dem Hintergrund dieser Diskussion selbst ganz klar.

1. Angenommen, jemand, der von Pferden überhaupt nichts versteht, zeigt auf ein bestimmtes Pferd und sagt: »Das ist ein gutes Pferd.« Irgendwie, so möchten wir in diesem Fall sagen, weiß der Sprecher, was er sagt – er weiß, wie die einzelnen Wörter zu verwenden sind und wie ihre Syntax zu verstehen ist. Aber in einem gewissen Sinne, so möchten wir ebenfalls sagen, weiß er eben nicht wirklich, was er meint. Nehmen wir an, die Äußerung »Das ist ein gutes Pferd« wäre von einem Pferdekenner gemacht worden. Es kann natürlich sein, daß auch er sich irrt, z. B. wenn er nur so einmal von weitem hingeschaut hat. Um von der Wahrheit seiner eigenen Äußerung überzeugt zu sein, braucht er eben mehr Daten, als er jetzt hat. Wenn aber der, der von Pferden gar keine Ahnung hat, von seiner Äußerung nicht überzeugt ist, dann ist das etwas ganz anderes. Im Gegensatz zu dem Pferdekenner ist er nämlich überhaupt nicht in der Lage, durch weitere Untersuchungen zu entscheiden, ob das Pferd auch wirklich gut ist. Da er etwas behauptet hat, wovon er selbst nicht weiß, wie es zu verifizieren oder zu falsifizieren ist (so wie Qualitätsaussagen eben verifiziert bzw. falsifiziert werden), neigen wir eben zu der Behauptung, daß er in

Wirklichkeit gar nicht weiß, was er meint.

2. Qualitätsaussagen sind, so lautet meine These, objektiv entscheidbar. Sie sind daher – und zwar aus vielen Gründen – viel wichtiger und eindrucksvoller als solche Äußerungen, mit denen wir lediglich unsere persönlichen Vorlieben oder Abneigungen bekunden. Wir sind deshalb geneigt, sie auch dann zu verwenden, wenn wir lediglich zur Formulierung unserer Vorlieben bzw. Abneigungen berechtigt sind. So könnte es durchaus sein, daß ich »Das ist ein gutes Pferd« auch dann sage, wenn ich die Kriterien für gute Pferde gar nicht kenne, in Wirklichkeit also nur zu der Feststellung berechtigt bin, daß mir das Pferd gefällt. Natürlich ist uns das nicht unbekannt; es wird ganz deutlich, wenn wir uns vor Augen halten, daß der, der in so einem Fall mit der Äußerung »das ist ein gutes Pferd« ein bestimmtes Risiko einzugehen überhaupt bereit ist, schon ziemlich eingebildet sein muß – es sei denn, er weiß oder nimmt zumindest an, daß sein Gegenüber genausowenig von Pferden versteht wie er selbst.

Zu einem einfachen Büroangestellten können wir es vielleicht sagen, aber nicht zu einem Jockeytrainer. Diese Überlegungen bringen uns, so hoffe ich wenigstens, in zweierlei Hinsicht weiter: Sie machen den Unterschied zwischen dem Einstufen und dem bloßen Ausdrücken seiner Vorlieben deutlich. Sie erklären aber auch, wie es kommt, daß diese beiden Tätigkeiten ziemlich häufig durcheinandergebracht werden – was auch kein Wunder ist, wenn wir sehen, daß wir so ganz ohne weiteres mal die eine mal die andere vollziehen.

So viel darüber, wie wir solche allgemeinen Einstufungsausdrücke wie »gut« verwenden, und wie sich ihre Verwendung von der spezialisierterer Einstufungsausdrücke unterscheidet – wenngleich diese Unterscheidung weder eindeutig noch ein für allemal fest ist.

E. Wie wir zu Einstufungskriterien kommen

Bis hierher blieben unsere Untersuchungen der Tätigkeit des Einstufens auf Fälle beschränkt, in denen ziemlich klar war, daß es Einstufungskriterien gibt. Wir haben uns bisher nicht gefragt, ob es stets akzeptierte Kriterien geben muß bzw. warum die akzeptierten Kriterien akzeptiert sind. Wir haben sicher überhaupt nichts zu solchen speziellen Problemen gesagt wie dem, das sich uns angesichts eines moralischen Reformers stellen dürfte, angesichts eines Menschen also, den man oft durchaus verstehen kann und der doch nahezu als einer definiert werden kann, von dem die akzeptierten Kriterien eben nicht akzeptiert werden. Ich will gar nicht erst lange so tun, als hätte ich auf diese Probleme eine vollständige Antwort anzubieten. Aber es gibt da einige Dinge, auf die hinzuweisen sich in diesem Zusammenhang vielleicht lohnt.

Zunächst ist einmal festzuhalten: Die von uns eben diskutierte Frage, ob es überhaupt objektive und akzeptierte Einstufungskriterien gibt und wie diese funktionieren, stellt ein ganz anderes Problem dar als das Problem, warum wir diese Kriterien verwenden und akzeptieren. Dies wurde meines Erachtens nicht immer ganz klar erkannt. Gewisse Theorien ließen sich jedoch viel überzeugender formulieren, wenn sie dies berücksichtigten.

Der Subjektivismus zum Beispiel wird (zumindest in seinen traditionellen Spielarten, wonach er als eine Theorie über den Gebrauch des Wortes »gut« im allgemeinen anzusehen ist) gewöhnlich so formuliert, daß er als ganz und gar absurd anzusehen ist. Die Behauptung, es gebe dafür, ob dies ein guter Käse oder (um ein Beispiel zu nehmen, wo es ganz klar nicht darum geht, ob etwas gut als ein Mittel ist) ob dies ein gutes Schoßhündchen ist, keine objektiven Kriterien, also auch keine richtigen oder falschen Ansichten, diese Behauptung ist einfach lächerlich. Man würde von jedem, der etwas von Käse oder Hunden versteht, ganz einfach ausgelacht. Ebenso lächerlich ist, wie Broad gezeigt hat,[13] die These, daß eine Aussage, die besagt, daß eine bestimmte Käsesorte gut ist, lediglich eine statistische Feststellung über unsere Vorlieben und Abneigungen, unsere Gefühle und Emotionen darstellt. Wenn wir jedoch diese letztere subjektivistische Theorie modifizieren und sie nicht als eine Theorie darüber ansehen, wie wir das Wort »gut« gebrauchen, sondern als eine Theorie darüber, wie es dazu kommt, daß von uns die und die Einstufungskriterien für Käse oder Schoßhündchen akzeptiert werden, dann ist diese Theorie schon weitaus plausibler. So modifiziert, ist diese Theorie mit unserer Darstellung des Gebrauchs des Wortes »gut« durchaus verträglich. Ihr Beitrag besteht dann in folgendem: Es ist eine Tatsache, daß es eine stabile Mehrheit gibt (die Frage, aus welchen Leuten sich diese Mehrheit zusammensetzt, braucht hier nicht entschieden zu werden), die Käse mit den Eigenschaften A, B und C vorzieht, mag oder wählt. A, B und C werden dann zu den Merkmalen, die selbst von der Minorität als Einstufungskriterien für Käse akzeptiert werden. Selbst wenn man also zufällig überhaupt keinen Käse mag, kann man doch auf eine ganz vernünftige Art und Weise zwischen gutem und schlechtem Käse unterscheiden. Dasselbe gilt mutatis mutandis auch für Schoßhündchen und für alle sonstigen Dinge. Erst wenn konventionale Kriterien für guten Käse akzeptiert sind, hat die Frage, ob dieses Stück Käse gut ist, überhaupt erst einen Sinn. Wenn es aber solche akzeptierten Kriterien gibt, dann gibt es auf die Frage auch eine eindeutige Antwort.[14] Solcherart zu einer Antwort auf eine ganz andere Frage umformuliert, scheint mir diese Theorie ziemlich viel für sich zu haben. Für das Käsebeispiel ist sie sogar nahezu richtig.

Nur wenige philosophische Theorien besitzen jedoch das Monopol auf die ganze Wahrheit; wenn sich rivalisierende Theorien lange halten können, so eben deshalb, weil sie etwas wichtiges erfaßt haben. Die derzeit vorherrschenden Theorien über die Bedeutung von »gut« können größtenteils zu Theorien darüber umformuliert werden, wie wir zu unseren jeweiligen Einstufungskriterien kommen.

Nun gibt es *a priori* keinen Grund, weshalb es auf die Frage, warum wir genau die Kriterien akzeptieren und keine anderen, nur eine einzige Antwort geben sollte. Es könnte ja sein, daß wir nicht alle Kriterien aus den gleichen Gründen akzeptieren. Betrachten wir z. B. eine utilitaristische Theorie, deren entsprechend modifizierte Form besagt, daß wir die von uns gewählten Kriterien eben deshalb wählen, weil die Dinge, von denen diese Kriterien in einem hohen Maße erfüllt werden, den Zwecken am ehesten dienlich sind, um deren Erfüllung wegen wir die betreffenden Dinge verwenden. Als eine generelle Theorie ist dies zweifellos höchst inadäquat, als Erklärung dafür, warum wir in einigen Fällen gerade diese Kriterien anwenden und keine anderen (z. B. bei Messern das Kriterium der Schärfe), erscheint mir diese Theorie dagegen recht plausibel. Soweit sie lediglich diesen begrenzten Anspruch erhebt, ist sie ohne Zweifel korrekt.

Oder betrachten wir die verschiedenen Gesellschaftstheorien über das Gute (insbesondere über das moralisch Gute). Nach ihnen sind Menschen oder Verhaltensweisen eben insofern gut, als sie zum Leben der Gesellschaft bzw. zur allgemeinen Wohlfahrt etwas beizutragen haben. Auch hier gilt wieder: Als Erklärung dafür verstanden, warum wir in einigen Fällen diese Kriterien verwenden und keine anderen, sind diese Theorien bestimmt wertvoll

– da kann es gar keinen Zweifel geben. Daß die Eigenschaft, immer die Wahrheit zu sagen, als Kriterium für einen guten Menschen akzeptiert wird, hat zumindest teilweise eben diesen Grund. Und wenn jemand die These vertreten will, daß dies ein *rationaler* Grund für das Akzeptieren des Kriteriums ist, warum denn nicht?

Einstufungskriterien werden sicher auch noch aus anderen Gründen akzeptiert. Es kann aber gar nicht unsere Absicht sein, einen vollständigen Katalog solcher Gründe vorzulegen. Unter keinen Umständen hätten wir das Recht, irgendeinen derartigen Katalog für vollständig zu halten. Zweifellos werden manchmal einige Kriterien für bestimmte Dinge aus den verschiedensten, mitunter recht seltsamen Gründen einfach beibehalten. Vielleicht können sich heutzutage nur noch wenige überhaupt vorstellen, warum eine Familie als umso besser gelten soll, je weiter sich die Namen ihrer Vorfahren und deren Verwandten zurückverfolgen lassen. ·

Doch wie steht es mit den Fällen, in denen man sich über die jeweiligen Einstufungskriterien nicht ganz einigen kann? So eine Situation kommt sicher gelegentlich vor. Falls die Ansichten nicht allzu weit auseinandergehen, spielt dies genausowenig eine Rolle wie in dem Fall, wo man verschiedener Meinung darüber ist, welche Bedingungen erfüllt sein müssen, um von jemandem sagen zu können, er sei kahlköpfig. Aber man muß zugeben, daß nicht alle Meinungsverschiedenheiten derart geringfügig sind. Und genau an dieser Stelle werden wir mit dem entsetzlichen Phänomen des bei einigen Stämmen Afrikas früher praktizierten Elternmords aus religiösen Motiven, aber auch mit dem erfreulichen Phänomen des moralischen Reformers konfrontiert.

Schematisch dürften sich die Hauptformen der beim moralischen oder anderweitigen Einstufen auftauchenden Divergenzen wie folgt skizzieren lassen:

1) Wir akzeptieren zwar ungefähr bzw. exakt dieselben Anwendungskriterien für »gut« (bzw. für »erstklassig« usw.), haben aber noch nicht alle in Betracht gezogen. Wenn nun der eine von dem fraglichen Ding sagt, daß es gut sei, der andere dagegen, daß es schlecht sei, dann basieren unsere Spekulationen eben auf unzureichender Information. Die Frage läßt sich jedoch klären, wenn wir auch die anderen akzeptierten Kriterien heranziehen. Dieser Fall wirft keine großen Probleme auf. Daß er recht häufig vorkommt, wurde deshalb von den Philosophen nur recht unzureichend vermerkt.

2) Wir akzeptieren dieselben Kriterien, haben es aber mit einem Grenzfall zu tun. Hier wird es vielleicht nie zu einer Einigung kommen. Die ist jedoch genausowenig problematisch wie der einfach nicht zu entscheidende Streit darüber, wer ein totes Rennen gewonnen hat. Solche Dispute kommen recht oft vor, dauern natürlich länger und ziehen mehr Aufmerksamkeit auf sich als der erste Fall.

3) Über die Kriterien besteht überhaupt keine oder nur eine sehr geringe Übereinstimmung. Eine Lösung unserer Probleme ist hier überhaupt nicht drin – und zwar aus dem umwerfend guten Grund, daß wir sie nicht einmal diskutieren können. In so einem Fall gehen wir normalerweise von der Annahme aus, wir hätten dieselben Kriterien und reden dann solange aneinander vorbei, bis wir eben merken, daß wir die Sache einfach nicht entscheiden können. Wir sehen dann entweder, was passiert ist, und versuchen dann, zu einigen gemeinsamen Kriterien zu kommen, ohne die eine weitere Diskussion ja witzlos ist; d. h., wir diskutieren eben nicht mehr die Frage, ob dieses X gut ist – eine Frage, die sich so ja gar nicht diskutieren läßt –, sondern diskutieren statt dessen die Frage, wie solche Dinge wie X überhaupt zu beurteilen sind. Daß die von uns vorgeschlagenen Kriterien akzeptiert werden sollten, dafür bringen wir dann Gründe vor, die aus der vorangegangenen Diskussion stammen. Oder, falls wir gar nicht merken, in welch prekärer Lage wir sind, halten wir den andern einfach für dumm und/oder unehrlich und fallen in bloße Rhetorik zurück bzw. begehen weiterhin schlicht einen Mißbrauch der Sprache.

4) Unsere Ansichten über die Kriterien gehen weit auseinander. Dies werde von unserem Diskussionspartner, der sich selbst zu den Reformern rechnet, bemerkt. Er kann dann ganz offen zu erkennen geben, daß er gar nicht die Frage stellt, ob eine bestimmte Sache nach den akzeptierten Standards gut ist, sondern daß er ganz einfach für neue Standards, für neue Kriterien plädiert. In diesem Fall ist dann klar, daß wir nicht wie in 1) und 2) oben einfach darüber diskutieren, ob eine Sache gut oder schlecht ist, sondern darüber, welche Kriterien wir verwenden müssen, um eine solche Frage überhaupt erst diskutieren zu können. Wahrscheinlicher ist jedoch, daß unser Diskussionspartner (auch wenn ihm das selbst vielleicht nicht so deutlich bewußt ist) auf den rhetorischen Trick verfällt, so zu reden, als wären die von ihm vorgeschlagenen neuen Kriterien eben die akzeptierten Kriterien selbst. Dies ist die effek-

tivste Methode, es so weit zu bringen, daß neue Kriterien auch akzeptiert werden.[15] Dieser Trick wird gewöhnlich nicht nur von Seiten moralischer Reformer angewandt – im Werbegeschäft ist er gang und gäbe. Wir sollen dazu gebracht werden, die Eigenschaften der betreffenden Ware als die Qualitätskriterien für die jeweilige Warensorte schlechthin zu akzeptieren, und zwar dadurch, daß so getan wird, als wüßte jeder (bzw. jeder, der von der Sache etwas versteht), daß dies die akzeptierten Kriterien *sind*. Wird dieser Trick nicht durchschaut, dann kann es sein, daß er insofern Erfolg hat, als genügend Leute ihre Standards tatsächlich ändern, oder wir versuchen es eben mit sämtlichen Versuchsmanövern vom Typ 3) oben.

Hierzu noch eine ergänzende Bemerkung: Einstufungskriterien können sich ändern, auch ohne daß dazu der Impetus des militanten Reformers nötig wäre. Ohne Zweifel war der Ausdruck »eine gute Partie«, auf Junggesellen angewandt, auch schon früher ein Einstufungsausdruck. Ebenso steht aber auch fest, daß sich die Kriterien für die Anwendung dieses Ausdrucks unter dem Druck der gesellschaftlichen Entwicklung von solchen Dingen wie der Baronetswürde und dem Besitz von Land nach und nach auf solche Dinge wie einen guten Job und Volkswagenaktien verlagert haben.

Wenn dieses grobe Schema eventuell auftretender Divergenzen akzeptiert wird (in Wirklichkeit sind die einzelnen Typen natürlich komplizierter und gehen zudem ineinander über), dann scheint sich das Problem divergierender Ansichten über Einstufungskriterien wie folgt beantworten zu lassen: Einstufungsausdrücke können nur dort erfolgreich zur Kommunikation *verwendet* werden, wo es akzeptierte Kriterien gibt. Wo dies nicht der Fall ist, da kann es nur Konfusionen und ein Aneinandervorbeireden geben, bis man dann eben einsieht, daß die einzig mögliche Diskussion in so einem Fall nur darüber gehen kann, welche Einstufungskriterien akzeptiert werden sollten – Einstufungsausdrücke stehen dann selbst zur Diskussion, werden nicht verwendet.

Daß wir allgemein akzeptierte Kriterien brauchen, läßt sich vielleicht folgendermaßen weiter klarmachen: Es gibt Situationen, in denen wir normalerweise überhaupt keine Einstufungsausdrücke verwenden und in denen es daher auch keine akzeptierten Einstufungskriterien gibt. Nehmen wir zum Beispiel die Primzahlen. Soweit ich weiß, hat die Primzahlen bisher noch niemand als gut oder schlecht bzw. als erst- oder zweitklassig beurteilt, und, soweit ich weiß, gibt es auch gar keine entsprechenden Kriterien dazu. Es kann sein, daß mich meine sicher mangelhaften mathematischen Kenntnisse täuschen, aber ich denke doch, daß für uns der Satz »17 ist eine außerordentlich schlechte Primzahl« einfach nicht verständlich wäre. Und das liegt sicher nicht daran, daß wir zuwenig wissen oder zuwenig können. Erst wenn Kriterien akzeptiert würden (ich kann mir in diesem Fall gar nicht vorstellen, welche das sein könnten, von ganz abergläubischen Kriterien aus der Astrologie einmal abgesehen), wäre eine solche Aussage überhaupt erst verständlich. (Eine Entscheidung darüber, ob sie deshalb vorher ganz bedeutungslos wäre, sei dem Leser selbst überlassen.)

Daß in einigen Einstufungssituationen die Kriterien extrem vage sind, macht auf Philosophen, die die Dinge möglichst klar und eindeutig haben wollen, sicher den Eindruck, als gebe es dort überhaupt keine Kriterien. Insbesondere wo es darum geht, wann ein Mensch moralisch gut ist, könnte dieser Eindruck entstehen. Es wäre hoffnungslos, diese Probleme hier adäquat behandeln zu wollen. Einge wenige Bemerkungen seien mir aber doch erlaubt – das muß genügen.

Ein (nicht näher charakterisierter) Mensch muß, um gut zu sein, in verschiedenen Kontexten (für eine Vereins- oder Kirchenmitgliedschaft zum Beispiel) verschiedene Kriterien erfüllen. Dies gilt anscheinend auch dann, wenn wir den Einstufungsausdruck modifizieren und »moralisch gut« schreiben. In manchen Kontexten, so könnte man fast sagen, ließen sich die Kriterien dafür, was im England des frühen Zwanzigsten Jahrhunderts als gut gilt, etwas grob so spezifizieren, daß von ihnen die Erfüllung der Ross'schen Liste von *prima facie*-Pflichten verlangt wird. In anderen Kontexten wiederum ist weniger wichtig, *was* jemand tut, sondern, *warum* er es tut (»Die Motive, nicht die Handlungen selbst, machen einen Menschen gut oder schlecht«). Um herauszufinden, welche Kriterien verwendet werden, stellt man am besten die Frage, warum der Betreffende so und nicht anders beurteilt wird. Doch wie sehr die Kriterien auch von Kontext zu Kontext variieren mögen, wenn man sich überhaupt verständigen will, muß man sich schließlich an sie halten – was ja nicht unmöglich ist. Tun wir das nicht, neigen wir allzu oft zu einer bloßen »Rezitation empedokleischer Verse«.

Daß auch in der Moral der ganz gewöhnliche Einstufungsmechanismus am Werk ist, diese Erkenntnis wird oft durch die gar nicht zu bestreitende Tatsache verbaut, daß moralische Einstufungen

170

um so viel wichtiger sind. Es geht uns eben weitaus mehr um die Erreichung möglichst guter moralischer Einstufungen als um sonstige. Ein guter Fußballspieler zu sein, ist zwar irgendwie schon eine feine Sache, aber letztlich doch nicht das Wichtigste. Ein guter Bürger, ein guter Vater, ein guter Mensch zu sein, ist etwas ganz anderes. Und so entsteht der Eindruck, die Behauptung, jemand sei ein guter Mensch, unterscheide sich in logischer Hinsicht von der Behauptung, jemand sei ein guter Fußballspieler. Dazu will ich folgendes sagen: Wenn wir einen Menschen nach nicht-moralischen Gesichtspunkten oder eben sonstige Dinge einstufen, dann haben wir es mit unwesentlichen Dingen zu tun. Moralische Einstufungen betreffen dagegen das ganze Leben und unsere ganzen sozialen Beziehungen. Eine schlechte moralische Einstufung läßt andere gute Einstufungen unwichtig werden. Fast so wesentlich wie die Moral sind die guten Sitten. Es ist für diesen Punkt sicher nicht unwichtig, daß wir von Fragen der guten Sitte fast ebenso stark berührt werden wie von moralischen Fragen – es gibt sogar einen zwischen diesen beiden liegenden Bereich, wo wir kaum noch unterscheiden können, womit wir es gerade zu tun haben. Aber auch wenn wir zugeben, daß dem so ist, so heißt dies nicht, daß wir damit auch schon begründen, daß ein entsprechender logischer Unterschied zu erwarten sei.

F. Zur Beziehung zwischen alternativen Mengen von Einstufungskriterien

Nun zum letzten Problem: Wenn es zu Meinungsverschiedenheiten darüber kommt, welche Einstufungskriterien in einer gegebenen Situation zu akzeptieren sind, gibt es dann kein Richtig und Falsch? Können wir dann nicht sagen, daß dies die richtigen und dies die falschen Kriterien sind? Oder müssen wir sagen, daß der Unterschied etwa zwischen hohen und niedrigen, aufgeklärten und nicht aufgeklärten Moralkodizes eine Schimäre ist? In manchen Kontexten wären wir vielleicht zu dem Zugeständnis, daß es kein Richtig und kein Falsch gebe, durchaus bereit. Daß wir unterschiedliche Kriterien verwenden, geht auf unterschiedliche Bedürfnisse zurück. Jede Menge von Kriterien ist für ihren jeweiligen Bereich adäquat. In andersgearteten Kontexten sind wir zu einem solchen Zugeständnis nicht mehr bereit. Mit dem Unterschied zwischen höheren und minderen Moralkodizes zum Beispiel kann man nicht so leicht fertig werden. Die Frage, ob wir solche Probleme überhaupt entscheiden wollen, scheint mir, grob gesprochen, weitgehend davon abzuhängen, ob der simultane Gebrauch unterschiedlicher Mengen von Einstufungskriterien durch nebeneinander lebende Gruppen lediglich untergeordnete und unwesentliche Dinge betrifft oder ob es um so umfassende Dinge wie (mehr oder weniger aufgeklärte) Moralkodizes und (mehr oder weniger feine bzw. kultivierte) Sitten geht.

Dies ist sicher ein weites Problem, zu dessen angemessener Behandlung es eines ganzen Buches für sich bedürfte. Wir können hier lediglich skizzieren, wie man mit diesem Problem zu Rande kommen kann.

Wenn wir darüber debattieren, welcher von zwei Moralkodizes wohl der aufgeklärtere ist, dann gibt es in dieser Sache natürlich keine oberste Instanz, keinen Schiedsrichter, es sei denn, eine von uns allen akzeptierte religiöse Offenbarung wird gleichsam als ein *deus ex machina* betrachtet. Es ist auch nicht mit der Behauptung getan, »aufgeklärter« bedeute in diesem Zusammenhang eben dasselbe wie »der Moralkodex, den ich selbst vertrete«. Das zeigt sich daran, daß ich zwar nicht zugeben kann, daß der von mir vertretene Moralkodex weniger aufgeklärt ist als der eines andern, aber sehr wohl zugeben kann, daß dem so sein könnte – und zwar genauso, wie ich zwar nicht zugeben kann, daß die von mir gerade vertretene Meinung falsch ist, aber sehr wohl zugeben kann, daß sie es sein könnte.

Der entscheidende Schritt zur Lösung dieses Problems ist bereits getan, wenn wir bemerken, daß *aufgeklärt, höher* usw. Einstufungsausdrücke sind. Natürlich können wir in einer Diskussion darüber, welche Kriterien wir beim moralischen Einstufen verwenden sollen, diese Kriterien nicht selbst wiederum moralisch einstufen. Wir können sie aber danach einstufen, wie aufgeklärt sie sind, vorausgesetzt natürlich, die Diskussionspartner verfügen über eine allgemein akzeptierte Menge von Kriterien zur Entscheidung darüber, was als aufgeklärt gilt und was nicht. Es wäre hoffnungslos, hier eine vollständige und eindeutige Liste dieser Kriterien vorlegen zu wollen. Daß sie vage sind, steht außer Frage. Zudem ist es leichter, Kriterien anzuwenden, als sie zu erkennen. Ein Kriterium wäre aber sicherlich, daß die für die jeweiligen Kriterien vorgebrachten Gründe nicht aus dem Bereich des Aberglaubens oder der Magie entstammen. Ein weiteres wäre, daß überhaupt

Gründe vorgebracht werden können.

Unterschiede in der Lebensführung, im Reichtum und im Ausmaß des Wohlergehens können zwar kein Beweis dafür sein, daß der eine Moralkodex dem andern überlegen ist, sie scheinen aber doch ein Kriterium für den erreichten Grad der Aufklärung darzustellen. Das Elend von Sklaven zum Beispiel stellt doch sicherlich einen gewichtigen Grund dafür dar, einen Moralkodex, dem zufolge ein Sklavenhändler ein guter Mensch ist, als rückständig zu verwerfen.

Wenn es keine allgemein akzeptierten Kriterien für den Grad der erreichten Aufklärung gibt, so weiß ich nicht, was man dann machen soll. Jegliche kooperative Tätigkeit, jeder Gebrauch von Sprache muß von etwas ausgehen, das jeder anerkennt. Man braucht einen Archimedischen Punkt, um die Welt aus den Angeln heben zu können.

Zum Schluß noch zwei Ergänzungen:

1) Ich bin nicht auf die Wörter »einstufen« und »Kriterium« festgelegt. »Einstufen« verwende ich weitgehend deshalb lieber als z. B. »bewerten«, weil »bewerten« in der Regel gleich mit einer speziellen Art von Theorie assoziiert wird. Das Wort »Standard« hinwieder wird in den erwähnten Erlassen des Handelsministeriums als Synonym für das von mir verwendete Wort »Kriterium« gebraucht. Möglicherweise wäre »Standard« besser, aber für Philosophen hat es nun einmal den gefährlichen Beigeschmack von »moralischer Standard«.

2) In dieser Arbeit wurde nichts über »richtig«, »falsch« und verwandte Wörter gesagt. Die Diskussion führte ohnehin weit genug. Ich möchte aber doch noch ganz klar zum Ausdruck bringen, daß ich derartige Wörter nicht als Einstufungsausdrücke ansehe. Sie funktionieren einfach ganz anders. Meine Bemerkungen besitzen daher für sie keine Gültigkeit.

1 Viele meiner Oxforder Kollegen werden bemerken, daß ich bei ihren Theorien nicht autorisierte, ja gelegentlich sogar verzerrende Anleihen gemacht habe. Hare ist am stärksten davon betroffen. Aus den zahlreichen Diskussionen, die ich mit ihm über dieses Thema führte, konnte ich sehr viel gewinnen. Am zweit stärksten ist Austin betroffen. Kleinere Unterschlagungen werden aber noch von vielen anderen bemerkt werden.

2 ἔνια γὰϱ εὐθὺς ὠνόμασται συνειλημμένα μετὰ τῆς φαυλότητος. Aristoteles, *Nikomachische Ethik*, 1107 a 9. Leider stellt Aristoteles diese Behauptung nur für einige Wörter auf. Er sieht nicht, daß sie für nahezu alles, was er in seinem Werk diskutiert, gilt.

3 *Apple Packing*, Bulletin Nummer 84 des englischen Landwirtschafts- und Fischereiministeriums, Anhang I. Veröffentlicht durch das H. M. Stationery Office.

4 C. L Stevenson, *Ethics and Language*, Yale University Press, 1944.

5 Siehe B (1)

6 Siehe B (2)

7 Diese Behauptung wird noch modifiziert werden müssen. Siehe unten S. 167-169. Diese Modifikation tut jedoch der Stärke des Arguments in diesem Kontext keinen Abbruch, da nicht in Frage gestellt wird, daß A, B und C als Kriterien akzeptiert werden.

8 Ich habe in diesem Punkt einiges von Ryle und Austin gelernt. Wer die Patentrechte darauf besitzt, weiß ich nicht.

9 Wenn ich sage »I approve – do so as well« so enthält meine Äußerung kein deskriptives Element.

10 *Proceedings of the Aristotelian Society*, Ergänzungsband 1945; deutsch: *Verifizierbarkeit*, in: R. Bubner (Hrsg.), *Sprache und Analysis*, Göttingen, 1968.

11 Tatsächlich wird beim technischen Einstufen von Äpfeln der Geschmack nicht als Kriterium verwendet. Das liegt ohne Zweifel zum Teil daran, daß man einen Apfel nicht zuerst probieren und dann erst kaufen kann, zum Teil aber auch daran, daß der Geschmack der einzelnen Sorten konstant ist und zudem vorausgesetzt wird, daß nur solche Sorten weiter eingestuft werden, die beim Geschmackstest gut weggekommen sind.

12 »Es kann sein, daß ›Dies ist gut‹ soviel wie ›Dies ist angenehm‹ bedeutet – etwa wenn wir sagen ›Dies ist ein guter Käse‹.« Paton, *Proceedings of the Aristotelian Society*, Ergänzungsband XXII, S. 110.

13 Siehe seinen Aufsatz über Hume in *Five Types of Ethical Theory*. Ich stimme mit ihm jedoch nicht unbedingt überein, daß diese lächerliche Ansicht von Hume tatsächlich vertreten wurde.

14 Siehe dazu S. 167f.

15 Stevenson, *Ethics and Language*, Kp. IX *Persuasive Definitions*. Dieses Kapitel ist hier äußerst relevant.

IX
E. A. Gellner
Ethik und Logik

Es gibt ethische Theorien, die moralische Gültigkeit erstaunlicherweise mit Klassifikationen logischer Formen in Verbindung bringen, z. B. mit der Einteilung in Universales und Partikuläres. Die Kantische Ethik arbeitet mit dem ersten der beiden genannten logischen Ausdrücke, die existenzialistische Ethik mit dem zweiten. Ich werde mich in meinem Aufsatz nicht mit Kantexegese beschäftigen oder damit, irgendeine der tatsächlichen Formen des Existenzialismus zu beschreiben. Doch werde ich jeweils eine möglicherweise vereinfachte Form dieser beiden Theorien verwenden, um zu diskutieren, wieso und aus welchen Gründen ein Zusammenhang zwischen logischer Form und Ethik zu bestehen scheint. Falls sich meine vereinfachten Modelle als Karikaturen erweisen sollten, hoffe ich nur, daß sie dennoch erhellend wirken.

Meine allgemeine Argumentation könnte vielleicht in der folgenden Weise zusammengefaßt werden: Wenn Leute handeln, so sind sie auch bereit, Gründe für ihre Handlungen anzugeben. Die Gründe, die sie anführen werden, werden eine logische Form besitzen, die einer von zwei Formen zuneigt. Entweder werden die angegebenen Gründe unpersönlich, allgemein und abstrakt sein, oder sie werden einen sozusagen parteiischen Bezug auf eine ausgezeichnete Person, einen ausgezeichneten Gegenstand oder ein ausgezeichnetes Ereignis enthalten – ausgezeichnet in dem Sinne, daß ganz ähnliche, aber nicht numerisch identische Personen, Gegenstände oder Ereignisse von dem Handelnden nicht als ebenso gute Gründe für die relevante Handlung angesehen würden. Natürlich müßte in der Rechtfertigung der Handlung ein solches ausgezeichnetes Ding *benannt* und nicht einfach beschrieben werden, denn eine Beschreibung würde ebenso auf ähnliche Dinge zutreffen, die, *ex hypothesi,* nicht als Gründe zählen würden und damit nicht von einer echten Rechtfertigung gedeckt werden dürften, einer Rechtfertigung, die uns wirklich die Gründe des Handelnden dafür mitteilt, daß er so handelt, wie er es tut.

Wir haben also zwei Arten der Rechtfertigung von Handlungen:

diejenigen, die nur Beschreibungen verwenden und somit offene Regeln bilden, und diejenigen, die Eigennamen enthalten und somit nicht offen sind. An dieser Unterscheidung orientierten sich ethische Theorien, nach denen wir auf solche Weise handeln sollten, daß unsere möglichen Rechtfertigungen von der einen oder anderen Art sind. Mein Ziel ist es, sowohl zu beschreiben, wie diese Theorien aus unseren gewohnten Verfahren zur Rechtfertigung unseres Verhaltens hervorgehen, als auch zu diskutieren, welche philosophischen Gründe jeweils zur Verteidigung dieser Theorien vorgebracht werden können.

Für diese Diskussion nehme ich an, daß es analytisch wahr ist, daß alle Handlungen auf einer Regel oder Maxime basieren.[1] Diese Annahme, die mir, in geeigneter Weise verstanden, richtig zu sein scheint, ist offensichtlich notwendig, wenn die Vermutung, daß ein Zusammenhang zwischen logischer Form und Ethik besteht, Sinn ergeben soll. Denn Handlungen können als Ereignisse keine »logische Form« haben, jedoch die Maximen, auf denen sie basieren, können und müssen es. Die hier benötigte These kann vielleicht in der folgenden Weise formuliert werden: Zu jeder Handlung kann ein Befehl konstruiert werden derart, daß er diese spezielle Handlung und keine andere anordnet. Wenn man dann Gründe anfügt, die angeben, warum jedes der verschiedenen Merkmale der Handlung so sein soll, wie es ist, so haben wir eine Regel oder Maxime im gewünschten Sinne.

Ich werde damit beginnen, die anscheinend irrelevante Frage zu diskutieren, ob es so.etwas wie »Liebe auf den ersten Blick« gibt oder nicht. Diese Frage wird, wenn Lektüre-Erfahrungen aus Zahnarzt-Wartezimmern wenigstens ein bißchen repräsentativ sind, häufig und mit Interesse in Frauenzeitschriften diskutiert. Der Stil der Artikel über dieses Thema, die Weise, in der Beispiele vorgebracht werden, usw. legen nahe, daß die Autoren den Eindruck haben, daß sie eine empirische Frage diskutieren, daß sie in der Tat wissen, an Hand welcher Tests Liebe auf den ersten Blick erkannt werden könnte, so daß die Frage nur noch darin besteht, ob etwas, das diese Tests erfüllt, tatsächlich vorkommt. Aber sorgfältigere Überlegungen würden, glaube ich, zeigen, daß die Frage teilweise oder gänzlich logischer Natur ist und darin besteht, ob irgendetwas als Liebe auf den ersten Blick gelten *könnte*.

Betrachten wir die folgenden *a priori*-Gründe für die Leugnung der Existenz von Liebe auf den ersten Blick: Damit X sich in Y auf den ersten Blick verliebt, muß X nach seiner ersten Begegnung mit Y eine Einstellung oder ein Gefühl gegenüber Y entwickeln, die oder das er, *ex hypothesi*, gegenüber niemand anderem hat. Doch machen wir die plausible Annahme, daß X während dieser ersten Begegnung nur eine endliche Menge S von Eigenschaften[2] von Y bemerkt haben kann. Wenn nun X einer von Y verschiedenen Person begegnet, die jedoch wie Y durch S charakterisiert ist, so bestehen zwei Möglichkeiten: Entweder entwickelt X gegenüber dem neuen Träger von S dieselbe Einstellung oder Emotion wie gegenüber Y, oder er tut es nicht. Jede dieser zwei (erschöpfenden) Alternativen kann als schlüssiger Beweis dafür angesehen werden, daß keine Liebe vorliegt; gemeinsam widerlegen sie also *a priori* die Möglichkeit von Liebe auf den ersten Blick.

Daß X Y nicht wirklich liebt, zeigt sich im ersten Fall allein durch die Wiederholung bei jemandem, der nicht Y ist, denn »Liebe« (oder vielleicht »romantische Liebe«) ist so definiert, daß sie nur auf *einen* Gegenstand gerichtet sein kann. Es mag an dieser Stelle der sachdienliche Einwand kommen, daß »Einzigkeit« oder »Erstmaligkeit« wie »Existenz« keine logischen Prädikate sind; in anderen Worten, daß sie legitimerweise nicht in Definitionen einbezogen werden dürfen. Dem mag so sein, aber einige Begriffe, mit denen wir umgehen, *sind*, ob es uns gefällt oder nicht, mittels des Begriffs der Einzigkeit – in Verbindung mit weiteren Eigenschaften – definiert. Zum Beispiel: Y wird als Xs »Geliebte« angesehen, aber wenn sich herausstellt, daß X zu Z eine Beziehung hat, die der zu Y ähnlich ist, werden einige Leute jedenfalls die Beschreibung von Y als »Xs Geliebte« zurückziehen – sie werden sie auch Z nicht zukommen lassen – was zeigt, daß für sie die Einzigkeit ein Teil der Definition von »Geliebte« ist.

Die andere Möglichkeit ist, daß X gegenüber dem neuen Träger von S *nicht* dieselbe Einstellung oder dieselben Gefühle hat wie gegenüber Y. Aber dies bildet ebenso einen schlüssigen Beweis dafür, daß X Y nicht wirklich liebt. Denn S ist alles, was er von Y weiß; wenn demnach die Wiederbegegnung mit S in ihm nicht wieder die ursprüngliche Emotion oder Einstellung weckt, so zeigt dies, daß sie nicht wirklich mit ihrem anscheinendem Stimulus und Gegenstand zusammenhing, daß sie zufällig, willkürlich und nicht im geringsten von der Bedeutung ist, die man normalerweise Emotionen oder Einstellungen dieser Art zuschreibt.

Für beide Fälle zeigen demnach schlüssige Überlegungen die Unmöglichkeit, das Prädikat »Liebe« korrekt anzuwenden. In Wirklichkeit vermeiden wir natürlich dieses Paradox mit Hilfe des Begriffs der Erstmaligkeit oder eines ähnlichen Behelfs. S liefert uns in Verbindung mit der Erstmaligkeit die Einzigkeit. Aber Erstmaligkeit der Begegnung ist keine Eigenschaft von Y. Sie sagt nur etwas über das Leben von X selbst. In dieser Argumentation wird viel von der Tatsache abhängen, daß bestimmte Klassen von Handlungen und Einstellungen in ihren Maximen solche autobiographischen, den Handelnden erwähnende Sätze enthalten.

Ich habe die Liebe auf den ersten Blick nur deshalb als Beispiel gewählt, weil hier der entscheidende Punkt mit besonderer Klarheit herauskommt, und zwar dank der Tatsache, daß hier die Beschränktheit der Information, die über den Gegenstand der Emotion erhältlich ist, und die Möglichkeit, daß diese Information auch auf einen anderen Gegenstand zutrifft, besonders auffällig zu Tage treten. Es gibt eine Reihe von Einstellungen, Handlungsdispositionen, z. B. Treue, Patriotismus, Hingabe an eine bestimmte Tradition oder an einen bestimmten Führer, die sich alle logisch ähneln. Sie alle bedeuten für den Handelnden, daß er eine bestimmte Einstellung gegenüber einem Gegenstand hat – und dies nicht bloß oder überhaupt nicht wegen der Eigenschaften des fraglichen Gegenstandes: Wenn zum Beispiel ein weiteres Land entdeckt wird, das all die Eigenschaften des von einem Patrioten verehrten Landes besitzt, derer er sich jemals bewußt war, so wird ihn dies wahrscheinlich nicht dazu verleiten, seine Treue großzügig zwischen den zwei Ländern gleich zu verteilen, wie es in gewisser Weise angesichts seiner Unfähigkeit, in irgendeiner wichtigen Hinsicht zwischen ihnen zu unterscheiden, logisch wäre. Aber so ist eben die Logik des Patriotismus. Ähnliche Probleme fielen bisher nur im Zusammenhang mit der Identität und dem Gebrauch von Eigennamen auf: Wie kommt es, daß wir Eigennamen verwenden können, wo doch sämtliche Eigenschaften des Namensträgers nicht Teile des Definiens des Namens sind, so daß keine auf ihn zuzutreffen braucht und alle auf etwas anderes zutreffen können, ohne daß dies eine Einschränkung oder Erweiterung des Gebrauchs des Namens begründete? Mir geht es hier darum, daß es auch Dispositionen oder Einstellungen gibt, die in ähnlich rätselhafter Weise auf ihre Gegenstände hin ausgerichtet sind. Diese werde ich Präferenzen oder Wertungen vom Typ E nennen. Ein Verhalten, das eine Wertung vom Typ E manifestiert, kann nicht universalisiert werden, d. h. seine Maxime kann nicht aus einer offenen Regel, die nur mit Prädikaten und Variablen, aber natürlich nicht mit Eigennamen formuliert ist, abgeleitet werden (in dem Sinne, in dem eine Spezialisierung von der Regel abgeleitet wird, deren Spezialisierung sie ist). All dies wurde bereits gezeigt: Von einem Handelnden, der in Übereinstimmung mit einer Wertung vom Typ E handelt, läßt sich nicht sagen, er handle in Übereinstimmung mit einer Regel, aus der seine Präferenz als Spezialisierung folgt, denn er würde bzgl. einer anderen Spezialisierung – falls sich eine solche ergäbe – nicht in Übereinstimmung mit dieser Regel handeln; *dies* wurde zur definierenden Bedingung für Präferenzen vom Typ E gemacht.

Der entscheidende Punkt ist der, daß ein Gegenstand z. B. der Liebe *per definitionem* die Einzigkeitsbedingung erfüllen muß (und dasselbe gilt für einen Gegenstand der Treue etc.), während es gleichzeitig keine Garantie dafür gibt, daß diese Gegenstände objektiv Einzigkeitscharakter besitzen, daß sie distinktive Eigenschaften besitzen, die Gegenständen, die nicht von dieser Einstellung ausgesondert wurden, nicht zukommen. Es gibt natürlich, wie schon erwähnt, gewisse relationale Charakteristika, die immer gefunden werden können, um einen Gegenstand eindeutig auszusondern: Erstmaligkeit der Begegnung, Zeitpunkt der Geburt usw. Gebildete und aufgeschlossene Leute neigen zu einer gewissen Scham, wenn sie durch solche subjektive oder zufällige Faktoren beeinflußt werden, wenn sie die Gegenstände ihrer wesentlichen Einstellungen (wie Treue, Verehrung, Hingabe) in einer nicht-universalisierbaren Weise auswählen – ohne eine Regel, bezüglich der die Bereitschaft bestünde, sie in allen ähnlichen Situationen anzuwenden.

Man könnte meinen, daß sich diese wesentlichen Einstellungen doch noch mit Hilfe der oben erwähnten relationalen Charakteristika universalisieren ließen; aber das ist, glaube ich, ein Irrtum. Der echte Patriot sieht es nicht gern, wenn andere Leute ihrem Geburtsland oder dem ihrer Vorfahren gleichermaßen verbunden sind, zumal wenn dies für andere Länder oder gar für sein eigenes nachteilig ist. Solch eine Einstellung ist nur dem Spieler eigen, dem es logischerweise eher um die Fortsetzung und die Qualität des Spieles gehen muß als um den Sieg; ich glaube jedoch, daß echte Patrioten internationale Konflikte, in die ihre Länder verwickelt sind, nicht als Spiele ansehen.[3] So kann auch der wirklich Liebende

179

nicht zugeben, daß sich seine Liebe auf einen anderen Gegenstand gerichtet hätte, wenn die zeitliche Folge seiner Begegnungen anders gewesen wäre. Ebensowenig findet der Gläubige mit der »Credo quia absurdum«-Einstellung einen *anderen* gänzlich widersinnigen Glauben verzeihlich. Wenn man – und das gilt für viele Menschen – sich der asymmetrischen, willkürlichen Natur der eigenen Position bewußt und gleichzeitig toleranterweise dazu bereit ist, den anderen ihre rivalisierende, zufallsbedingt parteiische Einstellung zuzugestehen, so ist dies innerhalb meines Definitionssystems mit einem Zynismus äquivalent, der mit *echter* Liebe, *echtem* Glauben etc. unverträglich ist. Und dies entspricht sicherlich unserer Vorstellung vom wirklich romantischen Liebenden oder vom überzeugten Gläubigen, die beide ihre Überzeugung, daß der jeweilige Gegenstand in einzigartiger Weise zu ihrer speziellen Einstellung paßt, nicht preisgeben können.

Es wird manchmal zu bedenken gegeben, daß wir durch eine innere Erfahrung unserer eigenen Existenz Zugang zum »Sein« haben und daß dies und nicht die Subjekt-Prädikat-Form der Sprache für den psychologischen Widerstand gegen den Phänomenalismus oder die prädikative Analyse der »Existenz« verantwortlich ist; denn das Gefühl »zu existieren« muß irgendwie mehr als das bedeuten. Dieses metaphysische Gefühl scheint mir aus folgendem zu resultieren: Mein »Ich-Selbst-Sein« scheint mir von den Prädikaten, die auf mich zutreffen, unabhängig zu sein; es scheint mir etwas zu sein, das die Ersetzung aller Prädikate durch andere überleben würde. Demnach kann dem »existieren« in »ich existiere« nicht durch eine prädikative Analyse Rechnung getragen werden, sei sie auch anderswo noch so plausibel. (Auch würde folgen, daß die Identität des Ununterscheidbaren nicht für Wesen mit Selbstbewußtsein gilt.) Dieses Gefühl mag vollkommen ungerechtfertigt sein, und ich habe es nicht ins Spiel gebracht, um es zu verteidigen, sondern als prima-facie-Argument dafür, daß das »Selbstbewußtsein«, wie wir es normalerweise sehen, eine Einstellung vom Typ E ist.

Nehmen wir an, ich habe nun geklärt, was ich mit Wertungen vom Typ E meine, so sollte ich auch zeigen, daß sie vorkommen, daß tatsächliche Beispiele zielbewußten Verhaltens auf ihnen basieren. Aber ich kann nur bitten, daß dies als eine sehr einsichtige und plausible Hypothese akzeptiert wird, denn es ist in der Praxis fast oder gänzlich unmöglich, Experimente zu arrangieren, die benötigt würden, um sie zu *beweisen*. Wir können weder ein Land konstruieren, das dem unseres hypothetischen Patrioten sehr ähnelt, noch können wir die zeitliche Folge der Erfahrungen des Liebenden neu anordnen, um zu testen, ob sein Verhalten wirklich von einer Präferenz vom Typ E hervorgerufen ist. Ich bin überzeugt, daß dem so ist, aber für jeden, der diese Überzeugung nicht teilt, kann die folgende Argumentation nur von geringem Interesse sein.

Es gibt Wertungen einer anderen Art, die ich Wertungen vom Typ U nennen werde. Zum Beispiel: Ein Richter wendet im Idealfall eine Regel an, die keinerlei Bezug auf bestimmte Personen nimmt und die nur Prädikate (Beschreibungen) und logische Ausdrücke enthält. Dies ist, wie ich vermute, zumindest ein Teil dessen, was mit den Idealen der »Rechtsstaatlichkeit« und der »Gleichheit vor dem Gesetz« gemeint ist, nach denen in einem bestimmten Bereich vollkommen unpersönliche Entscheidungen erwünscht sind, d. h. Entscheidungen, die aus abstrakten Prämissen formal abgeleitet werden und die folglich in der Anwendung von Person zu Person nur in der von diesen abstrakten Prämissen vorgeschriebenen Weise variieren. Die Unparteilichkeit des Richters ist jedoch nicht das einzige Beispiel für Wertungen vom Typ U. Wertungen vom Typ U sind äquivalent mit einer möglichen und wichtigen Bedeutung von »rational«, die in etwa dem gebräuchlichen Begriff des »Handelns aus Prinzip« entspricht. Es ist diese Bedeutung von »rational«, die für den Kantischen Zusammenhang zwischen Rationalität und Sittlichkeit sowie für die Tatsache relevant ist, daß Wertungen vom Typ E und Einstellungen wie Treue, das Führerprinzip, »credo quia absurdum« usw. offenkundig mit dem Kantianismus und mit der vageren Klasse der allgemein als Liberalismus oder Rationalismus beschreibbaren Einstellung unverträglich sind.

Nachdem ich nun meine Dichotomie zwischen Wertungen vom Typ E und solchen vom Typ U eingeführt habe, erheben sich zwei Probleme, die die Klassifikation von Wertungen als dem einen oder anderen Typ angehörend betreffen:

(i) Ob eine Handlung bzw. Neigung oder, präziser, die Wertung, »auf der sie basiert«, unter die Kategorie U fällt oder nicht, hängt davon ab, ob sie aus einer offenen Regel ableitbar ist oder nicht. Um diese Regel ausfindig zu machen, muß man allerdings nicht auf einem im Kopf befindlichen Diktaphon die diese Handlung eventuell begleitenden Gedanken aufzeichnen, sondern lediglich darüber spekulieren, wie das Verhalten des Handelnden unter anderen Umständen aussähe. Es kann nun passieren, daß sich ein Phänomen unter eine Anzahl miteinander verträglicher Theorien unterschiedlicher Allgemeinheitsgrade, aber unter keine Theorie mit einem gewissen Mindestgrad an Abstraktion subsumieren läßt. Und ebenso kann es passieren, daß sich eine Wertung aus einer weniger allgemeinen offenen Regel, aber aus keiner allgemeineren ableiten läßt. Wenn dem so ist, so wissen wir nicht, ob sie dem Typ E oder dem Typ U zuzurechnen ist, denn je nachdem, von welcher Abstraktionsebene aus man die Wertung betrachtet, erfüllt sie die Kriterien beider Typen. Dieser Punkt ist entscheidend und wird später diskutiert werden.

(ii) Soll der Gebrauch der ersten Person Singular in der Maxime als eine Asymmetrie gelten, die die Zuteilung der betreffenden Handlung zum Typ E begründet? Man könnte behaupten, daß eine zu ihren eigenen Gunsten parteiische Person – wenn überhaupt – nicht in dem Sinne irrational ist, in dem eine Person irrational *ist*, die in ihrem Verhalten Unterschiede macht, wo sozusagen in den Tatsachen keine sind. Mit anderen Worten: Ist intelligenter Egoismus irrational? Dies ist eine bloß terminologische Frage. Intelligenter Egoismus ist in der gleichen Weise nicht universalisierbar, wie ich es für den echten Patrioten oder den romantischen Liebenden gezeigt habe; er ist *nicht* rational im Sinne von »nur von Erwägungen, die man allgemein wirksam werden läßt, und nicht von bloß beschränkten Faktoren beeinflußt sein« und muß folglich dem Typ E zugeordnet werden, auch wenn es eine absolut gängige Bedeutung von »rational« gibt, die mit »intelligent eigennützig« äquivalent ist.

Grob gesagt, unterscheide ich zwischen Handlungen, die auf Regeln basieren, und Handlungen, die dies nicht tun. Im folgenden werde ich zu zeigen versuchen, daß Kants rätselhafte Universalisierungsempfehlung als die Forderung formuliert werden kann, daß unsere Handlungen auf Regeln oder Handlungsplänen basieren sollen, die mit Hilfe eines Symbolismus formuliert sind, der nur Prädikate, Individuen*variablen*, Operatoren und logische Partikel verwendet; ferner werde ich zeigen, daß diese Regel oder diese allgemeine Empfehlung zweiter Ordnung selbst zusätzlich zu den oben erwähnten Dingen nur Prädikat*variablen* statt tatsächlicher Prädikate verwendet.[4] Danach werde ich versuchen zu zeigen, inwiefern Kants Empfehlung eine Fortentwicklung und Übertreibung der tatsächlich vorkommenden Wertungen vom Typ U ist, warum und ob er dachte, daß die formale Empfehlung tatsächlich konkrete Folgen für das Verhalten habe, welche allgemeinen Gründe für die Gültigkeit und Verbindlichkeit dieser Empfehlung vorgebracht werden können und wie gut diese Gründe sind.

Empfiehlt man, daß unsere Handlungspläne der alternativen logischen Form zugehören, d. h. partikulär sein sollen, so gibt man damit ebenfalls explizit die Logik einer Klasse von tatsächlich vorkommenden Wertungen an, nämlich jener, die früher als vom Typ E beschrieben wurden. Auch diese Doktrin hat gewisse Anwendungsschwierigkeiten, die den bezüglich des Kantianismus erwähnten ähnlich sind, und man kann allgemeine Gründe zur Rechtfertigung ihrer Gültigkeit angeben.

Historisch treten die Wertungen vom Typ E zweimal auf: das erste Mal in Form all der früheren, nicht universalistischen Ethiken vom Loyalitätstyp, und das zweite Mal als Reaktion auf die rationalistischen, universalistischen Ethiken in jenen Kultivierungen des *acte gratuit*, der Entscheidung ohne Netz, der blinden Selbstbehauptung, die oft als moderner Irrationalismus in einen Topf geworfen wurden. Philosophisch wie politisch können sich extremer Traditionalismus und eine Verherrlichung der Unvernunft, die sich auf eine gewisse Kenntnis offener Ethiken und ihre Verwerfung stützt, kombinieren. Hitler und Petain waren nicht zufällige Verbündete. Eine entsprechende Spaltung innerhalb rationalistischer Werte vom Typ U gibt es dagegen nicht.

Ein weiterer historischer Punkt scheint der Erwähnung wert: Es mag seltsam erscheinen, einen simplifizierten Kant der *Grundlegung* einem simplifizierten Kierkegaard von *Furcht und Zittern* gegenüberzustellen (denn dies ist es, was ich in Wirlichkeit getan habe), da ja Kierkegaard nicht auf Kant, sondern auf Hegel reagierte. (In der Tat hätte Kierkegaard ebensogut Goethe zum Gegenstand seiner spöttischen Invektiven machen können. Goethes allumfassende Maßregel, die beste aller möglichen Welten zu verwirklichen, erinnert an die Dialektik der Gegensätze und der Vermittlung, die sicherstellt, daß nichts ausgelassen wurde. Solche Verfahrensweisen befriedigen in der Tat etwas in uns. Wir fühlen jedesmal ein Bedauern, wenn wir uns entscheiden und so unwiderruflich auf eine Alternative verzichten müssen, und wir fühlen sehnsüchtig, daß wir in einer idealen Welt dazu imstande sein sollten, uns *aller* Möglichkeiten in einer vollkommenen Synthese zu erfreuen oder, zu Deutsch, auf zwei Hochzeiten gleichzeitig zu tanzen. Goethe versuchte dies, indem er seine eigene List der Vernunft spielte.) Aber kehren wir zur Rechtfertigung der Gegenüberstellung von Kierkegaard mit Kant statt Hegel zurück. Hegel lokalisierte mittels eines genialen und letztlich tautologischen Systems die Vernunft, die Kant ins Noumenale verbannt hatte, in der historischen Entwicklung und im nationalen Ganzen.[5] So wichtig auch diese historizistische und immanentistische Seite Hegels für andere Zwecke sein mag, für die zentrale Auseinandersetzung zwischen Universalisten und Existentialisten scheint sie irrelevant zu sein, und darum werde ich sie in dieser Diskussion nicht weiter berücksichtigen. Der Universalist (oder Rationalist oder Essentialist) wird hier daher durch einen modernisierten oder, wenn man so will, stilisierten Kant repräsentiert und nicht durch einen Kant, der für einen immanentistischen, holistischen und historizistischen Geist neu geschrieben wurde, worauf der Hegelianismus in gewisser Weise hinausläuft.[5]

Nachdem wir gezeigt haben, daß beide Theorien ideale und übertriebene Typen sind, die Philosophen aus den tatsächlich vorkommenden Wertungen extrahiert haben, wollen wir nun die wesentlichen Gründe für die Verfechtung der *Gültigkeit* dieser Typen prüfen. In beiden Fällen hängen diese Gründe mit einer Theorie der Freiheit (was bei Kant klarer herauskommt) und mit dem »Wirklich-man-selbst-Sein« (was beim Existentialismus klarer herauskommt und in der Tat mit seinem Namen verbunden ist) zusammen.

Die möglicherweise verschleierte Universalität in ethischen Urteilen wurde natürlich oft bemerkt; was neueren Einblicken fehlte – abgesehen von der Beachtung dessen, daß einige moralische Urteile vom Typ E sind –, war jegliche Art der Rechtfertigung moralischer Urteile dieser Form, jeglicher Versuch, ihre Form – wie Kant es tut – mit ihrer Verbindlichkeit zu verknüpfen. Insbesondere scheinen neuere Diskussionen aus der »Analyse der moralischen Urteile« eine reine *de-facto*-Angelegenheit zu machen, deren Ergebnis einen rein kontingenten Status hat. Die Analyse des deutschen Wortes »Schimmel« ergibt »Pferd« und »weiß«, aber es besteht keine Notwendigkeit dafür, daß eine Sprache ein solches Wort enthält – im Englischen gibt es in der Tat kein Wort dafür.

Ähnlich zufällig klingen die Ergebnisse einiger »Analysen der Ethik«. Aber so geht es einfach nicht, denn die Frage nach der korrekten Analyse ethischer Aussagen ist selbst ethischer Natur; damit meine ich, daß wir mit dieser Frage nicht danach fragen, wie die Einwohner von Huddersfield oder von Bongo Bongo diese Aussagen verwenden, sondern danach, wie sie sie verwenden sollten. (Diese Kritik trifft nicht die »emotive Theorie«, deren Analyse ethischer Aussagen mit der Frage nach ihrer Verbindlichkeit – indem diese nämlich geleugnet wird – zusammenhängt, und die keine bloße *de-facto*-Theorie ist; denn sie folgert wirklich, daß ethische Urteile emotiv sein müssen, weil es keine andere logische Schublade gibt, in die sie hineinpassen. Die Tatsache, daß sie aus einer allgemeinen Position abgeleitet und nicht auf eine direkte Prüfung ethischer Urteile gegründet ist, wird zuweilen als Angriffsbasis gegen sie verwandt – mir scheint dies dagegen ein Vorteil zu sein. Der Nachweis, daß ethische Urteile nur von einer gewissen Art sein können, ist *ein* Weg – und vielleicht der einzige Weg –, um zu zeigen, daß sie von dieser Art sein müssen und sollten.)

Nach Kant ist ein Mensch dann frei, wenn er eine Wertung vom Typ U macht und versucht, in Übereinstimmung mit ihr zu handeln, *weil* sie von diesem Typ ist, und nur ein solcher Mensch ist frei.[6] Daß dem so ist, glaubte er, weil die einzige Alternative dazu, sich von der Form der eigenen Maxime, d. h. dadurch beeinflussen zu lassen,[7] daß sie aus einer offenen Regel ableitbar ist, die ihrerseits wieder allein mittels Individuen- und Prädikatvariablen schematisiert werden könnte, darin besteht, sich von dem Inhalt der Maxime, von den in ihr spezifizierten empirischen »so ist es eben«-Präferenzen beeinflussen zu lassen. Doch der Inhalt der Maximen spricht nur über die Präferenzen, die wir eben gerade haben, was Sache der empirischen Psychologie ist. Wer sich aber von diesen empirischen Inhalten der eigenen Maximen oder, genauer, von den empirischen Neigungen, die den konkreten, in diesen Maximen spezifizierten Zielen entsprechen, beeinflussen läßt, der wird von etwas bestimmt, was in Anbetracht der Argumentation der zweiten Analogie der *Kritik der reinen Vernunft* ein Teil des Mechanismus der Natur ist; er ist demnach unfrei. Wenn man dagegen durch die Form der Regel, durch die Tatsache, daß sie vom Typ U ist, zum Handeln bewegt wird, so ist das vom kausalen System der Natur auszunehmen – dies folgt für Kant aus der Tatsache, daß unsere Fähigkeit zu verallgemeinern, offene Regeln – seien sie im indikativischen (»theoretischen«) oder im imperativischen (»praktischen«) Modus – zu verstehen und mit ihnen umzugehen, nicht Teil der Natur ist. Sie hängt für ihn nicht mit der (»passiven«) Sinnlichkeit zusammen und ist auch keine Verfeinerung von ihr, sondern sie ist von ihr radikal verschieden und irgendwie »spontan«. Ich will hier nicht seine Lehre der »Spontaneität« diskutieren, die Lehre, daß gültige Denkregeln in unserem Denken aufgrund ihrer Gültigkeit wirksam werden, unabhängig davon, ob die psychologischen Gesetze, die nun einmal gelten, glücklicherweise mit ihnen korrespondieren oder nicht. Aber es ist wichtig zu bemerken, daß die Schlagkraft der Argumente für diese Lehre, die auf die Bedingungen rekurrieren, unter denen wir unserem Denken vernünftigerweise Gültigkeit zuschreiben können, unabhängig davon ist, ob sie sich auf die theoretische oder auf die praktische Vernunft, auf die Schlußweisen im indikativischen oder auf die im imperativischen Modus beziehen. In einer Zeit freilich wie der unseren, in der die Ethik in weit größerem Umfange von echt empfundenem Skeptizismus infiziert ist als die Wissenschaft, kann das Argument bezüglich der theoretischen Vernunft natürlich viel überzeugender formuliert werden als bezüglich der praktischen Vernunft.

Soll das Kantische Modell funktionieren, so muß dazu eine Reihe von Dingen vorausgesetzt werden. Als erstes haben wir die verwirrende Behauptung, daß die logische Form bzw. die Gültigkeit kausal, psychologisch wirksam werden kann – eine Behauptung, die Kant teilweise mit Hilfe der Lehre vom »selbst gewirkten« Gefühl der Achtung vor dem Gesetz plausibel zu machen versuchte und die er letztlich zu einem vom Wesen her unlösbaren Geheimnis erklärt. Diese Behauptung will ich weiter nicht diskutieren.

Eine andere Lücke in der Kantischen Argumentation besteht darin: Nehmen wir an, wir akzeptierten, daß das Kriterium und die Rechtfertigung der Gültigkeit moralischer Befehle in ihrer »Form« und nicht in ihrem Inhalt liegt, so steht damit allein noch nicht fest, in welcher Form; und wenn »universal« und »partikulär« beides Arten von Formen sind, so sind es beide in gleichwertiger Weise. Mit anderen Worten: Warum sollte man die Universalität als die ethisch wichtige logische Form aussondern? Ich glaube nicht, daß Kant eine sehr gute Antwort darauf gehabt hätte, denn es folgt aus seiner allgemeinen Position, daß ein bloß sinnliches Wesen ohne rationale Fähigkeiten genausowenig dazu in der Lage wäre, singuläre oder partikuläre Urteile zu fällen, wie dazu, universale Urteile zu fällen. Doch psychologisch läßt sich verstehen, was ihn zu dieser Annahme führte: Irgendwie scheinen universale Urteile weiter entfernt von bloßen »Anschauungen« zu sein als die anderen.

Doch fernerhin setzt die Argumentation voraus, daß allein durch die ausgezeichnete logische Form moralischer Befehle schon eine gewisse Klasse von Befehlen bestimmt ist. Es lohnt sich, diese Voraussetzung aufzuspalten: zum einen in die Voraussetzung, daß diese Form in jeder gegebenen Situation eindeutig einen Befehl bestimmt, in anderen Worten, daß sie ein hinreichendes Kriterium für das Vorliegen einer Pflicht ist, und zum andern in die weniger ehrgeizige Voraussetzung, daß diese Form zumindest mit einigen, wenn auch möglicherweise miteinander unverträglichen Befehlen verträglich ist, so daß zusätzliche Prämissen, vermutlich intuitive »moralische Gesetze« des Befehlstyps, erforderlich sind, um die Pflicht vollends zu bestimmen.[8]

Dazu ist zunächst zu sagen, daß es der formalen Vorschrift, daß unsere Maximen vom Typ U sein sollen, nicht gelingt, eindeutig eine Verhaltensweise zu bestimmen. Man kann sich zu jeder Handlungsweise eine Maxime ausdenken, die universalisierbar, d. h. vom Typ U ist, und die in dieser Form vom Handelnden gebilligt wird. Schließlich wird von einer Maxime vom Typ U nur verlangt, daß sie allein mit Hilfe von Prädikaten etc. unter Vermeidung von Eigennamen und Personalpronomina ausgedrückt wird. Doch können wir mit Hilfe dieser ganz unpersönlichen Prädikate derart viele Details in die Maxime aufnehmen, daß sie *de facto,* wenn auch nicht aus logischer Notwendigkeit, nur ein einziges Mal Anwendung findet, nämlich direkt in der Situation, in der der Handelnde sie anwenden will. Der Handelnde ist durch sie *de facto* ebensowenig festgelegt, wie wenn er folgende Maxime, die offensichtlich vom Typ E ist, gehabt hätte: »Ich wünsche jetzt, dies und dies zu tun, auch wenn ich die gleiche Handlungsweise weder bei anderen noch in Zukunft bei mir billige; ich mache gern eine Ausnahme zu meinen Gunsten oder für den gegenwärtigen Zeitpunkt.« Aber da er eine Regel vom Typ U verwandt hat, hat er es eigentlich gar nicht nötig, »eine Ausnahme zu seinen Gunsten« zu machen: Denn es ist ihm glücklicherweise möglich, die offene Regel vom Typ U zu akzeptieren – weiß er doch, daß eine hinreichend ähnliche Situation dank der Überfülle an aufgenommenen Details nicht auftauchen wird. Wenn ich genügend Details über mich selbst hinzusetze, sie jedoch in einer unpersönlichen Weise formuliere, so daß diese Details auch jemand anders charakterisieren könnten, dann müßte jemand anders praktisch ich *sein*, damit die Situation hinreichend ähnlich und die Maxime wieder anwendbar wäre. Dies ist wirklich der Sinn des »tout comprendre c'est tout pardonner«, was analytisch ist, denn »tout comprendre« ist mit »der andere *sein*« äquivalent.

Entsprechend wird es schwierig, *irgendeine* überhaupt universalisierbare Maxime zu finden, wenn in den Maximen zu wenige Details enthalten sind (im Gegensatz zur Situation, in der *jede* Maxime, nach der jemals gehandelt wurde, universalisierbar war, wenn sie zu viele Details enthielt). Wenn wir fortschreitend immer mehr der im Wenn-Satz der Handlungsregel angegebenen Details weglassen, so wächst dementsprechend die Zahl der Situationen, in denen die im Dann-Satz der Maxime angegebene Handlung angeordnet wird (jedenfalls kann sie nicht *ab*nehmen, und die Umstände, unter denen sie nicht *zu*nehmen würde, müßten schon außerordentlich sein), und schließlich müssen wir einen Punkt erreichen, an dem wir die so modifizierte Maxime in ihrer U-Form nicht mehr akzeptieren können; denn wenn wir dies täten, verpflichteten wir uns, die betreffende Handlung unter Umständen zu wiederholen, unter denen wir sie in Wirklichkeit gar nicht wiederholen wollen. Wenn wir *alle* in dem Wenn-Satz der Maxime angegebenen Bedingungen wegließen, so ergäbe sich ein unsinniger kategorischer Imperativ, der eine bestimmte Handlung vollkommen unabhängig von irgendwelchen Umständen anordnet, nach dem also, mit anderen Worten, diese Handlung unter allen Bedingungen unaufhörlich wiederholt werden soll. Eine in einer so unsinnigen Weise universalisierte Maxime sollten wir *nicht* akzeptieren. (Man könnte sich vorstellen, daß dies dann sinnvoll ist, wenn die Beschreibung der Handlung hinreichend abstrakt ist, so daß Variationen in ihrer Ausführung zulässig sind: also z. B. dann, wenn die kategorische Regel in diesem Sinne etwa »Sei hilfsbereit!« oder »Handle wohltätig!« lautet. Durch solche Abstraktheit gelingt es Ethiken vom Befehlstyp, akzeptierbar zu sein.) Aber einen solchen kategorischen Imperativ hatte Kant nicht im Sinn. Der Kantische kategorische Imperativ ist nicht mit den gewöhnlichen Maximen gleichrangig, sondern eine Regel zweiter Stufe, die anordnet, daß diese Maximen eine bestimmte Form haben, nämlich universalisierbar sein sollen. Ein analoges Verhältnis besteht ja auch zwischen den universell anwendbaren Kategorien und den gewöhnlichen wissenschaftlichen Wahrheiten, die mit den ersteren nicht gleichrangig sind.

Die entscheidende Folgerung aus diesem Gedankengang ist, daß die »Universalisierbarkeit« jeder Handlung davon abhängt, wie viele Details wir in die Maxime stecken. Daraus folgt, daß die Kantische Empfehlung weder eindeutig noch überhaupt irgendwie bestimmt, was unsere Pflichten sind, und daß sie selbst den Bereich des Zulässigen nicht absteckt.

Teilweise hat man dies manchmal eingesehen, aber in der folgenden, höchst mißverständlichen Weise ausgedrückt: »Natürlich ermöglicht es uns ein formales Moralprinzip nicht, zu bestimmen, was die Pflicht eines bestimmten Handelnden in einer gegebenen Situation ist; um *dies* zu tun, müßten wir einfach die *relevanten* Umstände kennen (d. h. die Umstände, die in der Maxime enthalten sein sollen), aber vielleicht kann dies nur der Handelnde selbst, und sicherlich kann dies kein anderer mit Gewißheit.« Aber dies hört sich so an, als wäre die Spezifizierung der relevanten Details bloß eine praktische Schwierigkeit, auf deren wenigstens annähernde Lösung eine günstig plazierte Person, möglicherweise der Handelnde selbst, hoffen kann. Mir scheint jedoch, daß das obige Argument klar macht, daß die Unbestimmtheit bezüglich der Relevanz objektiv da ist und daß keine noch so intime Kenntnis der Umstände der Handlung, wie sie zuweilen dem Handelnden zugesprochen werden kann, dagegen etwas ausrichten kann.

Ein anderer Weg, der manchmal beschritten wird, um mit dieser Schwierigkeit der Kantischen Theorie fertig zu werden, besteht in der Behauptung, daß das formale Moralprinzip nicht als hinreichendes Kriterium der Sittlichkeit gedacht war, daß Kant es durch »moralische Gesetze« vom gewöhnlichen Befehlstyp ergänzen wollte. Diese an Hand seiner Schriften vielleicht noch haltbare Interpretation, läßt sich nichtsdestotrotz aus einer Reihe von Gründen wieder verwerfen: Erstens sollte man eine mögliche Interpretation eines großen Philosophen, die seine Lehre nichtssagend und töricht macht, nicht akzeptieren, es sei denn, wir wollten sie als Grund dafür benutzen, das Studium dieses Philosophen aufzugeben. Wäre Kant bloß ein weiterer dogmatischer Intuitionist gewesen, so gäbe es sicher keine Rechtfertigung dafür, seine Lehre in seinen schwierigen Schriften zu studieren, da wir doch die wenig aufregenden Falschheiten, aus denen sie bestünde, an zugänglicheren Stellen finden könnten. Die Leute, die diese Interpretation akzeptieren, vergessen, daß Kant seine Philosophie eine kritische und nicht eine unkritische nannte. Hätte er eine Ergänzung des formalen Prinzips durch eine Menge moralischer Gesetze vom Befehlstyp für notwendig erachtet, so hätte er vermutlich in Übereinstimmung mit seiner Methode gefragt – in dem besonderen Sinn, den er dieser Frage gab –, wie diese »möglich« seien, und vielleicht eine Kritik an ihnen geschrieben. Außerdem würden diese ergänzenden moralischen Gesetze das formale Prinzip redundant machen.

Ich will nun zu einem früheren Gegenstand zurückkehren, nämlich dazu, daß die Kantische Empfehlung eine Übertreibung von Merkmalen ist, die sich in bestimmten Wertungen finden lassen, insbesondere in den Imperativen eines unparteiischen, egalitären gesetzlichen Kodex. Wenn die Behauptung im vorhergehenden Absatz zutrifft, daß die formale Kantische Empfehlung keine solche Konsequenzen hat, wie er sich das vorgestellt hat, läßt sich dann noch aufrecht erhalten, daß ihr ein bestimmter Typ von Wertungen näher kommt als andere Typen?

Die Antwort darauf lautet: Zwar sind, wie oben behauptet, alle Handlungsverläufe universalisierbar, aber einige sind es eher als andere: Obwohl wir bei genügender Anstrengung alle Handlungen universalisieren (d. h. eine Maxime vom Typ U für sie finden) können, indem wir die im Wenn-Satz der Maxime angegebenen Bedingungen vermehren, brauchen wir uns doch bei einigen weniger anzustrengen als bei anderen (da die Menge der hinzugefügten Details geringer ist), und das, was wir hinzufügen, mag sich natürlicher ergeben.[9] Die Person, die in einem Examen betrügt, mag ihr Vorgehen dadurch universalisieren, daß sie so viele unpersönlich formulierte autobiographische Daten im Wenn-Satz ihrer Maxime aufnimmt, daß die Maxime tatsächlich in keinem anderen Fall zur Anwendung kommt. In Wirklichkeit würde sie dann aber Sophisterei betreiben, wenngleich dies nie streng bewiesen werden könnte; denn ob sie diese seltsame, überladene Maxime ehrlich akzeptiert oder nicht, könnte nur in einer Situation getestet werden, in der diese Maxime wieder anwendbar wäre, ohne daß es diesmal ihren Interessen diente. Aber gerade aufgrund dieser Überladung wird es höchst unwahrscheinlich, daß solch ein Fall eintritt (was ja gerade das Ziel der Sophisterei war). In einem viel echteren Sinne universalisierbar ist dagegen offensichtlich eine (nach Kantischen Standards) echt moralische Verhaltensweise, die durch Erwägungen hervorgerufen wurde, in denen die Tatsache, daß der Handelnde sozusagen der Handelnde *ist*, keine Rolle spielt, da der Handelnde gewissermaßen von sich absieht und sich nicht von seiner Parteilichkeit zu seinen Gunsten beeinflussen läßt.

Aber obwohl die in den allgemeinen Vorschriften einer egalitären, universalistischen Ethik ausgedrückten Erwägungen äußerst unpersönlich *sind* – in dem Sinne, daß sie keine Gruppe und kein Individuum bevorteilen –, so sind sie doch nicht *vollkommen* formal. Es wurden zwar alle Eigennamen und die meisten deskriptiven Prädikate aus den Maximen eines Menschen, der gemäß einer solchen Ethik handelt, eliminiert: aber nur die meisten, nicht alle Prädikate. Und dieser nicht eliminierbare empirische Inhalt der Maxime, sei er auch noch so abstrakt und allgemein, läßt das Kantische Modell des moralischen Handelns letztlich nicht funktionieren. Denn entweder muß er eliminiert werden – aber dann lassen sich aus der *bloßen* Form des moralischen Gesetzes keine konkreten Anweisungen ableiten, da sich, wie oben gezeigt, mit ein wenig Phantasie viele andere Anweisungen ebenso mit ihr in Übereinstimmung bringen lassen; oder aber er bleibt als ein unabhängiges Element erhalten, nicht deswegen, weil er der einzige Inhalt wäre, der mit der Form verträglich ist, sondern weil er aus bestimmten unabhängigen und notwendigerweise empirischen Gründen *gewählt* wurde.[10] Wenn man aber sagt, daß die Maxime empirische Elemente und insbesondere Spezifizierungen von Zielen enthält, die von der bloßen Form des moralischen Gesetzes, um dessentwillen allein der moralisch handelnde Mensch handeln kann, *nicht* impliziert werden, so heißt das in normalerer Sprache, daß er zumindest teilweise nicht aus Pflicht, sondern aus Neigung handelt (nämlich gemäß gerade dieser von ihm gewählten empirischen Elemente und nicht gemäß möglicher Alternativen).[11]

Dies ist die geeignete Stelle, um unsere Aufmerksamkeit der Logik der existentialistischen Ethik zuzuwenden, denn der entscheidende Ausgangspunkt des Existentialismus ist genau dieses irreduzible Element, das sozusagen dem Kantischen Essentialismus widerstand, und das weder durch das rein formale Prinzip überflüssig gemacht noch aus ihm abgeleitet werden kann.

Oft findet man den Existentialismus in ungefähr den folgenden Worten dargestellt: Der Existentialismus verwirft abstrakte Be-

schreibungen der Welt und des Lebens und konzentriert sich auf
das konkrete Material menschlicher Lebenserfahrung. Diese Darstellung reduziert den Existentialismus auf eine Vorliebe für jour-
nalistische Skizzen gegenüber Statistiken und Analysen oder für
impressionistische Malerei gegenüber Diagrammen. Doch das ist
nicht der Existentialismus.

Der Existentialismus ist die Lehre, daß jede Entscheidung (sei es
zu einem Glauben oder zu einem Verhalten) auf einem unbegrün-
deten »Sprung« basieren soll oder muß (das Schwanken zwischen
diesen beiden Positionen ist der Lehre inhärent), und daß sie nicht
aus einer formalen und folglich nicht willkürlichen Regel wie der
von Kant abgeleitet werden kann. (Dabei hat freilich, wie schon
festgestellt, der Begründer des Existentialismus nicht auf Kants
Essentialismus, sondern auf Hegels historizisierte Version davon
reagiert, was im wesentlichen ein historischer Zufall war.) Der negative Teilsatz in meiner obigen Definition ist wesentlich wichtiger
als der positive, und deshalb macht es nichts aus, daß der positive
Teilsatz metaphorisch ist. Die grundlegende Schwäche des Kantischen Essentialismus bestand darin, daß *keine* tatsächliche Wertung oder Einstellung (= Menge von Wertungen) der Strenge des
rein Formalen gerecht werden (vollständig vom Typ U sein)
konnte, daß keine tatsächliche Wertung in dem formalen Moralprinzip enthalten ist. Die Schwäche des Existentialismus besteht
darin, daß jede Wertung zwangsläufig von der durch die Lehre ge-
forderten Form ist, zumindest in dem Maße, in dem sie ein irre-
duzibel willkürliches (d. h. nicht aus formalen Erwägungen ableit-
bares) Element enthält. In dieser Tatsache liegt der Grund für
den unbestreitbar wahren Aspekt des Existentialismus, seine indikativische Formulierung, nach der zumindest in einem gewissen
Maße alle unsere Wertungen vom Typ E sind. In ihr liegt aber auch
ebenso der Grund für das Scheitern dieser Lehre in ihrer imperativischen Formulierung: Denn in dem Maße, in dem sie ein willkürliches Element besitzen, sind alle Wertungen vom Typ E, und folglich kann *dies* nicht zu einem Auswahlprinzip gemacht werden;
und was die Empfehlung betrifft, unsere Wertungen so weitgehend
wie möglich vom Typ E sein zu lassen (die Kultivierung des *acte
gratuit* als ein Aspekt des Existentialismus), so kann diese Empfehlung weder gerechtfertigt werden, noch ist sie selbst mit ihrer
hohen Allgemeinheit und Abstraktheit speziell vom Typ E. Im
Gegenteil, sie bildet paradoxerweise eine allgemeine offene Prä-

misse für Maximen vom Typ E und untergräbt so in gewisser Weise ihren E-Status. Wenn man sich auf eine Politik der Inkonsequenz einläßt, *hat* man sich eine Art allgemeiner Politik zugelegt. Jedenfalls glaube ich nicht, daß es viel Sinn hat, der Willkürlichkeit einer Wertung numerische Indizes zuzuordnen; in diesem Kontext ist mit der geringsten Willkürlichkeit schon alles entschieden. Dies ist ein weiterer Grund, warum der Existentialismus nicht dadurch zu einer Empfehlung wird, daß er ohnehin notwendigerweise und universell befolgt wird.

Es bleibt zu diskutieren, worin die Anziehungskraft des Wertungstyps E und seiner Verallgemeinerung und Erhebung zu einem Prinzip – entsprechend der »Flucht aus der Heteronomie und Willkürlichkeit«-Anziehungskraft der essentialistischen Ethik – besteht. Letztlich werden, sowohl in einem logischen wie in einem faktischen Sinn, Entscheidungen von konkreten Leuten hier und heute und nicht von Prinzipien getroffen. Der logische Sinn wurde früher schon klar gemacht: Er läuft darauf hinaus, daß formale Prinzipien nicht stark genug sind, um Wertungen zu implizieren. Der faktische Sinn besteht darin: Selbst dann, wenn die formalen Prinzipien stark genug wären, um Wertungen zu implizieren, würden diese nur dank der konkreten *Existenz* des einzelnen Menschen, der es vorzieht oder sich dazu entscheidet, sie zu akzeptieren, tatsächlich *gemacht*.

Wenn die universellen Prinzipien irgendwie auf »historizistische« Weise als Kräfte in den Weltablauf eingebaut sind, dann wird der Vollzug einer willkürlichen Handlung vom Typ E zum einzigen Weg, seine Freiheit zu erhalten oder zu verteidigen – man macht sozusagen einem ansonsten allmächtigen Meister eine lange Nase. (Vergleiche Dostojewskis »Aufzeichnungen aus dem Untergrund« bezüglich dieser Anziehungskraft der unberechenbaren Handlung.)

Es liegt etwas Paradoxes in dem neuerlichen Wiederaufblühen des Interesses an Kierkegaard – dachte er doch, vorrangig Hegel zu bekämpfen. Da der Ruf Hegels und die ihm gewidmete Aufmerksamkeit zur gegewärtigen Zeit ein absolutes Tief erreicht haben, würde die enthusiastische Ausgrabung Kierkegaards überflüssig erscheinen. Dieses Paradox liefert den Schlüssel zu einem grundlegenden Unterschied zwischen dem Existenzialismus Kierkegaards und dem Existentialismus und heutiger Tage. Die zeitgenössische Version ist in Wirklichkeit ein *faute-de-mieux*-Existentialismus, eine mehr oder weniger bedauernde Anerkennung der Tatsache, daß es eine – immanente oder transzendente – Vernunft nicht gibt und nicht geben kann, wobei man sich unter dieser Entität eine Kombination aus hypostasierten Gültigkeitskriterien und einer faktisch wirksamen Kraft vorstellt, wobei letztere sicherstellen soll, daß diese Kriterien von den Gedanken oder gar den Dingen erfüllt werden. Kierkegaards Einstellung war total anders: Er bedauerte es nicht, daß es eine Vernunft nicht gibt, sondern fürchtete im Gegenteil die Möglichkeit, daß es doch eine geben könnte, und ersehnte ein Universum, in dem die Last der Auswahl dessen, was im Glauben und beim Handeln gültig ist, auf den Schultern des Individuums ruhen bleibt.[12] Aus diesem Grunde schien er die Absurditäten der Religion entschieden zu begrüßen: Je himmelschreiender die Absurdität, um so geringer die Gefahr, daß sie einem rationalen System einverleibt wird, das ihre Gültigkeit garantiert.

Ich habe zu zeigen versucht, daß die Empfehlungen sowohl der Kantischen, als auch der existentialistischen Ethik jeweils nicht befriedigend sind: die einen, weil es unmöglich ist, sie zu befolgen, die anderen, weil es ohnehin unumgänglich ist, daß man sie befolgt. Ich habe ebenfalls zu zeigen versucht, daß diese beiden Theorien nicht zufällige Trugschlüsse oder Konfusionen sind, sondern auf natürliche Weise aus der Tatsache entstehen, daß menschliche Wesen nicht bloß handeln, sondern auch angebbare Gründe für ihre Handlungen haben. Die zwei fraglichen Theorien entstehen durch die Übertreibung bestimmter Merkmale aus der Logik der Begründung von Verhaltensweisen. Man könnte sagen, sie entstehen in der Weise »natürlich«, in der Kant in der transzendentalen Dialektik seiner *Kritik der reinen Vernunft* zu zeigen versuchte, daß gewisse metaphysische Doktrinen natürliche Nebenprodukte des menschlichen Denkens sind. Ein Hang zum Transzendentalismus bezüglich unserer Denkfähigkeiten – inspiriert von Gedanken über die Möglichkeit, unserem Denken Gültigkeit zuzuschreiben – wird in Verbindung mit der Tatsache, daß einige unserer Wertungen von einem bestimmten Typ, nämlich vom Typ U sind, in natürlicher Weise zu einer Kantischen ethischen Theorie führen; ein – als philosophische Reaktion zu verstehendes – emotional geladenes Beharren auf Immanenz und Konkretheit (man denke an den Slogan »Existenz vor Essenz«) wird in Verbindung mit der Tatsache, daß einige unserer Wertungen von einem anderen Typ, nämlich vom Typ E sind, in natürlicher Weise zu existentialistischen

194

Theorien des Verhaltens führen.

Obwohl die beiden extremen Empfehlungen keine brauchbaren Wegweiser sind, könnte man zum Schluß fragen, ob wir nicht doch noch eine Ethik aus der logischen Form der Maximen extrahieren könnten, indem wir die allgemeine Empfehlung akzeptieren, daß wir wenn möglich universalisieren sollten, daß wir uns, selbst wenn die vollständige Ableitung des Inhalts der Maxime aus ihrer gesetzesartigen Form unmöglich ist, doch bemühen sollten, so wenig nicht abgeleitete, willkürliche Elemente wie nur möglich in unseren Maximen beizubehalten. (*Vielleicht* ist dies alles, was Kant sagen wollte; meine Kritik hätte dann ihr Ziel verfehlt.) In ähnlicher Weise könnte ein modifizierter (wenn auch kaum moderierter!) Existentialismus behaupten, daß wir, obwohl wir uns alle ohnehin den »Sprung« genehmigen, dies so weitgehend wie möglich tun sollten, daß wir das Maß, in dem wir unser Verhalten durch allgemeine Gründe rechtfertigen, minimieren sollten.

Ich glaube, daß wir, historisch gesehen, beide Einstellungen finden, und daß sie, zumindest teilweise aufgrund der für sie vorgebrachten philosophischen Begründungen, auch einflußreich sind; ich sehe jedoch nicht, nach welchem externen Standard man zwischen ihnen entscheiden könnte. Gerade diese Tatsache scheint der existentialistischen Seite den Sieg zu bringen; aber dies sollte nicht darüber hinwegtäuschen, daß wir uns auch dazu entscheiden können, Kantianer zu sein.

1 In »Maxims«, *Mind*, 1951, habe ich versucht, dies zu zeigen.
2 eines geeigneten logischen Typs, falls man es ganz genau damit nimmt, welche Dinge als Eigenschaften gelten. Popper hat mich darauf hingewiesen, daß das Argument ohnehin nicht von dieser Endlichkeit abhängt.
3 Die Einstellung, die ich als echten Patriotismus beschreibe, und die darüberstehende, sozusagen ästhetische Lust am Spiel bestehen auf Grund eines »schizophrenen« Denkens in Wirklichkeit oft nebeneinander her. Ich arbeite mit simplifizierten Typen, und wenn ich sage, was sie tun und nicht tun können, diskutiere ich, was und was nicht mit ihren Definitionen verträglich ist, und nicht, was psychologisch möglich ist.
4 Alle diese Regeln wären natürlich nur in einem Symbolismus formulierbar, in dem sich Imperative ebenso wie indikativische Aussagen aus-

drücken lassen. Ich setze einfach voraus, daß solch ein Symbolismus konstruierbar ist und daß er in seiner Logik den vertrauten Symbolismen recht ähnlich wäre. Ich habe nicht versucht, ihn auszuarbeiten.

5 Eine Interpretation, die diese Ansicht stützt, findet sich bei J. Hyppolite, *Introduction à la Philosophie de l'Histoire de Hegel*, M. Riviere et Cie., Paris 1948.

6 Dies ist eine allgemein als verzwickt angesehene Stelle der Kantinterpretation. Der Einfachheit halber nehme ich an, daß die Interpretation richtig ist, nach der er sagt, daß wir nur dann frei sind, wenn wir unsere Pflicht tun. Dies ist eine Interpretation, die wenigstens mit *einer* von Kants Verwendungen von »frei« übereinstimmt.

7 Dies bedeutet in etwa »sein Verhalten gemäß . . . ändern« und *nicht* »wie eine Billardkugel gestoßen werden«. Es wird manchmal argumentiert, daß die Kantische Ethik eine Philosophie des Geistes voraussetze, die Motive als kausale Ursachen deutet, und daß dadurch seine ethische Theorie ungültig werde. Weder die Prämisse noch die Schlußfolgerung dieser Argumentation ist richtig.

8 *Welche* dieser zwei Möglichkeiten das wiedergibt, was Kant sagen wollte, ist wiederum eine Frage kontroverser Kantinterpretation. Die schwächere zweite Interpretation zieht weniger Schwierigkeiten nach sich und läßt sich auch an Hand seiner Schriften verteidigen; aber trotzdem ziehe ich die erste vor, da sie interessanter, lehrreicher und insofern eher typisch Kantisch ist, als sie offensichtlich aus typisch Kantischen Prämissen folgt und uns zeigt, wohin sie führen. Wenn Kant einfach ein weiterer Intuitionist gewesen wäre, hätte er kaum die Aufmerksamkeit verdient, die ihm gewidmet wird.

9 Auf diese Natürlichkeit sollte man nicht viel Gewicht legen, denn sie erweist sich als relativ auf die verwandte Sprache, d. h. auf die Art der in ihr auftauchenden Handlungsbegriffe. Wenn man Definitionen von Handlungsbegriffen konstruiert, dann wird das Definiens eine Konjunktion von Eigenschaften sein, die, in geeigneter Weise ausgedrückt, Teil einer Maxime werden können. Die Möglichkeit der Universalisierung hängt jedoch, wie gezeigt, von den Elementen ab, die in der Maxime enthalten sind. Wenn wir eine bestimmte Menge dieser Eigenschaften in einer Maxime aufnehmen wollen, so können wir das natürlich sehr leicht tun, wenn diese Menge dem Definiens eines natürlichen Handlungswortes entspricht. Wir brauchen dann nur den Namen dieser Handlung in die Maxime aufzunehmen. Andernfalls müssen wir entweder eine Bezeichnung erfinden und ihre Definition konstruieren oder aber alle Merkmale, die in dieser Definition erschienen wären, in die Maxime selbst aufnehmen.

10 Notwendigerweise, denn in dem Kantischen Schema gibt es nur zwei Möglichkeiten für die Begründung des partiellen oder gesamten Inhalts einer Maxime: entweder gerade von der Form des moralischen Gesetzes

impliziert zu werden, oder empirisch begründet zu werden.

11 Es ist natürlich in Kants Ethik nicht eindeutig klargemacht, ob er meinte, daß das formale Prinzip alle wichtigen Details bestimmt. Die Frage läuft in Wirklichkeit darauf hinaus, ob er eine Ethik der Verpflichtung oder eine der Zulässigkeit entwickeln wollte, ob er dachte, daß die Sittlichkeit Italien gleicht, wo alles nicht Verbotene erlaubt ist, oder Deutschland, wo alles nicht Erlaubte verboten ist. Ich neige zu der Ansicht, daß er zumindest versuchte, auf der deutschen Seite zu sein; der Grund für diese Annahme liegt hauptsächlich darin, daß sich so eine Interpretation ergibt, die philosophisch schwieriger zu verteidigen und (eine häufige Konjunktion in Fragen der Kantexegese ist) zugleich interessanter ist, insofern sie eindeutiger aus den generellen Thesen folgt, die die Kantische Ethik inspirierten, etwa aus der These von der »Heteronomie« jeglichen empirisch motivierten Verhaltens.

12 In gewisser Weise bedeutete Kierkegaard für den metaphysischen Optimismus dasselbe wie »Brave New World« für den wissenschaftlichen Optimismus.

X
R. M. Hare
Universalisierbarkeit

1. Nachdem ich mir vorgenommen hatte, diese Arbeit zu schreiben, erschien von E. A. Gellner eine Arbeit mit nahezu dem gleichen Thema.[1] In ihr werden die strittigen Fragen so klar dargestellt, daß ich es für das beste hielt, nicht die von mir geplante Arbeit vorzulegen, sondern die Diskussion dort fortzuführen, wo Gellner aufhört. Ich werde mir daher viele ermüdende einleitende Bemerkungen ersparen können, die sonst notwendig gewesen wären. Ich werde viel von Gellners Terminologie Gebrauch machen – nicht weil ich mit ihrer Präzision voll und ganz zufrieden bin, sondern weil ich mich selbst außerstande fühle, zwischen Kürze und Schärfe irgendeinen besseren Kompromiß zu erzielen. Die Änderung meines Plans ließ eine Titeländerung wünschenswert erscheinen, auch wenn sich das Ziel meiner Arbeit nicht wesentlich geändert hat. Wie Gellner muß auch ich betonen, daß ich in keiner Weise beabsichtige, eine genaue Exegese von Kant oder sonst jemandem zu versuchen.

Gellner unterscheidet zwischen zwei Typen von Wertungen,[2] die er »Typ E« und »Typ U« nennt. Vom ersteren sagt er: »Verhalten, das eine Wertung vom Typ E manifestiert, kann nicht universalisiert werden, d. h. seine Maxime kann nicht aus einer offenen Regel, die nur mit Prädikaten und Variablen, aber natürlich nicht mit Eigennamen formuliert ist, abgeleitet werden (in dem Sinne, in dem eine Spezialisierung von der Regel abgeleitet wird, deren Spezialisierung sie ist)« (s. o. S. 178 f.). Von Wertungen vom U-Typ sagt er, daß sie Anwendungen einer Regel sind, »die keinerlei Bezug auf Personen nimmt und die nur Prädikate (Beschreibungen) und logische Ausdrücke enthält« (s. o. S. 181). Beispiele für die erste Wertungsart sind, außer dem Egoismus: romantische Liebe, Loyalität und Verehrung; für die zweite, so Gellner, die unparteiischen Urteile eines Richters.[3]

Weitere Beispiele von U-Typ-Wertungen liefern zumindest einige ästhetische Urteile sowie Urteile, die die logische Gültigkeit betreffen. Wenn wir sagen, daß ein Gedicht gut sei, dann loben wir damit nicht ein Individuum im gewöhnlichen Sinne. Die Ilias ist wie der Union Jack (»womit ich aber nicht das zerrissene Exemplar meine, das der Pförtner in einer Schublade aufbewahrt, sondern die Flagge, die im neunzehnten Jahrhundert entworfen wurde«).[4] Ein Gedicht zu schreiben, das bei vielen Gelegenheiten vorgetragen werden soll, ist wie eine Flagge zu entwerfen, die auf viele Bahnen Stoff aufgedruckt werden soll. Sowohl ein Gedicht als auch eine Flagge und, was das betrifft, auch die Eigenschaft »Röte« sind in einem bestimmten Sinne Individuen (man kann sich mit Hilfe singulärer Ausdrücke auf sie beziehen); sie sind aber keine Individuen in irgendeinem ganz unproblematischen Sinne. Und selbst wenn ein Gedicht ein Individuum ist, so doch eines, das sich vollständig dadurch beschreiben läßt, daß man die Wörter, die es enthält, der Reihe nach aufführt. Wenn das Gedicht selbst, wie das von Plato in *Gorgias 451 e* zitierte, ganz aus U-Typ-Wertungen besteht, dann werden in dieser Beschreibung keine Eigennamen auch nur erwähnt, geschweige denn verwendet. Wir kennen nicht einmal den Autor dieses Gedichts. Somit sind zumindest einige ästhetische Urteile U-Typ-Wertungen; denn wenn der Gegenstand einer Wertung ohne die Verwendung von Eigennamen usw. spezifiziert werden kann, dann ist nur schwer einzusehen, warum diese für eine Bewertung des Gegenstands erforderlich sein sollen.

Logische Beurteilungen liefern jedoch ein noch klareres Beispiel. Betrachten wir das folgende Urteil: »Der Schluß ›Wenn Fledermäuse fliegen können, dann können einige Säugetiere fliegen; nun können aber Fledermäuse fliegen; folglich können einige Säugetiere fliegen‹ ist gültig«. Dieses Urteil ist eine Anwendung einer Regel (des *modus ponens*), die klar vom Typ U ist. Wenn irgendein Schluß gültig ist, so muß er wegen einiger *Merkmale* der Prämissen und der Conclusio gültig sein (ob nun diese Merkmale stets formal oder Merkmale des Inhalts des gezogenen Schlußes sind, braucht hier nicht diskutiert zu werden). Es muß prinzipiell möglich sein, diese Merkmale mit Hilfe einer Regel zu formulieren, die keine Eigennamen oder irgendetwas anderes enthält, was sie zu einer E-Typ-Regel machen würde. Wenn jemand sagen würde »Der Schluß ist einfach deshalb gültig, weil Hans ihn gezogen hat« oder »Der Schluß ist einfach deshalb gültig, weil er eben in diesem besonderen Augenblick gezogen wurde«, dann würden wir sagen, daß er nicht verstanden hat, was das Wort »gültig«, so wie es von Logikern verwendet wird, bedeutet.

2. Ich werde nicht wie Gellner annehmen, daß »alle Handlungen auf einer Regel oder einer Maxime basieren«;[5] ich werde stattdessen die schwächere Behauptung vertreten, daß das Angeben eines *Grundes* für jede beliebige Handlung den (expliziten oder impliziten) Bezug auf eine Regel, eine Maxime oder ein Prinzip involviert. Dies scheint mir analytisch wahr zu sein. Denn einen Grund für eine Handlung angeben heißt zunächst, etwas über die Handlung zu sagen, und zweitens, zu sagen oder zu implizieren, daß das, ›was über die Handlung‹ gesagt wird, ein Grund ist, sie zu tun. Nun kann ein Grund nicht einfach ein Grund gerade bei *dieser* Gelegenheit sein, und nicht auch bei anderen ähnlichen Gelegenheiten, und zwar genausowenig wie eine Schlußregel nur in *diesem* Fall, und nicht auch in ähnlichen Fällen, gelten kann. Ich könnte von dem in dem vorangehenden Abschnitt erwähnten Schluß nicht sagen, daß der Grund für seine Gültigkeit eben nur ein Grund für *seine* Gültigkeit ist und nicht auch ein Grund für die Gültigkeit von anderen Schlüssen von derselben Form. Wenn es irgendeinen anderen Fall gibt, in dem dies kein Grund ist, muß es zwischen den Fällen einen Unterschied geben, der erklärt, warum es kein Grund ist.

Ich behaupte jedoch nicht, daß eine Regel oder eine Maxime, die beim Angeben eines Grundes involviert ist, stets vom Typ U ist. D. h. ich setze nicht voraus, daß es unmöglich ist, Gründe anzugeben, die Maximen vom Typ E involvieren, und daher Bezüge auf Individuen enthalten. So könnte vielleicht »Es führte zu einer Verbesserung der englischen Zahlungsbilanz« als Grund für eine Handlung von jemandem angegeben werden, der dies nur dann als einen Grund ansehen würde, wenn es die Zahlungsbilanz *Englands* und nicht die irgendeines anderen Landes verbesserte, wie qualitativ ähnlich dieses andere Land auch immer sein mag. Um einen Ausdruck des vorigen Abschnitts zu verwenden: Ich behaupte nicht, daß das, ›was über die Handlung‹ gesagt und als ein Grund angeführt wird, nicht auch etwas sein kann, das einen Bezug auf ein Individuum involviert, noch daß ›ähnliche Fälle‹ nicht auch nur insoweit ähnlich sein können, als sie in ähnlichen Relationen zu einem Individuum stehen. Man kann mir daher nicht den Vorwurf machen, ich würde meine These (daß Moralurteile, da man bei ihnen die Angabe von Gründen verlangen kann, U-Typ-Wertungen sind) infolge der Bedeutung des Wortes »Grund« zu einer analytischen These machen; ich sehe nämlich in der normalen Sprache nichts, was uns veranlassen könnte, das Wort »Grund« auf Gründe einzuschränken, die U-Typ-Regeln involvieren.[6] Ich werde jedoch später zeigen, daß meine These analytisch infolge der Bedeutung des Wortes »moralisch« ist.

Gellner behauptet von U-Typ-Maximen, daß es möglich sein muß, sie »mit Hilfe eines Symbolismus« zu formulieren, »der nur Prädikate, Individuen*variablen*, Operatoren und logische Partikel verwendet« (s. o. S. 182). Es ist wichtig, zu sehen, was durch diese Festsetzung ausgeschlossen und was zugelassen ist. Grob gesprochen sind dadurch Eigennamen (im gewöhnlichen, nicht im logischen Sinne), Personalpronomina (aber nicht das Pronomen »man«) und alle selbstrückbezüglichen (token-reflexive) Ausdrücke ausgeschlossen. Einige weitere Beispiele werden diese Beschränkungen klarmachen. Die folgenden Maximen sind vom Typ U:

Man sollte seine Versprechen halten.

Man sollte sich um seine Kinder kümmern.

Wenn man auf seinem Eigentum ein gefährliches Tier hält, dann hat man die Pflicht, dafür zu sorgen, daß es nicht den Nachbarn verletzt.

An derartige Maximen würden wir appellieren, wenn wir auf die Frage, aus welchem Grund wir etwas getan haben, antworten: »Ich habe es versprochen«, »Er ist mein Sohn« oder »Wenn ich den Hund nicht an die Kette lege, wird er sofort alle meine Nachbarn beißen«.

Es ist zu beachten, daß die Maximen in all diesen Fällen nach der einen Bedeutung von »anwendbar« auf jede beliebige Person, nach der andern Bedeutung jedoch nur auf eine einzige Person anwendbar sind. Nur der, der das Versprechen gegeben hat, ist verpflichtet, es auch zu halten; nur wer Kinder gezeugt hat, ist verpflichtet, sich um sie zu kümmern; nur der Hundehalter selbst ist verpflichtet, dafür zu sorgen, daß der Hund nicht jemanden beißt. In jedem einzelnen Fall einer Anwendung dieser Maximen ist daher nur eine einzige Person betroffen. Aber dennoch gelten die Maximen für *jeden*, der ein Versprechen gegeben hat oder Kinder gezeugt hat oder sich einen gefährlichen Hund hält.

Infolge einer Konfusion über diesen Punkt kann die Beschränkung, durch die festgelegt wird, welche Maximen vom Typ U sind und welche nicht, leicht für einschränkender gehalten werden als sie wirklich ist. So gibt es zum Beispiel gewisse Arten von Patriotismus, die durch diese Beschränkung ausgeschlossen werden, und gewisse Typen, die durch sie nicht ausgeschlossen werden. Wenn ein Patriot glaubt, er schulde seinem eigenen Land gewisse Pflichten, zudem aber der Ansicht zustimmt, daß auch andere Leute ihrem eigenen Land ähnliche Pflichten schulden, dann ist seine Maxime vom Typ U (»man schuldet seinem Land die und die Pflichten«); von dem Ausdruck »seinem Land« wird dies genauso wenig verhindert wie von den Ausdrücken »seine Kinder« und »seine Versprechen«. Wenn er aber glaubt, daß andere Leute ihrem Land nicht die gleichen Pflichten schulden, dann ist – es sei denn, er verweist auf relevante Unterschiede zwischen seinem Land und den anderen Ländern – seine Maxime nicht vom Typ U. Die meisten von uns sind, wie ich hoffe, Patrioten der ersten Art. Die von mir in dieser Arbeit vertretene These (daß Moralurteile U-Typ-Wertungen sind) ist, obwohl sie analytisch ist, für Fragen der internationalen Moralität von großer Wichtigkeit, und sie ist nicht, wie man vielleicht denken könnte, trivial; es geht mir hier jedoch lediglich darum, die These zu belegen, nicht darum zu zeigen, wie wichtig sie ist.

Es scheint mir, daß Gellner den von mir eben gemachten Unterschied nicht genügend beachtet. Er sagt nämlich: »In dieser Argumentation wird viel von der Tatsache abhängen, daß bestimmte Klassen von Handlungen und Einstellungen in ihren Maximen solche autobiographischen, den Handelnden erwähnenden Sätze enthalten« (s. o. S. 178). Das Beispiel, das er gibt, ist die »romantische Liebe«, bei der, wie er sagt, der Liebende verpflichtet ist, zu behaupten, daß er keine andere lieben würde, selbst wenn diese genau wie seine Geliebte wäre; und bei der sich daher die Geliebte vor anderen allein dadurch auszeichnet, daß sie dem Geliebten als erste begegnet ist. Für eine Spezifizierung der »romantische Liebe« genannten Einstellung ist daher ein »den Handelnden erwähnender Satz« erforderlich, nämlich der, daß nur eine einzige Person geliebt werden darf und daß Personen, die der geliebten Person ähnlich sind, dem Liebenden aber erst nach ihr begegnet sind, nicht geliebt werden dürfen. Dagegen könnte eingewandt werden, daß (1) die Tatsache, jemandem zuerst begegnet zu sein, selbst in der romantischen Liebe keine Signifikanz besitzt; ein Liebender könnte sich genauso gut in die zweite oder dritte aus einer Menge identischer Personen verlieben und an der ersten einfach vorübergegangen sein (gerade wie sich Leute manchmal erst bei ihrem zweiten Zusammentreffen in jemanden verlieben, während sie beim ersten Treffen dem andern gegenüber noch ganz indifferent waren); und daß (2) »den Handelnden erwähnende Sätze« nicht verhindern, daß die betreffende Einstellung vom Typ U ist; denn daß wir Y »die Geliebte von X« nennen und daß wir Z, die genau wie Y ist, diese Bezeichnung absprechen, das liegt daran, daß dem X bezüglich der Y etwas passierte, was ihm bezüglich der Z nicht passierte, nämlich, sich in sie zu verlieben. Denn mit der Behauptung, daß man einer Person, in die man sich verliebt hat, ergeben bleiben sollte, daß man aber mit der gleichen Ergebenheit nicht auch andern anhängen sollte, obwohl diese vielleicht genau wie die Geliebte selbst sind, äußert man genausowenig eine E-Typ-Maxime, wie wenn man sagte, daß man für die Person, der man ein Versprechen gegeben hat, gewisse Dinge tun sollte, sie aber nicht notwendigerweise auch für andere zu tun braucht, obwohl diese vielleicht genau wie diese Person sind. Man kann einen Walzer nicht mit zwei Partnern gleichzeitig tanzen; Anweisungen, wie er zu tanzen ist, brauchen aber keine Eigennamen zu enthalten. Es scheint, als könnte Gellner infolge seiner zu Beginn seiner Arbeit begangenen Verwechslung von »den Handelnden erwähnende Sätze« im Sinne von »Sätze, die gebundene Individuen*variablen* enthalten« mit »Sätze, die Individuenkonstanten enthalten« der »existentialistischen« These eine viel größere Plausibilität verleihen, als dieser zukäme, wenn dieser Unterschied beachtet würde. Dies ist ein Lapsus seinerseits; er zeigt nämlich (s. o. S. 182), daß er sich dieses Unterschieds wohl bewußt ist, indem er das Wort »Variablen« (wie ich es oben getan habe) kursiv setzt.

3. Es gibt jedoch in Gellners Darstellung des »Existentialisten«-Falls einen weit schwerwiegenderen Irrtum – einen Irrtum, an dem vielleicht Kant die Schuld zu geben ist. Gellner unterscheidet ganz richtig (s. o. S. 182) zwischen Regeln erster Ordnung »die mit Hilfe eines Symbolismus formuliert« werden können, »der nur Prädikate, Individuen*variablen*, Operatoren und logische Partikel verwendet«, und der Regel zweiter Ordnung, die die Forderung ausdrückt, daß all unsere Regeln erster Ordnung von dieser Art sein sollten; diese Regel zweiter Ordnung verwendet, so Gellner, »zusätzlich zu den oben erwähnten Dingen nur Prädikat*variablen* statt tatsächlichen Prädikaten«. Später jedoch, nämlich in seiner Kritik des »Kantianismus«, scheint mir der Unterschied zwischen diesen zwei Arten von Regeln von Gellner nicht mehr beachtet zu

werden. Nur so kommt er zu der Behauptung, daß »*keine* tatsächliche Wertung . . . der Strenge des rein Formalen gerecht werden (vollständig vom Typ U sein) *konnte*« und daß »zumindest in einem gewissen Maße alle unsere Wertungen vom Typ E sind« (s. o. S. 192). Die Regel zweiter Ordnung ist rein formal, da sie nur Prädikatvariablen enthält (bzw. erwähnt). Die Regeln erster Ordnung (die Kants »Maximen« entsprechen) sind jedoch nicht im geringsten formal; sie enthalten materiale Prädikate wie z. B. »Lügen erzählen« oder »seine natürlichen Anlagen vernachlässigen«. Es gibt auch überhaupt keinen Grund (was auch immer Kants Präferenzen gewesen sein mögen), weshalb eine Regel erster Ordnung nicht jeden gewünschten Spezifitätsgrad besitzen sollte, ohne deshalb die Regel zweiter Ordnung zu verletzen. Somit ist »Man sollte keine Lügen erzählen, es sei denn, dies ist notwendig, um unschuldiges Leben zu retten« ebenso sehr eine U-Typ-Maxime wie »Man sollte keine Lügen erzählen«. Universalität, in dem Sinne, in dem U-Typ Maximen universell sind, ist keine Frage des Mehr oder Weniger; wer das Gegenteil annimmt, verwechselt den Ausdruck »universell« (dessen Gegenteil »singulär« ist) mit dem Ausdruck »allgemein« (dessen Gegenteil »spezifisch« ist). Ich werde später über diese Verwechslung noch mehr zu sagen haben.

Damit eine Maxime vom Typ U ist, ist es daher nicht notwendig, daß sie »der Strenge des rein Formalen gerecht« wird. Diejenigen, die angenommen haben, daß es notwendig sei, taten dies hauptsächlich deshalb (wobei sie einer möglichen Interpretation von Kants obskuren Gedanken folgten), weil sie darauf insistierten, daß die Regeln erster Ordnung aus der Regel zweiter Ordnung *ableitbar* sein müssen. Gellners »Existentialisten« behaupten (s. o. S. 192), daß eine Entscheidung »nicht aus einer formalen und folglich nicht-willkürlichen Regel wie der von Kant abgeleitet werden kann oder soll«. Glücklicherweise können wir dieser Feststellung aber auch zustimmen, ohne Existentialisten zu sein; denn die Relation zwischen den Regeln erster Ordnung und der Regel zweiter Ordnung (und *a fortiori* die zwischen tatsächlich getroffenen Entscheidungen und der Regel zweiter Ordnung) ist keine Ableitungs-Relation noch irgend etwas Ähnliches. Wenn dem so wäre, so hätten die Regeln erster Ordnung genauso formal zu sein wie die Regel zweiter Ordnung; und dann würde in der Tat zutreffen, daß »*keine* tatsächliche Wertung in dem formalen Moralprinzip enthalten ist« (s. o. S. 192).

Der Wunsch, die Regeln erster Ordnung so zu behandeln, als seien sie aus der Regel zweiter Ordnung ableitbar, resultiert aus der ältesten und unausrottbarsten Untugend von Ethikern – dem Unwillen, moralische Entscheidungen zu treffen. Wenn wir die Gültigkeit eines formalen, *a priori* geltenden (und doch irgendwie synthetischen) Prinzips beweisen und dann daraus Maximen für unser ganzes Verhalten ableiten könnten, dann hätten wir endlich eine Menge von Moralprinzipien gefunden, die unser Leben lenken könnten, ohne daß wir uns auch nur in einer einzigen moralischen Frage zu entscheiden brauchten. Ob Kant dies für möglich hielt, weiß ich nicht; auf der einen Seite gibt es bei ihm zahlreiche Stellen, auf die man sich zur Rechtfertigung für eine solche Interpretation berufen könnte; auf der anderen Seite unterstellt man ihm mit einer solchen Interpretation den Fehler, seine Moralität auf dem aufzubauen, was er die Heteronomie des Willens nennt. Wie immer dem nun auch sein mag, in der Kantianischen Sprache läßt sich eine korrekte Formulierung der Relation zwischen den Prinzipien zweiter und erster Ordnung geben, sogar wenn Kant selbst nicht mit ihr übereingestimmt hätte. Die Regel zweiter Ordnung analysiert den Begriff »rationales Prinzip« (in dem Sinne des Ausdrucks, in dem er »U-Typ Maxime« bedeutet). Ich werde später die These verteidigen, daß es Teil der Bedeutung des Wortes »moralisch« ist, daß moralische Prinzipien in diesem Sinne rational sind. Wer dieses Prinzip zweiter Ordnung akzeptiert, für den sind damit nicht alle moralischen Probleme bereits gelöst; er muß schon noch mehr tun, um seine Maximen erster Ordnung zu erhalten, nämlich von seinem autonomen, rationalen Willen dadurch Gebrauch machen, daß er »sich selbst Gesetze gibt«, die von der durch das Prinzip zweiter Ordnung vorgeschriebenen Form, aber nicht selbst formal sind. Einfacher ausgedrückt: Die Prinzipien erster Ordnung werden nicht aus dem Prinzip zweiter Ordnung abgeleitet; sie werden in Übereinstimmung mit ihm gebildet. Es kann sein, daß Kant glaubte, es gebe nur eine einzige Menge von Prinzipien erster Ordnung, die in Übereinstimmung mit dem Prinzip zweiter Ordnung gebildet werden könnten; in diesem Punkt irrte er sich jedoch. Es sind unendlich viele verschiedene Prinzipien erster Ordnung möglich; eine Entscheidung zwischen ihnen zu treffen ist die Aufgabe, die wir als autonom und rational Handelnde haben.

Es gibt zwei Einwände, die ein »Kantianer« an dieser Stelle eventuell vorbringen könnte:

1) *Du machst unsere Wahl zwischen Prinzipien erster Ordnung zu einer Sache bloßer »Neigungen«.*[7] Dieser Einwand kann mir nichts anhaben. Es stimmt, wir wählen zwischen diesen Prinzipien. Ohne Zweifel besitzen wir gerade diese Art von Prinzipien und keine anderen, weil wir eben zu der Art von Leuten gehören und zu keiner anderen. Das »weil« ist hier logisch; es bezeichnet eine Folgebeziehung im strengsten Sinne; es ist jedoch sehr wichtig, daß man sich über die Natur dieser Folgebeziehung nicht im Irrtum befindet. Sie besagt nicht, daß wir Feststellungen von der Form »Ich sollte stets usw.« aus Feststellungen ableiten können, die beschreiben, welche Art von Mensch ich bin. Dies wäre ein Verstoß gegen Humes Gesetz.[8] Sie besagt vielmehr: Moralische Prinzipien einer gewissen Art zu besitzen *heißt*, eine gewisse Art von Mensch zu sein. Ich könnte daher (da ich *diese* Art von Mensch bin) keine anderen moralischen Prinzipien besitzen als die, die ich tatsächlich besitze; ich kann aber auch nicht dadurch an eine Entscheidung zwischen moralischen Prinzipien herangehen, daß ich mir zuerst die Frage stelle, welche Art von Mensch ich bin, und dann aus Prämissen, die die entsprechende Information enthalten, die korrekten Prinzipien ableite. Wenn ich versuche, mich in der Frage zu entscheiden, was denn meine letzten moralischen Prinzipien sein sollen, gibt es einfach nichts, woraus ich die Antwort ableiten kann. Insofern haben die »Existentialisten« recht und zwar kraft der Bedeutung des Wortes »letzte« sogar im analytischen Sinne. Mit der Behauptung, daß die letzten moralischen Prinzipien nicht aus anderen Prinzipien abgeleitet werden können, behauptet man aber nicht, daß sie nicht selbst Prinzipien sind.

2) *Du machst unsere Wahl zwischen Prinzipien erster Ordnung zu einer »willkürlichen« Wahl.* Auch dieser Einwand kann mir nichts anhaben; er beruht nämlich auf einer einfachen Verwechslung bezüglich der Bedeutung des Wortes »willkürlich«. Ich halte es für verkehrt, Menschen zu foltern; aber ich kann dafür keine weitere Begründung angeben (d. h. keine Begründung, die nicht nur mit anderen Worten wiederholt, daß das Foltern von Menschen verkehrt ist). Ich halte es für verkehrt, Menschen zu foltern, und zwar einfach auf Grund dessen, was die Folter ist. Angenommen, es werde der Einwand vorgebracht »Da du keinen anderen Grund für die Annahme, daß Foltern verkehrt ist, angibst als den, daß es sich um die Folter handelt, ist in diesem Fall deine Entscheidung, dieses Prinzip zu akzeptieren, nicht willkürlich?« Soll ich

darauf nicht antworten »Ja, in dem Sinne, daß ich das Prinzip *libero arbitrio* akzeptiere (ich war absolut frei, stattdessen das Prinzip zu akzeptieren, daß die Folter moralisch zulässig ist); aber nicht in dem Sinne, daß es keine Rolle spielt, welches Prinzip ich akzeptiere (habe ich denn nicht schon mit meiner Behauptung, daß Foltern verkehrt ist, gesagt, *daß* es eine Rolle spielt?)« Man könnte ebensogut sagen, daß meine Wahl angesichts der Alternative entweder selbst gefoltert zu werden oder ein Glas Bier gereicht zu bekommen, deshalb willkürlich ist, weil sich für meine Wahl kein anderer Grund angeben läßt als der, daß die Folter eben die Folter und ein Glas Bier eben ein Glas Bier ist. Und doch wähle ich in gewisser Hinsicht *libero arbitrio* zwischen einem Bier und der Daumenschraube.

4. Mein Standpunkt in der bis zu dieser Stelle durchgezogenen Argumentation kann wie folgt zusammengefaßt werden: 1) Alle Handlungen, für die es Gründe gibt, involvieren Maximen. 2) Diese Maximen können entweder vom Typ E oder vom Typ U sein. 3) Gewisse Argumente, die zeigen sollten, daß alle tatsächlich getroffenen Wertungen vom Typ E sind, beruhen auf begrifflichen Konfusionen.

Ich möchte jetzt zeigen, daß alle *moralischen* Wertungen vom Typ U sind – oder, was auf dasselbe hinausläuft, daß dann, wenn moralische Gründe für Handlungen angegeben werden, die involvierten Maximen stets vom Typ U sind. Zum Schluß werde ich dann noch auf weitere Einwände gegen diese Ansicht eingehen.

Daß alle moralischen Verwendungen des Wortes »sollte« eine U-Typ Maxime involvieren, ist offensichtlich, wenn wir uns die folgende fiktive Unterhaltung zwischen einem »Kantianer« und einem »Existentialisten« ansehen:

E.: »Du solltest das nicht tun!«

K.: »So bist du also der Ansicht, daß man Dinge von dieser Art nicht tun sollte?«

E.: »An so etwas denke ich gerade überhaupt nicht; ich sage nur, daß *du das* nicht tun solltest.«

K.: »Willst du damit nicht einmal sagen, daß jemand wie ich in derartigen Situationen Dinge von dieser Art nicht tun sollte, wenn die Betroffenen zu der Art von Leuten gehören, zu der sie eben gehören?«

E.: »Nein; ich sage nur, daß *du das* nicht tun solltest.«

K.: »Fällst du damit ein Moralurteil?«

E.: »Ja.«

K.: »Wenn dem so ist, dann kann ich einfach nicht verstehen, wie
du das Wort ›moralisch‹ gebrauchst.«

Die meisten von uns wären genauso verblüfft wie der Kantianer;
und es würde uns auch wirklich schwerfallen, uns *irgendeine* Verwendung des Wortes »sollte«, sei sie moralisch oder nicht, vorzustellen, in der die Bemerkungen des »Existentialisten« verständlich
wären. Hätte der »Existentialist« einfach »Tu das nicht« anstelle
von »Du solltest das nicht tun« gesagt, so hätten die Einwände des
»Kantianers« nicht vorgebracht werden können; dies verdeutlicht
einen der Hauptunterschiede zwischen »sollte« und gewöhnlichen
Imperativen. Der Fehler des »Existentialisten« kann in der Tat wie
folgt charakterisiert werden: Weil Moralurteile in einigen Gesichtspunkten wie gewöhnliche Imperative sind, ziehen sie daraus
den Schluß, daß sie in allen Gesichtspunkten wie diese sind.[9]

Ein weniger grimmiger »Existentialist« könnte der ersten Bemerkung des »Kantianers« zustimmen, dann aber versuchen, singuläre
Ausdrücke auf einer späteren Stufe einzuführen und dabei ein von
mir oben erwähntes Schlupfloch ausnützen (s. Absatz 2). Er
könnte etwa sagen, daß er wirklich der Ansicht sei, daß man Dinge
von dieser Art nicht tun sollte, daß er aber in »Dinge von dieser
Art« nur Akte eingeschlossen haben will, die eine Verschlechterung der Zahlungsbilanz Englands verursachen. In diesem Fall
wird der »Kantianer« fragen: »So bist du also der Ansicht, daß jemand wie ich, der in dieser Art von Beziehung zu einem Land wie
England steht, nicht eine Verschlechterung seiner Zahlungsbilanz
verursachen sollte?« Wenn sich der »Existentialist« weigert, diesen
Schritt zu machen, dann wird das Ergebnis der Argumentation das
gleiche sein wie vorher. Im Folgenden werde ich auf die erste und
einfachere dieser zwei Argumentationen eingehen; alles was ich
sage, könnte jedoch so erweitert werden, daß es auch auf die elaboriertere Argumentation zutrifft.

Das Urteil »Jemand wie ich sollte in derartigen Situationen Dinge
von dieser Art nicht tun, wenn die Betroffenen zu der Art von Leuten gehören, zu der sie eben gehören« ist zwar nicht vom Typ U.
Es enthält die selbstrückbezüglichen Ausdrücke »ich«, »dieser«,
»das«, »der« und »sie«. Doch all diese Ausdrücke kommen im
Kontext von Wörtern vor, die *Ähnlichkeit* prädizieren; das Urteil
sagt »jemand wie ich«, »derartige Situationen«, »Dinge von dieser
Art« und »die Art von Leuten«. Nun ist der Ausdruck »wie *a*«,

wobei »a« eine Individuenkonstante ist, so beschaffen, daß man ihn nur schwer im strengen Sinn entweder universell oder singulär nennen kann. Er ist *prima facie* nicht universell, da er einen Bezug auf ein Individuum enthält; er ist nicht singulär, weil er eine offene Klasse definiert. Der Ausdruck »wie« ist natürlich der Name einer Relation (ein zwei-stelliges Prädikat); »wie a« ist zudem das, was gewöhnlich eine Relationseigenschaft genannt wurde. Aber dies hilft uns nicht in der Frage weiter, ob Maximen, die diesen Ausdruck enthalten, vom Typ E oder vom Typ U sind. Bei den meisten anderen zwei-stelligen Prädikaten würde meine Neigung dahingehen zu sagen, daß sie, wenn sie mit Individuenkonstanten in einer Maxime vorkommen, diese zu einer Maxime vom Typ E machen. Aber bei »wie« spüre ich keine solche Neigung. Es könnte vielleicht die Ansicht vertreten werden, daß »wie a« entgegen allem Anschein am besten als ein universeller Ausdruck behandelt wird. Wer dies behauptet, würde zuerst darauf hinweisen, daß *alle* solche universellen Ausdrücke, soweit sie durch Hinweis definierbar sind, mit Hilfe von Ausdrücken von der Form »wie x« und »nicht wie y« definierbar sind. So wird zum Beispiel der universelle Ausdruck »einen Meter lang« mit Hilfe des Ausdrucks »wie m (in der Länge)« definiert – wobei »m« eine Individuenkonstante ist, nämlich der Name des Platinstabes in Paris. Auf die gleiche Weise würde der universelle Ausdruck »rot« (wenn wir ihn überhaupt definieren müßten) etwa durch solche Ausdrücke wie »wie r_1, aber nicht wie s_1; wie r_2, aber nicht wie s_2; usw.« definiert, wobei »r_1«, »r_2« usw. die Namen bzw. definite Beschreibungen von roten Gegenständen sind, »s_1«, »s_2« usw. dagegen die Namen bzw. definite Beschreibungen von Gegenständen, die nicht rot sind; und wobei der Gegenstand r_1 in nahezu allen anderen Gesichtspunkten wie s_1 ist usw. Wenn wir daher nicht zugeben würden, daß »wie a« ein universeller Ausdruck ist, so müßten wir zugeben, daß universelle Ausdrücke mit Ausdrücken äquivalent sind, die nicht universell sind; und dies ist absurd.

Es ist für meine Argumentation aber gar nicht notwendig, eine so extreme Behauptung aufzustellen; und da ich einige Zweifel hinsichtlich der Verwendung des Wortes »äquivalent« in der obigen Begründung habe, werde ich eine solche Behauptung erst gar nicht machen. Was ich behaupten muß ist nur, daß es, wo auch immer der Ausdruck »wie a« in einer Maxime verwendet wird, prinzipiell möglich sein muß, diesen Ausdruck durch einen universellen Ausdruck zu ersetzen, ohne dadurch den Gehalt der Maxime zu verändern. Es kann sein, daß dieser universelle Ausdruck in unserer Sprache noch nicht existiert; wenn nötig, können wir jedoch zu diesem Zweck einen neuen universellen Ausdruck prägen. Diese Möglichkeit zeigt, daß wir dann, wenn wir bewiesen haben, daß, wer ein Moralurteil fällt, in dem das Wort »sollte« vorkommt, auch einer Maxime zustimmen muß, in der vor allen Individuenkonstanten das Wort »wie« oder ein Äquivalent von ihm steht, damit auch bewiesen haben, daß der, der ein solches Urteil fällt, auch irgendeinem U-Typ Prinzip zustimmen muß. Denn durch die obige Ersetzung haben wir letzten Endes die Individuenkonstanten aus seiner Maxime eliminiert.

Es ist jedoch wichtig, die Schwierigkeit zu beachten, die durch das im vorigen Absatz vorkommende Wort »prinzipiell« verdeckt wird. Ich sagte, daß wir, falls es in unserer Sprache keinen passenden universellen Ausdruck gäbe, einen solchen selbst prägen könnten. Um aber ein Wort zu prägen, müssen wir nicht nur einen Laut wählen, sondern ihm auch eine Bedeutung geben. Der neue Ausdruck, den wir prägen wollen, soll das gleiche bedeuten wie »wie *a*«. Nun ist aber, wie man wohl weiß, der Ausdruck »wie *a*« ein unvollständiges Symbol; wer ihn verwendet, wird wahrscheinlich gefragt werden: »In welcher Hinsicht wie *a*?«. Nur wenn wir diese Frage beantworten können, werden wir mit der Behauptung, unser neuer universeller Ausdruck besitze die Bedeutung von »wie *a*«, diesem eine definite Bedeutung gegeben haben.

Diese Schwierigkeit wurde manchmal durch die Behauptung ausgedrückt, daß es selbst dann, wenn in jedem Moralurteil ein Prinzip oder eine Maxime involviert ist, doch nur selten möglich ist, dieses Prinzip oder diese Maxime auch zu *formulieren*. Wir gelangen somit zu der folgenden, offensichtlich unbefriedigenden Position: Wer bestreitet, daß *überhaupt kein* Prinzip involviert ist, muß damit rechnen, daß wir ihn nicht mehr verstehen, wer aber danach fragt, *welches* Prinzip denn involviert ist, der stellt, falls eine präzise Antwort verlangt ist, eine unvernünftige Frage. Es ist aber nicht schwer zu zeigen, daß dies eher eine scheinbare als eine echte Schwierigkeit ist. Wir haben oben gesehen, daß *alle* universellen Ausdrücke, die durch Hinweis definierbar sind, auf diese gleiche unbefriedigende Formulierung »wie *x*« zurückführbar sein müssen. Mit Hilfe solcher Formulierungen können wir die Bedeutung von »rot« mit jedem nötigen Präzisionsgrad erklären; aber wir können sie nicht so präzise machen, daß überhaupt kein Zweifel mehr möglich ist. Weder »rot« noch viele andere empirische Prädikate in unserer Sprache besitzen eine Verwendung, die hinreichend exakt ist, um eine solche Präzisierung erreichen zu können. Ich sehe keinen Grund, in der Formulierung von Moralprinzipien eine Art von Präzision zu verlangen, die, wie wir wissen, bei der Formulierung der Bedeutungen des weitaus größten Teils der in unserer Sprache enthaltenen Prädikate unmöglich ist; da die Moralprinzipien mit Hilfe dieser gleichen inexakten Prädikate definiert werden müßten, wäre das wirklich eine Sisyphusarbeit. Aber in all dem steckt nichts, was für den, der der Ansicht ist, daß alle Moralurteile Prinzipien involvieren, eine Entmutigung bedeuten könnte. Wenn wir uns den Präzisionsgrad ansehen, der von Juristen, die mit genau der gleichen Unmöglichkeit konfrontiert sind, bei der Formulierung der in Gesetzesentscheidungen involvierten Prinzipien erreicht wird, dann werden wir geneigt sein, mit ihnen zu sagen: *de minimis non curat lex*. Wir können so präzis sein, wie wir nur wollen bzw. wie wir eben sein müssen.

Diese Analogie zwischen den Sprachen von Tatsachenbeschreibungen des Rechts und der Moral ist nicht zufällig. Sie rührt von der Tatsache her, daß die moralischen Wörter normalerweise außer ihrer wertenden Bedeutung auch eine deskriptive Bedeutung besitzen; soweit ihre deskriptive Bedeutung reicht, verhalten sie sich ganz wie deskriptive Wörter; und sie besitzen eine deskriptive Bedeutung nur deshalb, weil Urteile, in denen sie verwendet werden, Prinzipien involvieren.[10]

Sehr oft treffen wir auf Unterhaltungen von der folgenden Art und nicht nur auf einen so unwahrscheinlichen Dialog wie den von mir oben geschilderten:

A.: »Du solltest das nicht tun!«

B.: »So bist du also der Ansicht, daß man Dinge von dieser Art nicht tun sollte.«

A.: »Ja; es wäre unehrlich (oder grausam oder vulgär).«

Hier gibt *A* nicht nur zu, daß ein Prinzip involviert ist, er ist vielmehr schon irgendwie dabei, zu sagen, was dieses Prinzip ist. Es gibt eine Klasse von Wertwörtern, deren wertende Bedeutung gegenüber einer sehr definiten deskriptiven Bedeutung sekundär ist.[11] Wir können fast ohne jede Paradoxie sagen: »zu ehrlich«. »Unehrlich«, obgleich immer noch wertend (ein Streit darüber, ob es unehrlich wäre, etwas Gewisses zu tun, wäre immer noch ein moralischer Streit), besitzt eine ebenso definite deskriptive Bedeutung wie viele rein deskriptive Wörter. So *spezifiziert* seine Verwendung ein Prinzip, das durch das allgemeinere »du solltest nicht« unspezifiziert gelassen wurde. Aber allein dadurch, daß *A* »unehrlich« gesagt hat, hat er nicht auch schon eine vollständige Spezifizierung seines Prinzips gegeben, selbst nicht einmal insoweit, als sich vernünftig nach einer solchen fragen läßt; *B* könnte recht gut die weitere Frage stellen: »Und was ist daran unehrlich?« und auch eine Antwort darauf bekommen. Eine vollständige Spezifizierung ist jedoch unerreichbar.

Wenn wir uns entscheiden, ein deskriptives Prädikat anzuwenden, und wenn wir uns dazu entscheiden, daß wir etwas Bestimmtes tun sollten, beide Male fällen wir diese Entscheidung im Lichte gewisser uns auffallender Merkmale der Situation, so wie wir sie sehen, und kümmern uns nicht darum, wie wir in gewissen hypothetischen, obskuren und unwahrscheinlichen Grenzfällen das Prädikat verwenden bzw. das Moralprinzip anwenden würden. Dies zum Teil deshalb, weil wir, es sei denn wir sind professionelle Kasuisten, zur Betrachtung dieser Fälle gar nicht die Muße haben, zum Teil deshalb, weil es gar nicht wünschenswert ist, uns selbst bereits im voraus darauf festzulegen, was wir in einer außergewöhnlichen Situation sagen würden. Genauso wie Richter im großen und ganzen ihre Bemerkungen auf den Fall, der vor ihnen liegt, und auf Fälle, die schon einmal vorgekommen sind, beschränken und nicht über problematische Fälle spekulieren, die einmal auftauchen könnten, bis sie eben tatsächlich auftauchen; und genauso wie es ein Wissenschaftler wohl nicht gern haben dürfte, wenn man ihn danach fragt, was er sagen würde, wenn er eine Substanz entdeckte, die sonst wie Phosphor ist, deren Schmelzpunkt aber bei einer ungewöhnlichen Temperatur liegt[12] – vielmehr warten würde, bis so eine störende Substanz eben tatsächlich entdeckt wird; genauso sehen wir als moralisch handelnde Wesen normalerweise eben tatsächlich vorkommende Fälle an und lassen somit unsere Prinzipien offen – wenn auch gleichzeitig bestimmt genug, eben wie die Sprache des Wissenschaftlers und die Präzedenzfälle des Juristen, damit sie uns in solchen Fällen, deren Auftauchen wir für wahrscheinlich halten, eine Orientierungshilfe sein können. Wir steuern also einen mittleren Kurs zwischen der sturen Unbeugsamkeit dessen, der schon weiß, was er in einer neuen Situation tun sollte, ohne sich deren spezifische Merkmale auch nur richtig angesehen zu haben, und der neurotischen Unentschlossenheit dessen, der sich in der Frage, was er tun sollte, nie entscheiden kann, auch nicht einmal in verhältnismäßig vertrauten Situationen, weil er eben nie ganz davon überzeugt ist, daß er deren grenzenlose Besonderheit bereits völlig erfaßt hat. Der letztere kann nichts aus der Erfahrung lernen; der erstere hört mit dem Lernen zu früh auf.

5. Es gibt einen weiteren Einwand gegen meine These, den wir uns ansehen müssen – wenngleich auch nicht des langen und breiten, beruht er doch auf zwei alten Verwechslungen, die schon hinreichend oft dargestellt worden sind. Die erste dieser Verwechslungen besteht in der folgenden Annahme: Da ein Name nie mit einer Beschreibung logisch äquivalent sein kann, kann, was benannt werden kann (das Individuum), nie beschrieben werden. Diese Verwechslung ist besonders anziehend für die, die selbst nicht gerne beschrieben werden wollen, insbesondere nicht von Wissenschaftlern oder Ethikern. Sie ließen sich somit zu der Behauptung verleiten, daß Menschen, wie auch die Situationen, in denen sich Menschen vorfinden, »etwas unaussprechlich Besonderes« sind und damit außerhalb der Reichweite eines jeden universellen Prädikats oder Prinzips. Beispiele für diese Ansicht finden sich in Mayos *The Logic of Personality* (S. 28) und in den Äußerungen des pseudonymen Philosophen in dem Dialog, der das Kernstück von Murdochs köstlichem Roman *Under the Net* darstellt. In Wirklichkeit können jedoch Individuen so umfassend und präzis beschrieben werden, wie wir nur wollen, und zwar mit Hilfe des genialen Tricks (der sogar noch älter ist als die von diesen Philosophen begangene Verwechslung), die Namen der Individuen als Subjekte einzusetzen und ihnen dann Prädikate anzuhängen.

Seltsamerweise neigen gerade die Existentialisten, die für diese Verwechslung besonders anfällig sind, auch zu der Annahme, daß das Schreiben von Romanen eine Diskussionsmöglichkeit moralischer Fragen darstellt, die einer an Hand von Prinzipien geführten Diskussion dieser Fragen überlegen ist. Seltsam deshalb, weil kein Werk der Fiktion über ein konkretes Individuum gehen kann. Wenn ich mir nach dem Lesen von *Under the Net* eine gewisse moralische Meinung über seinen Helden gebildet habe, dann ist meine Meinung keine Meinung über ein einzigartiges Individuum (und kann es auch gar nicht sein), weil es im strengen Sinne des Wortes ein solches Individuum gar nicht gibt. Ich habe mir eine Meinung über einen *Typ* eines Individuums gebildet – einen Typ, der mit großem Geschick bis in alle Feinheiten spezifiziert worden ist. Somit involviert meine Meinung nicht nur ein Prinzip vom Typ U; sie *ist* eines. Ich bin nämlich der Ansicht, daß über *jeden*, der wie Jake ist, ein gewisses Urteil gefällt werden soll. Aber *wie weit* diese Ähnlichkeit zwischen der Romanfigur Jake und einer wirklich lebenden Person gehen muß, damit ich letztere ähnlich beurteile, das ist natürlich eine Frage, die mich nicht zu kümmern braucht (es aber vielleicht dennoch tut). Im Fall von Urteilen über fiktive Charaktere besitzt die existentialistische These jedoch nicht einmal die anfängliche Plausibilität, die sie im Fall von Urteilen über wirklich lebende Charaktere hat. Denn im letzteren Fall können wir zumindest diejenigen, die die notwendigen Unterscheidungen nicht treffen, mit der folgenden Bemerkung hinters Licht führen:

»Mein Urteil betrifft *dieses* konkrete existierende Individuum, das du vor dir siehst (dessen du dir, wie Mayo es ausdrücken würde, *bewußt* bist); und es würde nicht mit Notwendigkeit auch auf irgendein anderes Individuum zutreffen, wie ähnlich dieses ihm auch immer sein mag«. Eines fiktiven Charakters können wir uns jedoch nicht *bewußt* – in diesem mystischen Sinne – sein; wir können ihn nur mehr oder weniger detailliert *beschrieben* bekommen.

An der Quelle dieser ersten Verwechslung liegt eine weitere, auf die ich bereits angespielt habe – nämlich die zwischen den Wörtern »allgemein« (in dem Sinne, in dem es das Gegenteil von »spezifisch« ist) und »universell« (als Gegensatz zu »singulär«). Ich will nicht behaupten, daß es inkorrekt ist, wenn es für einen jeden dieser beiden Ausdrücke vielerlei Gebrauchsweisen gibt, von denen sich einige überschneiden, sondern nur, daß eine wichtige Unterscheidung gemacht werden muß. Machen wir sie nicht, so werden wir auf das Argument hereinfallen, daß, weil Menschen und Situationen sehr komplexe Entitäten sind, und weil daher Beschreibungen von ihnen sehr *spezifisch* sein müssen, dies zur Folge hat, daß von ihnen keine Beschreibung mit Hilfe von *universellen* Ausdrücken gegeben werden kann und daher auch kein *universelles* Prinzip für sie vorgebracht werden kann. Wenn in diesem Argument »universell« durch »allgemein« ersetzt würde, so wäre es gültig; es ist in der Tat unmöglich, moralische (oder, wenn man so will, psychologische) Prinzipien vorzuschlagen, die sowohl in hohem Grade allgemein als auch in einem hohen Grade präzise sind. Wir können allgemein bleiben, wenn wir uns damit zufrieden geben, ungenau zu sprechen und die Möglichkeit von Ausnahmen zuzugeben; bei Sachverhalten jedoch, die komplex und vielgestaltig sind, können wir nicht zugleich allgemein und präzise sein. Wir können aber universelle Feststellungen treffen, die so präzise sind, wie wir nur wollen (so etwas wie eine *absolute* Präzision gibt es nicht). Nicht-eliminierbare singuläre Ausdrücke einzuführen, um die Komplexität des Untersuchungsgegenstandes in den Griff zu bekommen (das ist es doch, was diese Philosophen offensichtlich vorschlagen wollen), ist sowohl unnötig als auch nutzlos; um etwas sagen zu können, brauchen wir sowohl Subjekte (singulär) als auch Prädikate (universell); und selbst wenn es beim Gebrauch dieser Instrumente irgendeine Schwierigkeit gäbe – durch die Empfehlung, einfach zu schweigen, würde sie nicht *gelöst*.

1 s. o. S. 175-197.
2 Die terminologische Frage, ob E-Typ-Urteile mit Recht »Wertungen« genannt werden können, werde ich nicht diskutieren; s. S. 201f.
3 Dies ist, streng genommen, ungenau; Richter wissen nämlich, daß ihre Rechtsprechung territorial oder sonstwie in einer Weise beschränkt ist, die nicht ohne die Verwendung von Individuenkonstanten spezifiziert werden kann. Darin besteht einer der Hauptunterschiede zwischen juristischen und moralischen Urteilen. Um in der von ihm diskutierten Frage ja keine *petitio principii* zu begehen, führt Gellner Moralurteile nicht als Beleg dafür an, was er mit »U-Typ-Wertungen« *meint*. Hätte er das getan (wie es wohl die meisten von uns natürlicherweise getan hätten), dann wäre es ihm nicht möglich gewesen, die ›Existentialisten‹ so gut wegkommen zu lassen.
4 P. F. Strawson, *Proceedings of the Aristotelian Society*, 1953-1954, S. 234. Strawson sagt, daß »wir zweifelsohne den Union Jack gern als etwas Allgemeines und nicht als etwas Partikuläres ansehen würden . . . all dies sind Dinge, die wir wohl gerne mit Eigenschaften . . . oder Qualitäten . . . in eine Klasse stecken würden . . . wenn wir diese letzteren mit Individuen . . . kontrastieren.«
5 S. 176. Im wörtlichen Sinne genommen ist dies mit S. 182 inkonsistent; Gellner spricht dort jedoch »grob«, was beim jetzigen Stand dieser Kontroverse nahezu unvermeidlich ist.
6 Es könnte sein, daß einige etwas dagegen haben, ein Urteil, das einen singulären Ausdruck enthält, eine »Regel« oder »Maxime« zu nennen. Ich werde jedoch diese Wörter in demselben weiten Sinne wie Gellner verwenden; das gleiche gilt für »Prinzip«.

7 Vgl. Gellner, S. 191.
8 Treatise, III, 1, i, letzter Abschnitt.
9 Dieser Punkt wurde ausführlicher diskutiert in meinem Buch *Die Sprache der Moral*, Frankfurt, 1972, S. 196, 218.
10 Vgl. *Die Sprache der Moral*, S. 167-8, 170.
11 Vgl. *Die Sprache der Moral*, S. 156.
12 Vgl. *Die Sprache der Moral*, S. 209 und G. H. von Wright, *Logical Problem of Induction*, Kp. III.

XI
G. E. M. Anscombe
Moderne Moralphilosophie

Ich möchte zu Beginn drei Thesen formulieren, die ich in diesem Artikel vertreten werde. Die erste ist, daß es uns gegenwärtig keinen Nutzen bringt, Moralphilosophie zu treiben; zumindest sollten wir damit so lange warten, bis wir über eine adäquate Philosophie der Psychologie verfügen, an der es uns offensichtlich noch fehlt. Die zweite ist, daß wir die Begriffe der Pflicht (duty) und der Verpflichtung (obligation) – im Sinne der *moralischen* Pflicht und der *moralischen* Verpflichtung – über Bord werfen sollten, falls dies psychologisch möglich ist, ebenso unsere Begriffe des *moralisch* Richtigen bzw. Falschen und den *moralischen* Sinn von »sollte« (ought); denn sie alle sind Überbleibsel oder Derivate von Überbleibseln aus einer früheren Konzeption von Ethik, die heute nicht mehr allgemein besteht, und sie sind außerhalb dieser Konzeption nur von Nachteil. Meine dritte These ist, daß die Unterschiede zwischen den namhaften englischen Moralphilosophen seit Sidgwick bis in unsere Tage nur von geringer Bedeutung sind.

Jeder, der sich einerseits mit der Ethik des Aristoteles und andererseits mit moderner Moralphilosophie beschäftigt hat, muß von den tiefen Gegensätzen zwischen ihnen betroffen sein. Die bei den modernen Autoren maßgeblichen Begriffe scheinen bei Aristoteles völlig zu fehlen oder zumindest nur versteckt oder weit im Hintergrund vorzukommen. Besonders bemerkenswert ist, daß der direkt auf Aristoteles zurückgehende Ausdruck »moralisch« in seinem modernen Sinn schlichtweg nicht in eine Darstellung der Aristotelischen Ethik hineinzupassen scheint. Aristoteles unterscheidet zwischen moralischen und intellektuellen Tugenden. Haben einige der Tugenden, die er »intellektuell« nennt, nach *unserer* Terminologie einen »moralischen« Aspekt? Es scheint so zu sein; dabei ist das Kriterium wahrscheinlich dies, daß ein Versagen in einer »intellektuellen« Tugend – etwa der Urteilsfähigkeit für die Planung nützlicher Vorhaben, z. B. im Rahmen der Stadtverwaltung – *tadelnswert* sein kann. Aber – so wäre mit Recht zu fragen – läßt sich nicht *jedes beliebige* Versagen zum Gegenstand des Tadels oder Vorwurfs machen? Man kann doch jede negative Kritik, etwa an der Verarbeitung eines Produkts oder am Design einer Maschine als Tadel oder als Vorwurf bezeichnen. Wir möchten also wiederum das Wort »moralisch« einfügen: Ein solches Versagen kann zuweilen *moralisch* tadelnswert sein, ein andermal nicht. Hatte nun Aristoteles diese Idee des *moralischen* Tadels im Gegensatz zu einer anderen Art des Tadels vor Augen? Und wenn ja, warum stellt er sie dann nicht stärker in den Mittelpunkt? Nach Aristoteles gibt es gewisse Fehler, die nicht nur unbeabsichtigte Handlungen, sondern Schurkerei bewirken und für die ein Mensch getadelt wird. Bedeutet dies, daß es eine *moralische* Verpflichtung gibt, bestimmte intellektuelle Fehler nicht zu begehen? Warum diskutiert er nicht die Verpflichtung ganz allgemein und diese Verpflichtung im besonderen? Wenn jemand Aristoteles zu interpretieren behauptet und dabei den Ausdruck »moralisch« im modernen Sinn verwendet, muß er schon sehr unsensibel sein, um nicht ständig das Gefühl zu haben, daß hier etwas nicht zusammenpaßt.

Von Aristoteles können wir also keinerlei Klärung unserer modernen Sprechweise über das »moralisch« Gute, über »moralische« Verpflichtung usw. erwarten. Und alle namhaften modernen Ethiker von Butler bis Mill scheinen mir bei diesem Thema Fehler zu begehen, die es unmöglich machen, von ihnen eine direkte Erhellung des Problems zu erhoffen. Ich werde diese Einwände so kurz, wie es ihrem Charakter nach möglich ist, vorbringen.

Butler mißt dem Gewissen besondere Bedeutung zu, scheint aber zu übersehen, daß das Gewissen einem Menschen die niederträchtigsten Handlungen eingeben kann.

Hume definiert »Wahrheit« auf eine Weise, wodurch ethische Urteile ausgeschlossen werden, und behauptet, deren Ausgeschlossensein bewiesen zu haben. Weiter definiert er »Leidenschaft« implizit derart, daß »etwas erstreben« bedeutet, eine Leidenschaft zu haben. Sein Einwand gegen den Übergang von »ist« zu »sollte«, würde ebenso auf den Übergang von »ist« zu »schuldet« oder von »ist« zu »braucht« zutreffen. (Allerdings trifft er hier aufgrund der historischen Situation einen wesentlichen Punkt, auf den ich noch zurückkommen werde.)

Kant führt die Idee ein, daß man sich selbst Gesetze gibt, was ebenso absurd ist, als wenn man heute, wo Mehrheitsbeschlüsse so hohe Achtung fordern, jeden überlegten Entschluß eines Menschen als Resultat einer Abstimmung hinstellen würde, die mit einer überwältigenden Mehrheit, nämlich in jedem Fall mit 1 gegen 0 ausfiele. Der Begriff der Gesetzgebung setzt eine Machtüberlegenheit seitens des Gesetzgebenden voraus. Kants persönliche rigoristische Überzeugung zum Problem des Lügens war so ausgeprägt, daß es ihm niemals in den Sinn kam, daß eine Lüge auch als etwas anderes, statt als bloße Lüge relevant beschrieben werden könnte (z. B. als eine »Lüge in den-und-den Umständen«). Seine Regel über die Universalisierbarkeit von Maximen ist so lange nutzlos, solange nicht festgelegt ist, was im Hinblick auf die Konstruktion der Maxime einer Handlung als relevante Beschreibung dieser Handlung gelten soll.

Bentham und Mill übersehen die Problematik des Begriffes »Lust« (pleasure). Ihnen wird oft nachgesagt, sie seien durch den »naturalistischen Fehlschluß« (naturalistic fallacy) irregeleitet worden; aber dieser Vorwurf beeindruckt mich nicht, da ich ihn noch nicht widerspruchsfrei formuliert gefunden habe; dagegen scheint mir der andere, die Lust betreffende Einwand grundlegend und entscheidend zu sein. Die Alten empfanden diesen Begriff als ziemlich verwirrend. Durch ihn wurde Aristoteles zu reinem Wortgeklingel über die »Schönheit in der Blüte der Jahre« verleitet, weil er die Lust mit guten Gründen sowohl als identisch mit, als auch als verschieden von der lustvollen Handlung hinstellen wollte. Generationen von neuzeitlichen Philosophen erschien dieser Begriff völlig problemlos, und erst vor ein oder zwei Jahren, als Ryle sich damit befaßte, tauchte er in der Literatur wieder als problematischer Begriff auf. Der Grund ist einfach: Seit Locke faßte man die Lust als eine Art inneren Eindrucks auf (internal impression). Traf diese Auffassung von Lust jedoch zu, so war es oberflächlich, die Lust zum Ziel von Handlungen zu machen. In Anlehnung an eine Äußerung Wittgensteins über das »Meinen« könnte man sagen: Lust kann kein innerer Eindruck sein, denn kein innerer Eindruck könnte die Konsequenzen von Lust haben.

Ebenso wie Kant übersieht auch Mill die Notwendigkeit, relevante Beschreibungen festzulegen, wenn seine Theorie Gehalt haben soll. Daß Mord- und Diebstahlshandlungen auch anders beschrieben werden könnten, kam ihm nicht in den Sinn. Nach Mill muß man sich, wenn eine beabsichtigte Handlung unter ein einziges auf Nützlichkeitserwägungen gegründetes Prinzip fällt, nach diesem Prinzip richten; fällt sie unter keins oder unter mehrere, wobei diese konträre Beurteilungen der Handlung nahelegen, so muß man einzelne Konsequenzen der Handlung abwägen. Nun kann man aber sehr wohl jede beliebige Handlung so beschreiben, daß sie unter eine Mehrzahl von Nützlichkeitsprinzipien fällt (wie ich es kurz formulieren möchte), wenn sie überhaupt unter eines fällt.

Ich komme nun auf Hume zurück. Angesichts der oben erwähnten, wie auch vieler anderer Eigenheiten der Philosophie Humes wäre ich geneigt, in ihm nichts weiter als einen – brillanten – Sophisten zu sehen; und in seinem Vorgehen ist er sicherlich sophistisch. Eine Besonderheit seines Philosophierens zwingt mich jedoch dazu, diesem Urteil, auch wenn es nicht rückgängig gemacht wird, noch etwas hinzuzufügen: obwohl er nämlich seine Schlußfolgerungen – an denen er hängt – mit sophistischen Methoden erreicht, decken seine Überlegungen ständig sehr tiefgreifende und bedeutsame Probleme auf. Wenn man seine Sophistik auseinanderlegt, stößt man häufig selbst auf Dinge, die einer gründlichen Untersuchung wert sind: als Resultat der angeblichen Entdeckungen Humes wird das Offensichtliche fragwürdig. In dieser Hinsicht unterscheidet er sich z. B. von Butler. Daß das Gewissen böse Handlungen diktieren kann, war bereits bekannt. Wenn Butler dies in seinen Schriften außer acht läßt, eröffnet uns das keinerlei neue Fragestellungen. Bei Hume ist das anders; er ist daher trotz seines Sophistentums ein tiefgründiger und bedeutender Philosoph. Ein Beispiel:

Angenommen, ich sagte zu meinem Kaufmann: »Wahrheit besteht *entweder* in einer Beziehung zwischen Ideen, wie z. B. daß 20 Schillinge = 1 Pfund sind, *oder* in Tatsachen, wie z. B. daß ich Kartoffeln bestellt habe, daß Sie mir welche lieferten und daß Sie mir eine Rechnung schickten. Sie betrifft also nicht eine Proposition wie die, daß ich Ihnen die und die Summe *schulde*.«

Wenn man nun diesen Vergleich vorbringt, so kommt dabei zutage, daß die genannten Tatsachen zu der Beschreibung »X schuldet Y so und so viel Geld« in einer interessanten Beziehung stehen; ich werde sagen, jene Tatsachen seien »blanke Tatsachen in bezug auf« diese Beschreibung (»brute relative to« that description). Weiterhin haben die hier erwähnten »blanken Tatsachen« ihrerseits Beschreibungen, bezüglich derer wieder *andere* Tatsachen »blanke Tatsachen« sind – z. B. sind die Tatsachen: *Der Kaufmann fuhr Kartoffeln zu meiner Wohnung* und: *Die Kartoffeln wurden dort gelassen* blanke Tatsachen in bezug auf »Er lieferte mir Kartoffeln«. Und die Tatsache: *X schuldet Y Geld* ist ihrerseits eine »blanke Tatsache« in bezug auf andere Beschreibungen, z. B. »X ist solvent«. Nun ist die Relation ». . . ist eine blanke Tatsache in bezug auf . . .« recht kompliziert. Um nur einige Punkte zu nennen: Wenn xyz eine Menge von blanken Tatsachen bezüglich einer Beschreibung A ist, so ist xyz eine Menge aus einem Bereich, innerhalb dessen irgendeine Menge zutrifft, falls A zutrifft; aber das Zutreffen irgendeiner Menge aus diesem Bereich hat nicht notwendig A zur Folge, da außergewöhnliche Umstände jederzeit einen Unterschied ausmachen können; was aber außergewöhnliche Umstände in bezug auf A sind, läßt sich im allgemeinen nur dadurch erklären, daß man einige Beispiele dafür gibt; sie lassen sich durch *keine* theoretisch adäquate Zusatzbedingung ausschalten, da man sich stets theoretisch einen weiteren speziellen Kontext denken kann, der jeden beliebigen gegebenen Kontext umdeutet. Ferner: Obgleich unter normalen Umständen xyz eine Rechtfertigung für A wäre, bedeutet dies nicht, daß A einfach dasselbe bedeutet wie »xyz«; ebenso gibt es häufig einen institutionellen Kontext, durch den die Beschreibung A erst ihren Sinn erhält und der natürlich nicht von A selbst beschrieben wird. (Z. B. ist die Feststellung, daß ich jemandem einen Schilling gebe, keine Beschreibung der Institution des Geldes oder der Währung des Landes.) Obwohl es also lächerlich wäre, die Möglichkeit eines solchen Übergangs, z. B. von »ist« zu »schuldet« abstreiten zu wollen, ist doch der Charakter dieses Übergangs ziemlich interessant und kommt als ein Resultat des Nachdenkens über die Argumente Humes zum Vorschein.[1]

Daß ich dem Händler eine so und so große Summe schulde, wäre *eine* von einer Menge von Tatsachen, die »blanke Tatsachen« bezüglich der Beschreibung »Ich bin ein Betrüger« sind. »Betrug« ist natürlich eine Art der »Unredlichkeit« oder des »Unrechts«. (Diese Überlegung wird natürlich nur dann einen Einfluß auf meine Handlungen haben, wenn ich unrechte Handlungen begehen oder vermeiden will.)

Bis hierher fasse ich »Betrug«, »Unredlichkeit« und »Unrecht« trotz ihrer starken Assoziationen in einem rein »faktischen« Sinne auf. Daß ich dies für »Betrug« tun kann, ist offensichtlich; wie »Recht« zu definieren ist, weiß ich nicht, außer daß es einen Bereich von Handlungen betrifft, die sich auf eine andere Person beziehen; aber »Unrecht«, das Fehlen des »Rechts«, kann vorerst als Gattungsname vorgeschlagen werden, unter dem verschiedene Arten zusammengefaßt sind, z. B. »Betrug«, »Diebstahl« (relativ auf die jeweils bestehenden Eigentumsordnungen), »Verleumdung«, »Ehebruch«, »Bestrafung des Unschuldigen«.

In der gegenwärtigen Philosophie wird eine Erklärung dafür gefordert, warum ein ungerechter Mensch ein schlechter Mensch und eine ungerechte Handlung eine schlechte Handlung ist. Eine solche Erklärung zu liefern, ist Sache der Ethik. Diese Aufgabe kann jedoch nicht einmal in Angriff genommen werden, solange wir nicht über eine angemessene Philosophie der Psychologie verfügen. Denn der Beweis, daß ein ungerechter Mensch ein schlechter Mensch ist, würde eine positive Darstellung der Gerechtigkeit als einer »Tugend« erfordern. Dieser Bereich der Ethik ist uns jedoch so lange völlig verschlossen, bis wir wissen, zu welchem *Typ von Eigenschaften* eine Tugend gehört – was kein Problem der Ethik, sondern eins der Begriffsanalyse ist – und in welcher Beziehung sie zu den Handlungen steht, in denen sie sich konkretisiert: eine Frage, die Aristoteles m. E. nicht wirklich klar beantworten konnte. Hierfür benötigen wir sicher mindestens eine Darstellung dessen, was eine menschliche Handlung überhaupt ist und wie ihre Beschreibung als »das und das tun« von ihren Motiven und den mit ihr verbundenen Absichten abhängig ist; was wiederum eine Klärung dieser letzteren Begriffe voraussetzt.

Die Ausdrücke »sollte«, oder »braucht«[2] stehen in Beziehung zu gut und schlecht: beispielsweise braucht ein Mechanismus Öl, er sollte geölt werden, weil es schlecht für ihn ist, ohne Öl zu laufen, oder weil er ohne Öl schlecht läuft. Wenn man gemäß dieser Konzeption von einem Menschen sagt, er sollte niemanden um sein Geld betrügen, so ist »sollte« hier natürlich nicht in einem speziellen »moralischen« Sinn verwendet. (Im aristotelischen Sinn des Ausdrucks »moralisch« (ἠθικός) wird »sollte« im Zusammenhang mit einem *moralischen* Gegenstandsbereich verwendet: nämlich dem der menschlichen Leidenschaften und (nicht-technischen) Handlungen). Aber nun hat dieser Ausdruck einen speziellen, sogenannten »moralischen« Sinn angenommen – d. h. einen Sinn, wonach er (ähnlich dem »schuldig« oder »nicht schuldig« in bezug auf einen Menschen) irgendeinen absoluten Urteilsspruch in bezug auf dasjenige einschließt, was in den »soll«-Sätzen beschrieben ist, sofern diese in bestimmten Arten von Kontexten verwendet werden, und zwar nicht nur in solchen Kontexten, die *Aristoteles* »moralisch« nennen würde – Leidenschaften und Handlungen – sondern auch in einigen von jenen Kontexten, die er als »intellektuell« bezeichnen würde.

Die alltäglichen (und völlig unersetzbaren) Ausdrücke »sollte« und »muß«[3] haben diesen speziellen Sinn dadurch angenommen, daß sie in den relevanten Kontexten gleichgesetzt werden mit »ist verpflichtet«, »ist gebunden« oder »wird verlangt« in dem Sinne, wie jemand gesetzlich verpflichtet oder gebunden oder wie etwas kraft Gesetzes verlangt sein kann.

Wie ist es hierzu gekommen? Die Antwort ergibt sich aus der Geschichte: Zwischen Aristoteles und uns kam das Christentum mit seiner *Gesetzeskonzeption* der Ethik. Das Christentum nämlich leitete seine ethischen Begriffe von der Thora her. (Der Gedanke läge nahe, daß eine Gesetzeskonzeption der Ethik nur in solchen Gemeinschaften entstehen kann, die ein positives Gesetz von angeblich göttlicher Herkunft annehmen; daß dem nicht so ist, zeigt sich am Beispiel der Stoiker, nach deren Ansicht alles, was der Übereinstimmung mit den menschlichen Tugenden dient, durch göttliches Gesetz verlangt war.)

Infolge der jahrhundertelangen Vorherrschaft des Christentums haben sich die Begriffe der Pflicht, des Erlaubten, der Vergebung tief in unsere Sprache und in unser Denken eingebettet. Das griechische Wort »ἁμαρτάνειν«, am meisten geeignet, in diese Verwendung überführt zu werden, nahm die Bedeutung von »Sünde« an, nachdem es ursprünglich »einen Fehler machen«, »ein Ziel verfehlen«, »fehlgehen« bedeutet hatte. Das lateinische *»peccatum«*, in etwa die Entsprechung zu »ἁμάρτημα« kam dem Sinn von »Sünde« sogar noch stärker entgegen, da es bereits mit *»culpa«* – »Schuld« –, einem juristischen Begriff, verknüpft war. Die Pauschalausdrücke »verboten«, »unrecht«, die etwa dieselbe Bedeutung haben wie unser Pauschalausdruck »falsch«, erklären sich selbst. Es ist interessant, daß Aristoteles keinen Pauschalausdruck mit ähnlichem Sinn hatte. Er hat Pauschalbezeichnungen für Schlechtigkeit – »Bösewicht«, »Schurke«; aber natürlich ist ein Mensch noch kein Bösewicht oder Schurke, wenn er eine oder nur wenige schlechte Taten begeht. Und er hat Ausdrücke wie »undankbar«, »ehrfurchtslos«; ebenso spezifische Ausdrücke, die das Fehlen der relevanten Tugend anzeigen, wie z. B. »ungerecht«.[4] Aber er hat keinen Ausdruck, der unserem »verboten« entspricht. In seiner Terminologie ließe sich die Extension (d. h. der Anwendungsbereich) dieses Ausdrucks nur mit einem ziemlich langatmigen Satz umschreiben: »Verboten« ist das, was einer Tugend entgegengesetzt ist, deren Fehlen einen Menschen *qua* Mensch als schlecht erweist, sei es ein Gedanke, sei es die Einwilligung in eine Leidenschaft, sei es eine Handlung oder das Unterlassen eines Gedankens oder einer Handlung. Diese Formulierung ergäbe einen mit »verboten« deckungsgleichen Begriff.

Eine Gesetzeskonzeption der Ethik läuft auf die Auffassung hinaus, all das, was zur Übereinstimmung mit jenen Tugenden nötig ist, deren Fehlen das Zeichen eines schlechten Menschen *qua* Mensch bedeuten würde (und nicht etwa nur *qua* Handwerker oder *qua* Logiker) – all das, was hierfür nötig ist, sei aufgrund göttlichen Gesetzes gefordert. Natürlich ist eine solche Gesetzeskonzeption nicht ohne Glauben an Gott als Gesetzgeber möglich, ein Glaube, der bei den Juden, in der Stoa und im Christentum besteht. Dominiert eine solche Konzeption jedoch für viele Jahrhunderte und wird dann aufgegeben, so ist es eine natürliche Folge, daß die Begriffe der Verpflichtung, des durch ein Gesetz Gebunden- oder Verpflichtetseins zurückbleiben, obwohl sie ihre Wurzel verloren haben; und wenn das Wort »sollen« in bestimmten Kontexten mit dem Sinn von »Verpflichtung« ausgestattet worden ist, wird man es in diesen Kontexten auch weiterhin mit einer besonderen Emphase und einem besonderen Gefühl aussprechen.

Es verhält sich hier so, wie wenn der Begriff »strafwürdig« übriggeblieben wäre, wenn Strafrecht und Strafprozesse abgeschafft und vergessen sind. Ein Hume in dieser Situation würde vielleicht zu dem Schluß kommen, es gebe eine bestimmte in dem Wort »strafwürdig« ausgedrückte Empfindung, die diesem Wort allein Sinn gibt. So fand Hume die Situation vor, daß der Begriff der »Verpflichtung« weiterbestand und der Begriff »sollen« mit jenem eigentümlichen Gewicht ausgestattet schien, das man ihm beim Gebrauch in einem »moralischen« Sinn zuschreibt, während der Glaube an ein göttliches Gesetz schon lange zuvor aufgegeben war: denn substanziell war er vom Protestantismus zur Zeit der Reformation fallengelassen worden.[5] Wenn ich recht sehe, war dies die interessante Situation, daß ein Begriff außerhalb des Gedankengebäudes weiterbestand, das ihn allein wirklich verständlich machte.

In seinen bekannten Bemerkungen zum Übergang von »ist« zu »sollte« brachte Hume also mehrere ganz verschiedene Punkte zusammen. Einen davon habe ich versucht, durch meine Bemerkungen zum Übergang von »ist« zu »schuldet« und zum Problem der

»blanken Tatsachen bezüglich einer Beschreibung« herauszuarbeiten. Einen anderen Punkt könnte man herausarbeiten, indem man den Übergang von »ist« zu »braucht« untersucht, etwa den Übergang von den Eigenschaften eines Organismus zu der Umgebung, die er braucht. Zu sagen, er brauche eine bestimmte Umgebung, heißt nicht, man wolle, er hätte diese Umgebung; sondern es heißt, daß er ohne diese Umgebung nicht gedeiht. Allerdings hängt es völlig davon ab, ob wir *wollen*, daß er gedeiht, würde Hume sagen. Aber wenn wir fragen, was »völlig davon abhängt«, ob wir wollen, daß er gedeiht, ist: ob unsere Handlungen irgendwie beeinflußt werden durch das Faktum, daß der Organismus diese Umgebung braucht oder daß er ohne sie nicht gedeihen würde. *Daß* dies und dies sein »sollte« oder *daß* dies und dies gebraucht wird, hat angeblich einen Einfluß auf unsere Handlungen: woraus sich anscheinend ganz natürlich schließen ließe, das Urteil, daß es »sein sollte«, komme faktisch dem Zugeständnis gleich, daß das, was »sein sollte«, einen Einfluß auf unsere Handlungen habe. Und keine noch so gesicherte Wahrheit hinsichtlich dessen, was *ist*, könnte einen logischen Anspruch auf Beeinflussung unserer Handlungen haben. (Nicht ein Urteil als solches bringt uns in Bewegung, sondern unser Urteil darüber, wie wir etwas, was wir *wollen*, tun oder bekommen können.) Daher *muß* es unmöglich sein, von »ist« auf »braucht« oder auf »sollte sein« zu schließen. Aber im Falle einer Pflanze etwa ist der Schluß von »ist« auf »braucht« nicht im mindesten zweifelhaft. Er ist interessant und untersuchenswert, aber keineswegs verdächtig. Er ist von ganz ähnlichem Interesse wie das Verhältnis von blanken Tatsachen einer Stufe zu blanken Tatsachen einer niedrigeren Stufe: diese Beziehungen sind bisher kaum untersucht. Und wenn man auch das, »was die Pflanze braucht«, von dem unterscheiden kann, »was sie bekommen hat«, – wie *de facto* und *de iure* – so ist es doch um nichts weniger »wahr«, daß sie diese Umgebung braucht.

Sicherlich wird sich im Fall der Pflanze der Gedanke daran, daß sie etwas braucht, nur dann auf unsere Handlungen auswirken, wenn wir wollen, daß die Pflanze gedeiht. Hier besteht demnach kein notwendiger Zusammenhang zwischen dem Urteil darüber, was die Pflanze »braucht«, und dem, was man will. Dagegen besteht eine Art von notwendigem Zusammenhang zwischen dem, was man *selbst* zu brauchen meint, und dem, was man will. Es ist ein komplexer Zusammenhang; es ist möglich, etwas *nicht* zu wollen, was man nach eigenem Urteil braucht. Aber es ist z. B. nicht möglich, niemals auch nur *irgendetwas* zu wollen, was man nach eigenem Urteil braucht. Diese Tatsache betrifft allerdings nicht die Bedeutung des Wortes »brauchen«, sondern das Phänomen des *Wollens.* Humes Argumentation, so könnten wir sagen, führt uns stattdessen zu der Vermutung, sie beträfe das Wort »brauchen« oder den Ausdruck »gut sein für etwas«.

So finden wir in der Bemerkung zum Übergang von »ist« zu »sollte« schon zwei Probleme ineinander verwoben. Angenommen nun, wir hätten einerseits die Problematik der »blanken Tatsachen« in bezug auf eine Beschreibung und zum andern die in »brauchen« und »gedeihen« eingeschlossenen Begriffe geklärt, so bliebe *noch immer* ein dritter Punkt übrig. In Anlehnung an Hume nämlich könnte jemand sagen: Vielleicht hast du deine These bezüglich des Übergangs von »ist« zu »schuldet« und von »ist« zu »braucht« bewiesen, aber nur auf Kosten des Nachweises, daß Sätze mit »schuldet« und mit »braucht« eine *Art* von Wahrheiten, eine *Art* von Tatsachen ausdrücken. Und es bleibt nach wie vor unmöglich, Sätze mit einem *moralischen* »sollte« aus Sätzen mit »ist« abzuleiten.

Dieser Einwand, scheint mir, wäre korrekt. Dieses Wort »sollte«, nachdem es zu einem Wort von bloß hypnotischer Kraft geworden ist, könnte in dieser Rolle nicht von irgendetwas anderem abgeleitet werden. Vielleicht wird man einwenden, daß es aus anderen Sätzen mit einem moralischen »sollte« abgeleitet werden kann. Aber das kann nicht zutreffen. Dieser Anschein entsteht nur aufgrund der Tatsache, daß wir sagen, aus »Alle Menschen sind Φ« und »Sokrates ist ein Mensch« folge »Sokrates ist Φ«. Hier ist »Φ« jedoch nur ein Platzhalter-Prädikat. Gemeint ist, daß diese Implikation gilt, wenn man für »Φ« ein echtes Prädikat substituiert. Es muß ein echtes Prädikat sein, nicht nur ein bloßes Wort ohne einsehbaren Inhalt, ein Wort, das noch immer großes Gewicht suggeriert und sich eignet, eine starke psychologische Wirkung hervorzurufen, das aber schlechterdings keinen wirklichen Begriff mehr bezeichnet.

Denn das Wort suggeriert einen *Urteilsspruch* bezüglich meiner Haltung, entsprechend ihrer Übereinstimmung oder Nichtübereinstimmung mit dem, was in dem »Sollte«-Satz beschrieben ist. Und wenn man nicht an die Existenz eines Richters oder eines Gesetzes glaubt, mag der Gedanke eines Urteilsspruchs zwar seine psychologische Wirkung behalten, aber nicht seine Bedeutung. Angenommen nun, dieses Wort »Urteilsspruch« *würde* so verwendet – mit einem charakteristischen feierlichen Nachdruck –, daß es seine Atmosphäre, aber nicht seine Bedeutung beibehielte, und jemand sagte: »Für einen *Urteilsspruch* braucht man letzten Endes einen Richter und ein Gesetz.« Es könnte geantwortet werden: »Keineswegs, denn wenn es ein Gesetz und einen Richter gäbe, der einen Urteilsspruch fällt, so stünden wir vor der Frage, ob die Annahme dieses Urteilsspruchs etwas ist, das einem *Urteilsspruch* unterliegt.« Dies ist analog einem Argument, das so oft als entscheidend hingestellt wird: Wenn jemand ein ethisches Konzept im Sinne der göttlichen Gesetzgebung vertrete, müsse er nichtsdestoweniger zugeben, daß er darüber hinaus ein Urteil benötige, wonach er dem göttlichen Gesetz gehorchen *sollte* (im moralischen Sinn von »sollte«); seine Ethik sei somit in derselben Lage wie jede andere: Er habe lediglich einen »praktischen Obersatz«:[6] »Göttliches Gesetz sollte befolgt werden«, während jemand anderes z. B. den Obersatz habe: »Bei allen Entscheidungen sollte man sich nach dem Prinzip des höchsten Glücks richten«.

Ich würde sagen, daß Hume und unsere zeitgenössischen Ethiker uns durch ihren Hinweis auf die Inhaltslosigkeit des moralischen »sollte« einen beträchtlichen Dienst erwiesen hätten, wenn nicht die letzteren versuchen würden, einen anderen (sehr zweifelhaften) Inhalt zu finden und das psychologische Gewicht des Ausdrucks aufrechtzuerhalten. Am vernünftigsten wäre es, ihn fallenzulassen. Außerdem einer Gesetzeskonzeption der Ethik hat er keinen vernünftigen Sinn; diese Philosophen beabsichtigen nicht, solch eine Konzeption beizubehalten; und wie das Beispiel des Aristoteles zeigt, läßt sich Ethik auch ohne eine solche betreiben. Es wäre eine wesentliche Verbesserung, wenn man statt »moralisch falsch« stets einen spezifischeren Ausdruck wie »unwahrhaftig«, »unkeusch«, »ungerecht« verwenden würde. Wir würden nicht mehr die Frage stellen, ob es »falsch« sei, dies oder jenes zu tun, und damit direkt von irgendeiner Beschreibung einer Handlung zu diesem Begriff übergehen, sondern wir würden z. B. fragen, ob es ungerecht sei; und hierauf wäre die Antwort manchmal unmittelbar einsichtig.

Ich komme nun zu jener Epoche in der modernen englischen Moralphilosophie, die durch Sidgwick markiert ist. Zwischen Mill und Moore scheint sich ein bedeutsamer Wandel vollzogen zu haben. Wie wir sahen, nimmt Mill an, daß bei solchen Handlungen wie Mord oder Diebstahl ein Abwägen von einzelnen Konsequenzen nicht in Frage kommt; und wir sahen auch, daß seine Position unsinnig ist, da überhaupt nicht klar ist, wie eine Handlung unter genau ein Prinzip der Nützlichkeit fallen *kann*. Bei Moore und den nachfolgenden Ethikern Englands gilt es als ziemlich klar, daß die »richtige Handlung« diejenige Handlung ist, welche die bestmöglichen Konsequenzen nach sich zieht, (wobei auch Werte an sich, die von einigen »Objektivisten«[7] bestimmten Arten von Handlungen zugeschrieben werden, zu den Konsequenzen zählen.) Hieraus folgt nun, daß ein Mensch, subjektiv gesprochen, gut handelt, wenn er in den gegebenen Umständen nach seinem Urteil über sämtliche Konsequenzen dieser bestimmten Tat im Hinblick auf die besten Konsequenzen handelt. Ich sage, daß dies folge, – nicht, daß irgendein Philosoph genau dies gesagt habe. Denn die Diskussion dieser Fragen kann natürlich höchst kompliziert werden: So kann beispielsweise bestritten werden, daß die Ausdrucksweise »dies und dies ist die richtige Handlung« befriedigend sei, mit der Begründung, daß etwas, um ein Prädikat haben zu können, zunächst einmal existieren müsse – wonach die Formulierung »ich bin verpflichtet« vielleicht am besten wäre; ein anderer Philosoph mag bestreiten, daß »richtig« ein »deskriptiver« Ausdruck sei, und dann auf einem Umweg über die Sprachanalyse zu einer Ansicht gelangen, die auf dasselbe hinausläuft wie: »Die richtige Handlung ist diejenige, welche die besten Konsequenzen hervorbringt« (z. B. die Ansicht, man bilde seine »Prinzipien«, um das Ziel zu verwirklichen, für dessen Verfolgung man sich entscheidet, wobei der Zusammenhang zwischen »Entscheidung« und dem »Besten« in der Weise gedacht wird, daß eine überlegte Entscheidung bedeutet, seine Handlungsweise so zu wählen, daß man die besten Konsequenzen herbeiführt); ferner muß die Rolle dessen, was man »moralische Prinzipien« nennt, und die Rolle des »Motivs der Pflicht« beschrieben werden; die Unterschiede zwischen »gut«, »moralisch gut« und »richtig« sind zu klären, die besonderen Eigenschaften von »sollte«-Sätzen müssen untersucht werden. Derartige Diskussionen erwecken den Anschein, als gebe es zwischen den einzelnen Ansichten signifikante Unterschiede, während doch das eigentlich Signifikante eine grundlegende Gleichartigkeit ist. Die grundlegende Gleichartigkeit wird deutlich, wenn man sich vergegenwärtigt, daß nach der Philosophie der bekanntesten englischen Moralphilosophen die Auffassung unhaltbar ist, nach der es nicht richtig sein kann, Unschuldige – aus welchen Zwecküberlegungen auch immer – zu töten, und daß jemand, der anders denkt, im Irrtum ist. (Ich muß beide Punkte erwähnen; denn während z. B. Hare eine Philosophie lehrt, die einen zu dem Urteil ermutigen würde, daß man sich um übergeordneter Zwecke willen für die Tötung eines Unschuldigen entscheiden »sollte«, würde er, wie ich glaube, ebenfalls lehren, daß man demjenigen keinen Irrtum vorwerfen könne, dem es beliebt, es zu seinem »obersten praktischen Prinzip« zu machen, daß ein Unschuldiger um keines Zweckes willen getötet werden darf: das sei eben einfach sein »Prinzip«. Mit dieser Ergänzung jedoch, glaube ich, kann man sehen, daß das Gesagte auf jeden einzelnen englischen Moralphilosophen seit Sidgwick zutrifft.) Dies nun ist ein signifikanter Umstand; denn es bedeutet, daß alle diese Philosophien mit der christlich-jüdischen Ethik völlig unvereinbar sind. Denn charakteristisch für diese Ethik war und ist die Lehre, daß gewisse Dinge verboten sind, welche *Konsequenzen* auch immer drohen mögen, so zum Beispiel das Töten eines Unschuldigen um irgendeines auch noch so guten Zweckes willen, stellvertretende Bestrafung, Verrat, (womit ich meine, das Vertrauen eines Menschen in einer wichtigen Sache durch das Versprechen treuer Freundschaft zu gewinnen und ihn dann an seine Feinde zu verraten), Götzendienst, Sodomie, Ehebruch, Ablegen eines falschen Glaubensbekenntnisses. Das Verbot gewisser Dinge allein aufgrund ihrer Beschreibung als so und so identifizierbare Arten von Handlungen, ohne Rücksicht auf weitere Konsequenzen, macht sicher nicht das Ganze der hebräisch-christlichen Ethik aus. Es ist jedoch ein bemerkenswerter Zug dieser Ethik. Und wenn alle Philosophen seit Sidgwick so schreiben, daß diese Ethik ausgeschlossen wird, spräche es für ein gewisses geistiges Provinzlertum, wenn man nicht diese Unvereinbarkeit als das bedeutendste Charakteristikum dieser Philosophen betrachten und im Vergleich dazu ihre Abweichungen untereinander als ziemlich geringfügig ansehen würde.

Bemerkenswert ist, daß keiner dieser Philosophen erkennen läßt, daß er sich der Existenz einer solchen Ethik bewußt ist, zu der er in Widerspruch steht: sie scheinen es alle für offenkundig zu halten, daß ein Verbot wie das des Tötens angesichts gewisser Konsequenzen unwirksam ist. Dabei zielt die Striktheit des Verbots natürlich gerade darauf ab, *sich nicht durch befürchtete oder erhoffte Konse-*

quenzen verführen zu lassen.

Wenn man den Übergang von Mill zu Moore betrachtet, wird man vermuten, daß er irgendwann von irgendwem vollzogen wurde; als naheliegend bietet sich Sidgwick an; und in der Tat wird man finden, daß sich der Übergang bei ihm in einer fast beiläufigen Weise vollzieht. Er ist ein ziemlich schwerfälliger Autor, und die wichtigen Dinge tauchen bei ihm in Nebenbemerkungen und Fußnoten auf oder in kleinen Argumentationseinheiten, wo er sich nicht mit seiner großen Klassifikation der »Methoden der Ethik« befaßt. Eine göttliche Gesetzestheorie der Ethik reduziert er in einer Fußnote auf eine unbedeutende Spielart, wenn er sagt, die »besten Theologen« (weiß der Himmel, wen er damit meint) sagten uns, man müsse Gott in seiner Eigenschaft als *moralisches* Wesen gehorchen. ἢ φορτικός δ ἔπαινος; man glaubt, Aristoteles sagen zu hören: »Wäre dies Lob nicht billig?«[8] Aber Sidgwick *ist* in einer Weise billig: Er denkt z. B., Bescheidenheit bestehe in der Unterschätzung der eigenen Verdienste – d. h. in einer Art der Unwahrhaftigkeit; und Gesetze gegen Blasphemie existierten nur deshalb, weil die Blasphemie den Gläubigen ein Dorn im Auge sei; und man verstoße, wenn man genaue Untersuchungen über die Tugend der Keuschheit anstelle, gerade gegen deren eigene Maßstäbe – eine Sache, die nicht erkannt zu haben, er den »mittelalterlichen Theologen« vorhält.

Vom Standpunkt der gegenwärtigen Untersuchung aus am wichtigsten ist Sidgwicks Definition der Absicht. Er definiert Absicht in einer Weise, daß gesagt werden muß, man beabsichtige jede vorhergesehene Konsequenz einer vorsätzlichen Handlung. Diese Definition ist offensichtlich nicht korrekt, und ich glaube sagen zu können, daß sie heute niemand mehr verteidigen würde. Er verwendet sie, um eine ethische These vorzubringen, die heute weithin Zustimmung fände: die These nämlich, daß es für die Verantwortlichkeit eines Menschen für etwas, was er vorhergesehen hat, keine Rolle spiele, daß er weder als Zweck noch als Mittel zum Zweck gewünscht hat. Wenn wir die Terminologie des Beabsichtigens korrekter verwenden und Sidgwicks falsche Konzeption meiden, können wir die These so formulieren: Für die Verantwortung eines Menschen für eine Wirkung seiner Handlung, die er vorhersehen kann, spielt es keine Rolle, daß er diese Wirkung nicht beabsichtigt. Dies klingt nun ziemlich belehrend; ich glaube, es ist kennzeichnend für eine sehr ungute Degeneration des Denkens über solche Fragen, wenn es belehrend klingt. Wir können sehen, worauf die These hinausläuft, wenn wir ein Beispiel betrachten. Nehmen wir an, ein Mensch sei verantwortlich für den Unterhalt eines Kindes. Er täte also etwas Schlechtes, wenn er dem Kind vorsätzlich die Unterstützung entzöge. Es wäre schlecht, sie ihm deshalb zu entziehen, weil er es nicht weiter unterstützen will; und ebenso wäre es schlecht, sie ihm deshalb zu entziehen, weil er etwa dadurch jemand anderen zu irgendeiner bestimmten Handlung zwingen will. (Wir können für dieses Argument annehmen, daß es für sich selbst genommen durchaus lobenswert wäre, den anderen zu dieser Handlung zu zwingen.) Nun habe er aber die Wahl, entweder etwas Verwerfliches zu tun oder aber ins Gefängnis zu gehen; geht er ins Gefängnis, so folgt, daß er dem Kind seine Unterstützung entzieht. Nach der Lehre Sidgwicks ergibt es keinen Unterschied in der Verantwortung dafür, daß er den Unterhalt des Kindes abbricht, ob er es nun um dieser Tat selbst oder um irgendeines anderen Zweckes willen tut, oder ob es sich als vorhergesehene und unvermeidbare Folge daraus ergibt, daß er ins Gefängnis geht, statt etwas Verwerfliches zu tun. Er muß also die relative Verwerflichkeit des Unterstützungsentzugs einerseits und der verwerflichen Tat andersseits gegeneinander abwägen; und es kann leicht sein, daß die schlechte Tat wirklich weniger unmoralisch wäre, als dem Kind absichtlich die Unterstützung zu entziehen; wenn nun die Tatsache, daß der Unterstützungsentzug ein Nebeneffekt davon ist, daß er ins Gefängnis geht, keine Rolle für seine Verantwortung spielt, wird diese Überlegung ihn dazu tendieren lassen, die verwerfliche Tat zu begehen, was immer noch etwas ziemlich Schlechtes sein kann. Und wenn er erst einmal begonnen hat, die Sache in diesem Licht zu betrachten, wird es für ihn natürlich das einzig Vernünftige sein, allein über die Folgen nachzudenken und nicht darüber, ob diese oder jene Handlung an sich schlecht ist. So daß er, wenn er mit guten Gründen urteilt, daß kein *großer* Schaden daraus entsteht, etwas viel Verwerflicheres tun kann, als dem Kind vorsätzlich die Unterstützung zu entziehen. Und falls sich seine Überlegungen als falsch erweisen, wird es scheinen, als sei er nicht für die Folgen verantwortlich, da er sie nicht vorausgesehen hat. Denn die These Sidgwicks läuft im Endeffekt darauf hinaus, daß es völlig unmöglich sei, die Schlechtigkeit einer Handlung zu beurteilen, außer im Licht von *erwarteten* Konsequenzen. Aber wenn dem so ist, dann muß jeder die

Schlechtigkeit im Licht der von ihm *selbst* erwarteten Konsequenzen beurteilen; und es folgt, daß man sich von den *tatsächlichen* Konsequenzen der verwerflichsten Taten lossprechen kann, solange man geltend machen kann, sie nicht vorhergesehen zu haben. Wohingegen ich behaupten würde, daß ein Mensch für die schlechten Folgen seiner schlechten Handlung verantwortlich ist, die guten hingegen nicht als Verdienst ansehen kann; und daß er umgekehrt keine Verantwortung für die schlechten Folgen seiner guten Handlungen trägt.

Daß Sidgwick – soweit es um Verantwortung geht – jeglichen Unterschied zwischen vorhergesehenen und beabsichtigten Konsequenzen leugnet, hängt bei ihm nicht mit dem Aufbau irgendeiner bestimmten »Methode der Ethik« zusammen; er tat diesen schwerwiegenden Schritt um dieses Schrittes selbst willen und zugunsten aller; und mir scheint es plausibel anzunehmen, daß *dieser* Schritt Sidgwicks den Unterschied erklärt, der zwischen dem herkömmlichen Utilitarismus und jenem von mir so genannten *Konsequentialismus* besteht, der für ihn und für alle englischen Moralphilosophen nach ihm kennzeichnend ist. Durch diesen Schritt erhielt jene Art von Erwägungen, die man früher als Versuchung bezeichnet hätte und die einem von Frauen und schmeichelnden Freunden nahegelegt worden waren, einen festen Status durch die Moralphilosophen und ihre Theorien.

Der Konsequentialismus ist als Philosophie notwendig oberflächlich. Denn in der Ethik gibt es immer Grenzfälle. Als Aristotelianer oder als jemand, der an göttliche Gesetze glaubt, wird man sich angesichts eines Grenzfalles überlegen, ob unter den und den Umständen, so und so zu handeln, z. B. ein Mord oder ein Akt der Ungerechtigkeit wäre; dementsprechend würde man urteilen, ob die Handlung zu tun oder zu unterlassen ist. Das wäre die Methode der Kasuistik; und wenn diese Methode auch dazu verführen kann, in Randfällen einmal ein Auge zuzudrücken, erlaubt sie doch nicht, das Zentrum zu zerstören. Ist man jedoch Konsequentialist, so ist es töricht zu fragen: »Was ist unter den und den Umständen die richtige Handlung?« Der Kasuist stellt eine solche Frage nur, um zu fragen: »Wäre es *erlaubt,* das und das zu tun?« oder »Wäre es erlaubt, das und das *nicht* zu tun?« Nur wenn es *nicht* erlaubt wäre, das und das *nicht* zu tun, könnte er sagen: »Dies *muß getan werden*«.[9] Andernfalls kann er keine bestimmte Handlung vorschreiben, wenn er auch *gegen* eine Handlung sprechen kann;

denn in einem *tatsächlichen* Fall könnten die Umstände (über die bloß vorgestellten Umstände hinaus) auf alle Arten von Möglichkeiten hindeuten, und man kann nicht im vorhinein wissen, welche Möglichkeiten es sein werden. Der Konsequentialist hat nun keine Basis, von der aus er sagen kann: »Dieses wäre erlaubt, jenes nicht«; denn nach seiner eigenen Hypothese sind es die Konsequenzen, die dies entscheiden sollen; und er hat kein Recht, so zu tun, als könne er festlegen, welche möglichen Wendungen ein Mensch dieser oder jener Tat geben kann; bestenfalls kann er sagen, ein Mensch dürfe dieses oder jenes nicht herbeiführen; er hat kein Recht zu sagen, ein Mensch werde in einer konkreten Situation das und das herbeiführen, wenn er nicht so und so handle. Ferner muß der Konsequentialist, um sich überhaupt Grenzfälle vorzustellen, natürlich irgendeine Art von Gesetz oder Standard annehmen, nach denen dies ein Grenzfall ist. Woher aber erhält er seine Standards? In der Praxis lautet die Antwort ständig: von den in seiner Gesellschaft oder in seiner Gruppe geltenden Standards. Und es ist in der Tat kennzeichnend für alle diese Philosophen, daß sie außerordentlich konventionell sind; nichts weist bei ihnen auf eine Auflehnung gegen die konventionellen Standards hin, die in ihrer Umgebung gelten; es ist unmöglich für sie, diese zu hinterfragen. Die Chance aber, daß ein ganzer Bereich konventioneller Standards untadelig wäre, ist gering. Der Sinn des Nachdenkens über hypothetische, vielleicht sehr unwahrscheinliche Situationen *scheint* schließlich darin zu liegen, daß man sich selbst oder einem anderen eine hypothetische Entscheidung für eine schlechte Handlung entlockt. Ich zweifle nicht, daß dies die Wirkung hat, Leute – die niemals in die Situation geraten werden, für die sie hypothetische Entscheidungen getroffen haben – dazu zu prädisponieren, in ähnlich schlechte Handlungen einzuwilligen oder diejenigen, die sie begehen, zu loben oder günstig darzustellen, solange es die Menge ebenfalls tut, auch wenn die vorgestellten hoffnungslosen Umstände nicht im geringsten gegeben sind.

Diejenigen, die den Ursprung der Begriffe der »Verpflichtung« und des emphatischen »moralischen« *sollte* in einer göttlichen Gesetzeskonzeption der Ethik anerkennen, den Begriff eines göttlichen Gesetzgebers jedoch zurückweisen, suchen zuweilen nach einer Möglichkeit, eine Gesetzeskonzeption ohne göttlichen Gesetzgeber aufrechtzuerhalten. Dieses Bemühen ist m. E. von einigem Interesse. Vielleicht bieten sich hier als erstes die »Normen«

einer Gesellschaft an. Aber ebenso, wie der Gedanke Butlers seine Überzeugungskraft verliert, wenn man bedenkt, welche Handlungen das Gewissen einem Menschen eingeben kann, ebenso verliert m. E. diese Idee ihre Überzeugungskraft, wenn man bedenkt, wie die »Normen« einer Gesellschaft geartet sein können. Daß es eine Gesetzgebung »für einen selbst« geben könne, weise ich als absurd zurück. Was man auch immer »für sich selbst« tut, mag bewundernswert sein, aber gesetzgebend ist es nicht. Wenn man dies einmal sieht, wird man vielleicht sagen: Ich muß mir meine eigenen Regeln schaffen, und dies sind die besten, die ich finden kann; an sie werde ich mich halten, bis ich etwas Besseres weiß – so wie jemand sagen könnte: »Ich werde mich an die Sitten meiner Vorfahren halten«. Ob dies zum Guten oder zum Schlechten führt, wird vom *Inhalt* der Regeln, bzw. der tradierten Sitten abhängen. Hat man Glück, wird es zum Guten führen. Solch eine Einstellung hätte immerhin eines für sich: Sie scheint einen gewissen sokratischen Zweifel einzuschließen; und wo man auf solche Hilfsmittel zurückgreifen muß, ist sokratischer Zweifel offensichtlich etwas Gutes; ja, es muß eigentlich allgemein für jeden gut sein zu denken: »Vielleicht sehe ich nicht ganz klar; möglicherweise bin ich auf einem schlechten Weg; vielleicht irre ich mich in einer wesentlichen Hinsicht.« Mancher wird sich auf der Suche nach »Normen« vielleicht nach Gesetzen der Natur umsehen, gleichsam als ob das Universum ein Gesetzgeber wäre; aber dies dürfte heutzutage wohl kaum zu guten Ergebnissen führen: Es könnte einen dazu führen, entsprechend den Gesetzen der Natur den Schwächeren zu fressen, aber wohl niemand käme heute dadurch zu Vorstellungen von Gerechtigkeit. Das vorsokratische Gefühl einer Entsprechung zwischen der Gerechtigkeit und dem Gleichgewicht oder der Harmonie in der Natur liegt uns heutzutage sehr fern.

Es gibt noch eine weitere Möglichkeit: »Verpflichtung« kann sich auf einen Vertrag gründen. So wie wir ein Gesetz betrachten, wenn wir wissen wollen, was es von einem Menschen verlangt, der ihm unterworfen ist, so betrachten wir einen Vertrag, um herauszufinden, was er von demjenigen verlangt, der ihn abgeschlossen hat. Ein Denker, wenn auch einer, der uns sehr fern stünde, könnte doch auf die Idee eines *foedus rerum* kommen und das Universum nicht als Gesetzgeber, sondern als Verkörperung eines Vertrags auffassen. Könnte man den Inhalt dieses Vertrags ergründen, so würde man erfahren, wozu man ihm zufolge verpflichtet ist. Nun kann man nicht einem Gesetz unterworfen sein, wenn es einem nicht bekanntgegeben wurde. Denker, die an ein »göttliches Gesetz« glaubten, waren der Ansicht, es sei jedem erwachsenen Menschen in seinem Wissen um Gut und Böse bekanntgegeben. Entsprechend kann man nicht in einem Vertragsverhältnis stehen, ohne es abgeschlossen, d. h. ein Zeichen des Eingehens auf den Vertrag abgegeben zu haben. Möglicherweise könnte jemand argumentieren, daß der Gebrauch der Sprache, wie man sie im gewöhnlichen Verlauf des Lebens verwendet, in gewissem Sinn einem Einverständnis mit einer Vielfalt von vertraglichen Vereinbarungen gleichkommt. Wenn jemand diese Theorie verträte, würden wir ihn bitten, sie zu präzisieren. Ich vermute, sie wäre weitgehend formal; vielleicht wäre es möglich, ein System zu konstruieren, in dem das Gesetz »Was dem einen recht ist, ist dem andern billig« enthalten wäre (im Status den »Gesetzen der Logik« vergleichbar), das aber kaum bis zu solchen Spezialisierungen wie dem Verbot des Totschlags oder der Sodomie hinabreichen würde. Auch scheint es nicht vernünftig zu sagen, daß man, ohne es zu wissen, einen Vertrag eingehen kann, wohingegen man offenbar einem Gesetz unterworfen sein kann, das man nicht anerkennt und das man nie als Gesetz betrachtet hat; eine derartige Unwissenheit hebt nach der üblichen Auffassung die Natur des Vertrags auf.

Vielleicht könnte man auch noch bei den menschlichen Tugenden nach »Normen« suchen: ebenso, wie der Mensch so und so viele Zähne hat, was sicher nicht die durchschnittliche Zahl der Zähne aller Menschen, sondern die für die *Spezies* Mensch charakteristische Anzahl der Zähne ist, so »hat« vielleicht der Mensch als Spezies die und die Tugenden, wenn man ihn nicht rein biologisch, sondern von seiten der Aktivitäten des Denkens und Wählens im Rahmen der verschiedenen Lebensbereiche – seine Kräfte und Fähigkeiten und seinen Umgang mit den notwendigen Dingen – betrachtet. Und dieser »Mensch« mit der vollständigen Ausstattung an Tugenden ist die »Norm«, wie etwa der »Mensch« mit dem vollständigen Satz von Zähnen die Norm ist. Aber in *diesem* Sinn hat »Norm« aufgehört, ungefähr gleichbedeutend mit »Gesetz« zu sein. Durch den Begriff der Norm in *diesem* Sinne geraten wir näher zur aristotelischen Auffassung als zur Gesetzeskonzeption der Ethik. Das bedeutet m. E. keinen Nachteil. Wenn aber jemand in dieser Richtung nach einem Sinn für den Begriff »Norm« gesucht hat, dann sollte er zur Kenntnis nehmen, was mit diesem Begriff geschehen ist, den er im Sinne von »Gesetz ohne Rückführung auf Gott« verstanden wissen wollte: Er hat völlig aufgehört, »Gesetz« zu bedeuten, und es wäre darum am besten, die Begriffe der »moralischen Verpflichtung«, des »moralischen sollte« und der »Pflicht« nach Möglichkeit auf den Index setzen.

Aber liegt es nun mittlerweile nicht auf der Hand, daß es verschiedene Begriffe gibt, die einfach im Rahmen der Philosophie der Psychologie zu untersuchen sind, und deren Untersuchung – wie ich vorschlagen würde – eine *völlige Verbannung der Ethik* aus unserem Denken erfordert? Zu beginnen wäre etwa mit den Begriffen »Handlung«, »Absicht«, »Lust«, »Wollen«. Wenn wir diesen Anfang gemacht haben, werden wahrscheinlich noch weitere auftauchen. Vielleicht könnten wir bis zur Untersuchung des Begriffs »Tugend« vordringen, womit wir wohl am Beginn einer Art ethischer Untersuchung stünden.

Ich möchte zum Schluß darlegen, welche Vorteile sich bieten, wenn wir das Wort »sollte« in einer nicht-emphatischen Weise, statt in einem speziell »moralischen« Sinn gebrauchen und wenn wir das Wort »falsch« in einem »moralischen« Sinn aufgeben und statt dessen solche Begriffe wie »ungerecht«[10] verwenden.

Man kann unterscheiden – wenn ich einmal einfach anhand von Beispielen fortfahren darf – zwischen an sich ungerechten Handlungsweisen und solchen, die mit Rücksicht auf gegebene Umstände ungerecht sind. An sich ungerecht ist es, einen Menschen für etwas, das er offenkundig nicht getan hat, gerichtlich zu bestrafen. Natürlich kann so etwas geschehen, und es ist auf alle möglichen Weisen schon geschehen; durch Bestechung falscher Zeugen, durch eine Gesetzesvorschrift, nach der etwas als Tatsache betrachtet wird, was anerkanntermaßen de facto nicht geschehen ist, durch offene Anmaßung von Richtern oder Machthabern, wenn sie mehr oder weniger unverblümt sagen: »Was kümmert es uns, daß du es nicht getan hast; wir sind entschlossen, dich dennoch dafür zu verurteilen«. – Ungerecht unter gegebenen Umständen, z. B. unter normalen Umständen, ist es, jemandem sein vorgebliches Eigentum ohne legales Verfahren wegzunehmen, Schulden nicht zu bezahlen, Verträge nicht einzuhalten und viele andere Dinge dieser Art. Nun können aber die Umstände ganz klar eine sehr große Rolle spielen, wenn es darum geht, die Gerechtigkeit oder Ungerechtigkeit dieser oder ähnlicher Handlungsweisen zu beurteilen, und *manchmal* können diese Umstände auch erwartete

Konsequenzen einschließen; z. B. kann der Anspruch eines Menschen auf ein bestimmtes Stück Eigentum nichtig werden, wenn sich durch dessen Beschlagnahme und Verwendung eine offensichtlich drohende Katastrophe verhindern läßt: etwa, wenn man mit einer ihm gehörenden Maschine eine Explosion hervorrufen könnte, bei der die Maschine zerstört würde, mit deren Hilfe aber eine Flut abgelenkt oder eine Kluft gesprengt werden könnte, die eine Feuersbrunst zum Stehen bringt. Nun bedeutet dies natürlich nicht, daß etwas, das normalerweise ungerecht, jedoch nicht an sich ungerecht ist, in jedem Fall durch eine einleuchtende Darstellung besserer Konsequenzen als gerecht hingestellt werden kann; keineswegs; aber die Probleme, die beim Versuch einer Grenzziehung (oder der Festlegung eines Grenzbereichs) auftreten würden, sind hier offensichtlich kompliziert. Und wenn hier auch sicher einige allgemeine Bemerkungen nötig und einige Grenzziehungen möglich sind, so wäre dennoch die Entscheidung in konkreten Fällen κατὰ τὸν ὀρθὸν λόγον, »nach dem, was vernünftig ist« zu treffen. Ob z. B. ein so und so langer Aufschub beim Begleichen der und der Schulden an eine Person in den und den Umständen von seiten eines in den und den Umständen befindlichen Schuldners ungerecht oder nicht ungerecht wäre, ist wirklich »nur nach dem, was vernünftig ist« zu entscheiden; hierfür kann es *prinzipiell* keinen anderen Maßstab geben, als daß man einige Beispiele anführt. Das bedeutet: Während es auf eine große Lücke in der Philosophie zurückzuführen ist, daß wir keine allgemeine Definition der Begriffe der Tugend und der Gerechtigkeit haben, sondern nur mit Beispielen operieren können, in denen wir diese Begriffe verwenden, gibt es einen Bereich, wo es nicht aufgrund irgendeiner Lückenhaftigkeit, sondern prinzipiell keine andere Art der Erläuterung gibt, als mit Hilfe von Beispielen: Und das ist dort, wo der Maßstab darin liegt, »was vernünftig ist«, was natürlich *kein* Maßstab ist.

Weiter möchte ich nichts sagen über das, was in einigen Umständen gerecht, in anderen dagegen ungerecht ist, und über die Art und Weise, wie vorhergesehene Konsequenzen bei der Entscheidung über gerecht oder ungerecht eine Rolle spielen können. Zurück zu meinem Beispiel einer an sich ungerechten Handlung: Die gerichtliche Bestrafung eines Menschen für etwas, wovon man als sicher annimmt, daß er es nicht getan hat, ist ungerecht; hierüber kann es absolut keine Meinungsverschiedenheiten geben. Nur solche Umstände oder vorhergesehene Konsequenzen, die die Beschreibung des Vorgangs als »gerichtliche Bestrafung eines Menschen für etwas, das er bekanntermaßen nicht getan hat«, revidieren, können die Beschreibung dieses Vorgangs als ungerecht revidieren. Wer versuchen wollte, dies zu bestreiten, würde lediglich so tun, als wüßte er nicht, was »ungerecht« bedeutet: denn dies ist ein paradigmatischer Fall für Ungerechtigkeit.

Und hier zeigt sich die Überlegenheit des Ausdrucks »ungerecht« gegenüber den Ausdrücken »moralisch richtig« und »moralisch falsch«. Denn im Rahmen der englischen Moralphilosophie seit Sidgwick erscheint die Diskussion legitim, ob es unter gewissen Umständen »moralisch richtig« sein *könnte,* in dieser Weise zu handeln; dagegen lassen sich keine Gründe dafür angeben, daß die Handlungsweise in irgendwelchen Umständen gerecht wäre.

Nun bin ich nicht imstande, die hier notwendige philosophische Arbeit zu leisten – und ich glaube, daß in der gegenwärtigen Situation der englischen Philosophie niemand diese Arbeit leisten kann – aber es ist klar, daß ein guter Mensch ein gerechter Mensch ist; und ein gerechter Mensch ist einer, dem es zur zweiten Natur geworden ist, die Beteiligung an einer ungerechten Handlung, die ihm irgendwelche unerwünschten Konsequenzen ersparen oder ihm, bzw. irgendeinem anderen einen Vorteil verschaffen soll, von sich zu weisen. Dem wird vielleicht jeder zustimmen. Aber, so wird man sagen, was ungerecht *ist*, ist manchmal durch die vorhergesehenen Konsequenzen bestimmt; und das ist sicher richtig. Es gibt jedoch auch Fälle, wo dies nicht so ist. Sagt nun jemand, »Zugegeben, aber all dies erfordert noch eine weit gründlichere Klärung«, so hat er recht, ja noch mehr: Die Situation ist gegenwärtig die, daß wir die Klärung nicht leisten können; uns fehlt das philosophische Rüstzeug. Sollte aber wirklich jemand im *vorhinein* [11] denken, es sei fraglich, ob man nicht doch so eine Handlungsweise wie die gerichtliche Aburteilung und Hinrichtung eines Unschuldigen in Erwägung ziehen könnte, so möchte ich nicht weiter mit ihm diskutieren; er zeigt eine schlechte Gesinnung.

In solchen Fällen scheinen uns unsere Moralphilosophen vor ein Dilemma zu stellen: »Angenommen, wir hätten einen Fall, wo der Ausdruck ›ungerecht‹ allein aufgrund einer Tatsachenbeschreibung zutrifft; kann man dann nicht fragen, ob es nicht vorstellbar sei, daß man manchmal eine Ungerechtigkeit begehen sollte? Ist das, ›was ungerecht ist‹, durch die Überlegung zu entscheiden, ob es *richtig* ist, in der und der Situation so und so zu handeln, dann kann die Frage, ob es ›richtig‹ ist, eine Ungerechtigkeit zu begehen, überhaupt nicht auftreten; ganz einfach deshalb, weil ›falsch‹ in die Definition der Ungerechtigkeit einbezogen wurde. Haben wir aber einen Fall, wo die Beschreibung ›ungerecht‹ allein aufgrund der Tatsachen zutrifft, ohne daß ›falsch‹ ins Spiel käme, so kann die Frage auftauchen, ob man nicht vielleicht eine Ungerechtigkeit begehen ›sollte‹, ob es nicht ›richtig‹ wäre, so zu handeln. Und natürlich sind ›sollte‹ und ›richtig‹ hier in ihrem *moralischen* Sinn zu verstehen. Nun muß man entweder aufgrund *anderer* Prinzipien entscheiden, was ›moralisch richtig‹ ist, oder man muß gerade *dies* zum ›Prinzip‹ machen, daß Ungerechtigkeit niemals ›richtig‹ ist; aber selbst im letzteren Fall geht man über die Tatsachen hinaus. Man faßt einen Entschluß, daß man keine Ungerechtigkeit begehen wolle, oder daß es falsch sei, eine zu begehen. In beiden Fällen aber – vorausgesetzt, der Ausdruck ›ungerecht‹ ist allein durch Tatsachen festgelegt – ist es nicht dieser Ausdruck, der über die Anwendung des Ausdrucks ›falsch‹ entscheidet, sondern der Entschluß, daß Ungerechtigkeit *falsch* sei, zusammen mit der Diagnose, daß aus der Beschreibung der ›Tatsachen‹ folgt, daß eine Ungerechtigkeit vorliegt. Wer sich aber absolut dafür entscheidet, Ungerechtigkeit als etwas ›Falsches‹ anzusehen, hat keine Basis, von der aus er einem anderen, der sich dieser Entscheidung *nicht* anschließt, ein Fehlurteil vorwerfen könnte.«

In diesem Argument ist »falsch« natürlich im Sinne von »moralisch falsch« zu verstehen, und die ganze Atmosphäre des Ausdrucks bleibt erhalten, während gleichzeitig versichert wird, seine Substanz sei gleich Null. Erinnern wir uns nun, daß der Ausdruck »moralisch falsch« das Erbe des Begriffs »verboten« oder der »Verpflichtung«, etwas *nicht* zu tun, übernommen hat, was der ethischen Theorie von einer göttlichen Gesetzgebung entstammt. Hier fügt es tatsächlich der Beschreibung »ungerecht« etwas hinzu, wenn man sagt, es gebe eine Verpflichtung, dies nicht zu tun; denn was hier verpflichtet, ist das göttliche Gesetz – wie die Regeln in einem Spiel verpflichten. Wenn also das göttliche Gesetz dazu verpflichtet, keine Ungerechtigkeit zu begehen, indem es sie verbietet, fügt es der Beschreibung »ungerecht« allerdings etwas hinzu, wenn man sagt, es gebe eine Verpflichtung, so etwas nicht zu tun. Und gerade weil »moralisch falsch« der Erbe dieses Begriffs ist, jedoch ein Erbe, der von der Begriffsfamilie abgeschnitten ist, der er entstammt, gerade deshalb geht »moralisch falsch« einerseits über die rein faktenbezogene Beschreibung »ungerecht« hinaus *und* scheint andererseits keinen angebbaren Inhalt zu haben, außer einer gewissen zwingenden Kraft, die ich als rein psychologisch bezeichnen würde. Und die Kraft des Ausdrucks ist derart, daß sie manche Philosophen tatsächlich vermuten läßt, der Gedanke an eine göttlich Gesetzgebung spiele, selbst wenn man ihn anerkenne, keine wesentliche Rolle und sei somit entbehrlich – *weil* sie nämlich denken, auch für jemanden, der an göttliche Gesetze glaube, sei ein »praktisches Prinzip« erforderlich, wie etwa: »Ich *sollte* (d. h. ich bin moralisch verpflichtet) göttlichen Gesetzen (zu) gehorchen.« Aber dieser Gedanke der Verpflichtung ist in Wirklichkeit ein Gedanke, der nur im Kontext von Gesetzen funktioniert. Und ich würde die heutigen Moralphilosophen gerne dazu beglückwünschen, daß sie dem moralischen »sollte« seinen heute täuschenden Anschein von Gehalt genommen haben, wenn sie nicht so einen schrecklichen Hang dazu hätten, die Atmosphäre des Ausdrucks beizubehalten.

Bei entsprechender Entschlossenheit wäre es uns vielleicht möglich, den Gedanken eines moralischen »sollte« fallenzulassen und einfach zum gewöhnlichen »sollte« zurückzukehren, das – wie wir beachten sollten – ein derart häufig verwendeter Ausdruck der menschlichen Sprache ist, daß man sich ein Auskommen ohne ihn nur schwer vorstellen kann. Wenn wir nun dahin zurückkehren, kann dann nicht mehr sinnvoll gefragt werden, ob wir einmal gezwungen sein könnten, etwas Ungerechtes zu tun, oder ob es nicht sogar das Beste wäre, es zu tun? Natürlich ist diese Frage möglich. Und die Antworten werden unterschiedlich ausfallen. Der eine – ein Philosoph – wird vielleicht sagen, da Gerechtigkeit eine Tugend und Ungerechtigkeit eine Untugend sei, und da Tugenden und Untugenden sich durch die Ausführung der Taten entwickeln, in denen sie sich konkretisieren, werde ein Akt der Ungerechtigkeit dazu führen, jemanden zu einem schlechten Menschen zu machen; und das Gedeihen eines Menschen qua Mensch bestehe wesentlich in seinem Gutsein (z. B. in Tugenden). Nun gelte aber für jedes X, worauf solche Ausdrücke anwendbar sind: X braucht[12], was für sein Gedeihen notwendig ist; also brauche ein Mensch nur tugendhafte Handlungen, er sollte nur tugendhaft handeln. Und selbst wenn er – was zugegebenermaßen vorkommen könne – durch die Vermeidung von Ungerechtigkeit in unwesentlichen Seiten seines Lebens weniger oder überhaupt nicht gedeihe, so sei sein Leben, wenn er die Ungerechtigkeit nicht meide, in wesentlichen Seiten verdorben – er müsse (needs to) also dennoch nur gerecht handeln. Dies ist in etwa die Redeweise von Plato und Aristoteles. Man sieht aber leicht, daß hier philosophisch noch eine beträchtliche Lücke besteht, die derzeit für uns unüberbrückbar ist und die durch ein Verständnis (account) vom Wesen des Menschen, vom menschlichen Handeln, vom Eigenschaftstyp der Tugenden und vor allem vom menschlichen »Gedeihen« geschlossen werden muß. Und gerade dieser letztere Begriff scheint der zweifelhafteste zu sein. Denn wie Aristoteles selbst einräumt, kann man es kaum hinnehmen, daß ein von Schmerzen und Hunger geplagter Mensch, arm und ohne Freude, »gedeihe«. Ferner ließe sich sagen, daß man zumindest am Leben bleiben muß, um zu »gedeihen«. Ein anderer wird, von all diesem unbeeindruckt, in einem schwierigen Fall vielleicht sagen: »Was wir brauchen, ist das und das; wir würden es nicht erreichen, wenn wir nicht dies (etwas Ungerechtes) täten – also sollten wir dies tun.« Wieder ein anderer, der den recht ausgefeilten Argumenten der Philosophen nicht folgt, sagt einfach: »Ich weiß, es ist in jedem Fall eine undankbare Sache zu sagen, man sollte besser diese ungerechte Handlung begehen«. Wer an göttliche Gesetze glaubt, wird vielleicht sagen: »Ungerecht zu handeln, ist verboten und kann niemandem nützen, wie sehr es auch so scheinen mag.« Er kann wie die griechischen Philosophen in Kategorien des »Gedeihens« denken. Ist er Stoiker, so wird er wahrscheinlich eine ausgesprochen unnatürliche Vorstellung davon haben, worin »Gedeihen« besteht; ist er Jude oder Christ, so braucht er keine sehr klare Vorstellung davon zu haben: Er überläßt es Gott, auf welche Weise ihm die Enthaltung von Ungerechtigkeit nützen wird, während er sich selbst nur sagt: »Es kann in keiner Weise gut für mich sein, gegen sein Gesetz zu verstoßen.« (Allerdings hofft auch er, in einem späteren Leben, z. B. bei der Ankunft des Messias, großzügig belohnt zu werden; aber in dieser Hinsicht verläßt er sich auf besondere Verheißungen.)

Es ist der modernen Moralphilosophie – der Moralphilosophie aller namhaften englischen Ethiker seit Sidgwick – überlassen, Systeme zu konstruieren, nach denen ein Mensch eine tugendhafte Persönlichkeit sein *kann*, der sagt: »Wir brauchen das und das und werden es nur auf diese Weise erreichen«; d. h. es ist der Diskussion anheimgestellt, ob eine Handlungsweise wie die gerichtliche

Bestrafung eines Unschuldigen nicht in bestimmten Umständen »richtig« sein könnte. Und obwohl die gegenwärtigen Oxforder Moralphilosophen einem *erlauben* würden, es »zu seinem Grundsatz zu machen«, so etwas nicht zu tun, lehren sie doch eine Philosophie, wonach bei der Erörterung, was zu tun sei, die einzelnen Konsequenzen einer Handlung »moralisch« in Betracht gezogen werden *könnten*. Und falls diese so beschaffen wären, daß sie mit den »Zielen« des betreffenden Menschen kollidieren, könnte es einen Schritt in seiner moralischen Fortentwicklung bedeuten, wenn es ihm »gelänge« (um die Ausdrucksweise von Nowell-Smith zu gebrauchen)[13], die Handlung unter ein neu aufgestelltes Prinzip zu subsumieren; oder es könnte auch eine neue »Grundsatzentscheidung« sein, die ein Fortschritt in der Entwicklung seines moralischen Denkens wäre (um Hares Konzeption zu übernehmen), wenn er entschiede: Unter so und so gearteten Umständen sollte man die gerichtliche Verurteilung eines Unschuldigen erwirken. Und das kann ich nicht akzeptieren.

1 Die beiden obigen Absätze sind eine Zusammenfassung eines Artikels ›*On Brute Facts*‹ erschienen in *Analysis*, S. 957-8.

2 Im Gegensatz zum englischen »to need (to)« kann das deutsche »brauchen« nur in der *Verneinung* eine »moralische« Sinnkomponente annehmen (»Ich brauche das und das nicht zu tun« als Gegenteil von »Ich muß (soll) das und das tun«). (d. Übs.)

3 Die englische Sprache verfügt hier über eine größere Zahl von Ausdrücken mit vergleichbarer Funktion. Die im Original angeführten Ausdrücke »should«, »needs«, »ought«, »must« sind hier nur mit »sollen« und »müssen« wiedergegeben (d. Übs.)

4 Der englische Terminus »unjust« ist in diesem Artikel durchgehend mit »ungerecht« übersetzt, wobei dieser Ausdruck, entsprechend dem aristotelischen Begriff von Gerechtigkeit und Ungerechtigkeit (Nikomachische Ethik, Buch V, Kap. 2 ff.), in einem weiteren Sinn zu verstehen ist als im normalen deutschen Sprachgebrauch. (d. Übs.)

5 Der Protestantismus leugnete nicht die Existenz eines göttlichen Gesetzes; aber seine bezeichnendste Lehre bestand darin, daß dieses Gesetz nicht gegeben sei, um befolgt zu werden, sondern um zu zeigen, daß der Mensch – selbst im Zustand der Gnade – unfähig ist, es zu befolgen; und dies bezog sich nicht allein auf die verzweigten Vorschriften der Thora, sondern ebenso auf die Forderungen des »natürlichen göttlichen

Gesetzes«. Vgl. in diesem Zusammenhang das Dekret von Trient gegen die Lehre, daß man Christus nur als Vermittler vertrauen, nicht ihm als Gesetzgeber gehorchen solle.

6 Wie es absurderweise genannt wird. Denn da der Obersatz diejenige Prämisse ist, die den Ausdruck enthält, welcher in der Konklusion als Prädikat auftritt, ist es sprachlich unkorrekt, davon im Zusammenhang mit praktischen Argumentationen zu reden.

7 Oxforder Objektivisten unterscheiden zwar zwischen »Konsequenzen« und »Werten an sich« und geben sich so den irreführenden Anschein, keine »Konsequentialisten« zu sein. Sie teilen jedoch nicht die Auffassung – und Ross lehnt sie ausdrücklich ab – daß etwa die Verurteilung eines Unschuldigen etwas so Schwerwiegendes ist, daß es nicht z. B. durch nationale Interessen aufgewogen werden könnte. Ihre Unterscheidung ist somit ohne Belang.

8 *Nikomachische Ethik* 1178 b 16 (deutsche Übersetzung nach Gohlke. (d. Übs.)

9 Notwendigerweise ein seltener Fall: denn die positiven Vorschriften, z. B. »Ehre deine Eltern«, geben praktisch nie eine direkte Handlungsanweisung und machen auch nur selten eine bestimmte Handlung notwendig.

10 Vgl. Anm. 4 (d. Übs.)

11 Wenn er in der konkreten Situation so denkt, ist er natürlich nur ein den normalen Versuchungen unterworfener Mensch. In Diskussionen über diesen Artikel wurde, wie vielleicht zu erwarten war, der folgende Fall konstruiert: Eine Regierung wird unter Androhung eines Atomkriegs aufgefordert, einen unschuldigen Menschen vor Gericht zu stellen, zu verurteilen und hinzurichten. Mir schiene die Hoffnung sehr zweifelhaft, auf diese Weise einen Atomkrieg abwenden zu können, wenn er von Menschen angedroht wird, die derartiges fordern. Das wichtigste aber an der Art und Weise, wie solche Fälle in die Diskussion eingeführt werden, ist die Annahme, es gebe nur zwei mögliche Wege: in diesem Beispiel Unterwürfigkeit und offene Herausforderung. Niemand kann im voraus von einer solchen Situation sagen, welche Möglichkeiten sich bieten werden – ob es nicht z. B. möglich ist, durch scheinbares Eingehen auf die Forderung, verbunden mit einer sorgfältig arrangierten »Flucht« des Verurteilten, die Drohung abzuwenden.

12 Zur Verwendung des Wortes »brauchen« (to need (to)) in diesem Argument vgl. Anm 2 (d. Übs.)

13 *Ethics*, S. 308.

XII
Ph. Foot
Moralische Argumentationen

Wer vom Emotivismus beeinflußt ist und trotzdem verteidigen möchte, was Hare »die Rationalität des moralischen Diskurses« genannt hat, redet im allgemeinen viel über »Begründungen« dafür, daß etwas richtig und etwas anderes falsch sei. Die Tatsache, daß Moral-Urteile der Verteidigung bedürfen, scheint den Einfluß, den jemandes moralische Ansichten auf andere Menschen haben, von bloßer Überredung oder Zwang zu unterscheiden, und die Moral-Urteile selbst vom schieren Ausdruck persönlicher Vorlieben oder Abneigungen abzuheben. Nichtsdestotrotz scheint die im Augenblick geläufige Ansicht darüber, wie Argumentationen in der Ethik ablaufen, zu besagen: Gründe müssen zwar angegeben werden, aber niemand braucht sie zu akzeptieren, solange er nicht ganz bestimmte moralische Ansichten hat. Das besagt, daß Dispute darüber, was richtig und was falsch, nur dann entschieden werden können, wenn bestimmte kontingente Bedingungen erfüllt sind. Sind diese Bedingungen nicht erfüllt, bricht die Argumentation zusammen und die Disputanten verbleiben in einem Gegensatz, der nur ein Ausdruck ihrer Einstellungen und Wünsche ist. Auf den Versuch zu zeigen, daß daraus keine skeptizistischen Schlüsse gezogen werden können, wird viel Energie verwandt. Beispielsweise wird behauptet, daß jeder, der alle für seine moralische Position relevanten Tatsachen erwogen hat, *ipso facto* ein »wohlbegründetes« Moral-Urteil gewonnen habe; – trotz des Umstandes, daß jeder andere, der dieselben Tatsachen erwogen hat, gut und gerne zum entgegengesetzten Ergebnis gelangen mag. Wie »x ist gut« ein wohlbegründetes Moral-Urteil sein kann, wenn »x ist schlecht« genauso wohlbegründet sein kann, bleibt unerfindlich.

Die Aussage, daß moralische Argumentationen »jederzeit zusammenbrechen können« wird vielerseits für etwas gehalten, das man akzeptieren muß, und wer es nicht akzeptiert – so glaubt man – trägt dem nicht Rechnung, was Hume ein für allemal bewiesen hat und was von Stevenson, Ayer und Hare weiter ausgearbeitet worden ist. Dieser Artikel ist ein Versuch, die Annahmen aufzudekken, die die »Zusammenbruch«-Theorie so hartnäckig stützen, und eine alternative Betrachtungsweise vorzuschlagen.

In einer Hinsicht betrachtet, sieht die Behauptung, daß moralische Argumentationen »jederzeit zusammenbrechen können«, sehr weitreichend aus. Gemeint ist ja, daß moralische Argumentationen auf eine Weise zusammenbrechen können, auf die es andere Argumentationen nicht können. Wir haben es daher mit einem Modell zu tun, in dem solche Faktoren wie Mangel an Zeit oder Laune nicht berücksichtigt sind; die Vermutung ist ja nicht, daß As Argumentation mit B zusammenbrechen kann, weil B aus dem einen oder anderen Grund die Fortsetzung ablehnt, sondern daß ihre Positionen als solche unvereinbar seien. Die Frage ist nun: Wie können wir behaupten, daß jede Nichtübereinstimmung bezüglich richtig und falsch so enden kann? Woher wissen wir – ohne die Details jeder Argumentation zu Rate zu ziehen –, daß es immer eine unerschütterliche Position für beide gibt: für denjenigen, der sagt, x sei richtig (oder gut; oder das, was er tun sollte), wie auch für denjenigen, der dies verneint? Woher wissen wir, daß beide mit jedem Argument, das der andere vorbringen könnte, fertig zu werden vermögen?

Wenn Hare jemanden beschreibt, der alles sich anhört, was sein Diskussionspartner zu sagen hat, und dann am Ende schlicht und einfach dessen Konklusion zurückweist, dann möchten wir fragen »Wie kann er so etwas tun?«. Hare setzt ersichtlich voraus, daß er es kann, denn er sagt, an diesem Punkte könne dem Gegner nur empfohlen werden, sich selbst zu entscheiden.[1] Von anderen Argumentationstypen würde man niemals solch ein Bild entwerfen – beispielsweise nahelegen, jemand könne sich alles anhören, was über die Form der Erde gesagt werden könnte, und anschließend fragen, warum er glauben solle, sie sei rund. In solch einem Fall würden wir wissen wollen, wie er dem entgegnet, was ihm dargelegt wurde; eine Forderung, die bemerkenswerterweise in der Ethik für fehl am Platze gehalten wird.

Wenn jemand sein Moral-Urteil gegen Kritik absichern will, muß er zwei Punkte beachten: (a) er muß Belege vorgebracht haben, wo es ihrer bedarf; und (b) er muß jeden Beleg für das Gegenteil aus dem Weg geschafft haben. Es lohnt zu zeigen, warum Verfasser, die darauf insistieren, daß moralische Argumentationen jederzeit zusammenbrechen könnten, für beide Seiten eines moralischen

Disputes Unwiderlegbarkeit in beiden Punkten unterstellen. Die fragliche Annahme tritt in verschiedenen Formen auf, je nachdem um welche der verschiedenen Beschreibungen moralischer Argumentationen es sich handelt. Ich werde kurz betrachten, was von Stevenson und Hare dargelegt wurde.

1.) Für Stevenson ist der Vorgang der Begründung ethischer Konklusionen ein Spezialfall nichtdeduktiven Schließens, in dem Sätze, die die Überzeugungen ausdrücken (R), die Prämissen darstellen und emotive (bewertende) Äußerungen (E) die Konklusion. Regeln, die bestimmte Schlüsse als gültig auswiesen, gibt es nicht; vielmehr gibt es nur Kausalzusammenhänge zwischen den betreffenden Überzeugungen und Einstellungen. Er schreibt: »Angenommen, ein Theoretiker sollte die ›gültigen‹ Schlüsse von Rs auf Es *katalogisieren*. Es ist schwierig einzusehen, wie er irgendetwas mehr tun könnte als zu spezifizieren, welche Rs er somit als die verschiedenen Es unterstützend zu *akzeptieren* beschließt . . . Den Namen ›Gültigkeit‹ wird er solchen Schlüssen verleihen, denen zuzustimmen er psychisch disponiert ist, und vielleicht wird er versuchen, andere dazu zu bringen, solchen Schlüssen eine entsprechende Zustimmung zu erteilen.«[2] Daraus folgt, daß Dispute, in denen jeder sein Moral-Urteil mit »Begründungen« unterstützt, jederzeit zusammenbrechen können, und dies ist eine Konsequenz, an der es nach Stevenson nichts zu deuteln gibt. Solange einer sich nicht in Widersprüche verwickelt und seine Tatsachen beisammen hat, kann er argumentieren, wie es ihm paßt oder wie es seiner psychologischen Disposition entspricht. Er allein bestimmt, welche Tatsachen für ethische Konklusionen relevant sind, so daß er bezüglich (a) und (b) völlig immun ist: er kann einfach behaupten, daß das, was er vorbringt, ein Beleg ist, und die Relevanz alles anderen schlichtweg leugnen. Seine Argumentation mag untauglich sein, aber sie kann nicht als falsch bezeichnet werden. Stevenson spricht zwar von ethischen »Schlüssen« und von »Begründung«, aber der Vorgang, den er beschreibt, ist eher der des Versuchs, ein Resultat herbeizuführen: das Resultat ist eine Einstellung, und die besondere Art der Angleichung, durch die es erreicht wird, ist eine Veränderung der Überzeugungen. Alles, was für einen Zusammenbruch nötig ist, ist, daß bei verschiedenen Menschen verschiedene Einstellungen mit denselben Überzeugungen kausal verknüpft sind. Dann reicht sogar vollständige Übereinstimmung in den Tatsachen-Überzeugungen nicht aus, um einen moralischen Disput beizulegen.

2.) Hares Bild der moralischen Argumentation entrinnt den Schwierigkeiten, die eine besondere Art des Schließens ohne Gültigkeitsregeln mit sich bringt. Für ihn ist eine Argumentation, die zu einer moralischen Konklusion führt, ein syllogistischer Schluß mit den üblichen Regeln. Die Tatsachen, wie »Das ist Diebstahl«, die ein Moral-Urteil stützen sollen, werden in einer »deskriptiven« Unterpraemisse wiedergegeben; ihre Relevanz soll durch eine »wertende« Oberpraemisse gewährleistet werden, in welcher von solchen Dingen festgestellt wird, sie seien gut oder schlecht. Mit der Gültigkeit der Argumentation gibt es also keine Schwierigkeiten; wohl aber mit dem Status der Oberpraemisse. Es wird angenommen, daß wir eine bestimmte Handlung schlecht nennen, weil sie ein Fall von Diebstahl ist und weil Diebstahl etwas Schlechtes ist; wenn wir jedoch fragen, weshalb Diebstahl etwas Schlechtes sei, so kann uns nur eine andere Argumentation derselben Form angeboten werden, die ein anderes ungedecktes Moralprinzip als Oberpraemisse enthält. Letzten Endes ist jeder gezwungen, sich auf ein Moralprinzip zurückzuziehen, zu dem er sich einfach bekennt – und das jemand anderes wiederum einfach ablehnen kann. Daher kann niemandem vorgeworfen werden, daß er keine Begründungen für ein angeführtes Moralprinzip vorbringt, denn jede moralische Argumentation muß irgendeine unverteidigte Praemisse solcher Art enthalten. Auch kann gegen niemanden der Vorwurf erhoben werden, es sei ihm nicht gelungen, von Opponenten – die von anderen Praemissen ausgehen – vorgebrachte Argumente zu widerlegen; denn durch die Ablehnung deren letzter Oberpraemisse kann er erfolgreich die Relevanz all dessen, was sie sagen, in Abrede stellen.

Diese beiden Darstellungen moralischer Argumentationen sind von der Vorstellung geleitet, daß es keine logische Verbindung zwischen Tatsachenfeststellungen und Wertfeststellungen gebe, so daß es Sache der persönlichen Entscheidung jedes einzelnen sei, welche der empirischen Merkmale einer Handlung für deren Bewertung relevant sind. Um dieser Ansicht Paroli zu bieten, müßten wir zeigen, daß es – ganz im Gegenteil – feststeht, daß einige Dinge für moralische Konklusionen von Wichtigkeit sind und einige andere nicht; daß es genauso wenig Sache persönlicher Entscheidung ist, was Beleg für Richtigkeit und Falschheit ist, wie auch nicht jeder für sich entscheiden kann, was Beleg für Geldentwertung oder für einen Gehirntumor ist. Falls solche objektiven Beziehungen zwischen Tatsachen und Werten existierten, könnten sie von zweierlei Art sein: aus deskriptiven – d. h. faktischen – Praemissen könnten wertende Konklusionen *ableitbar* sein, oder sie könnten als *empirischer Beleg* für wertende Konklusionen gelten. Mir geht es hauptsächlich um die zweite Möglichkeit, nichtsdestoweniger werde ich auch die Argumentationen in Betracht ziehen, die zeigen sollen, daß die stärkere Beziehung nicht bestehen könne. Ich möchte nämlich zeigen, daß die üblicherweise vorgebrachten Argumentationen *nicht einmal* das beweisen. Ich möchte sagen, daß nicht einmal bewiesen worden ist, daß moralische Konklusionen nicht aus faktischen (d. h. deskriptiven) Praemissen abgeleitet werden können.

Man ist vielerseits der Ansicht, Hume habe die Unmöglichkeit einer Ableitung des »Sollens« aus dem »Sein« gezeigt. Die Form jedoch, in der diese Auffassung jetzt verteidigt wird, ist natürlich die, in der sie von G. E. Moore zu Beginn unseres Jahrhunderts wiederentdeckt und von anderen Kriterien »naturalistischer« Ethik – wie Stevenson, Ayer und Hare – entwickelt worden ist. Wir müssen daher die Auseinandersetzung mit dem Naturalismus gründlich betrachten, um genau zu sehen, was bewiesen worden ist.

Moore hat versucht zu zeigen, daß »gut« eine nicht-natürliche Eigenschaft und somit nicht mit natürlichen Eigenschaften zu definieren sei; die Schwierigkeit war die, den Begriff einer »natürlichen Eigenschaft« zu erklären und zu zeigen, daß keine ethische Definition, die natürliche Eigenschaften benutzt, korrekt sein könne. Wie Frankena[3] und Prior[4] dargelegt haben, war die Argumentation gegen den Naturalismus ständig in Gefahr, zu einem Gemeinplatz abzusacken. Natürliche Eigenschaften gerieten mehr und mehr zu solchen, die nicht mit »gut« identisch sind, und der naturalistische Fehlschluß hatte die Tendenz, der Fehlschluß zu werden, bei dem die Eigenschaft »gut« mit »irgendetwas anderem« gleichgesetzt wird.

Was der Wiederbelebung der Attacke gegen den Naturalismus fehlte, war, daß jemand irgendeinen Mangel dingfest gemacht hätte, welcher der gesamten Reihe der von Moore verworfenen Definitionen gemeinsam ist, – es fehlte ein Grund dafür, daß sie alle fehlschlugen. Dieser Grund wurde von der Theorie geliefert, die besagte, Wertbegriffe im allgemeinen und Moralbegriffe im besonderen hätten eine spezielle Funktion; – diese Funktion ist verschieden bestimmt worden: als die, Gefühle auszudrücken; als die, Einstellungen auszudrücken oder hervorzurufen; oder als die, etwas zu empfehlen. Es ist nun gesagt worden, Wörter mit emotiver oder empfehlender Funktion wie beispielsweise »gut«, dürften nicht durch Wörter, deren Bedeutung bloß »deskriptiv« ist, definiert werden. Diese Entdeckung war leicht für bedeutender zu halten, als sie es tatsächlich war, denn es schien so, als seien die beiden Kategorien »Tatsache« und »Wert« voneinander unabhängig dingfest gemacht worden, und es habe sich herausgestellt, daß sie niemals koinzidierten. Tatsache ist hingegen, daß »faktisch« oder »deskriptiv« gerade durch die Absonderung vom Bereich der Werte definiert worden sind. Im üblichen Sinne von »deskriptiv« ist das Wort »gut« ein deskriptives Wort, und in dem üblichen Sinne von »Tatsache« sagen wir, daß es eine Tatsache sei, daß der und der ein guter Mensch ist. Somit müssen diese Wörter in der Moralphilosophie in einem besonderen Sinne gebraucht werden. Soweit ich weiß, ist solch ein speziell philosophischer Sinn dieser Wörter niemals expliziert worden, es sei denn mit Rückgriff auf die Unterscheidung zwischen Tatsache und Wert. Ein Wort oder Satz scheint deskriptiv genannt zu werden, weil es oder er *nicht* emotiv ist, *nicht* etwas empfiehlt, *nicht* die Ableitung eines Imperativs zuläßt, und so weiter je nach der betreffenden Theorie. Somit scheint diese Auseinandersetzung mit dem Naturalismus wiederum auf eine uninteressante Tautologie reduziert; aber dem ist nicht so. Denn wenn der Nicht-Naturalist eine besondere, in allen Werturteilen vorhandene Eigenschaft entdeckt hat, kann man ihm nicht vorwerfen, er sage nur: Nichts ist eine Definition von »gut«, solange es nicht eine Definition von »gut« ist und ist und nicht »irgendetwas anderes«. Sein gutes Recht ist es nun, darauf zu insistieren, daß jede Definition, die dieser besonderen Eigenschaft von Werturteilen nicht Rechnung trägt, verworfen werden muß, und alle Definitionen, die diesen Test nicht bestehen, als »naturalistisch« zu kennzeichnen.

Um die Diskussion weitertreiben zu können, werde ich einmal annehmen, der Nicht-Naturalist habe in der Tat irgendein Charakteristikum (wir nennen es »f«) dingfest gemacht, das allen wertenden Wörtern wesentlich sei; ich werde unterstellen, er habe recht mit der Behauptung, daß Emotionen, Einstellungen, die Anerkennung von Imperativen oder irgendetwas dieser Art zu Wertungen gehörten. Deshalb steht es ihm jetzt zu, darauf zu bestehen, daß kein Wort oder Satz, das bzw. der nicht die Eigenschaft f hat, als irgendeiner Wertung äquivalent gelten dürfe, und daß keine Beschreibung des Gebrauchs eines wertenden Begriffs, die f unberücksichtigt läßt, vollständig sein könne. Falls überhaupt etwas daraus folgt, – was folgt daraus für die Beziehung zwischen Prämissen und Konklusion in einer Argumentation, die eine Wertung unterstützen soll?

Häufig wird behauptet, es folge daraus eben, daß eine wertende Konklusion nicht aus deskriptiven Prämissen abgeleitet werden könne, – aber wie sollte das bewiesen werden? Wenn »deskriptive Prämisse« neu definiert wird als eine, aus der keine wertende Konklusion ableitbar ist, dann hat der Nicht-Naturalist natürlich wiederum Sicherheit erkauft, – aber um welchen Preis? – Er verbreitet tödliche Langeweile. Er kann zwar seine Position noch einmal dadurch stärken, daß er auf die Eigenschaft f, die allen Wertungen gemeinsam ist, hinweist und behauptet, daß aus keiner Menge von Prämissen, in der sich keine Aussage mit der Eigenschaft f befindet, eine Wertung ableitbar sei. Wenn er allerdings diesen Weg einschlägt, gleicht er demjenigen, der sagt: »Aus einer Aussage, aus der eine Aussage über einen Hund ableitbar ist, muß auch eine über ein Tier ableitbar sein«; er sagt uns, worauf zu achten ist, wenn man die Ableitbarkeitsbeziehung überprüft. Was er uns noch nicht gesagt hat, ist, daß wir das Vorliegen der Ableitbarkeitsbeziehung dadurch überprüfen können, daß wir danach schauen, ob die Prämisse selbst die Eigenschaft f hat. Nach allem, was bisher gezeigt wurde, wäre es möglich, daß aus einer Prämisse, die nicht die Eigenschaft f hat, eine Konklusion mit f ableitbar ist – und gerade das will der Nicht-Naturalist ja offensichtlich in Abrede stellen.

Es mag einem zwar mittlerweile so vorkommen, als sei aus einer nicht-wertenden Prämisse selbstverständlich keine wertende Konklusion ableitbar; aber es bleibt unklar, wie man sich einen Beweis dafür vorstellen soll.

Die Theorie, eine wertende Konklusion eines deduktiven Schlusses bedürfe einer wertenden Prämisse, ist in einer ihrer Formen sicherlich unhaltbar; ich erwähne das nur, damit es vom Tisch ist. Wir können unmöglich sagen, daß mindestens eine Prämisse wertend sein müsse, falls die Konklusion es sein soll; denn niemand sagt uns, daß alles, was korrekterweise über die Konklusion eines deduktiven Schlusses gesagt werden kann, korrekterweise auch von mindestens einer (mag auch unklar sein, welcher) Prämisse gesagt werden kann. Es ist keinesfalls notwendig, daß das wertende Element sozusagen »als eine Einheit« hineinkommt. Wenn f zu den Prämissen gehören muß, kann es höchstens notwendig sein, daß es zu den Prämissen *zusammengenommen* gehört, und es könnte eine recht schwierige Angelegenheit sein festzustellen, ob eine Reihe von Aussagen zusammengenommen die Eigenschaft f hat.

Wie soll es denn eigentlich bewiesen werden, daß die Prämissen zusammengenommen auch die Eigenschaft f haben müssen, wenn die Konklusion sie hat? Kann man sagen, es sei andernfalls jederzeit möglich, die Prämissen zu behaupten, die Konklusion jedoch abzulehnen? Ich werde zu zeigen versuchen, daß zumindest dies falsch ist, und zu diesem Zwecke werde ich diejenigen Argumentationen behandeln, die zeigen sollen, daß eine bestimmte Verhaltensweise ungezogen bzw. nicht ungezogen ist.

Ich nehme an, daß Übereinstimmung darüber besteht, daß »ungezogen« in dem weiten Sinne, in dem Philosophen von Wertung sprechen, ein wertendes Wort ist. Auf jeden Fall besitzt es diejenigen Eigenschaften, auf die die Nicht-Naturalisten es abgesehen haben: es drückt Mißbilligung aus; es hat die Funktion, zur Abschreckung von Handlungen zu dienen; und der Sprecher gibt damit zu verstehen, daß er unter gleichen Umständen Verhaltensweisen, auf die er dieses Wort anwendet, selbst vermeiden wird; und so weiter. Für unsere Argumentation werde ich die Fälle außer Acht lassen, in denen zugestandenermaßen Gründe vorliegen, etwas trotz – oder sogar: gerade wegen – der damit begangenen Ungezogenheit zu tun. Selbstverständlich gibt es Fälle, in denen eine kleine Ungezogenheit am Platz ist, aber das ändert nichts daran, daß »ungezogen« ein Mißbilligungs-Wort ist.

Offensichtlich ist mehr an dem Wort »ungezogen«, außer daß es – eine ziemlich sanfte – Mißbilligung ausdrückt: es kann nur gebraucht werden, wo bestimmte Beschreibungen zutreffen. Meines Erachtens kann man dann mit Recht sagen, eine Verhaltensweise sei ungezogen, wenn sie dadurch, daß sie einen Mangel an Achtung zeigt, kränkend wirkt. Daß solche Verhaltensweisen Mängel an Achtung zeigen, ist manchmal bloß eine Sache von Konventionen (wenn beispielsweise jemand in anderer Leute Haus seinen Hut aufbehält), manchmal drückt Verhalten gleichsam von selbst Mißachtung aus, z. B. wenn jemand einen anderen aus dem Weg stößt.

(Man sollte anmerken, daß sich die Regeln der Etikette nicht darin erschöpfen festzulegen, was ungezogen ist und was nicht; etwas mag nicht »ungezogen« sein, trotzdem: so etwas »tut man nicht«. Es ist zwar ungezogen, auf einer feierlichen Abendgesellschaft mit blue jeans zu erscheinen, es ist aber bloß ein Fall von etwas, das man »nicht tut«, beim Tennis einen Smoking zu tragen.)

Nehmen wir einmal an, man könne gar nicht klarmachen, was eine Ungezogenheit ist, ohne auf die mit ihr verbundene Kränkung Bezug zu nehmen. Dann können wir uns fragen, was für eine Beziehung zwischen der Behauptung, daß diese Bedingungen (daß eine Kränkung vorliegt) erfüllt seien – dies nennen wir K – und der Feststellung besteht, daß dieses Verhalten ungezogen ist – abgekürzt U. Kann jemand, der die Aussage K (daß diese Art von Kränkung begangen wurde) akzeptiert, die Aussage U (daß das Verhalten ungezogen ist) bestreiten? Ich würde meinen, daß er gerade das nicht tun kann, denn wenn er sagt, dieses Verhalten sei nicht ungezogen, so werden wir ihn erstaunt anschauen und fragen, welches Verhalten dann ungezogen wäre; und was soll er sagen? Angenommen, er antwortete: »Jemand ist ungezogen, wenn er sich ganz normal benimmt« oder »Jemand ist ungezogen, wenn er langsam auf die Haustüre zukommt«, und er sagte dies nicht, weil er der Ansicht ist, solches Verhalten sei kränkend, sondern mit der Absicht, die üblichen Kriterien für Ungezogenheit völlig fallenzulassen. Es ist evident, daß er mit den üblichen Kriterien auch den Begriff selbst fallenläßt. Er mag zwar sagen »Das finde ich ungezogen«, aber deshalb ist es trotzdem nicht korrekt, von ihm zu sagen, er »finde das ungezogen«. Wenn ich *sage* »Ich sitze auf einem Heuhaufen« und führe als Beleg dafür an, daß der Gegenstand, auf dem ich sitze, vier hölzerne Beine und eine harte hölzerne Lehne hat, so könnte man kaum von mir sagen, ich sei – nicht einmal: fälschlicherweise – der Ansicht, ich sitze auf einem Heuhaufen –; alles, was ich tue, ist, daß ich das Wort »Heuhaufen« gebrauche.

Man könnte denken, daß dieser Vergleich hinke, denn: Die Bedeutung von »Heuhaufen« ist durch die Eigenschaften festgelegt, die Heuhaufen besitzen müssen, die Bedeutung von »ungezogen« hingegen durch die Einstellung, die das Wort ausdrückt. Die Antwort ist: Wenn »etwas ungezogen finden« expliziert werden sollte durch »diesem Etwas gegenüber eine bestimmte Einstellung haben«, dann gehört dazu, daß jemand eine Einstellung hat, in diesem Falle seine Überzeugung, daß gewisse Bedingungen erfüllt sind. Wären

»Einstellungen« nur eine Sache von Reizantworten wie Naserümpfen, und Neigungen zu solchen Sachen wie Entschlüsse-fassen und Schimpfen, dann könnte »etwas ungezogen finden« nicht allein mit Hilfe von »Einstellungen« expliziert werden. Entweder darf »etwas ungezogen finden« nicht mit Hilfe von »Einstellungen« expliziert werden, oder »Einstellung« muß anders expliziert werden als oben angedeutet. Selbst wenn wir annehmen könnten, daß ein bestimmter Mensch auf förmliches Verhalten – oder darauf, daß jemand langsam auf eine englische Haustüre zukommt – *genauso* reagieren könnte wie die meisten Menschen auf kränkendes Verhalten reagieren, so würde das nicht bedeuten, er müsse als jemand charakterisiert werden, der das ungezogen findet. Und in jedem Fall ist die Annahme, daß er das könnte, unsinnig. Obwohl er sich in der einen oder anderen Hinsicht so verhalten könnte, als hielte er so etwas für ungezogen – indem er beispielsweise Kinder, die sich völlig normal benehmen bzw. langsam gehen, beschimpfte (seine Töchter allerdings nicht wegen ihrer Neigung zu solchen Sachen aus dem Hause wiese) –, so könnte sein Verhalten nicht genauso sein, als hielte er das für ungezogen. Denn weil die gesellschaftliche Reaktion auf völlig korrektes Verhalten nicht dieselbe ist wie die gesellschaftliche Reaktion auf kränkendes Verhalten, könnte er sich nicht in genau der gleichen Weise verhalten. Er könnte sich beispielsweise nicht für etwas entschuldigen, das er »ungezogen« nennt, denn er müßte zugestehen, daß es niemanden gekränkt hatte.

Ich stelle zusammenfassend fest: Ob jemand eine Verhaltensweise als ungezogen oder nicht ungezogen bezeichnet, er muß sich derselben Kriterien bedienen wie jeder andere, und weil die Kriterien erfüllt sind, wenn K wahr ist, ist es unmöglich, daß er K behauptet und gleichzeitig U ablehnt. Daraus folgt: Wenn es eine hinreichende Bedingung für die Ableitbarkeit eines Satzes Q aus einem Satz P ist, daß die Behauptung von P unvereinbar ist mit der Ablehnung des Satzes Q, dann haben wir hier ein Beispiel einer nicht-wertenden Prämisse, aus der eine wertende Konklusion ableitbar ist.

Es ist natürlich möglich, K zuzugestehen und sich trotzdem zu weigern, U zu behaupten. Und das ähnelt nicht jemandes Weigerung, über Erdäpfel zu sagen, was er über Kartoffeln schon zugestanden hat.

Ein Verhalten ungezogen nennen heißt einen Begriff gebrauchen, den jemand könnte ablehnen wollen, weil er die gesamte Praxis des Lobens und Tadelns ablehnt, die durch solche Begriffe wie »höflich« oder »ungezogen« verkörpert wird. So jemand würde es ablehnen, über Streitfragen der Etikette zu diskutieren, und Argumentationen mit ihm darüber, was ungezogen ist und was nicht, würden nicht so sehr zusammenbrechen als vielmehr niemals beginnen. Sollte er die Frage »Ist das ungezogen?« einmal akzeptieren, so müßte er sich an die Regeln für diese Art von Argumentation halten; er könnte nicht alles, was ihm gerade paßt, als Argument anführen und auch nicht die Relevanz jedes von seinem Opponenten vorgebrachten Arguments leugnen. Weiterhin könnte er nicht sagen, er sei momentan nicht fähig, von K zu U überzugehen, weil die Überzeugung, daß K, in ihm keine Gefühle oder Einstellungen hervorgerufen habe, die die Behauptung, daß U, rechtfertigten. Hätte er einmal zugestimmt, über Ungezogenheit zu diskutieren, hätte er sich damit verpflichtet, K als schlagendes Argument für U zu akzeptieren; und Argumente sind keine Medizin, die man mit der Hoffung »Es wird schon helfen« einnimmt. Die Behauptung, er könne sich weigern zuzugestehen, daß ein bestimmtes Verhalten ungezogen sei, weil der richtige psychische Zustand in ihm nicht hervorgerufen worden sei, ist etwa so seltsam wie die Annahme, jemand könne sich weigern, die Welt als rund zu bezeichnen, weil trotz der schlagenden Argumente dafür, daß sie rund ist, kein Gefühl des Vertrauens zu dieser Aussage in ihm erzeugt worden sei. Wenn schlagende Argumente vorliegen, richtet man sich nach ihnen und wartet nicht erst auf die richtige Geistesverfassung. Daraus folgt: wenn jemand bereit ist, über Fragen der Ungezogenheit zu diskutieren und somit auch bereit ist, die Tatsache, daß ein Verhalten in gewisser Weise kränkend wirkt, als Argument zu akzeptieren, so kann er sich nicht weigern, U zuzugestehen, wenn K bewiesen wurde.

Der Sinn dieses Beispiels war es zu zeigen, daß selbst im Falle wertender Konklusionen die strengsten Argumentationsregeln vorliegen können. Wendet man dieses Prinzip auf den Fall der Moralurteile an, so zeigt sich – trotz aller Gegenbeweise der Nicht-Naturalisten – daß Bentham beispielsweise recht haben könnte, wenn er sagt, daß, in Verbindung mit dem Prinzip der Nützlichkeit, »die Wörter *sollen, richtig* und *falsch* und andere dieses Schlags, eine Bedeutung haben: andernfalls haben sie keine«.[5] Wer sich überhaupt moralischer Begriffe bedient, ob nun zur Vertretung oder Ablehnung einer moralischen Behauptung, muß sich an deren Gebrauchsregeln halten, inklusive der Regeln, die festlegen, was als Argument für oder gegen das betreffende Moralurteil gilt. Trotz allem, was bisher Gegenteiliges dargelegt wurde, könnten diese Regeln Ableitungsregeln sein, die es verbieten, Tatsachenaussagen zu behaupten und zugleich Moralaussagen abzulehnen. Wer sich weigert, die Argumente für ein Moralurteil für sich als einen Grund zu akzeptieren, gewisse Dinge zu tun oder eine bestimmte Einstellung anzunehmen, dem bleibt nur ein einziger Ausweg: mit der moralischen Diskussion aufzuhören und dem Gebrauch moralischer Begriffe insgesamt abzuschwören.

Bentham hat mit dem, was er sagte, keinen »naturalistischen Fehlschluß« irgendeiner Art begangen. Wir können durchaus untersuchen, ob moralische Begriffe ihre Bedeutung verlieren, wenn sie nicht gemäß dem Lustprinzip oder einer bestimmten anderen Klasse von Kriterien verwandt werden; – wie das Wort »ungezogen« seine Bedeutung verliert, wenn das Kriterium der Kränkung aufgegeben wird. Mir jedenfalls scheint das ganz klar der Fall zu sein; ich weiß nicht, was es heißen soll, es sei jemandes Pflicht, das und das zu tun, solange nicht versucht worden ist zu zeigen, inwiefern es etwas ausmachte, wenn die betreffenden Dinge nicht getan würden. Wie können Fragen wie »Was macht das aus?«, »Was schadet das?«, »Welcher Vorteil besteht darin?« und »Warum ist es wichtig?« hier übergangen werden? Will man vielleicht sogar behaupten, daß Leid in den Augen eines moralisch völlig exzentrischen Menschen gerade dadurch, daß es von einem gewissen Charakterzug bewirkt wird, zu einer Tugend werden könnte? Meines Erachtens könnte man solch einen Menschen nicht einmal mehr einen moralischen Exzentriker nennen, genauso wenig, wie man von einem, der das Wort »ungezogen« auf völlig korrektes Verhalten anwendet, sagen könnte, er habe seltsame Ansichten über Ungezogenheit. Beide Bezeichnungen haben ihre richtigen Anwendungen, aber diese hier gehören nicht dazu. Welche Beziehungen zwischen den Begriffen »Leid«, »Vorteil«, »Nutzen«, »Wichtigkeit« und so weiter und den verschiedenen moralischen Begriffen wie »Richtigkeit«, »Verpflichtung«, »das Gute«, »Pflicht« und »Tugend« genau bestehen, ist eine Frage, die einer höchst geduldigen Untersuchung bedarf. Daß jedoch solche Beziehungen bestehen, scheint unbestreitbar, und daraus folgt, daß es nicht Sache der persönlichen Entscheidung sein kann, welche Überlegungen als Argument in der Ethik zu gelten haben.

Vielleicht wird jemand sagen, diese Art von Entscheidungsfreiheit sei im Grunde gar nicht ausgeschlossen, da jeder für sich selbst entscheiden müsse, was als Vorteil, Nutzen oder Leid gelten sollte. Aber ist das wirklich plausibel? Betrachten wir den bei Hare[6] geschilderten Menschen, der Folterung für moralisch zulässig hält. Offensichtlich wird nicht angenommen, dieser Mensch argumentiere, Folterung sei trotz allem als Mittel rechtfertigbar, aus Staatsfeinden Geständnisse herauszupressen. Denn die Argumentation soll ja am Ende sein, wenn der eine gesagt hat, Menschen zu foltern sei moralisch zulässig, und sein Opponent dem widersprochen hat. Wie soll er denn den Einwand beantwortet haben, Folterung sei Zufügung von Leid? Wenn angenommen wird, er habe gesagt, auf lange Sicht sei Leid für den Menschen eher gut als schlecht, so müßte er den damit verbundenen Nutzen zeigen; und er kann sich genauso wenig aussuchen, was als Nutzen gelten soll, wie er sich aussuchen konnte, was als Leid galt. Soll er als Leid vielleicht nur ihm selbst zugefügtes gelten lassen? In diesem Fall begeht er eine *ignoratio elenchi*. Wenn er als Leid nur ihm selbst zugefügtes Leid gelten läßt, so disqualifiziert er sich selbst für moralische Diskussionen, – und das hätte er schon vorher sagen sollen. Man könnte diesen Fall mit einem vergleichen, in dem jemand in einer Diskussion über eine gemeinsame Vorgehensweise sagt: »Das ist das Beste« und später erklärt, mit »das Beste« habe *er* das Beste für sich selbst gemeint. Das ist nicht die Bedeutung von »das Beste« innerhalb einer solchen Diskussion.

Es mag eingewandt werden, diese Überlegungen bezüglich der Argumente, die für die Behauptung, etwas sei gut oder schlecht, vorgebracht werden müssen, könnten keinesfalls von der mindesten Wichtigkeit sein; selbst wenn solche Argumentationsregeln existierten, reflektierten sie doch nur die Beziehung zwischen unserem bestehenden Moralkodex und unseren bestehenden Moralbegriffen; wenn es in unserer Sprache keine »freien« Moralbegriffe gäbe, so könne man jederzeit annehmen, es seien welche künstlich geschaffen worden – wie ja tatsächlich welche geschaffen werden müßten, wollten wir mit Menschen argumentieren, die einen völlig anderen Moralkodex haben als wir. Diesem Einwand liegt eine fragwürdige Annahme über den Begriff der *Moralität* zugrunde. Die Annahme ist die: selbst wenn es Regeln für die Gründe gibt, derentwegen Handlungen als gut, richtig oder verbindlich bezeichnet werden können, so gibt es doch keine Regeln für die Gründe, derentwegen ein Prinzip, das Moralprinzip genannt werden soll, Gültigkeit besitzen könnte. Wer diese Annahme für richtig hält, muß daran glauben, daß es möglich sei, ein Gefühls- oder Einstellungselement dingfest zu machen, durch das die Bedeutung des Wortes »moralisch« bestimmt wäre. Wenn wir von jemandem sagen, er sei für oder gegen bestimmte Handlungsweisen, er ordne diese Handlungsweisen universalen Regeln unter, mache sich diese Regeln zu eigen und fühle sich verpflichtet, sie anderen aufzuzwingen, so müßte man beispielsweise annehmen, wir seien in der Lage festzustellen, daß er sich an Moralprinzipien hält, was auch immer sein oberstes Prinzip besagen mag. Aber warum sollte man annehmen, der Begriff der Moralität ließe sich in diesem besonderen Netz fangen? Die Konsequenzen einer solchen Annahme sind nur sehr schwer zu verdauen, denn aus ihr folgt, daß eine Regel, die selbst diejenigen, die sie befolgen, für zugestandenermaßen völlig witzlos halten, dennoch als eine Moralregel anerkannt werden könnte. Bestünden Leute zufällig darauf, daß niemand links herum um Bäume laufen oder bei Mondschein Igel anschauen solle, so könnte dies als ein grundlegendes Moralprinzip gelten, über das weiterhin nichts gesagt zu werden braucht.

Der Hauptgrund dafür, daß diese Ansicht trotz der aufgezeigten Schwierigkeiten so weit verbreitet ist, ist meines Erachtens der, daß wir den Vorwurf einer Verbalentscheidung für unseren eigenen Moralkodex scheuen. Wer jedoch diesen Vorwurf erhebt, begeht eine petitio principii gegenüber meiner oben ausgeführten Argumentation. Wenn natürlich die Regeln, denen wir die Bezeichnung »Moralregel« verweigern, in Wahrheit diesen Namen verdienen, dann tun wir nicht mehr, als uns legislativ gegen fremde *Moral-Kodices* zu wenden. Die aufgestellte These besagt demgegenüber: Verhaltensregeln, die völlig anders verteidigt werden als wir unsere moralischen Überzeugungen verteidigen, können nicht korrekt als Moralregeln bezeichnet werden. Ist diese These richtig, so kann der Unterschied zwischen uns und diesen Menschen nicht als einer moralischer Anschauungen gekennzeichnet werden, vielmehr muß er als Unterschied zwischen einem moralischen und einem nicht-moralischen Standpunkt bezeichnet werden. Das Beispiel der Etikette ist hier wiederum nützlich. Niemand würde sagen, es sei eine verbale Entscheidung für unsere Art sozial determinierter Etiketteregeln, daß man Regeln, die jeder sich aufstellen kann, wenn ihm danach ist, *a priori* von den Etiketteregeln ausschließt. Mit welcher Begründung könnte man eine Regel »*Etikette*-Regel« nennen, die jemand sich nach seinem Gutdünken zurecht machen darf? Es ist nicht einfach nur eine Eigenart des Gebrauchs unserer Ausdrücke »ungezogen«, »tut man nicht« und so weiter, daß sie in solch einem Fall nicht angewandt werden könnten; es ist auch eine Eigenart von Etikette, daß, wenn Ausdrücke einer anderen Sprache in solchen Situationen auftreten, sie nicht Ausdrücke der Etikette wären. Ähnlich verhält es sich mit den Ausdrücken »legal« und »illegal« und dem Begriff des Rechts. Wenn es jedem Einzelnen gestattet wäre, ein Begriffspaar, das Billigung und Mißbilligung ausdrückt, nach eigenem Gusto und ohne Berücksichtigung irgendeiner anerkannten Autorität zu gebrauchen, so könnten diese Begriffe nicht solche des Rechts sein. Gleichermaßen ist es eine Eigenart der Etikette und des Rechts, daß sie konventional sind, während Moralität es nicht ist.

Es kann sein, daß wir uns bei dem Versuch, die Regeln festzustellen, die festlegen, wie Moral-Aussagen verteidigt werden, legislativ gegen einen unserem eigenen Moralkodex radikal entgegengesetzten Moralkodex wenden. Aber das heißt nur, daß wir einen Fehler begehen. Das Mittel dagegen: Sorgsamer die Argumentationsregeln untersuchen, – nicht voraussetzen, es könne überhaupt keine geben. Wenn wir einem Moralsystem wie dem Nietzsches die Anerkennung als Moralsystem verwehren, dann haben wir die falschen Kriterien. Dennoch kann die Tatsache, daß Nietzsche ein Moralist war, nicht als Beleg für die »Freie Unternehmer«-Theorie der Moralkriterien angeführt werden. Zugestandenermaßen hat Nietzsche gesagt »Ihr möchtet das Leiden verringern; ich will es gerade vermehren«; aber er hat nicht *nur* dies gesagt. Und er hat auch nicht den Umstand, daß Leiden eine Neigung zu Geistesabwesenheit oder Falten im Gesicht bewirkt, als Rechtfertigung angeboten. Wir erkennen Nietzsche als Moralisten an, weil er versucht, einen Zuwachs an Leid dadurch zu rechtfertigen, daß er es mit Stärke – im Gegensatz zu Schwäche – und Individualität – im Gegensatz zu Konformität – in einen Zusammenhang rückt. Daß Stärke etwas Gutes ist, kann man nur bestreiten, wenn man zu zeigen vermag, daß der starke Mensch sich übernimmt oder auf irgendeine andere Weise sich oder anderen Menschen Schaden zufügt. Daß Individualität etwas Gutes ist, muß gezeigt werden; aber wir bringen es vage mit Originalität und Mut in Verbindung, und somit besteht keine Schwierigkeit, Nietzsche als Moralisten zu betrachten, wenn er sich auf so etwas beruft.

Es ist einer abschließenden Bemerkung wert, daß moralische Argumentationen öfter zusammenbrechen, als Philosophen zu glauben neigen, daß es sich jedoch um einen Zusammenbruch anderer Art handelt. Wenn Menschen erörtern, was richtig, gut oder verpflichtend ist, oder ob ein bestimmter Charakterzug eine gute Eigenschaft darstellt oder nicht, so beschränken sie ihre Beiträge nicht auf die Anhäufung von Fakten, die durch einfache Beobachtung oder irgendeine klare Methode ausgewiesen werden können. Die Beiträge können durchaus subtil und tiefschürfend sein, und es hängt in solchen Diskussionen – genau wie in anderen: beispielsweise in der Literaturkritik oder in Diskussionen, in denen der Charakter eines Menschen beurteilt werden soll – vieles von Erfahrung und Phantasie ab. Es kommt recht häufig vor, daß jemand nicht verstehen kann, worauf ein anderer hinauswill; und diese Art von Mißverständnis wird nicht immer durch irgendetwas zu beseitigen sein, was man Argumentation im üblichen Sinne nennen könnte.

1 R. M. Hare, *The Language of Morals*, Oxford 1952, S. 69; (dt. *Die Sprache der Moral*, Frankfurt a. M. 1972, S. 96).
2 *Ethics and Language*, S. 170 f.
3 W. K. Frankena, *The Naturalistic Fallacy*, in *Mind* 1939; (dt. *Der naturalistische Fehlschluß*, in diesem Band).
4 A. N. Prior *Logic and the Basis of Ethics*, London 1949, Kapitel 1.
5 *Principles of Morals in Legislation*, Kapitel 1, x.
6 *Universalizability*, in: *Proceedings of the Aristotelian Society*, 1954-1955, S. 304; (dt. *Universalisierbarkeit*, in diesem Band).

XIII
R. M. Hare
Deskriptivismus

Der Ausdruck »Deskriptivismus« wurde mir erstmals durch eine Wendung Austins nahegelegt. Er spricht an zwei Stellen von dem – wie er es nennt – »deskriptiven Fehlschluß«, der in der Annahme besteht, eine Äußerung sei deskriptiv, obgleich sie es gar nicht ist;[1] und obwohl ich ebenso wie er der Meinung bin, daß der Ausdruck eventuell irreführend ist, so wird er doch seinen Zweck erfüllen. »Deskriptivismus« kann demnach vielleicht als ein Gattungsname für philosophische Theorien verwendet werden, die diesen Fehlschluß begehen. Ich werde jedoch nicht den Deskriptivismus im allgemeinen diskutieren, sondern die besondere Spielart von ihm, die zur Zeit in der Ethik *en vogue* ist; und ich werde nicht versuchen, alle Formen auch nur des ethischen Deskriptivismus zu diskutieren, noch auch nur alle Argumente derjenigen Deskriptivisten, auf die ich eingehen werde. Eine Auswahl muß an dieser Stelle genügen. Ich kann nicht behaupten, daß meine eigenen Argumente völlig neu sind – insbesondere bei Urmson und Nowell-Smith stehe ich in schwerer Schuld; wenn aber alte Fehler erneut virulent werden, dann kann man eben oft nicht mehr tun, als die alten Argumente so klar wie möglich von neuem gegen sie vorzubringen. Philosophische Fehler sind wie der Löwenzahn im Garten: Wie sorgfältig man ihn auch ausreißt, im nächsten Jahr gibt es sicher noch mehr davon, und es ist schwierig, sich neue Methoden auszudenken, um den Anblick, der einem schon so vertraut ist, loszuwerden. »Naturalistas expellas furca, tamen usque recurrent.« Am besten läßt sich das aber immer noch mit der von Hume erfundenen alten Gabel bewerkstelligen.

Eine wesentliche Bedingung für den Gebrauch dieses Werkzeugs ist, daß es einen Unterschied zwischen Beschreibung und Wertung gibt; und da die Raffinierteren unter den modernen Deskriptivisten diese Unterscheidung manchmal anzufechten versuchen, muß ich damit beginnen, die Existenz dieses Unterschieds zu beweisen, obwohl mir nicht die Zeit bleiben wird, um dem, was ich an anderer Stelle über ihre Natur gesagt habe, noch etwas hinzuzufügen.[2] Dieses Problem gleicht sehr stark dem, bei dem es um den Unterschied zwischen analytisch und synthetisch geht (es ist sogar ein Ableger dieses Problems). Beide Unterscheidungen sind nützliche – ja sogar wesentliche – Werkzeuge des Philosophen, und daß wir es bisher noch nicht geschafft haben, ihre Natur völlig klar formal zu erhellen, tut ihrer Verwendung keinen Abbruch.

Der fundamentale Unterschied ist nicht der zwischen deskriptiven und wertenden *Ausdrücken,* sondern der zwischen der deskriptiven und der wertenden Bedeutung, die ein einzelner Ausdruck in einem gewissen Kontext haben kann. Um die Existenz eines Unterschieds zwischen deskriptiver und wertender Bedeutung nachzuweisen, ist es nicht notwendig, daß man die Existenz von Fällen verneint, in denen sich nur schwer sagen läßt, ob ein Ausdruck wertend gebraucht wird oder nicht. Es gibt einen klaren Unterschied zwischen einem Haufen Korn und überhaupt keinem Korn, auch wenn man nur schwer sagen kann, wann genau aus dem von mir zusammengetragenen Korn ein Haufen geworden ist.[3] Die deskriptive und die wertende Bedeutung eines Ausdrucks in einem gegebenen Kontext mag an ihn mehr oder weniger fest gebunden sein (wir sind uns vielleicht mehr oder weniger sicher, ob die eine oder die andere Bedeutungskomponente abgetrennt würde oder nicht, wenn wir mit variierenden Beispielen für den Gebrauch des Ausdrucks konfrontiert würden: Würde ich z. B., wenn jemand für eine Sache, die ich nicht als gut, sondern als verderblich ansehe, große Geldsummen beisteuerte, ihn dann noch großmütig nennen?). Aber trotz alledem kann die Unterscheidung zwischen deskriptiver und wertender Bedeutung doch völlig vertretbar sein.

II

Wir können jedenfalls zeigen, daß ein solcher Unterschied existiert, wenn wir eine dieser zwei Arten von Bedeutung in einem gegebenen Kontext isolieren können und wenn wir zeigen können, daß sie in diesem Kontext nicht die ganze Bedeutung des Ausdrucks ausmacht. Nehmen wir z. B. an, wir könnten zeigen, daß in einem gewissen Kontext ein Ausdruck eine deskriptive Bedeutung besitzt; und nehmen wir an, wir könnten diese deskriptive Bedeutung dadurch isolieren, daß wir einen anderen Ausdruck angeben, der in demselben Kontext mit derselben deskriptiven Bedeutung verwendet werden könnte, daß sich beide Ausdrücke aber insofern unterscheiden, als zwar der eine eine wertende Bedeutung besitzt, der andere aber nicht; dann haben wir gezeigt, daß es in der Bedeutung eines Ausdrucks diese zwei verschiedenen Komponenten geben kann.

Angenommen, jemand sagt, daß ein gewisser Wein (nennen wir ihn »1982er Colombey-les-deux-églises«) ein guter Wein sei. Es ist meines Erachtens offensichtlich, daß er ihn deshalb einen guten Wein nennt, *weil* er einen gewissen Geschmack, ein gewisses Bouquet, einen gewissen Körper, einen gewissen Gehalt usw. besitzt (ich werde kurz »Geschmack« sagen). Ebenso klar ist jedoch, daß wir über keinen Namen für genau den Geschmack verfügen, den dieser Wein hat. Ein Deskriptivist könnte daher wie folgt argumentieren (und damit den beliebten Fehlschluß von *nullum nomen* auf *nullum nominandum* begehen): Wir können darüberhinaus über diesen Wein nichts sagen, wodurch wir einem andern klarmachen könnten, was an ihm gut ist oder weshalb wir ihn gut nennen (was soviel heißen würde, wie die deskriptive Bedeutung von »gut« in diesem Kontext anzugeben); wir können nur wiederholen, daß er gut ist. Zugegeben, er ist gut, weil er eben so schmeckt, wie er schmeckt; aber das ist, als würde man sagen, daß etwas rot ist, weil es so aussieht, wie es aussieht. Wie sonst könnten wir beschreiben, wie er schmeckt, wenn nicht dadurch, daß wir sagen, er sei gut? Folglich kann die Beschreibung nicht von der Wertung getrennt werden, und die Unterscheidung ist wertlos geworden.

In diesem Fall wäre eine solche Argumentation nicht überzeugend. Wenn ein Deskriptivist damit zu zeigen versuchte, daß die deskriptive Bedeutung von »gut« in diesem Kontext nicht isoliert werden kann, würden wir ohne Zweifel antworten, daß die Schwierigkeit lediglich darin liegt, daß für die Qualität, die wir zu isolieren versuchen, kein *Wort* existiert. Aber das spielt keine Rolle, vorausgesetzt, es ist möglich, ein neues Wort zu prägen und ihm eine Bedeutung zu geben; wie man das macht, werde ich i. f. zeigen. Ich darf vielleicht nebenbei darauf hinweisen, daß es, wenn wir nicht die Wörter »süß«, »saftig«, »rot«, »groß« und einige mehr besäßen, ohne Erfindung von neuen Wörtern unmöglich wäre, die deskriptive Bedeutung von »gut« in der Wendung »gute Erdbeere« zu isolieren; aber dies würde uns nicht hindern, auch weiterhin zu sagen, daß die Wendung eine deskriptive Bedeutung besitzt, die von ihrer wertenden Bedeutung verschieden ist. Wir müßten eben ein Wort mit der Bedeutung »wie diese Erdbeere, was Geschmack, Konsistenz, Größe usw. angeht« prägen; genau dies will ich jetzt in unserem »Wein«-Beispiel tun.

Wir wollen ein Wort, nämlich »φ« erfinden, das für die Qualität des Weines stehen soll, derentwegen wir ihn einen guten Wein nennen. Diese Qualität ist, wie ich bereits erklärt habe, komplex. Es sei mir erlaubt, die weitere Annahme zu machen, daß (was nicht unwahrscheinlich ist) zu dem Zeitpunkt, zu dem 1982er Weine von dieser Sorte gut zu werden beginnen, die Wissenschaft von den Geruchs- und Geschmacksstoffen weit genug fortgeschritten sein wird, um die Wein-Snobs arbeitslos zu machen; d. h., daß es möglich sein wird, mit Hilfe von chemischen Mitteln Zusätze herzustellen, die, wenn man sie billigen Weinen beimischt, diesen einen Geschmack verleihen, den kein Mensch von dem Geschmack teurer Weine unterscheiden kann. Wir hätten dann ein chemisches Rezept für die Herstellung von Flüssigkeiten, die φ schmecken. Man könnte daher leicht (obwohl es selbst ohne einen derartigen wissenschaftlichen Fortschritt durchaus möglich wäre) jemandem das Erkennen des φ-Geschmacks beibringen, indem man Proben von Flüssigkeiten mit dem φ-Geschmack wie auch Proben mit einem anderen Geschmack zusammenstellt, ihn dann dazu bringt, davon zu kosten und ihm in jedem einzelnen Fall sagt, ob die Probe φ schmeckte oder nicht. Beachtenswert ist, daß ich das tun könnte, ganz gleich ob er selbst dazu neigt, diese Flüssigkeiten für gut zu halten (bzw., wenn es sich um Weine handelte, für gute Weine) oder nicht. D. h. er könnte die Bedeutung von »φ« auch ganz unabhängig davon lernen, wie er selbst den Wert von Weinen mit diesem Geschmack einschätzt.

Es ist in der Tat möglich, daß er, wenn er Weine mit diesem Geschmack für gute Weine hält, die Bedeutung meiner Äußerung falsch versteht: er glaubt vielleicht, daß »φ-Wein« (der Ausdruck, dessen Bedeutung ich ihm zu erklären versuchte) dasselbe bedeutet wie »guter Wein«. Es ist stets möglich, Fehler zu machen, wenn man einem andern die Bedeutung eines Wortes zu erklären versucht. Man könnte sich aber gegen die Fehler absichern. So könnte ich zu ihm etwa sagen: »Ich will, daß du verstehst, daß ich, wenn ich einen Wein φ nenne, ihn dadurch nicht empfehle oder lobe, genausowenig wie ich ihn dadurch empfehle oder lobe, daß ich sage, daß er nach diesem chemischen Rezept hergestellt ist; ich neige zwar tatsächlich (denn diese Vorliebe habe ich nun einmal) dazu,

Weine mit diesem Geschmack zu empfehlen; aber einfach dadurch, daß ich sage, daß ein Wein φ ist, empfehle ich ihn genausowenig, als wenn ich sagen würde, daß er wie Essig oder wie Wasser schmeckt. Wenn sich meine Vorliebe (oder, was hier auf das gleiche hinausläuft, die eines jeden andern) derart änderte, daß ein Wein mit diesem Geschmack nicht mehr für etwas Gutes gehalten wird, und wenn wir mit ihm nichts anfangen könnten, als ihn einfach wegzuschütten, dann könnten wir ihn dennoch auch weiterhin noch als φ beschreiben.«

Nun scheint mir, daß das deskriptivistische Argument, das wir gerade betrachten, davon abhängt, daß das, was ich eben gesagt habe, auch wirklich völlig unverständlich ist. Wer die Erklärung der Bedeutung von »φ« verstehen kann, muß das deskriptivistische Argument zurückweisen. Denn wenn die Erklärung zutrifft, dann ist es möglich, die Bedeutung von »φ« durch Hinweis als einen deskriptiven Ausdruck zu erklären; und wenn das getan ist, können wir in dem Satz »Der 1982er Colombey ist ein guter Wein« die deskriptive Bedeutung von der wertenden Bedeutung des Ausdrucks »guter Wein« trennen. Es wird nämlich möglich sein, daß zwei darin überstimmen, daß der 1982er Colombey φ schmeckt, aber nicht darin, daß er ein guter Wein ist; und das zeigt (und mehr versuche ich gar nicht zu zeigen), daß in der Feststellung, daß der 1982er Colombey ein guter Wein ist, mehr steckt als in der Feststellung, daß der 1982er Colombey ein Wein ist, der φ schmeckt. Das »Mehr« besteht natürlich in der Empfehlung; ich werde jedoch in dieser Arbeit nicht zu erklären versuchen, was dies ist, da ich mein Bestes dazu an anderer Stelle getan habe.

Diese Antwort auf das deskriptivistische Argument ist nicht, wie man auf den ersten Blick vielleicht denken könnte, zirkulär. Es trifft zwar zu, daß ich in das Argument den Unterschied zwischen Empfehlung und Beschreibung eingeführt habe, einen Unterschied, dessen Existenz ich ja gerade zu beweisen versuchte; aber ich nahm ihn nicht bloß als eine Prämisse in meinem Argument an – ich legte ein klares Beispiel vor, in dem wir ohne diesen Unterschied nicht auskommen könnten. Ich stellte die Frage »Konnte man verstehen, was ich sagte, als ich meinem Gegenüber erklärte, daß etwas φ zu nennen nicht heißt, daß man es damit empfiehlt oder lobt, und zwar genausowenig wie es ein Lob oder eine Empfehlung ist, wenn man sagt, daß es wie das Produkt eines gewissen chemischen Rezepts schmeckt, oder daß es wie Essig oder Wasser schmeckt?« Die Prämisse, die ich in das Argument hineinsteckte, war, daß dies voll und ganz verständlich ist. Ein entschlossener Deskriptivist könnte an dieser Stelle vielleicht einwenden: »Für mich ist es nicht verständlich.«; ich kann jedoch lediglich die Frage an Sie richten, ob er, wenn er dies sagte, damit nicht eine Unterscheidung als für sich selbst unverständlich erklärt, mit der wir alle doch recht gut umzugehen wissen (eine bekannte Gewohnheit von Philosophen). Die Unterscheidung muß natürlich weiter geklärt werden – und dies ist die Aufgabe der Moralphilosophie –, aber es gibt sie jedenfalls.

III

In diesem »Wein«-Beispiel taucht die Schwierigkeit deshalb auf, weil kein Wort verfügbar ist, das zwar die deskriptive Bedeutung von »gut« in einem gewissen Kontext, nicht aber seine wertende Bedeutung hat. Eine ganz ähnliche Schwierigkeit taucht jedoch auf, wenn es, wie in den meisten moralischen und ästhetischen Fällen, nicht nur *ein* Wort gibt, das gerade die deskriptive Bedeutung hat, die wir wollen, sondern eine Vielzahl von Möglichkeiten, die Art von Ding, die wir uns vorstellen, mehr oder weniger detailliert zu beschreiben. Was hier nötig ist, ist keine Hinweis-Definition (obwohl eine solche hilfreich sein mag), sondern eine lange Geschichte. Es ist z. B. sehr schwer zu sagen, was uns an einem bestimmten Bild dazu bringt, es ein gutes Bild zu nennen; was uns dazu bringt, es ein gutes Bild zu nennen, ist aber nichtsdestoweniger eine Reihe von beschreibbaren charakteristischen Merkmalen, die gerade so kombiniert sind und nicht anders. Wir können das ganz klar sehen, wenn wir uns den Maler selbst vorstellen, wie er gerade das Bild komponiert – wie er einige Besonderheiten einfügt, sie dann vielleicht wieder übermalt und etwas anderes versucht. Es gibt keinen Zweifel, daß das, was auch immer ihn befriedigt oder nicht, etwas auf der Leinwand dort ist, das sicherlich mit Hilfe neutraler Ausdrücke beschrieben werden kann (z. B. ziehen eine Menge Dinge an den Ecken seines Bildes das Auge auf sich, während kein Merkmal in der Mitte diese Wirkung hat). Oder, um ein einfacheres Beispiel herauszugreifen, nehmen wir an, daß der Maler jemand wie Kandinsky ist, und daß das Einzige, das ihn mit dem Bild unzufrieden sein läßt, der eindeutige Farbton eines exakt gemalten runden Fleckes in der Nähe der rechten oberen Ecke ist.

Nehmen wir ferner an, der Maler sei plötzlich unheilbar gelähmt, will aber das Bild noch zu Ende führen; kann er dann nicht einen Schüler dazu bringen, die Farbe für ihn zu ändern, indem er ihm mit Hilfe neutraler deskriptiver Ausdrücke sagt, genau welche Farben er in welchem Verhältnis zu mischen und wo er die daraus resultierende Mischung anzubringen hat, um das Bild besser zu machen? Der gelähmte Maler braucht nicht zu sagen »Mach das Bild besser« oder »Gib dem Fleck in der rechten oberen Ecke eine bessere Farbe«; er könnte dem Schüler genau sagen, wie er dies zu machen hat.

Wenn wir statt der Frage, wehalb jemand gerade *dieses* Bild gut nennt, die Frage stellen, wehalb er im allgemeinen Bilder (oder Weine oder Menschen) gut nennt, wird die Lage noch komplizierter. Prinzipiell bleibt doch gültig, daß man die deskriptive Bedeutung, die er mit dem Ausdruck »gutes Bild« verknüpft, in Form einer sehr komplexen Konjunktion und Disjunktion von charakteristischen Merkmalen herausbekommen könnte, indem man ihn mit hinreichender Ausführlichkeit über eine hinreichend große Zahl von Bildern befragt.[4] Einen festen Geschmack, was Bilder angeht, zu besitzen heißt nämlich, dazu disponiert zu sein, Bilder mit gewissen charakteristischen Merkmalen für gut zu halten. Daß ihm ein derartiger Prozeß eine ganze Menge Aufschlüsse über seinen eigenen Geschmack geben würde, spielt für das Argument selbst keine Rolle; der Prozeß, der darin besteht, die Gründe von Wertungen zu verdeutlichen, ist immer aufschlußreich. Wenn seine Wertungen auf der Basis von vagen und ungewissen Gründen gefällt worden sind, wie es bei einem Menschen der Fall sein wird, dessen Geschmack nicht gut entwickelt ist, dann kann der Versuch, die Gründe zu klären, eine im Verlauf dieser Differenzierung stattfindende Änderung seiner Wertungen selbst zur Folge haben. Auch dies ist für das Argument irrelevant; denn niemand will die These vertreten, daß die mit unseren Wertungen verknüpfte deskriptive Bedeutung in allen Fällen präzise und ein für allemal festgelegt ist.

Damit Sie nicht glauben, ich hätte einfach deshalb über Bilder gesprochen, um eine logische Bemerkung über Wert-Urteile zu machen, möchte ich darauf hinweisen, daß mir in all dem eine Lehre darüber zu stecken scheint, wie man seine eigene Beurteilung von Kunstwerken verbessern kann. Insofern ich überhaupt zu irgendeiner hinreichend differenzierten Beurteilung irgendwelcher Arten von Kunstwerken gekommen bin – oder von irgendetwas sonst, was ästhetischen Wert besitzt – dann dadurch, daß ich für mich selbst zu formulieren versuche, was ich an einzelnen Werken gut oder schlecht finde, oder eben an Werken eines bestimmten Stils oder einer bestimmten Epoche. Dies ist natürlich kein Ersatz für das völlig undifferenzierte Aufgehen in einem Werk – etwa in einem Musikstück – was allein die Kunst für uns wertvoll macht; aber die Analyse ist ohne Zweifel eine Hilfe. Ich habe weit mehr Nutzen vom Anschauen von Bildern und Gebäuden, aus dem Anhören von Musik usw. sowie auch daraus gezogen, daß ich mich selbst fragte, was ich an ihnen wertvoll finde, als aus dem Lesen der Werke von Kritikern; und wenn mir Kritiker geholfen haben, dann durch dieselbe Art und Weise, d. h. dadurch, daß sie die Aufmerksamkeit auf besondere Merkmale von Kunstwerken lenkten, die zu deren Vortrefflichkeit beitragen, und diese Merkmale charakterisierten. Ich glaube, daß viele Deskriptivisten mir darin zustimmen würden. Aber nur wenn das, was ich sagte, zutrifft (nämlich daß man die deskriptive Bedeutung von »gut« in einem gegebenen Kontext im Prinzip stets angeben kann), sind Kritiker in der Lage, uns zu sagen, warum sie gewisse Kunstwerke für gut halten; sie könnten sonst nur ständig wiederholen, daß sie gut sind.

IV

Die Moralität ist in diesen Punkten ganz wie die Ästhetik. Es gibt gewisse mit Hilfe völlig neutraler Ausdrücke beschreibbare Verhaltensweisen, derentwegen wir Leute z. B. als mutig empfehlen. Bei Medaillenverleihungen wird in den Begleiturkunden nicht einfach gesagt, daß sich der Empfänger mutig verhielt; es werden deskriptive Details angeführt; und obwohl diese der Kürze wegen oft selbst wertende Ausdrücke enthalten, so braucht dies nicht der Fall zu sein, und in einer guten Urkunde sind es auch gerade die neutralen Beschreibungen, die Eindruck machen. Sie machen deshalb Eindruck auf uns, weil wir bereits die Wert-Standards besitzen, nach denen etwas *derartiges* zu tun sich außerordentlich verdient zu machen heißt.

Ein Deskriptivist könnte gegen dieses Argument einwenden, daß sich bei einigen meiner Beispiele zwar ganz einfach sagen läßt, was die *deskriptive* Bedeutung des in Frage stehenden Ausdrucks ist, daß es in ihnen aber keine getrennt davon unterscheidbare *wer-*

tende Bedeutung gibt. So könnte z. B. die Ansicht vertreten werden, daß wir mit der Behauptung, der Mann habe sich so und so verhalten, implizit behauptet haben, er sei mutig gewesen; und wenn »mutig« ein Ausdruck der Empfehlung ist, dann haben wir ihn eben empfohlen. Die Empfehlung besteht einfach in der Beschreibung. Dies ist meines Erachtens falsch. Mit den Wert-Standards, die wir haben – und deren Besitz uns in unseren historischen Umständen (oder vielleicht in allen ähnlichen historischen Umständen) natürlich erscheint – werden wir alle dazu disponiert sein, einen solchen Mann zu empfehlen. Die Empfehlung ist jedoch ein weiterer Schritt, zu dem wir nicht aus logischen Gründen gezwungen sind. Wer behauptete, daß ein derartiges Verhalten einen Menschen um nichts besser macht, wäre zwar ein moralischer Exzentriker, er befände sich aber nicht logisch im Irrtum. Ich habe diesen Punkt an anderer Stelle erörtert.[5]

Daraus folgt, daß es für zwei Leute ohne logische Absurdität möglich ist, hinsichtlich der Beschreibung übereinzustimmen, hinsichtlich der Wertung aber nicht – obwohl es für mein Argument irrelevant wäre, wenn eine solche Nicht-Übereinstimmung in Wirklichkeit nie vorkäme. Und daher bleibt die Unterscheidung zwischen wertenden und deskriptiven Bedeutungen unangefochten.

V

Ich habe die Existenz dieses Unterschieds nachzuweisen versucht, weil ich ihn später benötigen werde. Ich werde mich nun des weiteren mit einigen speziellen deskriptiven Argumenten beschäftigen. Die meisten von den Argumenten, die ich diskutieren werde, haben ein Merkmal gemeinsam: nämlich daß der Deskriptivismus ganz minimaler Art ist. D. h., seine Vertreter suchen lediglich zu begründen, daß es *irgendwelche* logischen Beschränkungen dafür gibt, was wir gut, richtig usw. nennen können. Es gelingt ihnen aber nicht, auch nur irgendetwas zu beweisen, was uns, wenn wir mit einem ernsten moralischen Problem konfrontiert sind, eine Hilfe sein könnte, wie jedem offensichtlich sein wird, der die vorgeschlagenen Begründungstypen in irgendeiner tatsächlich vorkommenden moralischen Verwicklung anzuwenden versucht. Doch in dieser Arbeit werde ich hauptsächlich auf Argumente für diese sehr schwachen Formen von Deskriptivismus eingehen, da es den Anschein haben könnte, als seien sie schwerer zu widerlegen.

268

Sehen wir uns folgendes Argument an. Es ist unmöglich, so könnte vielleicht behauptet werden, *alles* für gut bzw. für ein gutes Exemplar seiner Art zu halten, ebenso, wie es unmöglich ist, *alles* zu wollen; man kann nur solche Dinge wollen oder für gut halten, die entweder als Gegenstand von sogenannten »Wünschbarkeits-Charakterisierungen« oder eben als Mittel zur Erreichung eines solchen Gegenstands angesehen werden. Dieser Ausdruck »Wünschbarkeits-Charakterisierungen (desirability characterisations)« stammt aus Anscombes Buch *Intention*, 1957, S. 66 ff.; ich zögere jedoch, ihr das Argument selbst zuzuschreiben, weil, wie ich zeigen werde, der Ausdruck mindestens zwei ganz verschiedene Interpretationen zuläßt, und weil ich mir nicht sicher bin, in welchem Sinne, wenn überhaupt in einem der beiden, sie den Ausdruck verwendet hat; und ich bin mir daher auch nicht sicher, welche der zwei möglichen Fassungen des Arguments, wenn überhaupt eine der beiden, sie vertreten würde. Da nun zwar beide Fassungen völlig gültig sind, jedoch keine irgendetwas beweist, dem ich nicht zustimmen möchte, werde ich nicht mehr als nur eine Klärung dieser Mehrdeutigkeit versuchen – eine Mehrdeutigkeit, die, wie ich glaube, einige Leute zu der Annahme geführt hat, das Argument beweise etwas, womit ein Präskriptivist wie ich nicht übereinstimmen könnte.

Nach der ersten Interpretationsmöglichkeit bedeutet der Ausdruck »Wünschbarkeits-Charakterisierung« soviel wie »eine Beschreibung von dem, was an dem Gegenstand dran ist und ihn zu einem Wunsch-Gegenstand macht«. Wenn mir erlaubt ist, zu meinem vorigen Beispiel zurückzukehren: Angenommen, ich will einen 1982er Colombey oder ich halte ihn für einen guten Wein, weil er φ schmeckt; dann gibt man mit der Behauptung, daß er φ schmeckt, die erforderliche Wünschbarkeits-Charakterisierung. Wenn die Wendung so zu verstehen ist, dann zeigt das Argument, daß, wenn immer wir etwas für gut halten, wir dies auf Grund von etwas tun, das an ihm dran ist. Da ich die gleiche These oft selbst vertreten habe, wird wohl niemand von mir erwarten, daß ich dagegen etwas einzuwenden habe.[6] Es zeigt ferner, daß das »etwas an ihm« etwas sein muß, was für wünschensert gehalten wird bzw. als ein Mittel zur Erreichung von etwas Wünschenswertem angesehen wird. Ich glaube, auch dagegen habe ich nichts einzuwenden, vorausgesetzt, »Wunsch« bzw. »wünschenswert« wird in einem ziemlich weiten Sinne verstanden – als Übersetzung des aristotelischen ὄρεξις bzw. ὀρεκτόν. So interpretiert zeigt das Argument, daß, wenn immer wir etwas für gut halten, es etwas sein muß (oder von uns als ein Mittel zur Erreichung von etwas angesehen werden muß), das »zu erreichen versuchen«[7] (in wirklich vorkommenden oder in bloß hypothetischen Umständen) wir zumindest eine gewisse Disposition besitzen. Diese Schlußfolgerung, die, was man beachten möge, deutliche nicht-deskriptivistische Untertöne besitzt, ist so, daß ich mit ihr übereinstimmen kann. Als wesentlich ist jedoch festzuhalten, daß das Argument in keiner Weise zeigt, was alles Gegenstand einer Wünschbarkeits-Charakterisierung sein kann und was nicht. Es könnte, soweit diese Interpretationsmöglichkeit des Arguments zur Diskussion steht, alles x-Beliebige sein. Wenn unsere Wünsche, was Weine angeht, anders wären, was ja aus logischen Gründen möglich wäre, dann könnte es also sein, daß »φ schmeckend« eine »*Nicht*-Wünschbarkeits-Charakterisierung« darstellte; wir wären auch nicht im mindesten überrascht, wenn wir auf jemanden träfen, der gerade deshalb, weil ein 1982er Colombey so schmeckt, ihn *nicht* trinken wollte.

Die zweite Interpretationsmöglichkeit des Ausdrucks »Wünschbarkeits-Charakterisierung« lautet wie folgt: Wir geben eine Wünschbarkeits-Charakterisierung eines Gegenstands, wenn wir über ihn etwas sagen, was irgendwie (schwach oder stark) an unsere Wünsche *logisch* gebunden ist. Ein Beispiel dafür wäre, wenn man sagen würde, daß etwas ein Vergnügen sei; weitere Beispiele wären, wenn man es angenehm, interessant oder erfreulich nennen würde. Es ist zu beachten, daß man in diesem Sinne von »Wünschbarkeits-Charakterisierung« mit der Behauptung, der Wein schmecke φ, *keine* Wünschbarkeits-Charakterisierung von ihm gibt; denn zwischen dem Glauben, daß etwas φ schmeckt, und dem Wunsch danach gibt es keine logische Verknüpfung. Wie ich bereits gesagt habe, könnte man, ohne einen logischen Fehler zu begehen, sagen, daß man einen 1982er Colombey *nicht* trinken will, weil er φ schmeckt; wir könnten aber auch etwas sagen, was uns weniger festlegt, nämlich, daß die Tatsache, daß er φ schmeckt, uns weder dazu bringt, ihn trinken zu wollen noch dazu, ihn nicht trinken zu wollen – kurz, daß wir seinem φ-Geschmack gegenüber indifferent sind. Es wäre aber aus logischen Gründen seltsam, wenn jemand sagte, daß die Tatsache, daß etwas angenehm, ein Vergnügen, interessant oder erfreulich ist, ihn nicht – ja nicht einmal im geringsten – dazu disponiert sein läßt, es auch zu tun (wenngleich es natürlich sein könnte, daß er dann nicht dazu disponiert ist, es zu tun, wenn er die ganze Situation, einschließlich ihrer Konsequenzen und der Alternativen, betrachtet).

Möglicherweise gibt es auch eine Verknüpfung in der umgekehrten Richtung zwischen dem Ein-Vergnügen-sein usw. und dem Gewünscht-Werden oder Für-gut,gehalten-werden; obwohl, wenn dem so ist, die Natur der Verknüpfung obskur und ziemlich dürftig wäre. D. h. es könnte sein, daß, wenn wir gesagt haben, wir wollten etwas oder wir hielten etwas für gut, und dann gefragt werden warum, daß es dann ganz natürlich für uns ist, zu sagen, es sei ein Vergnügen oder angenehm, bzw. irgendeine andere Charakterisierung davon zu geben, die in eine nicht-wohldefinierte Klasse fällt, die diese Charakterisierungen enthält. Es könnte sogar sein, daß es logisch zwingend ist (wenn man sich nicht der Gefahr aussetzen will, unverständlich zu erscheinen), zu einer derartigen Erklärung bereit zu sein.

Die Crux dieser Annahme liegt darin, daß eine Erweiterung der Liste von Wünschbarkeits-Charakterisierungen in diesem zweiten Sinne nicht *a priori* ausgeschlossen werden kann. Die Behauptung, daß eine in eine gewisse Klasse fallende Erklärung vorgelegt werden muß, ist etwas nichtssagend, wenn die Klasse selbst so leicht erweitert werden kann. »Spannend« ist eine Wünschbarkeits-Charakterisierung – und in zumindest einigen Verwendungen eine Wünschbarkeits-Charakterisierung in der zweiten der beiden Bedeutungen, die ich unterschieden habe. Nehmen wir nun einmal an, es gebe eine Menschenrasse, für die bisher das Erlebnis von Gefahr keinen Wert dargestellt hat (vielleicht weil ihre Lebensbedingungen so waren, daß sie mit allzuviel Gefahren konfrontiert waren) und die daher in ihrem Vokabular nicht die positive Charakterisierung »spannend« besaß, sondern nur solche negativen Charakterisierungen wie »schrecklich« und »furchtbar«. Sobald ihr Leben weniger von Furcht und Schrecken beherrscht wird, beginnen sie die Erfahrung der Langeweile zu machen, und Spannung um ihrer selbst willen wird für sie zu einem Wert. Die positive Charakterisierung »spannend« wird dann benötigt und demgemäß eben von ihnen erfunden. Dies ist ein Beispiel dessen, was ich mit einer Erweiterung der Liste von Wünschbarkeits-Charakterisierungen im zweiten Sinne meine.

Ein Grund, weshalb man sich von diesen zwei möglichen Bedeutungen der Wendung »Wünschbarkeits-Charakterisierung« so leicht durcheinanderbringen läßt, ist der, daß Wörter, die ganz allgemein als Wünschbarkeits-Charakterisierungen im ersten Sinne verwendet werden, schließlich zu Wünschbarkeits-Charakterisierungen im zweiten Sinne werden. D. h. es kommt zwischen ihnen und der Tatsache, daß sie gewünscht werden, zu einer logischen Verknüpfung – im Gegensatz zu einer lediglich kontingenten. Das lateinische Wort *virtus* erfuhr eine solche Verschiebung, und zwar infolge der kontingenten Tatsache, daß die Eigenschaften, die für das männliche Geschlecht typisch sind, gerade die Eigenschaften sind, von denen die Römer wünschten, daß sie alle hätten. In Einzelfällen läßt sich somit manchmal nur schwer sagen, ob ein Wort als eine Wünschbarkeits-Charakterisierung im zweiten Sinne verwendet wird. Aber das ist kein Grund zur Beunruhigung, es sei denn, man fällt dem von mir oben erwähnten »Haufen«-Fehlschluß zum Opfer.

Eine Verwechslung der beiden Bedeutungen von »Wünschbarkeits-Charakterisierung« könnte einen unachtsamen Deskriptivisten vielleicht zu der Annahme führen, daß der Deskriptivismus sich wie folgt begründen läßt. Wir weisen zuerst nach, daß alles, was für gut gehalten wird, auch als Gegenstand irgendeiner Wünschbarkeits-Charakterisierung oder als Mittel zur Erreichung einer solchen angesehen werden muß (und hier spielt es für das Argument keine Rolle, in welchem Sinne die Wendung gebraucht wird; wir wollen um des Arguments willen zulassen, daß diese Prämisse bei beiden Bedeutungen wahr ist). Dann weisen wir (ganz korrekt) darauf hin, daß nur bestimmte *Wörter* Wünschbarkeits-Charakterisierungen sein können (zweite Bedeutung). Dann machen wir die Annahme, daß damit bewiesen ist, daß nur bestimmte *Dinge* Gegenstand von Wünschbarkeits-Chrakterisierungen sein können (erste Bedeutung). Und so sind wir der Ansicht, bewiesen zu haben, daß nur bestimmte Dinge für gut gehalten werden können. Die zwei miteinander verknüpften Fehlschlüsse in diesem Argument sollten aber mittlerweile offensichtlich sein. Der erste besteht in der äquivoken Verwendung des Ausdrucks »Wünschbarkeits-Charakterisierung«; der zweite in der Annahme, daß durch den Nachweis, daß es gewisse Wörter gibt, die in Verbindung mit der Behauptung, etwas sei gut, nicht verwendet werden können bzw. verwendet werden müssen, auch der Beweis dafür erbracht worden ist, daß gewisse Dinge nicht für gut gehalten werden können.

Es muß stets möglich sein, *neue* Arten von Dingen (z. B. neue Erfahrungen) zu wollen oder für gut zu halten; es kann daher nie einfach Unsinn sein, zu *sagen*, daß wir sie wollen oder daß sie gut sind, vorausgesetzt, wir achten darauf, sie nicht in einer Weise zu beschreiben, die damit logisch inkonsistent ist. Ich habe gehört, daß unter dem Einfluß von Meskalin von Leuten solche Dinge gesagt werden wie: »Wie herrlich, daß sich in der Zimmerecke drei Ebenen in einem Punkt treffen!« So könnten sie bei Gelegenheit vielleicht (um Anscombes Beispiel zu verwenden) auch so etwas sagen wie: »Wie herrlich es doch ist, diese Untertasse voller Schlamm zu besitzen!« Warum sollten sie, gefragt, was denn daran herrlich sei, nicht erwidern (wobei sie sich auf einen seriösen Präzedenzfall berufen könnten): »Das können wir dir nicht sagen; du mußt die Erfahrung schon selbst gemacht haben, ehe irgendein Wort dafür für dich eine Bedeutung hat –

Nec lingua valet dicere,
Nec litera exprimere;
Expertus potest credere«?

Ohne weiteres kann zugegeben werden: Wenn wir uns etwas wünschen, dann wegen etwas, das an ihm dran ist; wenn aber darauf insistiert wird, doch zu sagen, was dieses etwas ist, dann sind wir, da die meisten meiner Opponenten in dieser Frage dem anderen Geschlecht angehören, vielleicht versucht mit Wilbyes Madrigal zu erwidern:

Love me not for comely grace,
For my pleasing eye or face,
Nor for any outward part;
No, nor for my constant heart;
For those may fail or turn to ill,
So thou and I shall sever.
Keep therefore a true woman's eye,
And love me still, but know not why,
So hast thou the same reason still
To dote upon me ever.

Man beachte, daß hier der Dichter nicht sagt, daß es für die Liebe einer Frau *keinen* Grund gibt, sondern daß sie nicht zu wissen (im Sinne von »zu formulieren wissen«) braucht, welchen Grund sie hat.

Daß die Logik nicht bestimmen kann, wovon wir angezogen oder abgestoßen werden, das wußte auch Shakespeare recht gut. Er läßt Shylock auf die Frage nach seinen Motiven für die Forderung nach dem einen Pfund Fleisch sagen:

Es gibt der Leute, die kein schmatzend Ferkel
Ausstehen können, manche werden toll,
Wenn sie 'ne Katze sehn, noch andre können,
Wenn die Sackpfeife durch die Nase singt,
Vor Anreiz den Urin nicht bei sich halten;
Der innren Stimmung Meister lenket sie
Nach Lust und Abneigung.

(Der Kaufmann von Venedig, IV.i.)

Auch was das Zaubermittel Liebestrank angeht, kannte er sich aus; von einem sagt er:

Ihr Saft, geträufelt auf entschlafne Wimpern,
Macht Mann und Weib in jede Kreatur,
Die sie zunächst erblicken, toll vergafft. . . .
Was sie zunächst erblickt, wenn sie erwacht,
Sei's Löwe, sei es Bär, Wolf oder Stier,
Ein naseweiser Aff', ein Paviänchen:
Sie soll's verfolgen mit der Liebe Sinn.

(Ein Sommernachtstraum, II.i.)[8]

Es gibt keine logischen Grenzen (zumindest keine, die für die vorliegende Frage relevant wären)[9] für das, was selbst ein deskriptivistischer Philosoph wünschen könnte, wenn er unter der Wirkung eines solchen Trankes stünde; wenn daher ein Beweis dafür, was (logisch) für gut gehalten werden kann, darauf beruht, was (logisch) gewünscht werden kann, so muß er einfach fehlschlagen. Die Logik sagt uns zwar, daß wir, wenn wir behaupten, etwas Bestimmtes zu wünschen, bestimmte *Wörter* nicht darauf anwenden dürfen, und vielleicht auch, daß wir zumindest bei bestimmten anderen Wörtern bereit sein müssen, sie darauf anzuwenden; die letztere Hälfte dieser logischen Beschränkung ist jedoch ziemlich unbestimmt und vage, und ich überlasse es denen, die ein Interesse daran haben, sie eingehender zu bestimmen, als sie es bisher ist. Die Schwierigkeit ist die, daß, wie Anscombe richtig sagt, *Bonum est multiplex*; ich sehe aber keinen Weg, dieser Vielfältigkeit des Guten eine logische Grenze zu setzen.

VI

Die von mir vertretene These – bzw. eine eng damit zusammenhängende – kann wie folgt ausgedrückt werden: Wir können vielleicht zwischen objektiven Eigenschaften von Dingen – d. h. den Eigenschaften, die Dinge haben, ganz gleich, welche Disposition man ihnen gegenüber besitzt – und subjektiven Eigenschaften unterscheiden, die ein Ding nur dann hat, wenn man ihm gegenüber eine bestimmte Disposition besitzt. Ich muß gestehen, daß ich diese Wörter nicht mag, weil sie in zu vielen unterschiedlichen Bedeutungen verwendet worden sind; aber vielleicht können sie doch, so definiert, für die hier verfolgten Absichten eine Hilfe sein. Auf eine ähnliche Weise könnten wir vielleicht zwischen objektiven Bedingungen, die erfüllt sein müssen, ehe man ein bestimmtes Wort auf einen Gegenstand anwenden kann, und subjektiven Bedingungen unterscheiden. Die ersteren bestehen darin, daß der fragliche Gegenstand objektive Eigenschaften besitzt; die letzteren darin, daß jemand diesem Gegenstand gegenüber eine bestimmte Disposition aufweist. Nun scheinen uns die Deskriptivisten oft beweisen zu wollen, daß es gewisse objektive Bedingungen für den Gebrauch von Wörtern wie »gut« gibt. Was aber Argumente wie die oben angeführten höchstens zeigen können ist, daß es gewisse subjektive Bedingungen gibt.

Hier müssen wir uns zudem vor einer weiteren, damit zusammenhängenden Mehrdeutigkeit des Ausdrucks »Bedingungen für den Gebrauch eines Wortes« in acht nehmen. Er kann nämlich bedeuten: »Bedingungen dafür, daß man von einem Wort sagen kann, es werde in der richtigen Weise verwendet, um das auszudrücken, was der Sprecher, der etwas (zum Beispiel) ›gut‹ nennt, damit sagen möchte«; oder es kann bedeuten: »Bedingungen dafür, daß etwas gut genannt wird«. Eine treffende Veranschaulichung für diese Mehrdeutigkeit findet sich auf der ersten Seite eines Artikels von Foot.[10] Bei einer Skizzierung einer von ihr im weiteren Verlauf ihrer Arbeit angegriffenen Position stellt sie die Frage: »Ist eine Verknüpfung mit der vom Sprecher getroffenen Wahl je eine *hinreichende* Bedingung für den Gebrauch des Wortes ›gut‹, wie es der Fall wäre, wenn jemand gewisse Dinge (nennen wir sie

As) einfach deshalb gute As nennen könnte, weil er daraufhin bereit war, diese *A*s zu wählen?« Sie behauptet dann, daß eine solche Verknüpfung weder eine hinreichende noch eine notwendige Bedingung darstellt; darin weicht sie von Anscombe ab, die der Ansicht ist, daß wir dann, wenn wir etwas gut nennen, ihm irgendein Wünschbarkeits-Charakteristikum zuschreiben müssen, und daß das »einfachste Anzeichen dafür, daß jemand etwas will, sein Versuch ist, es auch zu bekommen«.[11]

Wenn nun hier »eine hinreichende Bedingung für den Gebrauch des Wortes ›gut‹« dasselbe bedeutete wie »eine hinreichende Bedingung dafür, daß etwas gut genannt wird«, dann ist es meines Erachtens ganz klar, daß eine Verknüpfung mit einer Wahl keine hinreichende Bedingung darstellt. Ich war jedenfalls nie der Ansicht, daß sie es sei; obwohl mir manchmal die Ansicht zugeschrieben worden ist, daß »Das und das ist ein gutes x« dasselbe bedeute wie »Das und das ist dasjenige x (bzw. die Art von x), das (die) ich wählen würde«, so handelt es sich doch um eine Position, gegen die ich explizit Einwände vorgebracht habe.[12] Nun gibt es in dem Artikel Hinweise, die einen zu der Annahme führen könnten, daß Foot den Ausdruck »hinreichende Bedingung für den Gebrauch des Wortes ›gut‹« in der Bedeutung von »hinreichende Bedingung dafür, daß etwas gut genannt wird« verstanden hat. Der wichtigste Hinweis ist, daß nur wenige – wenn überhaupt welche – von ihren Argumenten auch nur plausibel erscheinen, wenn es nicht diese These wäre, die sie zu widerlegen versuchte. Zudem ist es an mehreren Stellen ganz natürlich, ihre Bemerkungen so zu verstehen. So sagt sie zum Beispiel (während sie sich auf ein Beispiel bezieht, in dem jemand ein Spiel mit Kieselsteinen spielt) »seine Bereitschaft, die Kieselsteine aufzulesen, stellt keine *Legitimierung seiner Äußerungen* dar« (Hervorhebung von mir); und sie hat eben erst gesagt, daß es im Gegenteil »eine klare Tatsache ist, daß die einzelnen *A*s [in diesem Beispiel Kieselsteine] für seine Zwecke bzw. von seinem Standpunkt aus gut *sein werden*«[13] (Hervorhebung von mir). Ein Ausdruck von ähnlicher Art kommt auch schon früher vor, wo sie von jemandem, der gerade über Messer spricht, sagt: »Er könnte nicht . . . sagen, daß ein Messer dann gut ist, wenn es schnell rostet, und dabei *seine Verwendung* des Wortes ›gut‹ dadurch *verteidigen,* daß er zeigt, daß er solche Messer für seinen eigenen Gebrauch aussucht«[14] (Hervorhebung von mir). Es sieht auf den ersten Blick gewiß so aus, als würde sie in diesen beiden Beispielen mit »Legitimierung seiner Äußerungen« bzw. mit »seine Verwendung verteidigen« nicht meinen: »zeigen, daß er wirklich jene Art von Messer oder Kieselstein für gut hält – und drückt daher richtig aus, was er glaubt«; sondern eher: »zeigen, daß die von ihm gut genannten Messer oder Ziegelsteine auch wirklich gut sind«. So hatte es für mich beim ersten Lesen des Artikels den Anschein, als hätte sie bei der Konstruktion dieser Argumente die Absicht gehabt, eine Position anzugreifen, die ich selbst nie und nimmer verteidigt habe und mit der ich mich daher auch nicht zu befassen brauche.

Wir müssen uns jedoch auch die andere mögliche Interpretation ansehen, und zwar vor allem deshalb, weil gerade diese Interpretation (es sei denn, mein Gedächtnis täuscht mich, oder meine Notizen sind inkorrekt – und über keinen dieser beiden Punkte bin ich mir so ganz sicher) von Foot auf der Sitzung, in der ihre Arbeit diskutiert wurde, autorisiert worden ist, nachdem ich sie darauf hingewiesen hatte, daß sie unter Zugrundelegung der ersten Interpretation eine Position angreife, die von mir gar nicht vertreten wird. Wenn diese zweite Interpretation das wäre, was sie meinte, dann würde sie in dem »Kieselstein«-Beispiel folgendes vertreten: Wenn jemand bereit wäre, eine gewisse Art von Kieselsteinen aufzulesen, um damit ein Spiel zu spielen, und dies zudem aus Gewohnheit täte, dann ließe sich mit dem Hinweis darauf doch nicht zeigen, daß es gerade diese Kieselsteine sind, die er für seine Zwecke bzw. von seinem Standpunkt aus als gut ansieht, und die Verwendung des Wortes »gut« ließe sich auch nicht dadurch »legitimieren«, daß man zeigt, daß es seine Ansicht korrekt ausdrückt (wie widersinnig seine Ansicht auch immer sein mag). Wenn sie das meinte, dann vertrat sie aber eine These, die nicht sehr plausibel ist. Denn wenn jemand konsequent und überlegt eine gewisse Art von Kieselsteinen wählt, dann *würden* wir eben daraus schließen, daß er jene Art von Kieselsteinen für seine Zwecke bzw. von seinem Standpunkt aus als gut ansieht; wenn wir daran zweifelten, dann daran, was denn nun seine Zwecke bzw. sein Standpunkt wirklich sein könnten. Ich ziehe daraus den Schluß, daß Foot entweder eine Position angegriffen hat, die ich nie vertreten habe, oder daß sie sonst eine Position angegriffen hat, die ich mit gewissen Erklärungen akzeptieren könnte, diese aber auf eine Weise angegriffen hat, die nur jemanden überzeugen könnte, von dem die zwei möglichen Interpretationen der Wendung »Bedingung für« durcheinandergebracht werden.

Dies scheint mir die beste Stelle zu sein, um auf einen weiteren geläufigen deskriptivistischen Schachzug einzugehen. Der Schachzug wird durch die folgende Tatsache, die wir meines Erachtens alle zugeben können, attraktiv gemacht. Es gibt einige Dinge, die, wenn sie von jemandem gewollt oder für gut gehalten werden, nach keiner Erklärung zu verlangen scheinen (z. B. Nahrung, ein gewisser Wärmegrad, usw.). Andere Dinge dagegen machen, wenn sie gewollt oder für gut gehalten werden, eine Erklärung nötig. Die Erklärung kann eventuell auch gegeben werden: Wer einen flachen Kieselstein will, will ihn vielleicht, um damit ein bestimmtes Spiel zu spielen – Kieselsteine so flach über die Wasseroberfläche zu werfen, daß sie mehrmals aufspringen – und er glaubt vielleicht, daß er für diesen Zweck gut ist; doch je mehr wir zu immer bizarrer werdenden Beispielen kommen, desto schwerer läßt sich eine Erklärung finden. Es scheint daher dem Deskriptivisten freizustehen, ein ganz außerordentlich fiktives Beispiel herauszugreifen und dann solche rhetorischen Fragen darüber zu stellen wie z. B.: »Angenommen, jemand behauptet, der und der sei deshalb ein guter Mensch, weil er seine Hände zur Faust ballt und sie dann wieder öffnet und sich nie nach NNO wendet, wenn er sich zuvor nach SSW gewendet hat; könnten wir ihn verstehen?«[15] Impliziert wird damit, daß ein Anti-Deskriptivist die Ansicht zu vertreten hat, daß er solch eine absurde Feststellung verstehen kann, und dies wird als eine *reductio ad absurdum* seiner Position aufgefaßt.

Dieser Argumentetyp beruht auf einer Verwechslung von logischer Absurdität und ihren verschiedenen schwächeren Analogien einerseits und verschiedenen Formen von kontingenter Unwahrscheinlichkeit andererseits. Deshalb sagte ich weiter oben (S. 261), daß das Problem der Unterscheidung zwischen deskriptiver und wertender Bedeutung ein Ableger des Problems der Unterscheidung zwischen analytisch und synthetisch ist. Es ist, gelinde gesagt, kontingenterweise äußerst unwahrscheinlich, daß ich imstande sein werde, ein Gewicht von einer Tonne mit bloßen Händen hochzuheben; doch ist derartiges nicht logisch unmöglich, und es ist auch nicht logisch absurd (in irgendeinem schwächeren Sinne), wenn man behaupten würde, daß derartiges vorgekommen sei. Damit meine ich, daß, falls jemand behaupten würde, dazu imstande zu sein, uns letztlich nichts daran hindern würde, ihn zu verstehen. Zugegeben, es könnte schon sein, daß wir zunächst denken, wir hätten ihn falsch verstanden; es ist so unwahrscheinlich, daß jemand auch nur annimmt, daß derartiges vorgekommen sei, daß, wenn jemand behauptet, daß es tatsächlich vorgekommen sei, wir zunächst denken, er könne seine Äußerung gar nicht wörtlich meinen. Vielleicht denken wir, daß er z. B. meint, daß das fragliche Gewicht mit einem Gegengewicht versehen war, so daß er mit seinen Händen darunter anfassen, es anheben und dadurch nach oben gehen lassen konnte. D. h. wenn jemand etwas sagt, was hinreichend unwahrscheinlich ist (nach unserer Vorstellung von der Beschaffenheit des Universums), dann neigen wir zu der Annahme, daß seine Äußerung nicht wörtlich gemeint sein kann und daß wir daher nach einer nicht-wörtlichen Bedeutung suchen müssen, wenn wir ihn verstehen wollen. Aber trotz alledem hat seine Äußerung auch in ihrer wörtlichen Bedeutung nichts *logisch* Verkehrtes an sich. Daraus ergibt sich, daß man aus der Seltsamkeit einer solchen Bemerkung keine Schlußfolgerungen hinsichtlich der Bedeutungen oder Verwendungsweisen von Wörtern ziehen kann; seltsam ist an einer solchen Bemerkung nämlich nicht der Wortgebrauch, sondern daß überhaupt jemand etwas derartiges annimmt.

In dem vor uns liegenden Fall ist es weitgehend genauso. Wenn jemand sagt, der und der sei deshalb ein guter Mensch, weil er seine Hände zur Faust ballt und sie dann wieder öffnet, dann würden wir uns zunächst doch wohl fragen, ob wir ihn auch richtig verstanden haben. Der Grund dafür ist jedoch, daß, obwohl die Äußerung in ihrer wörtlichen Bedeutung voll und ganz *verständlich* ist, es in der Tat uns allen seltsam erschiene, wenn man die in ihr steckende Annahme machte. Wir würden daher nach nicht-wörtlichen Bedeutungen oder nach eigens dazu ausgedachten Erklärungen Ausschau halten und wären verblüfft, wenn wir keine fänden. Warum würde es allen seltsam erscheinen, wenn man die obige Annahme machte? Aus einem Grund, den man den Schriften der Deskriptivisten entnehmen kann, die von dem Sachverhalt eine einigermaßen richtige Darstellung gegeben haben und dabei nur den Fehler machten, anzunehmen, daß uns dieser Sachverhalt irgendetwas über die Verwendungsweisen oder die Bedeutungen von Wörtern lehren und daher logische Thesen stützen oder diskreditieren kann. Der Grund ist der, daß nur sehr wenige von uns, wenn überhaupt welche, die notwendige positive Einstellung gegenüber Leuten besitzen, die ihre Hände zu einer Faust ballen und sie dann wieder öffnen; und der Grund dafür wiederum ist, daß unsere positiven Einstellungen nicht einfach nur aufs Geratewohl vorkommen, sondern Erklärungen besitzen, wenn auch nicht (wie die von mir hier diskutierten Deskriptivisten anzunehmen scheinen) Erklärungen, die uns die Logik allein liefern könnte. Etwas für ein gutes Exemplar seiner Art zu halten heißt, so wollen wir sagen, zumindest irgendeine Disposition zu besitzen, es zu wählen, sobald (oder wenn) man Dinge von jener Art wählt, sei es in wirklichen oder hypothetischen Umständen. Ich weiß, daß Sie nach meinen obigen Ausführungen diese These nicht mit der These durcheinanderbringen werden, die besagt: Daß etwas gut *ist* heißt, daß wir eine Disposition besitzen, es zu wählen. Nun besitzen wir, bzw. die meisten von uns, überhaupt keine Disposition, solche Leute zu wählen (bzw. zu wählen, wie solche Leute zu sein), die ihre Hände zu einer Faust ballen und sie dann wieder öffnen. Wir nehmen dementsprechend auch nicht an, daß Leute, die derartiges tun, gut sind.

Die Erklärung dafür, weshalb wir dies nicht annehmen, besteht darin, daß eine derartige Wahl kaum zu unserem Überleben, Wachstum, unserer Fortpflanzung usw. beitragen würde; wenn es je irgendwelche menschlichen oder tierischen Rassen gegeben hat, die Das-zur-Faust-Ballen und Dann-wieder-Öffnen-der-Hände zu einem Hauptgegenstand ihrer positiven Einstellungen gemacht haben, und zwar unter Ausschluß von Tätigkeiten, die dem Überleben eher dienen, so sind sie im Existenzkampf untergegangen. Ich weiß, ich bin ziemlich pauschal; aber, um die Sache kurz zu machen, im allgemeinen besitzen wir eben gerade diese positiven Einstellungen und keine anderen und nennen eben gerade diese Dinge gut und keine anderen, weil sie für gewisse Zwecke gut sind, die mitunter »fundamentale menschliche Bedürfnisse« genannt werden.

Sie so zu nennen heißt jedoch bereits, eine *logische* Verknüpfung zwischen ihnen und den Dingen herzustellen, deren Besitz für den Menschen gut ist. Dies ist auch der Grund, weshalb sich Deskriptivisten zu der Annahme verleiten ließen, daß deshalb, weil das Wort »gut« in gewissen Kontexten an das *Wort* »Bedürfnisse« gebunden ist, es auch an gewisse konkrete *Dinge* gebunden ist, die allgemein zu den Bedürfnissen gerechnet werden. Da aber dieser Fehler der gleiche ist wie der, den ich in Verbindung mit Wünschen ausführlich diskutiert habe, brauchen wir uns mit ihm nicht lange aufzuhalten. Die zwei Wörter »Wünsche« und »Bedürfnisse« haben beide die Deskriptivisten auf die gleiche Weise irregeführt – und dies deshalb, weil es eine enge logische Beziehung zwischen dem, was zu unseren Bedürfnissen gehört, und dem, was von uns gewünscht wird, gibt, so daß wir in vielen Kontexten sagen könnten: »zu unseren Bedürfnissen gehören« heißt »eine notwendige Bedingung der Erfüllung eines Wunsches darstellen«. Daraus folgt, daß dann, wenn »was gewünscht wird« keine geschlossene Klasse bildet, auch »was zu unseren Bedürfnissen gehört« keine solche Klasse bildet. Wenn uns, wie ich sagte, die Logik nicht hindert, künftig neue Dinge zu wünschen oder die alten nicht mehr zu wünschen, dann kann sie auch nicht bestimmen, was zu unseren Bedürfnissen gehört und was nicht.

Wer das Wort »gut« für Dinge verwendet, die mit den Zwecken, die die meisten von uns »Bedürfnisse« nennen, in keinem Zusammenhang stehen, der könnte es dennoch ganz korrekt dazu verwenden, seine eigenen Ansichten damit auszudrücken; es könnte sich dabei aber um eine (wenn man ein hinreichend verrücktes Beispiel nähme) für einen Menschen mehr ungewöhnliche Ansicht handeln, da für die meisten von uns unser Überleben, wie auch die von mir erwähnten anderen Dinge, doch einen ziemlich wichtigen Wert darstellen und unsere positiven Einstellungen ziemlich konsistent mit diesen Dingen zusammenhängen. Es ist aber nicht logisch notwendig, daß dem so ist. Bei einigen Leuten ist es anders. Es würde zudem meine Argumentation nicht beeinträchtigen (wenn auch offensichtlich ganz stark die der gegnerischen Partei), wenn es Dinge gäbe, die, ohne daß es sich irgendwie begründen ließe, für einige Leute einfach einen hohen Wert darstellen, wie z. B. die Musik von Beethoven.

Kurz, unsere Disposition, lediglich einen gewissen Bereich von Dingen gut zu nennen (und zu wählen und zu wünschen), kann erklärt werden – insofern sie überhaupt erklärt werden kann – ohne die Logik ins Spiel zu bringen; und deshalb stellt die Erklärung selbst auch keinen Beitrag zur Logik dar und sagt uns insbesondere nichts über die Bedeutungen oder Verwendungsweisen der wertenden Wörter – mit der einen Ausnahme, daß sie gewisse allgemeine *deskriptive* Bedeutungen haben.

VIII

Zum Schluß dieser Arbeit will ich noch versuchen, eine ganz einfache Konfusion hinsichtlich des Wortes »weil« zu klären, eine Konfusion, die mir die Ursache sehr vieler deskriptivistischer Behauptungen zu sein scheint. Wenn ich die Wahl habe, mir einen eßbaren Pilz oder einen giftigen Pilz in das Essen zu tun, das ich mir selbst gerade anrichte, dann wähle ich natürlich den eßbaren Pilz (ziehe ihn vor, glaube, daß es das beste ist, ihn zu wählen, bzw. glaube, daß ich ihn wählen sollte) und nicht den giftigen; und ich bin dieser Ansicht, *weil* der letztere giftig ist (d. h. so, daß er, falls er gegessen wird, den Tod verursacht). Daß der Pilz giftig ist, ist mein *Grund*, ihn zurückzuweisen. Nun könnte man vielleicht glauben, daß es, wenn ich ihn zurückweise, *weil* er giftig ist, eine logische Verknüpfung zwischen der Feststellung »Er ist giftig« und den Feststellungen »Er sollte nicht zum Essen gewählt werden« oder »Es ist nicht gut, ihn zu essen« geben muß; oder zwischen meiner Annahme, er sei giftig, und meiner Disposition, ihn nicht zu essen. Mit »logischer Verknüpfung« meine ich, daß die *Bedeutungen* der Ausdrücke irgendwie miteinander verbunden sind (die genaue Natur der Verbindung braucht uns hier nicht zu kümmern; einige Deskriptivisten würden sie stärker machen als andere). Wer diese Behauptung aufstellt, verwechselt die logische Folgerungsbeziehung zusammen mit ihren vielen schwächeren Analogien einerseits mit der Relation zwischen einer Wahl und Gründen für diese Wahl andererseits. Die Relation zwischen einer Wahl und Gründen für diese Wahl ist keine logische Relation. Es gibt für mich keinen logischen Zwang, oder auch nur irgendeine schwächere logische Beschränkung, das Essen von etwas zu unterlassen, wovon ich weiß, daß es mich töten wird. Wenn ich aber das Gegenteil täte, und es gerade deshalb *essen* würde, weil ich weiß, daß es mich töten wird, dann würde ich damit gegen keine logische Regel verstoßen, die die Verwendungsweisen von Wörtern regiert, ganz gleich, für wie modisch ›schwach‹ die Regel auch immer gehalten wird.

Es gibt allerdings einen logischen Schluß, den man aus dieser Situation herauslesen kann. Angenommen, der Pilz würde mich töten, dann kann ich daraus schließen, daß ich ihn nicht essen sollte, wenn ich auch eine weitere Prämisse akzeptiere, nach der ich nicht essen sollte, was mich töten würde. Wer diese weitere Prämisse akzeptiert, besitzt ein Ding aus der Klasse derjenigen Dinge, die ich mit Braithwaites Wendung »Handlungssprünge« nennen werde.[16] Wünsche gehören zu dieser Klasse, ebenso Überzeugungen, daß gewisse Dinge besser sind als andere. Es gehört sogar all das zu ihr, was sozusagen aus einer deskriptiven Feststellung einen Grund für ein bestimmtes Handeln machen kann; oder, etwas formaler, alles, dessen Ausdruck in der Sprache (wenn auch natürlich nicht dessen *Beschreibung* in der Sprache) zusammen mit einer deskriptiven Feststellung eine Vorschrift logisch impliziert. Es gibt jedoch keine logische Verbindung zwischen der deskriptiven Prämisse *allein* und der präskriptiven Schlußfolgerung.

Eine Parallele aus einem ganz anderen Sprachbereich, der nichts mit Vorschriften zu tun hat, wird dies vielleicht verdeutlichen. Es gibt einen gültigen logischen Schluß von der Feststellung, daß Cyanid ein Gift ist, und der Feststellung, daß diese Speise Cyanid enthält, auf die Conclusio, daß diese Speise Gift enthält. Es gibt aber keine logische Verknüpfung, die den Schluß allein von der Feststellung, daß die Speise Cyanid enthält, auf die Conclusio rechtfertigen kann, daß sie Gift enthält. Dies deshalb, weil die andere Prämisse, daß Cyanid ein Gift ist, synthetisch ist. Trotzdem ist die Speise giftig, *weil* sie Cyanid enthält.

Wer nun glaubt, daß man »q weil p« stets nur dann sagen kann, wenn es eine logische Verknüpfung zwischen »p« und »q« gibt, der wird wahrscheinlich den Versuch unternehmen, die Opponenten des Deskriptivismus in das folgende Dilemma zu verwickeln. Entweder wir müssen zugeben, daß es eine logische Verknüpfung zwischen Tatsachenfeststellungen für sich genommen und wertenden Schlußfolgerungen gibt (was bedeutet, daß man sich zumindest einer schwachen Form von Deskriptivismus unterwirft); oder wir müssen die Ansicht vertreten, daß Werturteile nie deshalb gemacht werden, *weil* etwas so und so ist – d. h. daß sie ganz irrational sind. Es ist zu hoffen, daß Deskriptivisten, wenn sie über die Falschheit dieses Dilemmas nachdenken, zumindest einige ihrer Argumente aufgeben werden.

Diese Arbeit ist polemisch gewesen. Ich spürte, daß es notwendig ist, gewisse (meiner Meinung nach) irrige Ansichten zu diskutieren; es scheint mir nämlich, daß wir, wenn wir diese Ansichten erst einmal als erledigt betrachten könnten, in der Ethik vielleicht zu einem echten Fortschritt kommen könnten. In diesem Sinne hat diese Arbeit auch ein konstruktives Ziel gehabt.

1 L. Austin, *Philosophical Papers*, hrsg. von J. O. Urmson und G. J. Warnock, Oxford, 1961, S. 71; vgl. J. L. Austin, *Zur Theorie der Sprechakte (How to do things with words)*, Stuttgart, 1972, S. 25.

2 *Die Sprache der Moral (SM)*, Frankfurt, 1972, insbes. Kp. 7; *Freiheit und Vernunft (FV)*, Düsseldorf, 1973, S. 37-42, 67, 72.

3 Siehe Cicero, *Lucullus*, 16; Sextus Empiricus, *Adv. Math.* i. 69, 80 und *Hyp. Pyrrh.* ii. 253.

4 Obwohl für die Beurteilung solcher Dinge nicht kompetent, halte ich doch die von H. J. Eysenck in *Sense and Nonsense in Psychology*, Kp. 8, beschriebenen Experimente ganz und gar nicht für unglaubwürdig, wenn ich auch nicht mit seiner Interpretation dieser Experimente übereinstimme.

5 *FV*, S. 210-212.

6 *FV*, S. 88; *SM*, S. 168.

7 Siehe Anscombe, *Intention*, S. 67; *FV*, S. 87.

8 Beide Stellen zitiert nach der Schlegel-Tieckschen Übersetzung. (Anm. d. Übers.).

9 Zu einigen Einschränkungen, die, obschon interessant, die vorliegende Argumentation nicht berühren, siehe Anscombe, *Intention*, S. 66 und A. Kenny, *Action, Emotion and Will*, 1963, S. 112. Da Sachverhalte um ihrer selbst willen gewünscht werden können, ist die Einschränkung, daß, was gewünscht wird, *für* etwas gewünscht werden muß, leer.

10 *Goodness and Choice*, in: *Proceedings of the Aristotelian Society*, Suppl. Vol. 35, 1961, S. 45.

11 *Intention*, S. 67; s. o. S. 270.

12 *SM*, S. 140.

13 a. a. O., S. 53

14 a. a. O., S. 46

15 Das Beispiel stammt aus Ph. Foot, *Moral Beliefs*, in: *Proceedings of the Aristotelian Society*, 54, 1958, S.

16 *Proceedings of the Aristotelian Society*, Suppl. Vol. 20, 1946, S. 9; Aristoteles' ὀϱέξεις und Kennys »volitions« (*Action, Emotion and Will*, S. 214) spielen eine ähnliche Rolle.

XIV
K. Baier
Der moralische Standpunkt

Philosophischer Skeptizismus läßt sich häufig auf konfuse episte-
mologische Theorien zurückführen und wird mit den entsprechenden Argumenten vertreten. Der Skeptizismus in der Ethik macht
hier keine Ausnahme. Man betrachte etwa skeptische Meinungen
wie die folgenden: die Antworten auf moralische Fragen seien un-
beweisbare Äußerungen unseres moralischen Sinns, unserer moralischen Intuition, unseres moralischen Flairs, Äußerungen, die unglücklicherweise von Epoche zu Epoche, von einer Klasse, oder
sogar von einer Person zur anderen variierten; oder: diese Antworten drückten lediglich persönlichen Geschmack, persönliche Meinungen, Gefühle oder Haltungen aus; oder: mit diesen Antworten
würden persönliche Entscheidungen oder Beteuerungen, eine getroffene Wahl oder ein Vorschlag bekanntgemacht. Philosophen
finden gewöhnlich zu skeptischen Meinungen dieser Art, weil sie
von Fragen ausgegangen sind, die keine echten moralischen Fragen
sind, oder – wenn es sich um echte moralische Fragen handelt –
weil sie nur ziemlich oberflächlich untersucht haben, in welcher
Weise wir im Normalfall an die Beantwortung moralischer Fragen
herangehen. Diese Skeptiker lassen sich von den durchsichtigen
Versuchen vieler Moralphilosophen abstoßen, die moralische Fragen und Antworten wie die wohlbekannten »sicheren« Fragen und
Antworten, also etwa mathematische, normale-empirische oder
Mittel-Zweck-Fragen und Antworten behandeln wollen, so daß
die offenkundigen Unterschiede von den Skeptikern schließlich
überbetont werden. Der Widerstand gegen solche »sicheren«
Denkmodelle führt sie dazu, genau das Gegenteil anzunehmen, d.
h. von wohlbekannten »unsicheren« Modellen auszugehen, von
Fragen und Antworten in Angelegenheiten des Geschmacks oder
der Meinung, vom Ausdruck von Gefühlen und Haltungen, und
von Entscheidungen. Die Wahrheit ist jedoch viel komplizierter.

Ich werde daher versuchen, einen Typ einer echten moralischen
Frage herauszuarbeiten und ein angemessenes Verfahren zur Beantwortung dieses Fragetyps zu skizzieren. Es wird sich dann zei-

gen, daß es auch für moralische Fragen eine »Methode der Verifizierung« gibt, auch wenn es sich nicht um die Art der empirischen Verifizierung handelt, die in jüngster Zeit als die einzige angesehen worden ist, die diesen Namen verdient.

Man wird nicht bestreiten wollen, daß die Frage »Was soll ich tun?« manchmal eine moralische Frage ist. Aber sicher ist es nicht die bloße Verwendung dieser bestimmten Wörter, nicht die Form des Fragesatzes, in dem sie verwendet werden, und es sind auch nicht die Möglichkeiten, wie die verschiedenen verwendeten Wörter gebraucht werden können, die die Frage zu einer moralischen Frage machen. Derartige Fragen stellen nur dann eine *moralische* Frage dar, wenn sie als moralische Frage *beabsichtigt* werden, d. h. wenn eine Antwort von bestimmter Art verlangt wird, eine Antwort, die bestimmten komplizierten Tests standhalten kann; mit anderen Worten: wenn der Fragesteller von der befragten Person erwartet, daß sie diese Frage *vom Standpunkt der Moral* erst erwägt und dann beantwortet.

Stellen wir zunächst einmal klar, daß nicht jede Frage, die mit Hilfe dieser Wörter formuliert wird, eine moralische Frage ist.

»Was soll ich tun?« ist z. B. nicht eine moralische Frage, wenn etwa ein Leutnant um Anweisungen bittet, wie in der Frage: »Was soll ich tun, Herr Oberst, soll ich angreifen oder auf Verstärkung warten?« Es handelt sich insofern um keine moralische Frage, als der Leutnant, indem er um Befehle bittet, die Verantwortung für sein folgendes Handeln auf seinen Vorgesetzten zu übertragen versucht. In Fällen, in denen es um Moral geht, ist die handelnde Person jedoch selbst für ihr Tun verantwortlich. Sie kann sich nicht mit der Entschuldigung rechtfertigen »Ich habe auf Befehl gehandelt.« Ebensowenig ist unsere Frage moralisch, wenn sie ein Schüler im Unterricht stellt. Ein Fahrschüler, der mit dem Einparken nicht zurechtkommt, könnte den Fahrlehrer fragen »Was soll ich jetzt tun?«, ohne daß es sich notwendigerweise um einen moralischen Fall handelt. Wenn man in einem moralischen Problem um moralischen Rat bittet, dann muß man überhaupt nicht notwendigerweise ein Lernender sein, auch nicht ein Lernender in Dingen der Moral.

Es ist auch keine moralische Frage, wenn man vom anderen erwartet, daß er Vorschläge macht oder angibt, was er in dem betreffenden Fall am ehesten tun würde, wenn man also beispielsweise fragt: »Was soll ich tun? Soll ich den Schlüssel unter der Fußmatte verstecken, oder was?«

Was aber heißt es dann, mit Hilfe dieser Wörter eine *moralische* Frage zu stellen? Wir kommen dem typischen Fall in Situationen näher, in denen wir uns zu der Frage veranlaßt fühlen, weil ein praktisches Problem uns dazu zwingt, zwischen alternativen Handlungsweisen zu entscheiden, wenn ich etwa sage: »Was soll ich tun? Ich muß zurückzahlen. Auf meine Anzeige ist aber kein Angebot gekommen. Woher soll ich nun das Geld nehmen?« In solchen Fällen kann ich meine Frage entweder selbst beantworten oder andere Menschen um Anleitung bitten. Ich muß ebenso wie die anderen die Antwort herausfinden, indem ich erwäge, wie ich zu entscheiden habe. Im Prinzip ist jeder imstande, für sich selbst oder für einen anderen Entscheidungen zu erwägen. Das Verhältnis zwischen der Person, die fragt »Was soll ich tun?« und der Person, an die sich die Frage richtet, ist symmetrisch. Ihre Rollen könnten jederzeit vertauscht werden. Es handelt sich nicht um eine Über- oder Unterordnung. Beide machen die Gründe für oder gegen mögliche Alternativen ausfindig und wägen sie ab. Indem ich um Rat bitte oder indem ich ihn gebe, gebe ich nicht notwendigerweise Befehle, Anordnungen oder Unterricht oder bitte darum. Wenn ich um Rat bitte, dann bitte ich die betreffende Person, für mich zu erwägen, d. h. die für das Problem relevanten Gründe oder Überlegungen ausfindig zu machen, ohne daß ich sie notwendigerweise darum bitte, mir diese Gründe *anzugeben*. Ich würde allerdings meinen, sie sei der Bitte nicht nachgekommen, die ich an sie gerichtet habe, wenn sie die Gründe nicht ausfindig gemacht und abgewogen hätte, d. h. wenn sie über mein Problem überhaupt nicht nachgedacht hätte.

Es ist jedoch nicht jeder Rat, nicht jede Erwägung moralisch. Nur wenn ich vom Standpunkt der Moral aus erwäge, kann meine Erwägung moralisch genannt werden. Ich betrachte das Problem nur dann vom moralischen Standpunkt, wenn ich versuche, alle relevanten moralischen Gründe ausfindig zu machen und abzuwägen. Ich muß hier voraussetzen, daß etwas verstanden wird, was keineswegs überall richtig gesehen wird: Was ist Erwägung? und: Was ist ein Grund? An dieser Stelle kann ich nur die Fragen untersuchen: Was ist Erwägung *vom Standpunkt der Moral*? und: Was sind *moralische* Gründe?

Nehmen wir einmal an, ich hätte reiche Verwandte, deren Sohn sich ein Fahrrad wünscht. Vielleicht könnte ich das Geld, das mir fehlt, dadurch beschaffen, daß ich ihnen mein Fahrrad verkaufe. Sie wären sicher bereit, einen guten Preis zu zahlen, weil mein Fahrrad so gut wie neu ist. Es ist ein englisches Rennrad, und der Junge würde sich sehr darüber freuen. Der Preis spielt für sie keine Rolle.

Bis hierhin habe ich überhaupt nicht vom Standpunkt der Moral aus erwogen, denn ich habe mich lediglich gefragt, ob die geplante Handlungsweise wahrscheinlich zu dem gewünschten Ergebnis führt. Man kann nicht sagen, ich hätte die Frage von dem oben genannten Standpunkt aus erwogen, wenn ich mich nicht frage, ob es *irgendwelche moralischen Einwände gegen*, d. h. Gründe gibt, die gegen die von mir geplante Handlungsweise sprechen.

Wann würden wir von solchen Einwänden sprechen? Ein moralischer Einwand gegen eine geplante Handlungsweise existiert dann, wenn die Handlung einen Verstoß gegen eine moralische Regel darstellen würde. Es ist eine komplizierte Angelegenheit festzustellen, ob eine bestimmte Handlungsweise einen solchen Verstoß darstellen würde oder nicht, und man sollte nicht meinen, sie könnte im Handumdrehen erledigt werden. In der Hauptsache müssen zwei Schritte getan werden: erstens, man muß herausfinden, ob die ins Auge gefaßte Handlung durch eine moralische Regel der Gruppe, der die handelnde Person angehört, verboten ist; oder ob sie unvereinbar mit einer anderen Handlung ist, die eine solche moralische Regel gebietet; zweitens, man muß herausfinden, ob die moralische Regel der Gruppe, dessen Angehöriger die handelnde Person ist, der entsprechenden moralischen Kritik standhalten kann.

I Unsere erste Frage ist also, ob die geplante Handlungsweise durch eine moralische Regel der Gruppe verboten ist, und das beinhaltet die weitere Frage, wann wir davon sprechen würden, daß eine Regel zur Moral einer bestimmten Gruppe gehört.

Einige Vorbemerkungen zum Wesen dieser Frage werden uns behilflich sein. Eine bestimmte Regel, die zur Lebensweise einer bestimmten Gruppe gehört, kann Teil ihrer Gesetze, ihrer Religion oder ihrer Sitten sein und innerhalb der letzteren entweder zu dem, was wir Etikette nennen, oder zu ihren Gebräuchen, zu ihren Moden, usw. gehören. Die Zugehörigkeit einer Regel zum Gesetz der Gruppe kann durch eine verhältnismäßig präzise Methode festgestellt werden, durch die Feststellung nämlich, ob die Regel gültiger Teil des Gesetzessystems ist. Ob sie zur Religion einer Gruppe gehört, läßt sich gewöhnlich feststellen, indem man herausfindet, ob sie in irgendeinem der heiligen Bücher enthalten ist. Anderseits kann man nicht so verhältnismäßig genau und spezifisch feststellen, ob eine bestimmte Regel zu den Sitten einer Gruppe gehört. Hier liegt es wohl am nächsten, daß man versucht herauszufinden, ob die betreffende Regel durch eine der bestimmten Formen gesellschaftlichen Drucks gestützt wird, durch die die einzelnen Bestandteile der Sitten gestützt werden. So wird man z. B. sagen, eine Regel sei Teil der Bräuche einer Gruppe, wenn eine Person, die gegen diese Regel verstoßen hat, aufgrund dieser Tatsache als ungezogen, ungehobelt, unhöflich, unverschämt oder ähnlich bezeichnet wird – *und entsprechend behandelt wird*.

Wir wollen wissen, wie wir die Regeln kennzeichnen können, die man als der Moral einer Gruppe zugehörig bezeichnen muß.

Meine – kurzgefaßte – Antwort auf diese Frage lautet so: Damit eine Regel zur Moral einer Gruppe gehört, ist es nicht erforderlich, daß sie, wie die Zehn Gebote, eine bestimmte, klar umrissene Verhaltensweise oder irgendeine Verhaltensweise innerhalb eines bestimmten Verhaltensbereichs verbietet, gebietet oder zuläßt. Notwendig ist vielmehr, daß sie (1) Teil der Sitten einer Gruppe ist, (2) durch die typische Form moralischen Drucks gestützt wird, (3) universal lehrbar und daher universal zu machen ist, (4) nicht einfach ein Tabu darstellt, (5) in Übereinstimmung mit bestimmten Prinzipien der Ausnahme und Abwandlung angewendet wird, (6) angewendet wird in Übereinstimmung mit bestimmten Prinzipien der Anwendung, deren allgemeine Gültigkeit eine Bedingung für die Behauptung ist, daß die Gruppe eine Moral habe.

Wenn eine Regel alle diese Bedingungen erfüllt, dann muß sie als zur Moral der betreffenden Gruppe zugehörig bezeichnet werden, es ist eine moralische Regel dieser Gruppe. Ich will die aufgeführten Punkte nun im einzelnen darlegen.

1) Ich werde einfach – ohne besondere Beweise – davon ausgehen, daß die moralischen Regeln einer Gruppe zu ihren Sitten gehören, und nicht zu ihrem Gesetz oder ihrer Religion. Die moralischen Regeln einer Gruppe können nicht niedergelegt, abgeändert, widerrufen, aufgehoben werden. Wenn ein Gesetzgeber das versuchen sollte, dann würden die Regeln, die er niederlegt, Teil des Gesetzes werden. Wenn der Gesetzgeber göttlich ist, dann ist das Gesetz ein göttliches Gesetz. Natürlich kann ein Gesetzgeber, statt tatsächlich ein neues Gesetz zu machen, etwas einfach zum Gesetz

erheben, was bereits geltender Brauch ist. Aber dann hat er eben zum Gesetz gemacht, was vorher Sitte war. Und wenn er eine moralische Regel zum Gesetz erhebt, dann hat er eine moralische Regel mit Gesetzeskraft versehen. Dieselbe Verhaltensweise ist nun durch eine moralische *und* durch eine gesetzliche Regel verboten. Wenn es moralisch falsch ist, das Gesetz zu brechen, dann ist es moralisch falsch, links zu fahren, wo das Gesetz es verbietet. Wenn es moralisch falsch ist, Gott nicht zu gehorchen, dann ist es moralisch falsch, sonntags Tennis zu spielen, seit Gott es verboten hat. Nur in diesem Sinn können die Äußerung eines Befehls oder der Erlaß eines Gesetzes moralische Regeln schaffen. Aber keine Äußerung eines Befehls, kein Erlaß eines Gesetzes können die moralische Regel *schaffen*, nach der es moralisch falsch ist, das Gesetz zu brechen oder dem Wort Gottes nicht zu gehorchen. Eine Regel ist Teil der Moral einer Gruppe kraft der moralischen Überzeugungen der Angehörigen dieser Gruppe und des Drucks, den sie ausüben können. Eine Regel kann Teil der Moral einer Gruppe werden durch Propaganda, Erziehung, Lehre, durch alles mögliche – nur nicht einfach durch die Äußerung eines Befehls oder den Erlaß eines Gesetzes. Eine Regel muß Teil der lebendigen Tradition einer Gruppe werden, um dieser Gruppe *zugehörig* zu sein.

2) Es reicht allerdings nicht aus, daß eine Regel zu den Sitten einer Gruppe, und nicht zu ihrem Gesetz oder zu ihrer Religion gehört. Denn es könnte immer noch eine Regel der Etikette oder der Gebräuche sein. Nun könnte man meinen, es sei nur erforderlich, daß die Regel durch den *spezifischen moralischen Druck* gestützt wird. Wenn Menschen, die eine Regel verletzen, als unmoralisch, böse, schändlich, verworfen oder ähnlich bezeichnet und entsprechend behandelt werden, dann wird die Regel durch den spezifisch moralischen Druck gestützt. Ganz gleich welche Behandlung wir denen im einzelnen zukommen lassen, die wir glauben mit Recht als unmoralisch, böse, schändlich, usw. bezeichnen zu dürfen, es liegt auf der Hand, daß wir die Neigung haben, sie zu verurteilen, uns von ihnen loszusagen, vielleicht auch ihre Bestrafung wünschen. Wenn diejenigen, die gegen eine Regel verstoßen, sich schuldig fühlen oder Gewissensbisse haben, so spricht das dafür, daß die Regel Teil der Moral der Gruppe ist. Wenn die Gruppenangehörigen nur Bedauern empfinden oder Gefallen daran finden, wenn sie gegen die Regel verstoßen, dann spricht das dafür, daß die Regel nicht zur Moral der Gruppe gehört. Es spricht schließlich

dafür, daß eine Regel zur Moral der Gruppe gehört, wenn Gruppenangehörige schockiert, empört oder entsetzt sind, sobald sie feststellen, daß die Regel nicht zu den Sitten einer anderen Gruppe gehört, und wenn sie glauben, diese Regel in der anderen Gruppe einführen zu müssen. Anderseits spricht es gegen diese Annahme, wenn diese Gruppenangehörigen in dem genannten Fall gleichgültig bleiben und keine Neigung haben, die Regel in der anderen Gruppe einzuführen.

Wir können also sagen, daß die Stützung einer Regel durch die besondere Art von Druck zwar eine notwendige, aber keine hinreichende Bedingung dafür ist, daß eine Regel zur Moral einer Gruppe gehört.

3) Eine weitere Bedingung dafür, daß eine Regel zur Moral einer bestimmten Gruppe gehören soll, ist, daß die Regel in bestimmter Weise gelehrt worden ist. Dabei sind drei Kennzeichen des Lehrens moralischer Regeln besonders wichtig. Erstens müssen moralische Regeln allen Kindern vermittelt werden. Die moralische Erziehung ist nicht beschränkt auf eine bestimmte privilegierte oder unterdrückte Kaste oder Klasse oder Gruppe, ebensowenig auf bestimmte privilegierte oder unterdrückte Einzelpersonen. Zweitens wird den Kindern zu verstehen gegeben, daß der Verstoß gegen moralische Regeln eine sehr ernste Angelegenheit ist, und daß diejenigen, die gegen solche Regeln verstoßen, besonders zu tadeln, zu verabscheuen oder zu verachten sind. Man lehrt sie außerdem, daß es bestimmte mildernde oder erschwerende Umstände gibt, und daß in bestimmten Situationen die Regeln nicht eingehalten werden müssen. Man lehrt sie, daß die Einhaltung der Regeln von jedem erwartet wird, und daß alle gleich behandelt werden, die gegen die Regeln verstoßen oder sie einhalten. Und schließlich lehrt man die moralischen Regeln jedermann öffentlich und so, daß kein Zweifel daran besteht, daß man stolz darauf sein kann, die Regeln zu beachten, andere zu ihrer Einhaltung zu veranlassen und sie an ihre Kinder weiter zu vermitteln, das Handeln anderer zu mißbilligen, die sie nicht einhalten und sie nicht ihren Kindern weitergeben.

Aus dieser letzten Bedingung der universellen Lehre folgen bestimmte Prinzipien, häufig Prinzipien der universellen Lehrbarkeit genannt, die ausschließen, daß Regeln bestimmten Inhalts Teil der Moral irgendeiner Gruppe überhaupt sein können, da man sie nicht in der Weise lehren könnte, in der man Regeln lehren können muß, die als moralische Regeln bezeichnet werden sollen. Das zeigt, daß bestimmte Regeln (logisch) nicht als moralische Regeln einer Gruppe bezeichnet werden können. Es ist daher überflüssig, sich auf eine moralische Intuition zu berufen, um zu »sehen«, ob es sich um wahre oder falsche moralische Regeln handelt. Das ist eine Frage, die sich nicht stellt.

Es ist zu beachten, daß diese Regeln nicht in sich widersprüchlich sind, aber daß ihr Inhalt so ist, daß niemand, der das Wesen der Moral begreift, rational wünschen könnte, sie sollten zur Moral irgendeiner Gruppe gehören.

(a) Niemand könnte wünschen, eine Regel solle zur Moral einer Gruppe gehören, wenn die Regel ein Prinzip enthielte, das *sich selbst aufhebt*. Denn bei moralischen Regeln muß es jedenfalls möglich sein, daß alle Gruppenangehörigen sie befolgen können. So könnte zum Beispiel jeder Gruppenangehörige sich zur Regel machen wollen: Wenn Du in Not bist, bitte um Hilfe, aber hilf nie einem anderen, der in Not ist. Wenn aber alle Gruppenangehörigen dieses Prinzip annähmen, dann würde zweifellos die Annahme der zweiten Hälfte des Prinzips den Zweck der ersten Hälfte aufheben, nämlich Hilfe zu erlangen, wenn man in Not ist. Eine solche Regel ist nicht in sich widersprüchlich. Jede einzelne Person kann sie für sich ohne inneren Widerspruch annehmen. Aber es handelt sich offenbar um ein parasitäres Prinzip. Es ist nur dann für jemanden nützlich, wenn viele Menschen nach dem entgegengesetzten Prinzip handeln.

(b) Das gleiche gilt für Regeln, die sich selbst zunichte machen. Ein Prinzip macht sich selbst zunichte, wenn sein Zweck zunichte gemacht wird, indem bekannt wird, daß man sich dieses Prinzip zu eigen gemacht hat; so z. B. das Prinzip: Gib ein Versprechen, auch wenn Du weißt oder glaubst, daß Du es nie halten kannst, oder wenn Du nicht die Absicht hast, es zu halten. Wenn man Versprechen macht, so ist es geradezu der Zweck der Sache, eine Sicherheit oder Garantie für das Versprechen zu geben. Jede Bemerkung also, die an der Ehrlichkeit dessen zweifeln läßt, der das Versprechen abgibt, macht den Zweck eines Versprechens zunichte. Zweifellos läßt die Aussage, man gebe Versprechen, auch wenn man wisse oder glaube, sie nicht einhalten zu können, oder nicht die Absicht habe, sie einzuhalten, solche Zweifel entstehen. Und die Aussage, daß man nach dem oben genannten Prinzip handelt, beinhaltet, daß man in diesen Fällen ohne weiteres Versprechen ge-

292

ben darf. Die Aussage, daß man nach diesem Prinzip handelt, kann also oft dazu führen, daß der eigene Zweck zunichte gemacht wird.

Nun haben wir aber bereits gesagt, daß es möglich sein muß, moralische Regeln öffentlich zu lehren. Würde man diese Regel jedoch öffentlich lehren, so würde sie sich selbst zunichte machen, denn dann wüßte man, daß jeder nach ihr handelt. Sie kann daher nicht Teil der Moral irgendeiner Gruppe sein.

(c) Schließlich gibt es noch einige Regeln, bei denen es buchstäblich unmöglich ist, sie so zu lehren, wie man moralische Regeln lehren können muß, z. B. die Regel »Behaupte immer das, was Du nicht für wahr hältst.« Diese *moralisch unmöglichen* Regeln unterscheiden sich von Regeln, die sich selbst aufheben und zunichte machen, dadurch, daß man die letzteren in dieser Weise hätte lehren können, auch wenn es ganz sinnlos gewesen wäre, das zu tun, während die ersteren in dieser Weise buchstäblich nicht gelehrt werden können.

Der Grund dafür liegt in der Tatsache, daß der einzig mögliche Fall, nach diesem Prinzip zu handeln, nämlich insgeheim, durch die Bedingungen der moralischen Lehre ausgeschlossen ist.

1) Nehmen wir zunächst den Fall, daß jemand dieses Prinzip insgeheim übernimmt. Seine Aussagen werden die anderen fast immer irreführen, denn *man wird annehmen, daß das, was er sagt, das ist, was er für wahr hält,* und daß das, was er für wahr hält, auch meistens wahr sein wird. Es wird also gewöhnlich so sein, daß p der Fall ist, wenn er sagt »nicht-p«, und nicht-p, wenn er sagt »p«, während die anderen annehmen werden, p sei der Fall, wenn er »p« sagt, und nicht-p, wenn er sagt »nicht-p«. Die Kommunikation zwischen ihm und den anderen bricht auf diese Weise zusammen, da sie fast immer von ihm irregeführt werden, unabhängig davon, ob er sie irreführen will. Die Möglichkeit zur Kommunikation hängt von der Möglichkeit des Sprechers ab, *nach Belieben* zu sagen, was er für wahr hält oder was er nicht für wahr hält. Unser Sprecher kann keine Kommunikation herstellen, weil sein Prinzip ihn zwingt, seine Hörer irrezuführen.

Jemand, der das Prinzip: Behaupte immer das, was Du nicht für wahr hältst, für sich insgeheim annimmt, kann keine Kommunikation mit anderen herstellen, da er sie irreführen muß, ob er will oder nicht. Daher kann er keinem anderen sein Prinzip lehren. Und wenn er es weitergäbe, ohne es für sich übernommen zu haben, dann würde man ihn zwar verstehen, aber die anderen nicht.

Diese Möglichkeit ist ohnehin ausgeschlossen, weil moralische Lehre beinhaltet, daß man solche Regeln lehrt, die jeder, der sie übernimmt, öffentlich als die seinen bezeichnen kann. Ein Prinzip, das man nur zur geheimen Übernahme lehrt, kann nicht in eine *moralische* Regel der Gruppe eingehen.

2) Es ist natürlich möglich, daß die Leute bald herausfinden, wie die Aussagen der Person in unserem Beispiel beschaffen sind. Sie können feststellen, daß sie nur »p« für »nicht-p« setzen müssen, um nicht irregeführt zu werden. Aber wenn sie das tun, dann haben sie seine Aussageweise nicht als Umkehrung der allgemeinen Annahme, daß man sagt, was man für wahr hält (und nicht das Gegenteil), interpretiert, sondern als ein Wandel im Gebrauch von »nicht.« In seiner Sprache, so wird es heißen, ist »nicht« das Zeichen für Bejahung, während eine Aussage verneint wird, indem man dieses Zeichen wegläßt. Wenn eine Kommunikation also möglich sein soll, dann müssen wir als Wandel im Sprachgebrauch verstehen, was eigentlich als Umkehrung der Annahme beabsichtigt ist, jede Behauptung stelle das fest, was derjenige, der sie macht, für wahr hält.

Eine Kommunikation wäre also – wenigstens für einige Zeit – unmöglich, wenn jeder für sich zufällig, gleichzeitig und insgeheim das Prinzip übernähme »Behaupte immer das, was Du nicht für wahr hältst.« Wenn die Übernahme öffentlich erfolgte, dann wäre eine Kommunikation möglich, aber nur dann, wenn damit ein Wandel im Gebrauch von »nicht« einherginge, der die Wirkung der Übernahme des Prinzips völlig auslöscht. In diesem Fall kann allerdings kaum davon gesprochen werden, das Prinzip sei übernommen worden.

3) Wir denken jedoch weder an Fall (1) noch an Fall (2). Wir betrachten den Fall, in dem das Prinzip: Behaupte immer, was Du nicht für wahr hältst, öffentlich gelehrt wird, zur öffentlichen Übernahme durch jedermann, ohne daß von einem Wandel im Gebrauch von »nicht« gesprochen werden könnte. Das aber ist Nonsens. Wir können unmöglich uns allen gegenseitig mitteilen, daß wir uns alle immer in bestimmter Weise irreführen werden, und gleichzeitig daran festhalten, daß wir auch weiterhin unbedingt irregeführt werden, obwohl wir wissen, wie das zu vermeiden wäre.

Dieses Prinzip könnte also nicht in eine Regel eingehen, die zur Moral irgendeiner Gruppe gehörte.

Die Bedeutung dieser Feststellungen ist insofern von allgemeinerem Interesse, als dadurch wertvolle Feststellungen geklärt werden, die in Kants Lehre vom kategorischen Imperativ enthalten sind. Insbesondere wird der Ausdruck »wollen können« in der Formulierung »Handle so, daß Du von der Maxime Deiner Handlung *wollen kannst*, sie werde zum allgemeinen Naturgesetz« geklärt. Er bedeutet in einem Sinn das, was ich als »moralisch unmöglich« bezeichnet habe. Mit anderen Worten, unsere Maxime muß eine moralisch mögliche Formel darstellen, d. h. es muß logisch möglich sein, daß sie als Regel zur Moral einer Gruppe gehört, was beispielsweise für die Maxime »Lüge immer« nicht gilt. Es *kann* niemand wollen, daß diese Maxime die Regel irgendeiner Moral wäre. Die Behauptung, man wolle das, ist ein Widerspruch in sich. Man kann das genauso wenig wollen, wie man wollen kann, die Zeit solle rückwärts ablaufen.

Die zweite Bedeutung von »wollen können« bezieht sich auf das, was keine rationale Person wollen kann. Moralische Regeln, die sich selbst aufheben und zunichte machen, sind nicht moralisch unmöglich, sie sind einfach sinnlos. Keine rationale Person könnte wollen, daß sie Teil irgendeiner Moral würden. Mit anderen Worten, jeder, der das wollte, würde sich dem Vorwurf aussetzen, er sei irrational, wie eine Person, die wünschte, daß sie ihre Ziele nie erreichen kann, oder daß sie (ohne jeden Grund) ihr Leben lang von rheumatischen Schmerzen geplagt werden möge.

Aber unsere Feststellungen zeigen auch die Schwächen in Kants Doktrin auf. Denn es ist zwar richtig, daß jemand, der nach der Maxime »Lüge immer« handelt, nach einer moralisch unmöglichen Maxime handelt, aber es ist nicht richtig, daß jeder Lügner notwendigerweise nach dieser Maxime handelt. Denn wenn er überhaupt nach einer Maxime handelt, dann kann es zum Beispiel sein: Lüge dann, wenn es die einzige Möglichkeit ist, Schaden von jemand abzuwenden, oder: Lüge dann, wenn es für Dich nützlich und für niemand anderen von Nachteil ist, oder: Lüge dann, wenn es amüsant und harmlos ist, usw. Maximen wie diese können selbstverständlich in jeder der genannten Bedeutungen gewollt werden.

4) Es ist eine notwendige, aber keine hinreichende Bedingung, daß eine Regel in der erklärten Weise gelehrt wird, damit sie zur Moral einer Gruppe gehören kann.

Nehmen wir an, eine Gruppe hätte die Regel »Nach dem Essen soll man nicht in den Zähnen stochern«, und diese Regel würde in der erklärten Weise vermittelt und durch den typisch moralischen Druck gestützt. Nehmen wir aber außerdem an, man dürfe nach dem Essen in den Zähnen stochern, wenn man nur dabei die Finger der linken Hand kreuzt. In einem solchen Fall würden wir wohl kaum sagen, die Regel gehöre zur Moral der betreffenden Gruppe.

Der Grund dafür liegt nahe. Wir würden nicht von einer Regel der Moral dieser Gruppe sprechen, weil es sich lediglich um ein Tabu handelt. Wir lassen es nicht als moralische Regel gelten, weil Ausnahmen aus irrationalen Gründen erlaubt sind. Allerdings müßte man die herrschenden Überzeugungen gründlicher untersuchen, um ganz sicherzugehen, daß es sich um irrationale Gründe handelt. Es müßte nicht unbedingt ein irrationaler Grund sein; wenn sie außerdem glaubten – und dafür Gründe angäben – daß die Gottheit, die durch das Zähnestochern beleidigt wird, durch gleichzeitiges Fingerkreuzen in der linken Hand wieder ausgesöhnt werden kann. Wir würden ein System von Tabus nicht als Moral bezeichnen, nicht nur, weil Tabus häufig Merkwürdiges beinhalten, sondern auch, weil Gruppenangehörige in bestimmter mechanischer und irrationaler Weise davon ausgenommen sein können.

5) Man könnte meinen, ich hätte den falschen Grund für die Behauptung gegeben, die Tabus einer Gruppe könnten nicht ihre moralischen Regeln sein; ich hätte nicht sagen sollen »Ausnahmen oder Befreiungen mit den falschen Gründen« sondern einfach »Ausnahmen.« Denn es wird manchmal behauptet, moralische Regeln erlaubten überhaupt keine Ausnahmen. »Fiat iustitia ruat caelum.« Dennoch betrachten wir einen Mann, der einen anderen in Notwehr tötet, ebensowenig als Mörder wie den Henker, der das Todesurteil an einem Mörder vollstreckt. Wir sind nicht einmal der Meinung, daß er Unrecht tut. Diese Menschen sind gerechtfertigt, wenn sie töten. Unsere Überzeugung, daß sie im Recht sind, zeigt deutlicher an, wie wir die Regel »Töte niemals einen Menschen« anwenden, indem sie auf die eine oder andere legitime Ausnahme verweist. Damit wird nicht etwa gezeigt, wie Anfänger gewöhnlich glauben, daß wir das Töten eigentlich nicht für unrecht halten, oder daß wir widersprüchliche moralische Überzeugungen haben; vielmehr wird dadurch gezeigt – um in Fachausdrücken zu sprechen –, daß wir Töten *prima facie* für unrecht halten, für unrecht unter sonst gleichen Bedingungen, für unrecht, falls es keine besonderen Umstände der Rechtfertigung gibt.

Welche Prinzipien sind nun notwendig, damit Ausnahmen von bestimmten Regeln zugelassen werden können? Man hat die Meinung vertreten, es sei eines dieser Prinzipien, daß man nie eine Ausnahme zu eigenen Gunsten machen dürfe. Das wiederum wurde (zweifellos in ganz natürlicher Weise) interpretiert als »Mach niemals eine Ausnahme von einer moralischen Regel, wenn das in Deinem eigenen Interesse liegt.« Aber das kann nicht richtig sein, denn ich töte einen Menschen mindestens mit gleichem Recht, wenn ich mich selbst verteidige, wie wenn ich einen anderen Menschen verteidige. Und häufig ist es ebenso unmoralisch, eine Ausnahme zugunsten eines anderen zu machen, beispielsweise zugunsten meiner Frau, meines Sohns oder meines Neffen. Tatsächlich ist es für sich genommen ganz unerheblich, zu wessen Gunsten die Ausnahme wirkt, solange sie gerechtfertigt ist, und im Fall der Selbstverteidigung ist sie eben gerechtfertigt. Die oben wiedergegebene Meinung ist nur insofern richtig, als ich von einer moralischen Regel eben keine Ausnahme machen darf, die lediglich auf dem *Prinzip* beruht, daß ich von der Regel abweichen darf, *wann immer* bzw. *einfach weil* dies zu meinen Gunsten bzw. zugunsten irgendeines andern ist, den ich damit begünstigen will.

Allgemein gesprochen können wir sagen, daß ein Mensch eine Regel nur dann als moralische Regel versteht, wenn er Ausnahmen nur in den Fällen zuläßt, die ihrerseits durch moralische Regeln der Gruppe vorgesehen sind; in unserem Fall also, wenn das Töten durch den Henker geschieht, in Notwehr oder im Krieg oder vielleicht, wenn es sich um einen Gnadentod handelt. Aber das ist noch ganz ungenau, denn es ist nicht so, als ob wir es der Moral der Gruppe selbst überließen, Ausnahmen in beliebigen Fällen vorzusehen. Wir würden zum Beispiel nicht sagen wollen, die Regel »Töte niemals einen Menschen« gehöre zur Moral einer Gruppe, wenn sie durch moralischen Druck gestützt würde, und wenn gleichzeitig Ausnahmen im Eigeninteresse auch durch moralischen Druck gestützt würden, wenn also etwa ein Mann dafür verurteilt würde, einen anderen nicht getötet zu haben, dessen Vermögen er dadurch erlangt hätte.

6) Die Frage, die wir zu beantworten versuchen, »Wann würden wir eine bestimmte Regel als moralische Regel einer bestimmten Gruppe bezeichnen?« oder »Wann würden wir eine bestimmte Regel als der Moral einer bestimmten Gruppe zugehörig bezeichnen?« setzt natürlich voraus, daß die Gruppe eine Moral besitzt.

Denn sonst könnte sich die Frage gar nicht erst stellen. Andererseits ist die Existenz moralischer Regeln in der Gruppe eine der Bedingungen dafür, daß man sagen kann, die Gruppe habe eine Moral. Man könnte daher meinen, die Gruppe brauche nur *eine* entsprechende Regel zu haben, beispielsweise »Du sollst nicht töten« oder: »Du sollst nicht lügen«, damit von ihr gesagt werden kann, sie habe eine Moral.

Ich glaube, das wäre falsch. Wir haben schon festgestellt, daß jede solche Regel durch eine bestimmte Art von Druck gestützt, in bestimmter Weise gelehrt und entsprechend bestimmten Grundsätzen für Ausnahmen angewendet werden muß, damit sie als der Moral einer Gruppe zugehörig bezeichnet werden kann. Aber auch das ist noch nicht ausreichend. Wir würden nicht sagen, eine Gruppe habe eine Moral, wenn sie eine oder mehrere solcher Regeln hätte, und die bereits erwähnten Bedingungen außerdem erfüllt wären, wenn die Gruppe diese Regeln nicht zusätzlich noch nach bestimmten sehr allgemeinen Prinzipien anwenden würde. Die Prinzipien, an die ich denke, ließen sich als Prinzipien der *Differenzierung* und der *Priorität* bezeichnen.

Es ist das oberste Prinzip bei der Anwendung moralischer Regeln, daß sie auf jedermann gleichermaßen angewendet werden müssen, wenn keine moralisch relevanten Unterschiede zwischen den Menschen vorliegen. Damit von einer Gruppe behauptet werden kann, sie besitze eine Moral, muß sie über bestimmte Regeln der Differenzierung verfügen, d. h. über Regeln, die festlegen, welche Unterschiede die Gruppenangehörigen als moralisch relevant ansehen dürfen.

Wir wären geneigt, von einer Gruppe zu sagen, sie habe keine Moral, wenn ihre Regeln der Differenzierung von den wahren Prinzipien der Differenzierung über ein bestimmtes Maß hinaus abwichen. Was genau diese Prinzipien sind und was das Höchstmaß an zulässiger Abweichung wäre, kann ich hier nicht sagen. Im Augenblick kann ich nur zeigen, was unsere Regeln der Differenzierung sind. (Mehr darüber weiter unten, S. 313). Des weiteren ist zu beachten, daß wir die Frage, wie zivilisiert, wie primitiv, wie entwickelt usw. die Moralität ist, unter anderem danach beurteilen, wie stark sie von dem abweicht, was wir als die wahren Differenzierungsprinzipien ansehen.

Die nächstliegenden Gründe, die unsere Moral anerkennt, und nach denen zwischen verschiedenen Menschen unterschieden wird, sind die folgenden:

1) Verstoß einer Person gegen eine moralische Regel und daraus folgender Verlust des Schutzes durch bestimmte moralische Regeln. Ein Mann, zum Beispiel, der ohne ausreichenden Grund versucht, einen anderen umzubringen, kann nicht den Schutz durch die moralische Regel »Du sollst nicht töten« in Anspruch nehmen. Wenn der andere ihn in Notwehr tötet, kann er nicht als Mörder bezeichnet werden, wie es sonst möglich gewesen wäre.

2) Besondere Anstrengungen (die über dem Standard liegen) und daraus resultierende moralische Ansprüche auf besondere Berücksichtigung. Ein Mann, zum Beispiel, der an einem Projekt seiner Gruppe besonders hart mitgearbeitet hat, hat Anspruch auf eine höhere Entschädigung aus dem Gesamtprodukt der Gruppe als der, der nichts getan hat.

3) Größeres oder geringeres Bedürfnis (als der Standard) und daher weniger oder mehr Aufgaben, Pflichten, Aufträge, Verpflichtungen. Ein Mann mit großer Familie, zum Beispiel, oder einer, der blind ist, hat ein Recht auf besondere Berücksichtigung, teils weil seine Bedürfnisse größer sind, teils weil bestimmte Pflichten für ihn eine größere Belastung wären als für andere.

4) Besondere Aufgaben, die man freiwillig auf sich genommen hat und daraus resultierende besondere Verpflichtungen, sie durchzuführen. Ein Mann, zum Beispiel, der den Beruf eines Sozialarbeiters hat, hat nicht das Recht auf Dankbarkeit und Belohnung wie ein anderer, der dieselbe Arbeit tut, ohne den entsprechenden Beruf ergriffen zu haben.

Das oberste *Prioritätsprinzip* legt fest: Wenn zwei Regeln kollidieren, d. h. wenn jemand gegen die eine Regel verstoßen würde, indem er etwas Bestimmtes täte, und gegen die andere, indem er dies unterließe, dann sollte er die wichtigere Regel beachten und eben gegen die unwichtigere verstoßen. Die Prioritätsregeln in einer Gruppe legen also fest, wie man sich bei den wahrscheinlichsten Kollisionen zwischen moralischen Regeln zu verhalten hat.

Wenn ich beispielsweise weiß, daß ich das Leben eines Unschuldigen retten kann, indem ich seine Verfolger über seinen Aufenthaltsort belüge, dann stehe ich vor der Alternative, entweder lügen zu müssen, oder die Gefahr für das Leben eines Menschen vergrößern zu helfen. Ich glaube, unsere Moral legt für solche Fälle fest, daß wir lügen sollen, um das Leben eines Unschuldigen nicht zu gefährden, und nicht umgekehrt.

Wenn innerhalb einer Moral keinerlei Regeln für die Fälle existieren, in denen zwei oder mehr moralische Regeln kollidieren, wenn die Menschen einmal so und einmal anders handelten und kein Bedürfnis hätten, zu einer einheitlichen Regelung zu kommen, dann wäre man geneigt zu sagen, diese Gruppe habe keine Moral.

Die Erklärung des ersten Schrittes in der Beantwortung unserer moralischen Frage »Was soll ich tun?« wird damit vervollständigt. Nehmen wir an, die handelnde Person hat auf diese Weise herausgefunden, daß die Handlungsweise, die sie im Auge hat, durch keine moralische Regel der Gruppe verboten und auch nicht unvereinbar mit einer Handlungsweise ist, die eine solche Regel fordern würde. Dann hat sie eine (vorläufige) positive Antwort auf ihre moralische Frage gefunden. In diesem Sinn gibt es vorläufig keine moralischen Einwände gegen die beabsichtigte Handlung. Die Person kann entsprechend handeln. Was sie tun möchte, ist moralisch richtig, es ist nichts, was sie moralisch gesehen nicht tun sollte. Wenn die Person dagegen herausfindet, daß ihre Handlungsweise einer moralischen Regel der Gruppe widerspricht, dann hat sie eine (vorläufige) negative Antwort gefunden.

II Zweifellos gehen viele Leute nie über diese Überlegungen hinaus. Wie Platos wohlerzogene Wächter stellen sie die Autorität derer, die sie gelehrt haben, was recht und unrecht ist, niemals in Frage. Wenn es jedoch moralischen Fortschritt geben soll, dann müssen sich wenigstens einige finden, die die Moral ihrer Gruppe einer rationalen Untersuchung unterwerfen und versuchen, sie zu reformieren, wo sie Mängel hat. Die Ansicht, unsere Moral *bedürfe nicht* der Kritik, weil sie das Wort Gottes darstelle, der sie uns offenbart habe, schadet dem moralischen Fortschritt ebenso wie die Meinung, es sei *sinnlos*, Moral zu kritisieren, weil der Moloch Geschichte sie ohnehin und unausweichlich in ihre vorbestimmten Formen zwinge.

Wir wollen also versuchen zu verstehen, worauf eine solche Kritik einer Moral hinausläuft. Nehmen wir an, unser Fragesteller kommt zu dem Ergebnis, daß seine beabsichtigte Handlungsweise einer Regel der Moral seiner Gruppe widerspricht. Nehmen wir weiter an, daß er sich nicht damit zufriedengibt, die Moral seiner Gruppe unkritisch hinzunehmen. Er wird dann zu einer Frage übergehen, die er so formulieren könnte: »Vorausgesetzt, daß unsere Moral diese Handlungsweise verbietet, verbietet sie diese

Handlung zu Recht?« Wir alle verstehen die Frage. Die meisten von uns haben sie sich irgendwann einmal gestellt. Wir räumen alle ein, daß wenigstens einige unserer moralischen Überzeugungen vielleicht fehlgehen. Die meisten unter uns mutmaßen heute, daß bestimmte Ansichten über Armut und Privateigentum, die im England des achtzehnten Jahrhunderts normal waren, falsch gewesen sind, wie etwa auch die Einstellung des neunzehnten Jahrhunderts zum Sex.

Was also fragt unser kritischer Mensch? Welche Art von Zweifel hegt er hinsichtlich der Regeln seiner Gruppenmoral? Wie können die Regeln einer Gruppenmoral fehlgehen?

Ziehen wir zum Vergleich erst einmal den analogen Fall der »religiösen Regel« heran. Es ist nützlich, sich nochmals ins Gedächtnis zu rufen, daß die beiden wichtigsten Bedeutungen von »religiöser Regel« nicht den beiden Hauptbedeutungen von »Gesetzesregel« entsprechen, nämlich »Gesetz« und »gesetzliche Regel.« Es gibt keine Bedeutung von »religiöser Regel«, die »gesetzlicher Regel« entspricht. Wir würden die Regel »In Gesellschaft nicht in den Zähnen stochern« nicht einfach deshalb als in irgendeiner Weise religiös bezeichnen, weil sie nicht irreligiös ist; wohl aber würden wir sagen, diese Regel sei legal, einfach weil sie nicht illegal, ungesetzlich ist, d. h. also, sie sei gesetzlich. »Moralische Regel« verhält sich in dieser Hinsicht wie »religiöse Regel« und *nicht* wie »Gesetzesregel.« »In Gesellschaft nicht in den Zähnen stochern« würde ebensowenig als moralische Regel bezeichnet werden (bloß weil so etwas in unserer Gesellschaft nicht als unmoralisch angesehen wird), wie man die Regel religiös nennen würde (bloß weil sie nicht irreligiös ist).

Es existiert jedoch eine Bedeutung von »religiöser Regel,« die der Bedeutung von »Gesetzesregel« im Sinn von »Gesetz« entspricht. Ich glaube, es wäre für unsere Zwecke nicht völlig irreführend, wenn wir behaupteten, keine Gesamtheit von Überzeugungen und Regeln könnte Religion genannt werden, wenn sie nicht entweder übernatürliche Überzeugungen oder vorgeschriebene Riten oder Regeln der Verehrung enthielte. Wenn wir wissen, daß eine Gruppe eine bestimmte Religion hat, dann können wir feststellen, ob eine bestimmte Regel einer Gruppe zu ihrer Religion gehört oder nicht. Für die christliche Religion, zum Beispiel, ist es leicht festzustellen, daß es sich um eine religiöse Regel handelt, wenn sie nämlich in einem der heiligen Bücher enthalten ist.

Allerdings gibt es recht verschiedene Arten von Regeln in der Heiligen Schrift.

1) Du sollst dir kein Bildnis noch irgend ein Gleichnis machen, weder des, das oben im Himmel, noch des, das unten auf Erden, oder des, das im Wasser unter der Erde ist.

2) Ist aber der Ochse zuvor stößig gewesen, und seinem Herrn ist's angesagt, und hat ihn nicht verwahrt, und er tötet darüber einen Mann oder ein Weib, so soll man den Ochsen steinigen, und sein Herr soll sterben.

Beide Regeln sind religiöse Regeln, in einer Bedeutung, die derjenigen entspricht, die bestimmte Regeln zu Gesetzesregeln werden läßt, d. h. zu Gesetzen: nämlich zu einem Teil des Systems. Jetzt aber müssen wir beachten, daß es eine andere Bedeutung von »religiöse Regel« gibt, in der nicht beide Regeln religiöse Regeln sind. Die Regel (2) über den Ochsen ist in diesem Sinn nicht religiös, die Regel (1) dagegen ist eindeutig eine religiöse Regel. Religiöse Juden würden nicht das Gefühl haben, daß sie eine Sünde begehen, wenn sie gegen die zweite Regel verstießen, sie hätten dieses Gefühl dagegen, wenn sie der ersten Regel zuwiderhandelten, obwohl für beide Regeln gilt, daß Gott sie auf dem Berge Sinai offenbart habe.

Wir unterscheiden also zwischen Regeln, die, wie (ich es nennen möchte) *echt religiös* sind, und Regeln, die lediglich *Teil der Religion der Gruppe sind*. Ähnlich können wir zwischen moralischen Regeln der Gruppe, die *echt moralisch* sind, und denen, die lediglich *Teil der Moral der Gruppe* sind, unterscheiden.

Wir wollen den Unterschied noch etwas deutlicher machen. Wir haben gesehen, daß eine Regel der Moral der Gruppe zugerechnet werden kann (vorausgesetzt die Gruppe besitzt eine Moral), wenn sie in allen wichtigen Aspekten so behandelt wird, wie eine echt moralische Regel behandelt werden muß: wenn man sie in der angegebenen Weise lehrt, wenn sie entsprechend den moralischen Prinzipien für Ausnahmen angewendet wird, wenn sie einer Prüfung der Frage standhält, ob sie universal gemacht werden kann, wenn Regelbrecher in der spezifisch moralischen Weise behandelt werden, und vielleicht noch ein paar andere Dinge.

Allerdings kann eine Regel alle diese Bedingungen durchaus erfüllen, ohne daß wir uns unserer Sache völlig sicher sind. Man denke etwa an eine Regel wie: »Iß keine Bohnen« oder: »Geh nicht unter einer Leiter durch.« Ebenso wie die Regeln »Töte niemals einen Menschen« oder: »Lüge nicht« könnten auch diese Regeln alle notwendigen Bedingungen erfüllen, damit sie als der Moral einer Gruppe zugehörig bezeichnet werden können. Auch wenn sie diese Bedingungen erfüllen, sind wir der Meinung, daß sie keiner Moral angehören *dürfen*. Die erste unserer beiden Regeln ist vielleicht in einem Traktat über gesunde Kost angebracht, die zweite ist purer Aberglaube. Vielleicht sind sie Teil einer Moral, aber keine von beiden gehört *in* die Moral einer Gruppe. Wie erkennen wir die echt moralischen Regeln, wie sondern wir die Spreu vom Weizen in der Masse der Regeln, die Teil einer Moral sind?

Machen wir uns zunächst bewußt, daß diese Aufgabe die des *Kritikers* einer Moral ist. Daher müssen wir die Standards bloßlegen, nach denen wir uns bei dieser Aufgabe richten. Mir scheint, es gibt vier Möglichkeiten, sie freizulegen. (A) Erstens haben wir bereits eine ungefähre Vorstellung, welchen Standpunkt wir in der Praxis einnehmen, wenn wir unsere Aufgabe durchführen. Wir müssen uns dieses Standpunkts nur bewußt werden und ihn formulieren. (B) Zweitens verfügen wir über Paradigmen ursprünglich moralischer Regeln, wie beispielsweise »Töte kein menschliches Wesen,« »Lüge nicht,« »Sei nicht grausam.« Hinsichtlich dieser Regeln sind wir uns sicherer als hinsichtlich irgendwelcher anderer Regeln und Prinzipien. Eine Untersuchung der Merkmale dieser Regeln im Gegensatz zu offensichtlich unechten Regeln wie »Iß keine Bohnen,« wird uns helfen, die Prinzipien herauszuarbeiten, durch die wir die echten von den unechten moralischen Regeln unterscheiden können. (C) Drittens haben wir bereits eine ganz gute Vorstellung von einigen der Prinzipien, die wir in unserer Arbeit verwenden. (D) Schließlich haben wir auch eine gewisse Vorstellung vom relativen Wert verschiedener Moralkodizes überhaupt. Wir beurteilen sie durchaus schon als primitiv oder weiterentwickelt, unzivilisiert oder zivilisiert, niedriger oder höher usw. Da aber diese Beurteilungen wenigstens bis zu einem gewissen Grad davon abhängen, ob eine Moral weniger oder mehr von den echten moralischen Regeln enthält als von den unechten, hilft uns das außerdem, die Wahrheit zu finden. Die Wahrheit finden heißt hier, diese verschiedenen Anfänge möglichst weit zu verfolgen, die verschiedenen Folgerungen, die sie enthalten, so weit wie möglich herauszuarbeiten und sie schlüssig und vernünftig zu fassen.

Zu (A). Folgendes ist meiner Meinung nach der Standpunkt, den wir einnehmen, wenn wir die Aufgabe eines Kritikers einer Moral wahrnehmen. Ich werde ihn den Standpunkt der Moral nennen.

Diesen Standpunkt nehmen wir ein, wenn wir glauben, daß die der Moral einer Gruppe zugehörigen Regeln dazu geschaffen sind, das Verhalten von Menschen zu regeln, die alle als gleichermaßen wichtige »Zentren« von Verlangen, Impulsen, Wünschen, Bedürfnissen, Zielen und Plänen behandelt werden müssen; als Menschen, die eigene Zwecke haben, die prima facie alle mit Recht verfolgt und erreicht werden dürfen. (So interpretiere ich die Bedeutung von: »sie behandeln als Zweck an sich, nicht als Mittel zum eigenen Zweck«). Nichts von dem, was sie auf der Suche nach einem Ziel in ihrem Leben tun, was sie wünschen oder bezwecken, darf ohne besondere Rechtfertigung dem untergeordnet werden, was irgendein anderer oder eine Gruppe von anderen verfolgt, wünscht oder bezweckt. Unter diesem Gesichtspunkt hat jeder einzelne von ihnen sein impulsives Verhalten, sein Bestreben und seine Pläne einzurichten, indem er bestimmte Regeln befolgt, die echten moralischen Regeln. Sie verbieten individuelle Bestrebungen, auch wenn das höchste eigene Glück damit erreicht werden könnte, falls sie auf Kosten legitimer Bestrebungen anderer gehen. Sie legen zudem fest, wer im Fall von Konflikten seine persönlichen Bestrebungen aufzugeben hat (z. B. »Töte niemanden außer in Notwehr, usw.«); oder sie weisen ihm die Durchführung bestimmter Leistungen zu, bzw. lassen ihn in den Genuß derselben kommen, weil er entweder eine bestimmte gesellschaftliche Stellung innehat (Lehrer, Soldat, usw.) oder sich in bestimmter gesellschaftlicher Beziehung zu anderen befindet (Unterhaltsberechtigter, o. ä.) oder weil er anderen bestimmte Dinge zugefügt oder diese durch sie erlitten hat (verstümmeln, betrügen, usw.).

Hier ist der Hinweis angebracht, daß dieser Standpunkt sich von dem des aufgeklärten Egoisten unterscheidet. Der letztere betrachtet andere Menschen nämlich als komplizierte und subtile Organismen, die ihm die guten Dinge des Lebens streitig machen wollen, die er sich aber, wenn er sie nur richtig behandelt, umso besser dienlich machen kann, um seine eigenen Zwecke zu verfolgen. Ein aufgeklärter Egoist muß darauf gefaßt sein und ist es auch, daß andere ebenso wie er selbst ihr eigenes Glück verfolgen und das Glück anderer dem eigenen unterordnen, d. h. daß sie ihr eigenes Glück verfolgen, wo immer es möglich ist, auch zum Schaden anderer.

Die Aufgabe des Kritikers einer Moral kann auch mit der Aufgabe einer Art idealen Gesetzgebers verwechselt werden. Denn sowohl moralische Regeln wie Gesetze sind Regeln für Gruppenangehörige, beide gelten im Idealfall für alle Mitglieder gleichermaßen, beide variieren von Gruppe zu Gruppe, insofern die Lebensnotwendigkeiten, die technischen Mittel und die gesellschaftlichen Übereinkommen variieren, und beide sollen dazu dienen, jeden einzelnen im Streben nach dem eigenen Glück (das innerhalb des Rahmens der Gesellschaft ermöglicht wird) vor Eingriffen oder Mißbrauch der gesellschaftlichen Einrichtungen durch andere zu schützen. Trotz dieser Entsprechungen gibt es aber auch entscheidende Unterschiede.

Es gibt eine ganze Reihe sehr unterschiedlicher Aufgaben im Bereich des Gesetzes und im Bereich der Moral. Auf der Ebene des Gesetzes kann jemand die Aufgabe des Gesetzeskritikers wahrnehmen, des Gesetzreformers oder des Gesetzgebers. Die Aufgabe des Gesetzeskritikers besteht darin, das System der Gesetze seiner Gruppe zu untersuchen, Schwächen aufzuspüren und sich Abhilfen zu überlegen. Es ist nicht seine Aufgabe, die Schwächen in der Öffentlichkeit bekanntzumachen, oder eine Kampagne gegen die betreffenden Gesetze zu führen. Diese Aufgabe steht dem Reformer zu. Aufgabe des Gesetzgebers ist die Schaffung neuer Gesetze. Er benutzt lediglich die bestehenden Mechanismen der Gesetzgebung. Aufgabe des Kritikers ist es, Verbesserungen ausfindig zu machen, Aufgabe des Reformers, die öffentliche Meinung zu bilden, Aufgabe des Gesetzgebers, die gesetzgebenden Mechanismen in Gang zu setzen.

Auf dem Gebiet der Moral gibt es nur zwei vergleichbare Aufgaben, die des Kritikers einer Moral und die des Reformers der Moral. Aus bereits angegebenen Gründen kann es die Aufgabe eines moralischen Gesetzgebers nicht geben. Wenn sich die öffentliche Meinung verändert hat, dann ist die Moral der Gruppe bereits geändert. Die Gruppe ist dann bereit für gesetzliche Änderungen, aber die tatsächlichen Änderungen müssen erst noch vorgenommen werden. Die gesetzliche Autorität liegt beim Gesetzgeber, die moralische Autorität bei der Öffentlichkeit.

Die Arbeit des Kritikers unterscheidet sich von der des Reformers insofern als sie eher theoretisch als praktisch ist. Ein Denker kann das Gesetz oder die Moral der Antike kritisieren, er kann aber nichts reformieren. Der Kritiker kann allen möglichen vergangenen, gegenwärtigen und zukünftigen Entwicklungen seine Aufmerksamkeit zuwenden, der Reformer betrachtet nur unmittelbare praktische Möglichkeiten der Zukunft. Sicherlich war die Sklaverei ein Mangel in der Moral der Antike. Aber es ist keineswegs sicher, daß die Abschaffung der Sklaverei zum Programm eines antiken Moralreformers hätte gehören müssen.

Es gibt noch einen weiteren gewichtigen Unterschied. Der Gesetzeskritiker wie der Moralkritiker kann und sollte den Standpunkt der Moral einnehmen. Der Gesetzeskritiker unterwirft sich dabei bestimmten äußeren Beschränkungen, der Moralkritiker jedoch nicht. Der Gesetzeskritiker, der diesen Standpunkt nicht einnimmt, kann trotzdem Gesetzeskritiker bleiben; wenn aber der Moralkritiker diesen Standpunkt nicht einnimmt, kann er nicht mehr Moralkritiker sein. Wenn der Gesetzeskritiker das Gesetz unter dem Gesichtspunkt der Moral korrekt kritisiert, dann ist seine Kritik moralisch gerechtfertigt, aber sie kann unter dem Gesichtspunkt des Rechtsgelehrten inkompetent sein. Wenn der Moralkritiker eine Moral unter dem Gesichtspunkt der Moral kritisiert, dann ist seine Kritik moralisch gerechtfertigt, und anderer Bedingungen bedarf es nicht.

Es sollte nun klar sein, welcher Art die Aufgabe ist, das Echte vom Unechten unter den Regeln zu scheiden, die der Moral einer bestimmten Gruppe tatsächlich angehören. Die Aufgabe ist die des Kritikers einer Moral. Wir alle haben diese Aufgabe insoweit, als wir als moralische Wesen gewöhnlich durch die moralische Überzeugungen unserer Gruppe, die wir im Lauf unserer Erziehung übernehmen, angeleitet werden. Unsere Aufgabe als Kritiker ist es, diese Gruppenmoral zu untersuchen, unsere Aufgabe als moralische Reformer besteht darin, offensichtliche Unzulänglichkeiten möglichst zu beseitigen und zu versuchen, notwendige Verbesserungen herbeizuführen.

Zu (B). Die Diskussion des Standpunktes, der für einen Kritiker der Moral seiner Gruppe angebracht ist, habe ich nun abgeschlossen. Wenn meine Skizze dieses Standpunkts treffend war, dann sollte sie es möglich machen, daß Aussagen über die Prinzipien gefunden werden, die der Arbeit des Kritikers zugrundeliegen. Das heißt im einzelnen etwa, daß eines der Prinzipien, nach dem wir eine Gruppenmoral überprüfen würden, lauten müßte: Eine echte moralische Regel muß *den Interessen der Menschen dienen* – wenn wir vom Standpunkt der Moral die Menschen als gleichermaßen bestrebt ansehen, ihr legitimes Interesse zu verfolgen. Und da vom Standpunkt der Moral alle gleich anzusehen sind, würden wir erwarten, daß die Regeln *jedermann in gleicher Weise betreffen*.

Diese Punkte werden unabhängig voneinander bestätigt, wenn wir Beispiele moralischer Regeln betrachten wie: Du sollst nicht töten, Du sollst nicht grausam sein, Du sollst Versprechen nicht brechen, Du sollst nicht lügen. Es würde wohl sicher im Interesse aller Menschen gleichermaßen liegen, daß Regeln wie diese Teil der Moral von Gruppen sind.

Zu (C). Das zeigt sich deutlicher, wenn wir uns unserer dritten Möglichkeit zuwenden, die Standards ausfindig zu machen, die wir verwenden, wenn wir eine bestehende Moral kritisieren, nämlich die Untersuchung der Prinzipien, die wir tatsächlich selbst gebrauchen, wenn wir diese Arbeit durchführen. Wenn wir durch die Untersuchung einer Reihe von Einzelfällen herauszufinden versuchen, was genau gemeint ist, wenn man sagt, die Aufnahme einer bestimmten Regel in die Moral einer bestimmten Gruppe sei im Interesse eines jeden Menschen, dann kommen wir zu dem Ergebnis, daß die Anwendung dieses allgemeinen Prinzips mit dem, was wir als Kritiker einer Moral praktisch tun, übereinstimmt. Wann würde man von einer Regel sagen, sie sei *im Interesse* der Menschen?

(a) Erstens darf eine Regel *nicht* schädlich sein. Man wird sie aber als schädlich bezeichnen, wenn (1) sie dem, der nach ihr handelt, zum Schaden gereicht (z. B. »Wenn dich dein Auge ärgert, so reiß es aus.«); (2) jemand nach dieser Regel handelt und damit vielen, darunter auch sich selbst, schadet (z. B. »Wenn du eine richtig schöne Autofahrt machen möchtest, dann betrink dich erstmal.«); (3) jemand nach ihr handelt und damit vielen, aber nicht sich selbst schadet, (z. B. »Wenn es nicht herauskommt, betrüge, wenn Du Geschäfte machst.«); (4) alle bzw. viele, und nicht nur ein Einzelner, nach ihr handeln und damit allgemeinen Schaden verursachen (z. B. »Benutze ruhig die elektrischen Geräte auch in den Sperrstunden.«).

Die Fälle (1) und (4) bedürfen einer kurzen Erklärung. In beiden Fällen stellen die Prüfungen einen Test von *Regeln*, nicht von *Einzelhandlungen* dar. In (1) wird gesagt, daß eine Regel, die von Menschen ein Handeln fordert, das für sie selbst von Nachteil ist, unter sonst gleichen Bedingungen keine echte moralische Regel ist, auch wenn sie zur Moral einer bestimmten Gruppe gehört. Das darf aber nicht mit der Frage verwechselt werden, ob eine bestimmte Handlung, die dem Handelnden schadet, und die dieser als solche erkennt, moralisch falsch ist. Eine solche *Handlung* wäre nur dann moralisch falsch, wenn diese Handlung – unabhängig davon, ob sie schädlich ist oder nicht – oder das Sich-Selbst-Schaden in irgendeiner Form einer echten moralischen Regel der betreffenden Gruppe *widerspräche*. Unser Fall stellt jedoch gerade das Gegenteil dar, nämlich den Fall einer Regel, die etwas *gebietet* (nicht untersagt), das dem Handelnden schadet. Eine Regel, die verbietet, was dem Handelnden schadet, kann natürlich zur Moral einer Gruppe gehören.

Es ist ein Kennzeichen bürgerlicher Moral, daß bestimmte Typen besonnenen Verhaltens als Tugenden angesehen werden (die Beachtung moralischer Regeln) und bestimmte unüberlegte Handlungsweisen als Laster (im Widerspruch zu moralischen Regeln, die untersagen, was der *eigenen Person* schädlich ist), z. B. einerseits körperliche Betätigung, Sparen, harte Arbeit, anderseits Rauchen, Trinken, Vernachlässigen der eigenen Gesundheit. Es ist nicht klar, ob sie so angesehen werden, weil sie gewöhnlich der handelnden Person schädlich bzw. nützlich sind, oder weil sie gewöhnlich auch *anderen* schädlich bzw. nützlich sind. Meiner Meinung nach können sie nur dann als Laster angesehen werden, wenn sie tatsächlich auch anderen schaden.

Ein analoger Unterschied darf im Fall (4) nicht übersehen werden: Daß das Handeln aller oder vieler nach dieser Regel allgemeinen Schaden verursacht, habe ich dort als einen Grund dafür angegeben, daß eine Regel nicht echt moralisch ist. Auch diese Aussage unterscheidet sich durchaus von der Aussage, daß eine *bestimmte Handlungsweise* deshalb falsch ist, weil es von allgemeinem Nachteil wäre, wenn alle oder viele so handelten. Das notorische Argument der Zimmerwirtin »Sie können das Bügeleisen doch nicht einfach benützen, wann Sie wollen, Miss Thompson. Wo kämen wir denn hin, wenn das jeder täte!« überprüft mit der scheinbaren »Verallgemeinerung« keine bestehende moralische Regel – niemand denkt an eine Regel »Benutz das Bügeleisen, wann Du willst« als Regel unserer Moral – sie soll vielmehr eine bestimmte Handlungsweise überprüfen. Der Unterschied muß ganz deutlich gemacht werden.

Angenommen, es besteht eine Energiekrise und man hält allgemeine Einschränkungen für nötig, wenn die Stromversorgung nicht zusammenbrechen soll.

Nehmen wir zuerst den Fall einer Gesellschaft, in der keine Regelungen für solche Eventualitäten bestehen. Der Gesetzgeber kann dann die Anordnung von Einschränkungen für die Benutzung elektrischer Geräte in Erwägung ziehen. Zu *seinen* Gründen für die *Einführung* einer solchen Gesetzgebung könnte unser Argument im Fall (4) zählen, wenn nämlich – so könnte er sagen – alle oder viele die Elektrogeräte weiterhin immer benutzten, dann würde die Stromversorgung zusammenbrechen. Wenn das wahr ist, dann wäre es ein ausgezeichneter Grund zur Einführung dieses bestimmten Gesetzes, und wenn es keinen Grund dagegen gäbe, wäre der Gesetzgeber in gewisser Weise zu tadeln, falls er das Gesetz nicht einführte.

Existiert eine solche Gesetzgebung nicht, dann könnte es zwei Möglichkeiten geben: entweder es besteht bereits eine moralische Regel für einen solchen Fall oder nicht. Im ersten Fall wäre es ohne Zweifel falsch, irgendwelche Elektrogeräte längere Zeit in Gebrauch zu nehmen. Dazu bin ich nur berechtigt, wenn ich einen besonderen Grund habe, beispielsweise bei Krankheit, wenn ich laufend einen Heizstrahler benutzen muß. In diesem Fall, wenn ich tatsächlich weiß, daß das Einschalten des Heizgerätes die Stromversorgung nicht gefährdet, gewinnt meine Rechtfertigung für die Nichtbeachtung der moralischen Regel an Gewicht.

Möglicherweise ist es aber schwer zu entscheiden, ob der Fall bereits durch eine moralische Regel oder ein moralisches Prinzip der Moral einer gegebenen Gruppe geregelt ist. In unserer Moral, zum Beispiel, ist die spezifische Regel »Nimm kein Elektrogerät für mehr als eine Stunde pro Tag in Gebrauch« zweifellos nicht enthalten, obgleich ähnliche spezifische Regeln wie etwa »Frauen sollten keinen eigenen Beruf haben« oder »Junge Mädchen sollten kein Makeup benutzen« in unserer Moral enthalten sind oder waren. Es ist jedoch nicht ohne weiteres klar, daß unsere Moral nicht die Regel enthält »Es ist moralisch falsch, etwas zu tun, wodurch Schaden entsteht, wenn es alle oder viele (aber nicht eine Person allein) tun,« was unseren Fall betreffen würde. Man kann sagen, daß wir diese Regel haben, weil sie einfach einen Sonderfall des Prinzips der Fairness darstellt und weil wir dieses Prinzip der Fairness haben, das in einer seiner Formulierungen lautet: »Verschaff Dir keinen unfairen Vorteil, d. h., keinen Vorteil, der unter den gegebenen Umständen schädlich wäre, wenn man ihn jedem und allen verschaffen würde.« Daß unsere Moral dieses Prinzip enthält, kann aus der Tatsache abgelesen werden, daß Ausdrücke wie »sich drücken«, »simulieren«, »sich nicht voll einsetzen« einerseits und »mehr nehmen als einem zusteht« anderseits einen negativen »moralischen Klang« haben. Es scheint daher einigermaßen sicher, daß unsere Moral das Prinzip der Fairness enthält, und daß die allgemeine Regel, die unser Beispiel betrifft, den Fall einer besonderen Anwendung darstellt. Wenn das richtig ist, dann wäre es nach unseren moralischen Standards falsch, das Heizgerät in Zeiten zu benutzen, in denen bekanntermaßen Energiemangel herrscht, unabhängig davon, ob eine spezifische Regelung besteht, die eine solche Benutzung untersagt.

Es würde zu weit führen, wenn wir überlegen wollten, ob es eine Moral geben könnte, die keine Regel für den genannnten Fall enthält, und was wir – wenn es solche Fälle gäbe – dann zu der Frage sagen würden, ob es moralisch falsch ist, Elektrogeräte zu Zeiten von Energiemangel zu benutzen, wenn keine spezifische Regelung existiert, die die Benutzung solcher Geräte untersagt. Es läßt sich lediglich feststellen, daß, auch wenn man in einer solchen Gesellschaft nicht *nachweisen* könnte, daß es moralisch falsch ist, es immer noch moralisch falsch *sein würde*, falls es zutrifft, daß das Prinzip der Fairness jeder Moral überhaupt angehören *muß*, und wenn unser Fall von dieser Regel betroffen ist.

Betrachten wir nun aber den Fall, in dem die entsprechenden Gesetze schon eingeführt sind. Dann ist es (prima facie) moralisch falsch, gegen diese Gesetze zu verstoßen, weil jedes rechtmäßige Gesetz und jede rechtmäßige Verordnung durch die Moral gestützt werden. Man kann mit dem Gesetzgeber über die Notwendigkeit solcher Regelungen streiten, aber als Bürger muß man ihnen gehorchen, solange sie in Kraft sind. Der Grund dafür ist nicht, daß die Stromversorgung zusammenbrechen würde, wenn jeder sein Heizgerät einschaltete, sondern ganz einfach der, daß es eine Regelung gibt, die es untersagt. Selbstverständlich kann sich ein Bürger für den Widerruf irgendeines Gesetzes stark machen, aber bis dahin muß er sich ihm (unter sonst gleichen Umständen) fügen, ob er es für notwendig oder überflüssig, für gut oder schlecht hält.

Es ist für diese Frage also völlig irrelevant, daß mein Gebrauch des Heizgerätes wenig oder gar nichts bewirkt. Es ist falsch, es einzuschalten, auch wenn ich weiß, daß es ohne Folgen bleibt, weil alle anderen gesetzestreu sind und ihre Geräte nicht benutzen. Es ist falsch, es einzuschalten, auch wenn ich weiß, daß alle anderen dasselbe tun werden und die Stromversorgung also ohnehin zusammenbricht. Ich habe eine Entschuldigung dafür, gegen die Regelung zu handeln, wenn ich einen besonders gravierenden Grund dafür habe, beispielsweise wenn ich krank bin und Wärme brauche, aber selbst dann sollte ich versuchen, eine Genehmigung zu erhalten. Auch hier wird meiner Entschuldigung für den Verstoß gegen die Regelung zusätzliches Gewicht gegeben, wenn ich weiß, daß ein Einschalten des Geräts meinerseits ohne Folgen bleibt.

Das alles gilt natürlich nur für geltende rechtmäßige Gesetze und Verordnungen. Ob ein Gesetz oder eine Verordnung gültig ist, wird durch rechtliche Prüfungen festgestellt; ob es rechtmäßig ist, ist keine rechtliche Angelegenheit. Wenn ein Gesetz etwas anordnet, was offenkundig unmoralisch ist, weil es einem moralischen Prinzip der Gruppe widerspricht, dann ist das Gesetz nicht rechtmäßig. In diesem Fall ist es moralisch falsch, dem Gesetz zu gehorchen, es sei denn, die Folgen aus dem Zuwiderhandeln wären moralisch schlechter als die Folgen aus dem Handeln nach dem Gesetz. Wenn anderseits ein Gesetz von vornherein unbillig ist, d. h. so, daß jedermann ohne weiteres sehen kann, daß das Gesetz unbillig ist, wie im Fall des möglichen Gesetzes »Frauen dürfen auf der Straße nicht rauchen« oder: »An Schwarzhaarige darf kein Alkohol ausgeschenkt werden,« dann ist es weder moralisch falsch, ihm zu gehorchen, noch gegen es zu verstoßen, indem man gleichzeitig versucht, nicht ertappt zu werden. Das gilt jedoch nur für eindeutig von vornherein unbillige Gesetze oder eindeutige Schikanen. Ist ein Gesetz tatsächlich unbillig, aber die Frage noch höchst strittig, ob es unbillig ist oder nicht, oder ob es unbillig ist, aber keineswegs eindeutig unbillig, dann muß das Gesetz als rechtmäßig und damit als moralisch bindend angesehen werden.

(b) Eine weitere Bedingung, die erfüllt werden muß, damit eine Regel als Regel zum Nutzen aller Menschen bezeichnet werden kann, ist die, daß sie keine *unnötigen Beschränkungen* auferlegen darf. »Iß keine Bohnen« kann aus diesem Grund nicht dazu gezählt werden.

(c) Schließlich ist eine Regel zum Nutzen aller Menschen, wenn sie dem Nutzen einiger Menschen dient, vorausgesetzt sie verstößt nicht gegen irgendeine der anderen Bedingungen, vor allem die, daß andere nicht zu Unrecht notwendigerweise bzw. wahrscheinlich Schaden erleiden. In diese Kategorie gehören Regeln wie »Sei freundlich zu anderen Menschen,« »Gib Spenden für wohltätige Zwecke«, »Sei großzügig«, »Hilf Deinen Eltern, wenn Sie alt werden« usw.

Auch hier sollte man wieder den Unterschied zwischen der Rechtfertigung einzelner Handlungen und der von Regeln beachten. Es ist unrecht, sich nicht um seine Eltern zu kümmern, wenn sie alt werden, weil in unserer Moral eine Regel existiert, die das fordert, und diese Regel ist mit Recht Teil unserer Moral, weil sie zum Nutzen bestimmter Menschen ist und Schaden verhütet, dem sie ausgesetzt sind, so wie unsere Gesellschaft beschaffen ist. Wenn der Staat sich der Alten annähme, und die Regel nicht mehr zu unserer Moral gehörte, dann wäre es nicht mehr moralisch falsch, sich nicht mehr um seine Eltern im Alter zu kümmern, obwohl es nicht unrecht sein müßte, oder sogar verdienstvoll sein könnte, sich weiterhin ihrer anzunehmen.

Andererseits ist es nicht moralisch falsch, nicht großzügig zu sein, weil keine Regel unserer Moral die Großzügigkeit obligatorisch macht. Großzügigkeit ist einfach verdienstvoll. Oder vielmehr: unter Großzügigkeit verstehen wir die Art von Hilfe für andere, die über das hinausgeht, was obligatorisch ist. In dem Maß wie unsere moralischen und wirtschaftlichen Standards steigen, wird mehr und mehr gegenseitige Hilfe von uns von vornherein erwartet. Großzügigkeit und Wohltätigkeit beginnen erst danach.

Zu (D). Wir können uns nun unserer letzten Möglichkeit, die Standards der Moralkritik aufzudecken, zuwenden: die Einstufung mehrerer verschiedener Moralkodizes. Wir bezeichnen manche von ihnen als höher oder niedriger, mehr oder weniger fortgeschritten, mehr oder weniger primitiv oder zivilisiert, mehr oder weniger entwickelt als andere. Nach welchen Standards nehmen wir diese Einstufungen vor?

Die nächstliegende Methode zur Abwägung einer Moral besteht darin, das Verhältnis der echten moralischen Regeln gegenüber den unechten festzustellen. Dabei geht es nicht einfach um ein Nachzählen, da manche Regeln wichtiger als andere sind: die Regel »Töte niemals einen Menschen« ist sehr viel wichtiger als die Regel »Sei nicht mürrisch.«

Aber es gibt noch andere Methoden. Wir haben weiter oben gesehen (S. 297), daß eine Gruppe über Regeln verfügen muß, die festlegen, unter welchen Bedingungen man von einer moralischen Regel ausgenommen ist, damit man eindeutig sagen kann, die Gruppe habe eine Moral. Wir haben bereits zwischen zwei Gruppen solcher Regeln unterschieden, solche, die die Unterscheidung zwischen verschiedenen Gruppen von Menschen betreffen, und solche, die Konflikte zwischen verschiedenen moralischen Regeln entscheiden. Wir haben die offenkundigsten Regeln dieser Art in unserer Moral genannt, aber nichts über die richtigen Prinzipien gesagt, nach denen sie sich richten sollten. Denn es ist klar, daß sich gerade auf diesen Gebieten die eine Moral von der anderen unterscheidet. Rassentheorien, Klassen- und Kastensysteme, Nationalismus sind Phänomene, für die Unterschiede zwischen Regeln der Differenzierung eine wichtige Rolle spielen.

Nehmen wir zuerst die Regeln der Differenzierung. Sie beruhen auf einem Grundprinzip, dem der Nichtdifferenzierung, d. h. auf dem Prinzip, daß alle Regeln in ihrer Eigenschaft als moralische Regeln auf jedermann gleichermaßen anzuwenden sind. Mit anderen Worten, eine moralische Regel darf nicht verschiedene Menschen diskriminieren, d. h. zwischen ihnen und den anderen einen Unterschied auf moralisch irrelevanter Grundlage machen, wobei ein moralisch relevanter Grund zur Differenzierung auf Unterschieden in moralischem Verdienst beruht. Die Gesamtheit dieser Gründe zur Differenzierung basiert auf dem Prinzip der Gleichheit: zunächst einmal müssen alle moralischen Regeln – unter gleichen Umständen, d. h., falls nicht spezifische Gründe zur Differenzierung vorliegen – auf alle Menschen gleichermaßen angewendet werden.

Welche Prinzipien würden wir als die *korrekten* bezeichnen, aufgrund derer eine Gruppe Gründe der Differenzierung anerkennen *sollte*? Wir können wohl sagen, daß die Prinzipien korrekt sind, die ihrerseits allen Prüfungen standhalten, die eine echte moralische Regel bestehen muß.

Wir unterscheiden, zum Beispiel, durchaus zwischen Eltern und anderen Personen im Hinblick darauf, was sie ihren Kindern schuldig sind, da wir glauben, daß es *zum Nutzen aller Menschen* ist, daß ganz bestimmte Personen die Verantwortung für die Kinder haben, und wir halten es für höchst natürlich und in unserem Gesellschaftssystem auch für das beste, daß die Eltern diese Verantwortung tragen sollten.

Das gleiche gilt, *mutatis mutandis*, für die Regeln der Priorität. Auch sie müssen alle Tests für echte moralische Regeln bestehen. Wenn das der Fall ist, dann handelt es sich nicht einfach um Regeln der Priorität, die zu unserer Gruppenmoral gehören, sondern um echte Regeln der moralischen Priorität.

Noch etwas wäre in diesem Zusammenhang hinzuzufügen. Wir haben Grund zu der Annahme gefunden, daß man berechtigte Zweifel haben könnte, ob eine Gruppe überhaupt eine Moral besitzt, wenn sie überhaupt nicht über Regeln der Differenzierung oder der Priorität verfügte, oder wenn diese völlig verschieden von den besten oder ihnen gar entgegengesetzt wären. Anderseits müssen diese Regeln der Differenzierung oder der Priorität nicht unbedingt genau mit den besten übereinstimmen. Es besteht hier die Möglichkeit einer allmählichen Annäherung an das Ideal. Man hat häufig darauf hingewiesen, daß sich in der Geschichte der Menschheit eine allmähliche Ausweitung der Anwendung moralischer Regeln feststellen läßt, zunächst auf immer größere Gruppen, und dann auf Menschen außerhalb irgendwelcher bestimmter Gruppen. Das Christentum hat mit seiner Vorstellung von der Gleichheit aller Menschen vor Gott, mit der Vorstellung, daß alle Menschen Kinder Gottes sind, alle Menschen Brüder usw., viel zu dieser Ausweitung beigetragen. Wir bestreiten jedoch nicht, daß eine Gruppe eine Moral habe, einfach weil sie die Anwendung ihrer Regeln der Moral nicht auf jeden gleichermaßen ausdehnt.

Wir können also sagen, daß bestimmte Mindestforderungen erfüllt sein müssen, damit überhaupt gesagt werden kann, eine Gruppe habe eine Moral. Sobald sie erfüllt sind, sprechen wir von verschiedenen Graden der Vollendung einer Moral, je nachdem wie nahe sie einem beatimmten Ideal gekommen ist.

Damit wird die Antwort auf unsere Hauptfrage vervollständigt. »Was soll ich tun?« ist eine moralische Frage, wenn und nur wenn sie gestellt wird, um eine Antwort zu erhalten, die bestimmten komplizierten Tests standhält. Wir haben gesehen, welcher Art diese Tests sind. Wir versichern uns zunächst, daß die geplante Handlungsweise keiner moralischen Regel der Gruppe des Handelnden widerspricht, und zweitens, wenn sie ihr widerspricht, daß es sich um keine echte und moralische Regel handelt. Hinsichtlich des ersten Schritts haben wir festgestellt, daß jeder Angehörige einer Gruppe, von der man sagen kann, sie besitze eine Moral, die Regeln lernt, die zu dieser Moral gehören. Ich habe Tests genannt, mit deren Hilfe sich feststellen läßt, ob eine bestimmte Regel einer Moral angehört oder nicht, und Tests, die darüber Auskunft geben, ob eine Regel eine echte moralische Regel ist. Mit dieser Information ist es möglich, die Frage »Was soll ich tun?« zu beantworten. Man muß sich auf seine moralische Erziehung verlassen, um die erste Antwort zu geben, ob eine geplante Handlungsweise einer moralischen Regel der Gruppe widerspricht oder nicht. Wenn man eine Regel findet, die man als moralische Regel der Gruppe gelernt hat und der die geplante Handlungsweise widerspricht, dann kann man durch Anwendung der genannten Tests sich vergewissern, ob sie *wirklich unrecht* ist. Sie ist wirklich moralisch unrecht, wenn sie einer Regel widerspricht, die wirklich als Regel zur Moral der Gruppe gehört, und die echt moralisch ist. Ich habe nichts über die schwierigeren Fälle gesagt, wenn die Handlungsweise einer moralischen Regel widerspricht, die zur Gruppenmoral gehört, aber nicht echt moralisch ist (z. B. »Kein Sport am Sonntag«), und nichts über den Fall, wenn sie einer echten moralischen Regel widerspricht, die nicht zur Moral der Gruppe des Handelnden gehört (z. B. »Keine Diskriminierung von Juden«).

Schließlich muß noch darauf hingewiesen werden, daß »Was soll ich tun?« eine moralische Frage ist, die eine bestimmte handelnde Person stellt, die einer bestimmten Gruppe angehört, und die nicht *abstrakt* beantwortet werden kann. Anderseits wird die kritische Überprüfung einer Moral mit Hilfe von Standards und Prinzipien vorgenommen, die an keine bestimmte Gruppe gebunden sind. »Was soll ich tun?«; wenn es eine moralische Frage ist, wird sie innerhalb einer Kultur gestellt, beinhaltet aber Fragen und Beantworten von Fragen, die in jedem beliebigen kulturellen Kontext dieselben sein würden. Das bedeutet allerdings nicht, daß auf diese Fragen in jedem kulturellen Kontext dieselben Antworten gegeben würden. »Die Eltern, nicht der Staat, müssen sich um die Kinder kümmern« mag eine echte moralische Regel in der einen Gesellschaft sein, aber nicht in einer anderen, obgleich die Prinzipien, nach denen die Frage entschieden wird, für beide Fälle dieselben sind.

Es ist außerordentlich naiv, nach dem *einen* Merkmal zu schauen, das *das* moralische Urteil oder *die* moralische Äußerung von anderen unterscheidet. Die moralisch handelnde Person stellt moralische Fragen und beantwortet sie im Hinblick auf eine beabsichtigte Handlung. Der moralische Kritiker stellt oder beantwortet die Frage, ob eine bestimmte handelnde Person in Übereinstimmung mit oder im Widerspruch zu den moralischen Regeln seiner Gesellschaft gehandelt hat, in der Absicht, sein moralisches Verdienst zu werten. Der Kritiker einer Moral dagegen stellt und beantwortet die Frage, ob irgendeine ihrer Regeln nicht echt ist oder ob irgendwelche echten Regeln fehlen oder vielleicht ob diese Moral weiter oder weniger fortgeschritten, mehr oder weniger zivilisiert ist. Der moralische Reformer »sieht einfach« (intuit), daß bestimmte Regeln, die der Moral seiner Gruppe angehören, keine echten moralischen Regeln sind, oder daß bestimmte Regeln, die echte moralische Regeln wären, wenn sie der Moral seiner Gruppe angehörten, dieser Moral nicht angehören, und empfiehlt die notwendigen Reformen. In seinem Falle ist »Intuition« ein angebrachter Ausdruck.

Aber wenn all diese Leute bei der Erfüllung dieser ihrer verschiedenen Aufgaben zwar moralische Begriffe, moralische Argumente und moralische Gründe gebrauchen, d. h. wenn sie sich auch moralischer Rede bedienen, so ist es doch völlig absurd zu glauben, sie äußerten alle scheinbare Imperative, brächten Gemütsbewegungen, Einstellungen oder Gefühle zum Ausdruck oder riefen diese hervor, oder sie versuchten alle, jemanden dazu zu überreden, seine Einstellungen zu ändern, oder ihm moralische Ratschläge zu geben, oder ein moralisches Urteil über ihn zu fällen. Manchmal tun sie gewiß eins dieser Dinge, manchmal ein anderes.

XV

P. F. Strawson
Gesellschaftliche Moral und
persönliches Ideal[1]

Die Menschen schaffen sich Bilder idealer Lebensformen. Solche
Bilder sind vielfältig und können in scharfem Gegensatz zueinander stehen; und zu unterschiedlichen Zeiten kann ein und dieselbe
Person sich von unterschiedlichen und völlig unvereinbaren Bildern gefangennehmen lassen. Einmal mag ihr scheinen, als müsse
sie – ja als müsse *der Mensch* – so und so leben; zu einer anderen
Zeit mag ihr scheinen, die einzig wirklich befriedigende Lebensform sei eine völlig andere, mit der ersten unverträgliche. Auf diese
Weise kann sich ihre Lebensauffassung von Grund auf ändern, und
zwar nicht nur zu verschiedenen Lebensabschnitten, sondern auch
von Tag zu Tag, ja von einer Stunde zur anderen. Die Lebensauffassung hängt von so vielen Faktoren ab: vom Alter, von den Erfahrungen, von der Umgebung, in der man sich gerade befindet,
von dem, was man gerade liest, vom jeweiligen Gesundheitszustand und so weiter. Es kann keinen Zweifel daran geben, daß die
Lebensweisen, die sich in dieser Weise zu verschiedenen Zeiten als
die jeweils einzig zufriedenstellende aufdrängen können, vielfältig
und unvereinbar sind. Der Gedanke, man müsse bis zum eigenen
Untergang seine Pflicht oder den Dienst am Nächsten leisten; die
Vorstellung von Ehre und Großmut; von Askese, Kontemplation
und Weltferne; von Handeln, Herrschaft und Macht; der Gedanke, man müsse »einen erlesenen Sinn für Luxus« ausbilden; die
Vorstellung von einfacher menschlicher Solidarität und gemeinsamer Arbeit; von der Verfeinerung vielfältiger gesellschaftlicher Beziehungen; der Gedanke, die Vertrautheit mit natürlichen Dingen
ständig aufrecht zu erhalten und zu erneuern – diese und viele andere Vorstellungen können den wesentlichen Kern eines persönlichen Ideals ausmachen. Bisweilen zieht ein solches Bild uns vielleicht nur an; zu anderen Zeiten kann es sich viel stärker aufdrängen und vielleicht wie die einzig vernünftige oder edle menschliche
Reaktion auf die Lage, in der wir uns befinden, aussehen. »Der

menschliche Anstand gebietet, so zu handeln« oder statt dessen auch »Die menschliche Vernunft gebietet, so zu handeln«: so kann es aussehen, wenn diese Vorstellungen sich uns aufdrängen. Um dieses Bild einer Vielfalt von Bildern zu widerlegen oder wenigstens abzuschwächen, kann man zwei Dinge anführen. Zuerst könnte man sagen, die vielen miteinander scheinbar unvereinbaren Bilder seien in Wahrheit nur verschiedene Teile oder Aspekte eines einzigen Bildes, die sich nur vorübergehend nach vorne schöben und uns so irreführten; dieses Gesamtbild sei die Idealvorstellung unserer nüchternsten Stunden, ein Bild, in dem wir jedem Gott gäben, was sein ist, und in dem wir Widersprüche vermieden, indem wir jeden einzelnen Teil sorgfältig anordneten und in eine saubere Rangfolge brächten. Und es kann für einige Ausnahmepersönlichkeiten zutreffen, daß sie von Idealvorstellungen beherrscht werden, die gerade eine solche komplexe Harmonie aufweisen. Ich glaube, daß das seltener vorkommt, als wir bisweilen wahrhaben wollen; aber wie dem auch sei – wenn man eine solche Situation beschreibt, dann gibt man keine neue Beschreibung der Situation, von der ich gesprochen habe, sondern man beschreibt eine ganz andersartige Situation.

In einem zweiten Punkt wird das Bild wesentlich abgeschwächt. Wie sehr auch unsere uns jeweils beherrschenden ethischen Anschauungen wechseln mögen, unser persönliches Leben weist in Wahrheit keine vergleichbare innere Vielfalt auf. Das ist auch kaum möglich. Gewöhnlich kann man entdecken, daß das Muster der Entscheidungen, die ein einzelner Mensch trifft, und das Muster seiner Handlungen so etwas wie Konsequenz aufweisen, daß es hier ein mehr oder weniger labiles Gleichgewicht gibt. Es gibt gewissermaßen empirische Gründe dafür, seine Idealvorstellungen hinsichtlich ihrer praktischen Auswirkungen zu ordnen, vielleicht sogar dafür, eine von ihnen für praktisch herrschend zu erklären. Das will ich einräumen. Ich glaube, man kann hier leicht übertreiben; wir neigen dazu, die Harmonie in den Persönlichkeiten jener Menschen zu überschätzen, von denen wir behaupten, wir kennten sie, wo wir sie doch in Wahrheit nur in der einen oder anderen besonderen Hinsicht kennen; es liegt nahe, fälschlicherweise von Entwicklungsstufen oder von Launen zu sprechen, wenn etwas nicht in das Bild hineinpaßt, das wir uns aus nur zum Teil empirischen Gründen voneinander machen. Aber damit will ich mich nicht lange aufhalten. Ich möchte gerade die Bereitwilligkeit sehr vieler Menschen betrachten, sich selbst in ihrer Vorstellung zu unterschiedlichen Zeitpunkten mit unterschiedlichen und unvereinbaren Anschauungen vom Sinn des Lebens zu identifizieren, selbst wenn sich diese Anschauungen nur äußerst schwach in ihrem konkreten Verhalten ausdrücken und wenn es weitestreichende charakterliche Änderungen bedeutete, sollten sie sich deutlicher ausdrücken.

Neben anderem erklärt diese Tatsache – die für viele Menschen zutrifft – zum Teil, warum es so ungeheuer reizvoll ist, Romane, Biographien und Geschichten zu lesen; diese Tatsache hat sehr bedeutende Folgen. Eine Folge ist, daß wenn die Worte oder Handlungen eines Menschen eine bestimmte Idealvorstellung von einer Lebensform in treffender Weise ausdrücken, dadurch der Ausdruck des lebendigsten Wohlwollens bei Menschen hervorgerufen werden kann, deren eigene Lebensführung sich so weit wie nur möglich von der ausgedrückten Idealvorstellung unterscheidet. Es ist natürlich unmöglich, daß ein einziges Leben all die Idealbilder verwirklichen sollte, die das eine oder andere Mal die persönliche Vorstellungskraft anziehen oder gefangennehmen können. Aber wer sein eigenes Leben lebt, bleibt sich selbst doch völlig treu, wenn er wünscht, daß seine unvereinbaren Vorstellungen allesamt in unterschiedlichen Lebensgängen verwirklicht werden sollten. Man kann einer Vorstellung so treu wie nur möglich sein und dabei doch so heftig wie nur möglich wünschen, daß andere, damit unvereinbare Vorstellungen ebenfalls ihre treuen Anhänger haben sollten. Wer ein solches Verlangen hat, wird keine Lehre dulden können, nach der das Bild des idealen Lebens für alle dasselbe sein soll; so geht es mir. Wie ich diese Position gerade ausgedrückt habe, sieht es allerdings leichter aus, ihr im Handeln zu folgen, als es in Wahrheit ist. Man kann sich dem Konflikt zwischen verschiedenen Idealvorstellungen nicht einfach dadurch entziehen, daß man ihre Verwirklichung auf verschiedene Lebensgänge verteilt. Denn die Lebensführungen verschiedener Menschen wirken aufeinander, und man selbst gehört dazu; und dort, wo es zur gegenseitigen Beziehung kommt, kann es zu Konflikten kommen. Das muß man nicht begrüßen, obwohl man es begrüßen kann; es ist ganz einfach eine Folge der Erfüllung des Wunsches, es möge beim Streben nach Zielen diese Art von Vielfalt geben. Genauso braucht man sich ja auch in einem Streit nicht bloß deshalb neutral zu verhalten, weil man wünscht, daß beide Parteien ihr Recht bekommen sollten, und weil man für beide ein gewisses Wohlwollen hat.

Man kann wohl nicht daran zweifeln, daß das, wovon ich gesprochen habe, in den Bereich des Ethischen gehört. Ich habe über Wertvorstellungen gesprochen, die Entscheidungen bestimmen *können*, die für Menschen von größter Bedeutung sind. Allerdings kann man daran zweifeln, daß das, wovon ich gesprochen habe, in den Bereich des Moralischen gehört. Vielleicht schließt es den Bereich des Moralischen ein. Vielleicht gibt es aber auch gar keine derart einfachen Einschlußrelationen zwischen beiden Bereichen. Auf diese Frage werde ich später zurückkommen. Vorher möchte ich über diesen Bereich des Ethischen noch einiges sagen. Er könnte auch als ein Bereich charakterisiert werden, in dem es Wahrheiten gibt, die miteinander unverträglich sind. Das heißt, es gibt viele allgemeine Behauptungen von großer Tiefe, die die ethische Vorstellungskraft in derselben Weise gefangennehmen können, in der sie von den Idealvorstellungen, von denen ich gesprochen habe, gefangengenommen werden kann. Oft haben sie die Form allgemeiner deskriptiver Aussagen über den Menschen und die Welt. Sie können in ein metaphysisches System eingeordnet werden oder im religiösen oder geschichtlichen Mythos die Form eines Dramas annehmen. Oder sie können im isolierten Ausdruck existieren und dann für viele am überzeugendsten wirken; so gibt es in Frankreich eine ganze Literaturgattung, die Literatur der Maximen. Ich will keine Beispiele geben, aber Namen nennen. Pascal oder Flaubert, Nietzsche oder Goethe, Shakespeare oder Tolstoi kann man nicht lesen, ohne auf diese tiefen Wahrheiten zu treffen. Wenn man gerade sehr nüchtern oder analytisch gesonnen ist, kann man natürlich die ganze Vorstellung einer tiefen Wahrheit verspotten; aber damit würden wir uns der Unehrlichkeit schuldig machen. Denn die ethische Vorstellungskraft der meisten von uns erliegt *diesen* Bildern vom Menschen immer wieder, und so lange sie uns gefangenhalten, möchten wir sie eben gerade als Wahrheiten bezeichnen. Und diese Wahrheiten stehen zueinander gerade in derselben Beziehung wie jene Idealvorstellungen, von denen ich schon gesprochen habe. Die Bilder beider Sorten spiegeln einander. Sie nehmen unsere Vorstellungskraft in derselben Weise gefangen. Es wäre deshalb ein völlig aussichtsloses Unterfangen, diese Wahrheiten zu einem widerspruchsfreien System der Wahrheit zusammenzufassen, ohne ihren Charakter zu verändern, ganz wie es ein hoffnungsloses Unterfangen wäre, aus den Vorstellungen eine einzige widerspruchsfreie Vorstellung zu schaffen, ohne ihren Charakter zu verändern. Man kann das ausdrücken, indem man sagt, der Bereich des Ethischen sei jener Bereich, wo es Wahrheiten gibt, aber keine Wahrheit; man könnte es auch so ausdrükken, daß die Aufforderung, das Leben konsequent *und* als Ganzes zu sehen, absurd ist, denn man kann nicht beides tun. Ich habe gesagt, ich würde keine Beispiele anführen, aber ein fast noch zeitgenössisches möchte ich doch nennen. Viele werden sich an das aufgezeichnete Treffen zwischen Russell und Lawrence erinnern, an den Versuch, ein gemeinsames Verstehen zu finden, und an sein Scheitern. Das Scheitern ist festgehalten in Worten wie: »Ich dachte, in dem, was er sagte, könne doch etwas stecken, aber am Ende habe ich gesehen, daß doch nichts da war«, und auf der anderen Seite: »Gehen Sie zurück zur Mathematik, wo Sie etwas leisten können; lassen Sie das Reden über Menschen«. Es war ein Zusammenstoß zweier unvereinbarer Auffassungen vom Menschen, zweier unvereinbarer Einstellungen. Der mit beiden vertraute Zuschauer kann sagen: Russell hat recht; er sagt die Wahrheit; er spricht für die Kultur. Der Zuschauer kann auch sagen: Lawrence hat recht; er spricht die Wahrheit; er spricht für das Leben. Es kommt gerade darauf an, daß der Zuschauer beides sagen kann. Die Hoffnung auf eine Versöhnung der beiden unvereinbaren Einstellungen wäre unsinnig. Nicht unsinnig ist der Wunsch, daß die beiden und der Konflikt zwischen ihnen existieren mögen.

Der Bereich des Ethischen ist also ein Bereich von vielfältigen Idealvorstellungen oder Bildern eines menschlichen Lebens oder des menschlichen Lebens, die mit Sicherheit unvereinbar sind und möglicherweise im Handeln zu Konflikten führen können; und es ist ein Bereich, in dem eine einzige Person vielen solchen unvereinbaren Bildern wenigstens in ihrer Vorstellung, wenn auch zweifellos nicht oft im praktischen Handeln verpflichtet sein kann. Darüber hinaus darf diese Feststellung selbst nicht ausschließlich als eine Beschreibung der tatsächlichen Sachlage angesehen werden, sondern auch als eine positive Bewertung der Vielfältigkeit des Bewertens selbst. Jede Verminderung der Vielfalt würde das menschliche Leben ärmer machen. Die Vielfalt unvereinbarer Bilder ist selbst das wesentliche Element in einem der Bilder, die man sich vom Menschen machen kann.

Was sind dann die Beziehungen zwischen dem Bereich des Ethischen und dem Bereich der Moral? Es gibt eine weithin akzeptierte

Vorstellung des letzteren, für die der Gedanke wesentlich ist, daß Regeln oder Prinzipien, die innerhalb einer bestimmten Gemeinschaft oder Klasse allgemein anwendbar sind, das menschliche Verhalten regeln. Die Klasse kann man unterschiedlich begrenzen: als eine bestimmte gesellschaftliche Gruppe, als die Menschheit insgesamt oder sogar als die gesamte Klasse vernünftiger Lebewesen. Wir haben also zwei unterschiedliche Vorstellungen, die Vielfalt der Ideale und die regelgeleitete Gemeinschaft; und es ist nicht von vornherein klar, wie die beiden Vorstellungen sich zueinander verhalten. Ich glaube, die Beziehung ist tatsächlich kompliziert. Man könnte versuchen, die beiden Vorstellungen auf die folgende Weise miteinander in Einklang zu bringen; das wäre äußerst grob und unangemessen, kann aber als Ausgangspunkt dienen. Offensichtlich ist die Verwirklichung vieler oder sogar aller Idealvorstellungen, von denen ich gesprochen habe, von der Existenz einer Form der gesellschaftlichen Organisation abhängig. Die Abhängigkeit ist in unterschiedlichen Graden logischer oder empirischer Natur. Manche Ideale sind überhaupt nur in einem komplexen gesellschaftlichen Zusammenhang sinnvoll, ja vielleicht sogar nur in einer ganz bestimmten Art eines komplexen gesellschaftlichen Zusammenhanges. Andere scheinen demgegenüber auf eine gewisse Komplexität der gesellschaftlichen Organisation nur praktisch angewiesen, damit das Ideal ganz oder zufriedenstellend verwirklicht werden kann. Damit es nun gesellschaftliche Organisation, ganz gleich in welcher Form, überhaupt in einer menschlichen Gemeinschaft geben kann, müssen ihre Mitglieder gewisse Erwartungen an ihr Verhalten ziemlich regelmäßig erfüllen: Man könnte sagen, daß einige Pflichten erfüllt, einige Verpflichtungen anerkannt und einige Regeln beachtet werden müssen. Mit unserem Unternehmen, den Bereich der Moral abzugrenzen, könnten wir hier anfangen. Es ist der Bereich, wo Regeln befolgt werden, die so geartet sind, daß keine Gesellschaft ohne das Vorhandensein einiger dieser Regeln existieren kann. Das ist eine Minimalinterpretation der Moral. In dieser Interpretation ist die Moral so etwas wie eine nützliche öffentliche Einrichtung: von größter Bedeutung als Bedingung für alles, was wichtig ist, aber nur als Bedingung dafür, nicht von Bedeutung als etwas, das selbst wichtig ist.

Ich will diesen Minimalbegriff der Moral gern als ziemlich verdienstlich ansehen. Damit meine ich nicht, daß er einen auch nur näherungsweise angemessenen Begriff darstellte – nur daß es sich um einen brauchbaren analytischen Gedanken handelt. Beanspruchte man für diesen Begriff der Moral Angemessenheit, wäre man Einwänden ausgesetzt. Ein Einwand wäre einfach der: Ein moralischer Mensch zu sein, ist unabhängig von anderen Erwägungen wichtig; es handelt sich dabei nicht einfach darum, sich in solchen Situationen an gewisse Regeln zu halten, in denen die Befolgung solcher Regeln eine indirekte Voraussetzung für die Annäherung an ideale Lebensformen ist. Dieser Einwand hat sehr viel Gewicht. Aber er ist kein Einwand dagegen, die Minimalvorstellung der Moral zu *verwenden*. Wir könnten zum Beispiel sagen, daß es ein verwickeltes Zusammenspiel zwischen den Idealbildern von Menschen auf der einen Seite und den Regelforderungen der gesellschaftlichen Organisation auf der anderen Seite gebe; und daß jemandes gewöhnliche und unklare Vorstellung von der Moral das Ergebnis dieses Zusammenspiels sei. Das wäre zum Beispiel ein Weg – ich sage nicht der richtige Weg –, die Minimalvorstellung der Moral zum Versuch, sich über die gewöhnliche Vorstellung klarer zu werden, zu verwenden. Ich werde später auch auf diese Frage zurückkommen.

Inzwischen haben wir uns mit einem anderen Einwand auseinanderzusetzen. Ich glaube, daß auch er einiges Gewicht hat, aber sein Gehalt ist nicht von vornherein klar. Der Einwand beruht auf dem Gedanken der universellen Anwendbarkeit moralischer Regeln. Dieser Gedanke besagt, es sei eine notwendige Bedingung für eine *moralische* Regel, daß man sie wenigstens so betrachten müsse, als finde sie auf alle Menschen überhaupt Anwendung. Moralisches Verhalten ist, was von Menschen als solchen gefordert wird. Aber wir können uns natürlich verschiedene Gesellschaften vorstellen – und auch finden –, die durch die Befolgung voneinander sehr verschiedener Regelmengen zusammengehalten werden. Darüber hinaus können wir eine einzelne Gesellschaft finden oder sie uns vorstellen, die durch eine Regelmenge zusammengehalten wird, die durchaus nicht an alle Mitglieder der Gesellschaft dieselben Forderungen, sondern an verschiedene Klassen oder Gruppen innerhalb der Gesellschaft sehr unterschiedliche Forderungen stellt. Soweit man den Regeln, die einer Gesellschaft ihren Zusammenhalt geben, diesen begrenzten und partiellen Charakter zugesteht, kann man sie, im Sinne dieses Einwandes, nicht als moralische Regeln ansehen. Nun können aber die Regeln, die einer Gesellschaft ihren Zusammenhalt geben, diesen Charakter einfach haben, ob man es ihnen zugesteht oder nicht. Die Aussicht, wahre Moral mit Hilfe desjenigen Begriffs zu erklären, den ich den Minimalbegriff der Moral genannt habe, ist daher gering. Allerdings ist es möglich, diesem Einwand im Prinzip rechtzugeben, ihm aber mit einem formalen Schachzug zu begegnen. Man kann z. B. sagen, eine Regel, die das berufliche Verhalten von Medizinmännern auf Samoa leitet, treffe auf alle Menschen zu, unter der Bedingung, daß alle Menschen Medizinmänner in einer Gesellschaft sind, die die allgemeinen Charakteristika der Gesellschaft von Samoa aufweist. Ein weiteres Beispiel: Eine Regel, von der man wohl behaupten kann, daß sie auf zehn Jahre alte Kinder zutrifft, daß diese nämlich in Familienangelegenheiten ihren Eltern gehorchen sollten, kann als eine auf ausnahmslos alle Menschen zutreffende Regel dargestellt werden, unter der Bedingung, daß alle Menschen zehn Jahre alte Kinder sind. Offensichtlich ist dieser Schachzug ein bißchen billig, und ebenso offensichtlich kann uns niemand zwingen, ihn auszuführen. Wir könnten statt dessen den Gedanken, daß moralische Regeln die Menschen als Menschen universell verpflichten, einfach fallen lassen. Oder wir könnten sagen, an diesem Gedanken sei zwar etwas, es sei aber unsinnig, den Versuch zu machen, ihn direkt und im Detail auf die Frage anzuwenden, was Menschen in bestimmten Situationen in bestimmten Gesellschaften zu tun hätten. Und an diesem Punkt könnten wir zu einem anderen Schachzug versucht sein, von dessen Möglichkeit wir Notiz nehmen sollten, auch wenn wir ihn genausowenig für vollständig befriedigend halten. Wir könnten versucht sein zu sagen, die wesentliche universell anwendbare und daher moralische Regel sei, daß ein Mensch den Regeln folgen solle, die in einer bestimmten Situation in einer bestimmten Gesellschaft auf ihn zutreffen. Die Universalität wird hierbei dadurch erreicht, daß man eine Stufe höher steigt. Der Mensch soll die Pflichten erfüllen, die seine Stellung in seiner Gesellschaft ihm auferlegt. So kann eine unbestimmte Vielfalt von Gesellschaften und von Stellungen innerhalb dieser Gesellschaften berücksichtigt werden; und so kann, insoweit wir die universelle Regel als eine wirklich moralische zu betrachten bereit sind, wenigstens ein Teil wahrer Moral so angesehen werden, als beruhe er auf dem, was ich die minimale gesellschaftliche Interpretation der Moral genannt habe, und als setze er diese voraus.

Lassen wir es für den Augenblick mit Einwänden gegen diese minimale Vorstellung genug sein. Ich möchte jetzt einige ihrer Vorzüge darlegen. Zunächst müssen wir uns über ihren Charakter im einzelnen klarer werden. Der Grundgedanke ist der einer gesellschaftlich sanktionierten Forderung, die an eine Person gerichtet wird, einfach weil diese Person Mitglied der fraglichen Gesellschaft ist oder weil sie eine bestimmte Stellung innerhalb der Gesellschaft einnimmt oder weil sie in einer bestimmten Beziehung zu anderen Mitgliedern der Gesellschaft steht. In diesem Zusammenhang habe ich von Regeln gesprochen; die Regeln, die ich meinte, wären einfach die verallgemeinerten Formulierungen von Forderungen dieser Art. Meine Formulierung des Grundgedankens ist absichtlich dehnbar, die Begriffe der Gesellschaft und der gesellschaftlichen Sanktion sind absichtlich vage gehalten. Solche Dehnbarkeit ist unumgänglich, wo man den Komplexitäten gesellschaftlicher Organisation und gesellschaftlicher Beziehungen Rechnung tragen will. Zum Beispiel können wir uns als Mitglieder vieler unterschiedlicher gesellschaftlicher Gruppen oder Gemeinschaften ansehen, von denen einige Teile anderer sind; oder wenn ich davon spreche, daß eine Forderung, die auf Grund seiner Stellung in einer Gruppe an ein Mitglied dieser Gruppe gerichtet wird, gesellschaftlich sanktioniert wird, können wir einbeziehen, daß die gesellschaftliche Sanktion für diese Forderung bisweilen nur innerhalb der begrenzten fraglichen Gruppe auftritt, bisweilen auch innerhalb einer größeren Gruppe, die die begrenzte Gruppe einschließt. Eine Stellung in einer Gesellschaft kann, um es so auszudrücken, eine Stellung in der Gesellschaft sein oder auch nicht. Wer eine Stellung in einer Familie hat, sieht sich z. B. im allgemeinen gewissen Forderungen ausgesetzt, die sowohl innerhalb der Familie als auch innerhalb einer größeren Gruppe oder innerhalb größerer Gruppen anerkannt sind, in die die Familie gehört. Dasselbe kann für Personen zutreffen, die denselben Beruf ausüben oder derselben beruflichen Vereinigung angehören. Andererseits werden manche Forderungen der Moral gewisser Klassen oder Kasten von außerhalb durch die größeren gesellschaftlichen Gruppierungen, zu denen die Mitglieder der begrenzten Klasse ebenfalls gehören, kaum oder gar nicht verstärkt. Ähnlich im folgenden Fall: Was man die innere Moral einer engen persönlichen Beziehung nennen könnte, kann so privat sein wie die Beziehung selbst. Unser Zugang zur Moral hat meiner Meinung nach unter anderem gerade diesen Vorzug, daß er es leicht möglich macht, viele Begriffe einzubeziehen, die wir gewöhnlich anwenden, die aber in der

Moralphilosophie gewöhnlich vernachlässigt werden. Zum Beispiel sprechen wir von der ärztlichen Ethik, vom Ehrenkodex einer Militärkaste, von bürgerlicher Moral und von der Moral der Arbeiterklasse. Solche Begriffe passen besser zu einer Auffassung der Moral, die diese wesentlich oder doch auf jeden Fall grundlegend von gesellschaftlichen Gruppierungen abhängig sieht, als sie zu den offensichtlicher individualistischen Zugängen passen würden, die gegenwärtig en vogue sind.

Für meinen Zugang beanspruche ich noch einen weiteren Vorzug. Er macht es ziemlich leicht, Begriffe wie Gewissenhaftigkeit, Pflicht und Verpflichtung konkret und realistisch zu verstehen. In der jüngsten Vergangenheit hat die Moralphilosophie diese Begriffe fast vollständig abstrakt behandelt; einigen unserer Zeitgenossen[2] erscheinen sie deshalb inzwischen als die bedeutungslosen Überbleibsel längst aufgegebener Vorstellungen von der Regierung des Universums. Aber wie diese Begriffe gewöhnlich verwendet werden, trifft diese Vorstellung meiner Meinung nach überhaupt nicht zu. Nichts ist im geringsten geheimnisvoll, nichts metaphysisch an der Tatsache, daß Pflichten und Verpflichtungen zu Ämtern, Stellungen und zu Beziehungen zu anderen gehören. Die Forderungen, die man an jemanden auf Grund dessen stellen kann, daß er eine ganz bestimmte Stellung innehat, können in der Tat ausführlich und sehr detailliert aufgeführt sein und sind es oft auch. Und wenn wir jemanden gewissenhaft nennen oder wenn wir sagen, er habe einen ernsthaften Sinn für seine Verpflichtungen oder ein starkes Pflichtgefühl, dann meinen wir gewöhnlich nicht, daß ihn das Gespenst einer Vorstellung übernatürlicher Anweisungen jage; wir meinen eher folgendes: daß man damit rechnen kann, daß er sich ausdauernd bemühen wird, das zu tun, was man von ihm auf Grund ganz bestimmter Eigenschaften oder in ganz bestimmten Eigenschaften fordert, etwa die Forderung zu erfüllen, die an ihn als einen Studenten oder als einen Lehrer oder als Elternteil oder als Soldat oder als was auch immer gestellt wird. Ein gewisser Professor hat einmal gesagt: »Moralisch sein heißt für mich: sich wie ein Professor zu benehmen«.

Angenommen, wir stellen jetzt die alte philosophische Frage: Was für ein Interesse hat das Individuum an der Moral? Diese Frage kann uns zwingen, eine angemessenere Vorstellung von der Moral zu entwerfen, als die Minimalinterpretation selbst anbietet. Sie zwingt uns sicherlich dazu, ein paar feine Abwägungen vorzunehmen oder es zumindest zu versuchen. Durch das Bisherige wird nur die eine Antwort auf die Frage nahegelegt: Jemandes ethische Vorstellungskraft kann von einem oder von mehreren Idealbildern des Lebens gefangengenommen oder beflügelt werden, die nur verwirklicht werden können, wenn es gesellschaftliche Gruppen und gesellschaftliche Organisationen gibt; diese Gruppen und Organisationen können ihrerseits nicht existieren, wenn es kein System gesellschaftlicher Forderungen gäbe, die an einzelne Mitglieder dieser Gruppen oder Organisationen gerichtet werden. Ich habe schon angedeutet, daß diese Antwort zu grob ist, daß das Zusammenspiel zwischen ethischem Ideal und gesellschaftlicher Verpflichtung komplizierter ist, als man ihr entnehmen könnte. Andererseits ist die Antwort noch nicht grob genug. Das Bild einer idealen Lebensform und die dazugehörige ethische Weltanschauung werden gewöhnlich von geschulten Köpfen unter relativ angenehmen Umständen geschaffen. Wenn wir aber fragen, welches Interesse der einzelne Mensch an der Moral hat, dann wollen wir die Frage für all jene einzelnen Menschen stellen, an die gesellschaftlich sanktionierte Forderungen gerichtet werden; nicht nur für jene, deren Vorstellungskraft keine Ruhe gibt und denen es materiell gut geht. Vielleicht müssen wir nicht darauf bestehen, daß die Antwort für alle dieselbe sei, aber wenn wir die Frage ernst nehmen, müssen wir darauf bestehen, daß es für alle *irgendeine* Antwort gibt. Vielleicht gibt es eine allgemeiner zutreffende Antwort, die von der Form der ausgeklügelten Antwort nicht völlig abweicht. Denn wo außer in einer Gesellschaft irgendeiner Form könnte man denn überhaupt existieren oder ein Ziel verfolgen? Und es gibt keine Gesellschaft irgendeiner Form, die keine Regeln hätte, die nicht an ihre Mitglieder ein System von gesellschaftlich sanktionierten Forderungen stellte. In diesem Punkt zumindest gibt es also ein gemeinsames Interesse an der minimal aufgefaßten Moral, ein Interesse, das all jene haben, für die die Frage gestellt werden kann. Und dennoch haben wir vielleicht das Gefühl, das genüge nicht. In diesem Gefühl steckt der Keim der Begründung dafür, daß der Minimalbegriff der Moral dem üblichen Begriff der Moral – wenigstens in seiner zeitgenössischen Form – nicht angemessen ist; und wenn wir die Begründung für die Unangemessenheit bloßlegen, können wir vielleicht auch entdecken, was es mit der Vorstellung von der universellen Anwendbarkeit moralischer Regeln auf sich hat.

Wir haben jetzt festgestellt, daß jeder, an den gesellschaftlich sanktionierte Forderungen in irgendeiner Form gerichtet werden, auch ein Interesse an der Existenz eines Systems gesellschaftlich sanktionierter Forderungen hat. Aber diese Feststellung scheint für eine Antwort auf die Frage, welches Interesse der einzelne Mensch an der Moral habe, nicht auszureichen. Der Mangel wird uns klar werden, wenn wir uns die verschiedenartigen Dinge vor Augen führen, die man meinen kann, wenn man von der gesellschaftlichen Sanktionierung einer Forderung spricht. »Sanktion« hat zu tun mit »Erlaubnis« und »Billigung«; es hat auch zu tun mit »Macht« und »Strafe«. Eine gesellschaftlich sanktionierte Forderung ist zweifellos eine Forderung, die mit Erlaubnis und Billigung einer Gesellschaft gestellt wird, und hinter der in irgendeiner Form und bis zu irgendeinem Grade die Macht der Gesellschaft steht. Aber der Begriff einer Gesellschaft als der Gesamtheit von Individuen, die Forderungen unterworfen sind, kann sich hier vom Begriff der Gesellschaft als der Quelle der Sanktion dieser Forderungen lösen. Die sanktionierende Gesellschaft kann einfach eine Teilgruppe der Gesamtgesellschaft sein, die herrschende Teilgruppe, die Gruppe, die die Macht hat. Bloße Mitgliedschaft in der Gesamtgesellschaft garantiert noch nicht die Mitgliedschaft im sanktionierenden Teil der Gesellschaft. Und genausowenig garantiert das bloße Interesse an der Existenz irgendeines Systems gesellschaftlich sanktionierter Forderungen schon ein Interesse an dem besonderen System gesellschaftlich sanktionierter Forderungen, dem man unterworfen ist. Aber solange nicht wenigstens eine, oder vielleicht beide, dieser nicht garantierten Bedingungen erfüllt ist, sieht es nicht danach aus, als hätte die Erfüllung einer gesellschaftlich sanktionierten Forderung irgendetwas mit dem zu tun, was wir als die Erfüllung einer moralischen Verpflichtung bezeichnen würden. Mit anderen Worten: Wenn ich in keiner Weise zum sanktionierenden Teil der Gesellschaft gehöre und wenn das System von Forderungen, dem ich ausgesetzt bin, keines meiner eigenen Interessen schützt, dann tue ich zwar, wenn ich eine an mich gerichtete Forderung erfülle, in gewissem Sinne, was zu tun ich verpflichtet bin; aber man wird kaum sagen, daß ich damit tue, was ich *moralisch* zu tun verpflichtet bin. Es ist also kein Wunder, daß man die Frage »Welches Interesse hat der einzelne Mensch an der Moral?« nicht beantworten kann, indem man auf das allgemeine Interesse an der Existenz eines Systems gesellschaftlich sanktionierter Forderungen verweist. Die Antwort scheint jetzt mit der Frage kaum noch etwas zu tun zu haben.

Betrachten wir also den Begriff einer Gesellschaft, für deren sämtliche Mitglieder gilt, daß sie nicht nur *irgendein* Interesse am Bestehen eines Systems gesellschaftlich sanktionierter Forderungen haben, sondern an dem konkreten System von Forderungen, das in ihrer Gesellschaft besteht. Ein solches Interesse wäre offenbar selbst für die Machtlosen und für die Versklavten gegeben, wenn wir festsetzen, daß das System nicht nur Forderungen enthält, denen sie zu Gunsten der Interessen ihrer Herren ausgesetzt sind, sondern auch Forderungen, denen ihre Herren zu ihren Gunsten ausgesetzt sind. Wenn wir auf diese Weise sicherstellen, daß sie ein Interesse an dem Forderungssystem haben, dann läge es nahe zu sagen, daß wir auch sicherstellen, daß sie irgendeine Stellung, irgendeinen Halt im sanktionierenden Teil der Gesellschaft haben. Wenn der Herr moralische Verpflichtungen gegenüber seinem Sklaven anerkennt, dann sind wir mit Sicherheit einen Schritt näher an dem Zugeständnis, daß der Sklave den Forderungen seines Herren nicht bloß ausgesetzt ist, sondern vielleicht eine moralische Verpflichtung anerkennt, sie zu erfüllen. Sogar in diesem Extremfall könnten wir uns also der Situation nähern, die jedermann als typisch moralisch ansehen würde, eine Situation, in der es eine gegenseitige Anerkennung von Rechten und Pflichten gibt.

Wir müssen aber meiner Meinung nach immer noch gelten lassen, daß man in diesem Zugang zur typisch moralischen Situation zwei Schritte unterscheiden kann. Interesse an Ansprüchen an andere und Anerkennung von Ansprüchen an uns selbst haben miteinander zu tun, sind aber nicht identisch. Es ist eine Tautologie – wenn dies auch nicht leicht zu sehen ist –, daß jeder, der moralischen Forderungen ausgesetzt ist, ein gewisses Interesse an Moral hat. Denn eine an eine Person gerichtete Forderung ist nur dann als moralische Forderung anzusehen, wenn sie zu einem System von Forderungen gehört, das auch Forderungen an andere im Interesse dieser Person enthält. Wie ich gerade gesagt habe, wäre es wünschenswert, wenn man nun streng begründen könnte, daß aus dieser Tatsache folgt, daß man nur dann im vollen Bewußtsein seiner Mitgliedschaft Mitglied einer moralischen Gemeinschaft sein kann, wenn man wenigstens zu einem gewissen Grad die eigenen Sanktionen auf das Forderungssystem der Gemeinschaft überträgt, und zwar insoweit, als man wenigstens einige von den For-

329

derungen, die andere an einen stellen, wirklich als Verpflichtungen anerkennt, sei das auch nur vorläufig und begleitet von dem heftigsten Verlangen, das System möge anders aussehen. Aber so zu argumentieren hieße, den Ausdruck »Mitgliedschaft in einer moralischen Gemeinschaft« zweideutig zu verwenden. Es ist widerspruchsfrei vorstellbar, daß jemand sein Interesse an dem System moralischer Forderungen erkennt und sich entschließt, lediglich so viel wie möglich davon zu profitieren, indem er die Forderungen des Systems an ihn selbst nur insoweit erfüllt, als dies zu Gunsten seiner Interessen in berechenbarer Weise erforderlich ist. Er könnte darin unbeschadet erfolgreich sein, wenn er die bei seinem Vorgehen nötige Heuchelei subtil genug betreibt. Es ist aber ein ganz wesentlicher Unterschied, daß Heuchelei nötig wäre. Dieser Umstand steht im Zusammenhang mit einer zweiten Tatsache, einer Feststellung über die menschliche Natur, die vermutlich auf verschiedene Arten erklärt werden kann: daß ein völlig konsequenter Egoismus dieser Art selten ist. Wäre das nicht so, dann könnte es so etwas wie ein System moralischer Forderungen gar nicht geben. Wir können also nicht sagen, es sei tautologisch, daß *jeder,* der moralischen Forderungen ausgesetzt ist und sein Interesse am System der Forderungen anerkennt, auch wirklich einige Verpflichtungen in diesem System anerkennen muß. Wir können aber begründen, daß es tautologisch ist, daß die *Mehrzahl* derer, die moralischen Forderungen ausgesetzt sind, auch wirklich einige Verpflichtungen in diesem System von Forderungen anerkennen muß. Denn wäre es anders, dann gäbe es eben so etwas wie ein System moralischer Forderungen nicht und damit auch nicht so etwas wie einer moralischen Forderung ausgesetzt zu sein.

Diese Schritte von einer Minimalvorstellung zu einer angemesseneren Vorstellung der Moral (das heißt zu einer Vorstellung, die wenigstens in groben Zügen dem entspricht, was wir unter dem Wort »Moral« heutzutage ganz unbestimmt verstehen) können leicht abstrakte Übertreibungen und Verzerrungen in der Moralphilosophie fördern. Zum Beispiel kann man die notwendige Wahrheit, daß die Mitglieder einer moralischen Gemeinschaft im allgemeinen einige moralische Ansprüche an sich selbst anerkennen, übertreiben und zu der Vorstellung gelangen, daß sie das Prinzip dieser Forderungen in irgendeiner selbstbewußten Entscheidung annehmen. Es sieht dann so aus, als sei jeder – großartig, aber unglaublich – sein eigener moralischer Gesetzgeber. Diese

Übertreibung hat in unterschiedlichen Formen ihre Anziehungskraft auf mehr als einen Philosophen ausgeübt. Allerdings wird mit diesen Schritten etwas wirklich Universelles in der Moral deutlich: es ist nötig, daß man die Gegenseitigkeit von Ansprüchen anerkennt. Und *eine* Form, in der eine Forderung, die im Interesse anderer an einen Menschen gestellt wird, durch eine Forderung, die in seinem Interesse an die anderen gestellt wird, ausgeglichen werden kann, ist die Anwendung einer allgemeinen Regel oder eines allgemeinen Prinzips, das auf alle gleichermaßen angewendet wird. Aber daß *alle* moralischen Ansprüche den Charakter der Anwendungen universeller Regeln, die auf alle Menschen zutreffen, haben, folgt daraus nicht, und es folgt daraus auch nicht, daß diejenigen, die die Ansprüche anerkennen, sie so sehen. Es gibt keinen Grund, warum ein System moralischer Forderungen, das eine Gemeinschaft kennzeichnet, in jeder anderen Gemeinschaft gefunden werden sollte oder auch nur gefunden werden könnte. Und selbst innerhalb eines einzigen Systems gegenseitiger Forderungen kann es so sein, daß die moralische Forderung sich in *keiner* Weise auf eine Situation richtet, die so geartet ist, daß jedes Mitglied des Systems sich gegenüber jedem beliebigen anderen Mitglied des Systems in dieser Situation finden könnte. Damit haben wir zwei Gründe, warum die Behauptung irreführend ist, moralisches Verhalten sei dasjenige Verhalten, das von den Menschen als Menschen gefordert sei. In manchen Fällen könnte es im wesentlichen das sein, was Spartaner von anderen Spartanern fordern oder was ein König von seinen Untertanen fordert. Was von den Mitgliedern einer moralischen Gemeinschaft universell zu fordern ist, ist so etwas wie die abstrakte Tugend der Gerechtigkeit: Ein Mensch darf nicht auf einer bestimmten Forderung beharren, während er sich weigert, jede ähnliche Forderung an sich selbst anzuerkennen. Aber das ist bloß ein formal-universeller Zug der Moral, und daraus folgt nichts, was die universelle Anwendbarkeit jener besonderen Regeln angeht, in deren Befolgung in bestimmten Situationen und Gesellschaften die Gerechtigkeit besteht.

Allerdings muß man sich davor hüten, einer Übertreibung durch eine andere zu begegnen. Es ist wichtig, die Verschiedenheit möglicher Systeme moralischer Forderungen und die Verschiedenheit der Forderungen, die innerhalb eines Systems gestellt werden können, anzuerkennen. Ebenso wichtig ist es aber anzuerkennen, daß gewisse menschliche Interessen so grundlegend und so allgemein sind, daß sie in der einen oder anderen Form und bis zu einem gewissen Grad in jeder vorstellbaren moralischen Gemeinschaft universell anerkannt sein müssen. Es gibt Interessen, von denen man sagen könnte: Wenn ein Forderungssystem denen, die ihm unterworfen sind, nicht die Erfüllung *dieses* Interesses garantierte, könnte es kaum deren *hinreichendes* Interesse daran verlangen, daß seine Forderungen als Verpflichtungen anerkannt werden. Zum Beispiel scheinen der Anspruch auf menschlichen Beistand und eine Verpflichtung, andere nicht körperlich zu verletzen, wesentliche Züge fast jedes Systems moralischer Forderungen zu sein. Wenigstens in diesen Fällen haben wir Arten moralischen Verhaltens, das *von* Menschen als Menschen gefordert wird, weil es *für* die und *von seiten* der Menschen als Menschen gefordert wird. Ein weiteres Interesse, das vielen Arten gesellschaftlicher Beziehungen und gesellschaftlicher Gruppierungen wesentlich ist, ist das Interesse daran, nicht getäuscht zu werden. In den meisten Arten gesellschaftlicher Gruppen, für die es überhaupt ein System von moralischen Forderungen und Ansprüchen gibt, wird dieses Interesse als ein Anspruch anerkannt, den jedes Mitglied der Gruppe an jedes andere Mitglied der Gruppe hat; und vielleicht könnten die wenigsten dieser Gruppen ohne Anerkennung dieser Forderung überhaupt existieren. Wenn also die mögliche Unterschiedlichkeit moralischer Systeme und die mögliche Unterschiedlichkeit der Forderungen eines Systems vollständig zugegeben ist, bleibt doch wahr, daß das Anerkennen gewisser allgemeiner Tugenden und Verpflichtungen für fast jedes vorstellbare moralische System logisch oder menschlich nötig sein wird: Dazu werden gehören die abstrakte Tugend der Gerechtigkeit, irgendeine Form der Verpflichtung zu gegenseitiger Hilfe, zu gegenseitigem Verzicht auf Verletzung, und die Tugend der Ehrlichkeit in irgendeiner Form und bis zu irgendeinem Grade. Damit ist die notwendige universelle Anwendbarkeit einiger ziemlich vager und abstrakter moralischer Prinzipien vorsichtig anerkannt; so wird die Vorstellung korrigiert, das Individuum könne sich solche Prinzipien in einer unbeschränkten Auswahlfreiheit selbst schaffen.

Ich habe oben davon gesprochen, daß es nötig sei, einige feine Abwägungen vorzunehmen; und ich hoffe, worum es dabei geht, ist für einige Fälle jetzt klar geworden. Ständige Überprüfungen sind nötig, wenn das Gleichgewicht nicht verlorengehen soll. Wir haben gesehen, in welchem Sinne es wahr ist, daß jeder, an den eine moralische Forderung gerichtet wird, ein Interesse an Moral haben muß. Aber wir haben auch gesehen, daß die Existenz eines Systems moralischer Forderungen (jedenfalls in dem Sinne, in dem wir diesen Begriff jetzt verstehen) einen gewissen Grad allgemeiner Bereitschaft erfordert, an einen gestellte Ansprüche auch dann anzuerkennen, wenn es nicht plausibel ist zu behaupten, dieses Anerkennen liege im eigenen Interesse. Daß es eine solche Bereitschaft gibt, braucht nicht ausführlicher begründet zu werden, als daß es Moral im allgemeinen gibt. Aber man muß betonen, daß es sie gibt, um eine andere Übertreibung zu korrigieren, derzufolge alles moralische Verhalten im vernünftigen Eigeninteresse liegen soll.[3] Zu behaupten, die Bereitschaft, Ansprüche anderer anzuerkennen, müsse nicht begründet werden, heißt nicht, daß sie nicht erklärt werden müsse. Wir können ihre natürlichen Quellen untersuchen; und wie wir das tun, wird vom Stand unseres psychologischen Wissens abhängen: den Begriff des gegenseitigen Wohlwollens beispielsweise ins Spiel zu bringen, wird heute kaum noch angemessen scheinen. Doch ganz gleich, wie wir diese Bereitschaft erklären: Wir haben keinen Grund, uns in unsere Überlegungen derart zu verstricken, daß wir die Existenz oder die grundlegende Wichtigkeit dieses Anerkennens von Ansprüchen anderer rundheraus bestreiten. Weiterhin haben wir gesehen, wie man aus der einfachen Tatsache des Anerkennens von Ansprüchen ein großartiges Bild des moralisch Handelnden machen kann, der sich selbst seine Gesetze gibt; hier täten wir gut daran, unsere Ansprüche auf Freiheit etwas zu reduzieren, sei es auch nur dadurch, daß wir uns daran erinnern, wie wichtig die Erziehung ist, die wir genießen, und wie wenig wir zwischen den moralischen Gemeinschaften wählen können, zu denen wir gehören. Schließlich haben wir zugegeben, daß die Vorstellung von universell anwendbaren Prinzipien moralischer Forderungen und moralischer Ansprüche eine gewisse Rolle spielen muß. Um aber die Tragweite dieses Gedankens in Grenzen zu halten, müssen wir wieder darauf bestehen, daß der Begriff der gesellschaftlichen Gruppe dehnbar ist, daß Gruppen unterschiedlich sind und daß die Vorstellung unsinnig ist, man könne ganz bestimmte Forderungen unverändert von einer Gruppe auf die andere übertragen oder sie auf alle Mitglieder einer Gruppe in gleicher Weise anwenden.

Weitere wichtige moralische Erscheinungen werden in der Darstellung, die ich gegeben habe, kaum oder gar nicht ausdrücklich erwähnt. Es mag sogar auf den ersten Blick scheinen, als habe ich manche davon ausgeschlossen. Werden nicht die bestehenden moralischen Formen einer Gesellschaft manchmal innerhalb dieser Gesellschaft einer Art Moralkritik unterzogen? Können unterschiedliche Systeme gesellschaftlich sanktionierter Forderungen, in denen die Menschen, die Forderungen ausgesetzt sind, wirklich Verpflichtungen anerkennen, Gegenstand relativer moralischer Bewertung sein? Kann es nicht Situationen geben, in denen Menschen gegenseitige moralische Verpflichtungen anerkennen können oder sollten, obgleich sie nicht Mitglieder einer gemeinsamen Gesellschaft sind und obwohl jeder Versuch, eine in dieser Situation zutreffende »gesellschaftliche« Beziehung zwischen ihnen zu konstruieren, unglaubwürdig wäre? Jede annehmbare Darstellung der Moral muß ganz gewiß eine positive Antwort auf diese Fragen erlauben; und weitere Fragen liegen nahe. Aber diese Fragen sind kein Grund, dem von mir gewählten Ansatz zu mißtrauen, genausowenig, wie wir die von mir so genannte Minimalinterpretation der Moral auf Grund ihrer Inadäquatheit vollständig abschreiben durften. Dadurch, daß wir die Minimalinterpretation durch bestimmte Anwendungen der Begriffe des Interesses und des Anerkennens einer Verpflichtung erweitert haben, haben wir einen Begriff erhalten, der deutlich einer der gesellschaftlichen Moral war. Allein durch das Herausstreichen bestimmter Elemente in dieser Konzeption schaffen wir Platz für die Vorstellung der Moralkritik und die Vorstellung einer Moral, die die üblichen Formen gesellschaftlicher Beziehungen übersteigt. Ich habe bereits bemerkt, daß wir auf Grund der unbestreitbaren Fundamentalität und Allgemeinheit bestimmter menschlicher Bedürfnisse entsprechend allgemeine Arten der Tugend und der Verpflichtung in irgendeiner Form und bis zu irgendeinem Grad in fast jedem vorstellbaren Moralsystem anerkannt finden werden. Es ist nun charakteristisch für die moralische Entwicklung, daß sie in Analogie zu anerkannten Formen dieser allgemeinen Tugenden und durch Ausweitung des Bereichs dieser Tugenden vor sich geht und daß diese selbst verfeinerte und großzügigere Formen annehmen. Und die moralische Kritik in ihrer bewußtesten Form geht charakteristischerweise so vor sich, daß sie an solche allgemeinen moralischen Vorstellungen wie Gerechtigkeit, Anstand und Menschlichkeit appelliert und diese Werte interpretiert: Bestehende Institutionen, Systeme von Forderungen und Ansprüchen, werden als ungerecht, unmenschlich oder verderbt kritisiert. Weit entfernt davon, den Gedanken der Moralkritik auszuschließen, macht der Begriff der gesellschaftlichen Moral, wie ich ihn skizziert habe, das Wesen von Moralkritik und die Möglichkeit zu Moralkritik überhaupt erst völlig verständlich. Denn wir können erkennen, wie der Keim der Kritik in der Moral selbst liegt; und wir können sogar hoffen, auf dieser Basis zu einem gewissen Verständnis der komplexen Beziehungen zwischen gesellschaftlicher und wirtschaftlicher Veränderung, der kritischen Einsichten einzelner Moralisten und des konkreten Ganges der moralischen Entwicklung zu gelangen. (Es läßt sich zum Beispiel auf Grund unserer Prinzipien leicht zeigen, daß der moralische *Formalismus* – das heißt, starre Buchstabengläubigkeit ohne Verständnis für den Geist der Regeln – dann in Blüte stehen wird, wenn die Gesellschaft statisch und isoliert ist, und daß es dann am meisten moralische *Orientierungslosigkeit* geben wird, wenn eine solche Moral plötzlich einem grundlegenden Wandel ausgesetzt ist.) Genauso wie die gesellschaftliche Moral den Keim der Moralkritik enthält, so enthalten beide zusammen den Keim einer Moral, die übliche gesellschaftliche Beziehungen übersteigt. Die Tendenz wenigstens einer Art voll bewußter und kritischer Moral, verallgemeinernd, undogmatisch und doch antiformalistisch zu sein, ist leicht zu erkennen. Einige Moralisten würden behaupten, daß ein wahrer Begriff der Moral überhaupt erst da auftritt, wo die Grenzen dieses Verallgemeinerungsprozesses erreicht sind. In diesem Urteil scheint mir der Realitätssinn moralischem Eifern völlig untergeordnet zu sein. Aber ganz gleich, wo unserer Meinung nach »wahre Moral« beginnt: Ich habe überhaupt keinen Zweifel daran, daß wir unserem Verständnis des Begriffs der Moral am besten durch den von mir skizzierten Ansatz gerecht werden. Wo wir es mit einer menschlichen Institution zu tun haben, die in der Entwicklung ist, kann man es einer Erklärung nicht anlasten, daß sie teilweise wenigstens als genetisch beschrieben werden kann.

Aber wir müssen nun zur Frage der Beziehung zwischen gesellschaftlicher Moral und jenen Idealbildern von Lebensformen, von denen ich am Anfang gesprochen habe, zurückkehren. Ausdrücklich habe ich darüber bisher nur folgendes gesagt: Die Verwirklichung solcher Ideale erfordert, daß Formen von gesellschaftlicher Gruppierung oder Organisation existieren; und diese wiederum erfordern, daß ein System gesellschaftlich sanktionierter Forderungen an ihre Mitglieder besteht. Wir haben dann festgestellt, daß ein System gesellschaftlich sanktionierter Forderungen erst dann ein System moralischer Forderungen ist, wenn seine Forderungen nicht bloß als Forderungen durchgesetzt werden, sondern von denen, die ihnen ausgesetzt sind, wenigstens in einem gewissen Grad allgemein als Forderungen anerkannt werden; daraus folgt, daß einer nicht einfach aus Opportunitätsgründen Mitglied einer moralischen Gemeinschaft sein kann – außer vielleicht, wenn er so ausdauernd heucheln kann, wie es tatsächlich nur wenige können. Dennoch kann im allgemeinen gelten, daß für die Möglichkeit, nach einer idealen Lebensform zu streben, aus ganz pragmatischen Gründen die Mitgliedschaft in einer moralischen Gemeinschaft oder in moralischen Gemeinschaften notwendig ist; denn zu welchem ethischen Ideal jemand auch stehen mag: es ist vollkommen unwahrscheinlich, daß die minimalen gesellschaftlichen Bedingungen dafür, nach diesem Ideal zu streben, in der Praxis von jemandem erfüllt werden könnten, der nicht Mitglied solcher Gemeinschaften ist. Aber natürlich sind die Beziehungen zwischen beiden viel verwickelter und vielfältiger, als die Formulierung selbst ausdrückt. Es gibt viele Möglichkeiten zu Konflikten, viele Möglichkeiten der Vernichtung, viele Möglichkeiten des Zusammenspiels. Wie ich die Lage gerade dargestellt habe, ist vielleicht die Möglichkeit zu Konflikten am deutlichsten geworden; und diese Möglichkeit sollte man auch betonen. Man sollte betonen, daß das, was jemand als Verpflichtung ganz oder halb anerkennt, nicht nur ganz heftig mit seinen Interessen und weniger heftig mit seinen Neigungen in Konflikt geraten kann, sondern auch mit dem Bild, mit seinem idealen Streben, von dem seine ethische Vorstellungskraft gefangengenommen ist. Andererseits kann es sein, daß in einem Bild des idealen Lebens gerade die Interessen der Moral vorherrschen, daß sie dort den höchsten, alles dominierenden Wert haben. Wer zeitweise oder dauernd von einem solchen Bild beherrscht wird, dem wird das »Bewußtsein treu erfüllter Pflicht« als der über alles zufriedenstellende Zustand erscheinen, und moralisch zu sein ist für ihn nicht einfach wichtig, sondern das weitaus Wichtigste überhaupt. Oder ein Idealbild kann auch so aussehen, daß in ihm nicht die Interessen der Moral im allgemeinen vorherrschen, sondern die herrschende Vorstellung einige, im Gegensatz vielleicht zu anderen, Forderungen eines Systems moralischer Forderungen intensiv verstärkt. Ein Beispiel dafür ist das Idealbild, in dem die Befolgung des Gebots der Nächstenliebe als höchster Wert auftritt.

Das Bild, das wir jetzt gezeichnet haben, ist immer noch zu einfach. Erinnern wir uns an die Vielfalt der Gemeinschaften, zu denen wir gehören, und an die Vielfalt der zu ihnen gehörigen Systeme moralischer Forderungen. Bis zu einem gewissen Grad, den wir allerdings nicht überschätzen dürfen, ist es Sache unserer Entscheidung, welchen Systemen moralischer Beziehungen wir uns anschließen – jedenfalls gibt es alternative Möglichkeiten; unterschiedliche Systeme moralischer Forderungen passen unterschiedlich gut oder schlecht zu verschiedenen Idealbildern vom Leben. Für das Idealbild kann darüber hinaus Mitgliedschaft in Gemeinschaften, die bestimmte Interessen durch ein System moralischer Forderungen schützen, nicht ausreichen; vielmehr kann für dieses Idealbild Mitgliedschaft in einer Gemeinschaft oder einem System von Beziehungen nötig sein, dessen System von Forderungen der Beschaffenheit des Ideals deutlich entspricht. Um ein grobes Beispiel zu haben, können wir wieder an die Moral einer Militärkaste denken und in Verbindung damit an das Ideal der persönlichen Ehre. In einer Gesellschaft, die so komplex wie die unsrige ist, ist es im allgemeinen offensichtlich, daß es verschiedene moralische Umgebungen gibt, verschiedene Teilgemeinschaften innerhalb der Gemeinschaft, verschiedene Systeme moralischer Beziehungen. Diese greifen wohl ineinander und überschneiden einander; aber sie bieten doch einige Auswahlmöglichkeiten, einige Möglichkeiten, moralische Forderungen und persönliches Streben einander anzugleichen. Aber hier muß wieder, wenigstens für unsere Zeit und unseren Ort, betont werden, wie begrenzt die direkte Relevanz des jeweils einen für das andere ist. Innerhalb einer einzelnen politischen menschlichen Gesellschaft kann man wohl verschiedene und vielleicht sehr verschiedene moralische Umgebungen finden, gesellschaftliche Gruppierungen, in denen verschiedene Systeme moralischer Forderungen anerkannt sind. Wenn aber eine Gruppierung Teil der größeren Gesellschaft sein soll, dann müssen ihre Mitglieder auch dem weiteren System gegenseitiger Forderungen, einer weiteren gemeinsamen Moral ausgesetzt sein; und je enger die Teilgruppen der Gesellschaft miteinander verzahnt sind, je mehr Individuen Mitglieder mehrerer Teilgruppen sind und je weniger die Gesellschaft starr geschichtet ist, sondern Zugang und Weggang von ihren Teilgruppen einigermaßen frei erlaubt, desto mehr wird die Bedeutung der übergreifenden gemeinsamen Moral anwachsen. In einer politischen Gesellschaft, die in dieser Weise eine große Vielfalt gesellschaftlicher Gruppierungen mit komplexen Verzahnungen und der Freiheit der Bewegung zwischen ihnen kombiniert, wird die Trennung des persönlichen Ideals und der gemeinsamen Moral zweifellos am größten sein. Andererseits *kann* es ein Idealbild vom Menschen geben, das, tatsächlich oder in der Phantasie, den Zustand einer umfassenden gemeinsamen Moral erfordert. Träumer im Stil von Coleridge oder Tolstoi können also mit dem Gedanken spielen, es gebe selbstgenügsame ideale Gemeinschaften, deren System moralischer Forderungen genau oder so genau wie möglich einem Idealbild vom Leben entspricht, das alle ihre Mitglieder gemeinsam haben. Vielen mögen solche Phantasien schwach oder fruchtlos erscheinen; denn die Reinheit solcher Gemeinschaften kann nur um den Preis der Trennung von der übrigen Welt erlangt werden. Ernsthafter kann schon der Versuch sein, das gesamte moralische Klima eines tatsächlich existierenden Nationalstaates so zu ändern, daß es ein Idealbild menschlicher Solidarität oder religiöser Verehrung oder militärischer Ehre widerspiegelt. Angesichts der natürlichen Vielfalt menschlicher Ideale (um nur das zu nennen) wird solch ein Staat (oder seine Mitglieder) offensichtlich wenigstens einigen Einschränkungen unterworfen sein, von denen eine liberale Gesellschaft frei ist.

Ich komme zum Schluß. Ich habe von Idealvorstellungen vom Leben gesprochen, vom Wohlwollen, das eine Person vielen dieser Idealvorstellungen gleichzeitig entgegenbringen kann, und vom Verlangen einer einzelnen Person, viele dieser Idealvorstellungen bis zu einem gewissen Grad verwirklicht zu sehen. Ich habe auch von jenen Systemen – ein zu starkes Wort – anerkannter gegenseitiger Forderungen gesprochen, die wir aneinander als Mitglieder menschlicher Gemeinschaften oder als Bezugspunkte menschlicher Beziehungen haben; viele dieser Gemeinschaften oder Beziehungen existierten kaum, oder hätten kaum den Charakter, den sie haben, gäbe es nicht solche Systeme gegenseitiger Forderungen. Ich habe einiges, wenn auch zu wenig, zu den komplexen und unterschiedlichen Beziehungen gesagt, welche zwischen diesen beiden Polen existieren können, nämlich zwischen unseren miteinander unvereinbaren Anschauungen über den Sinn des Lebens und den Systemen moralischer Forderungen, die gesellschaftliches Leben möglich machen. Zum Schluß habe ich die Beziehungen beider zu den politischen Gesellschaften gestreift, in denen wir leben müssen. Das Feld der Erscheinungen, die ich betrachtet habe, ist weitaus komplexer und weitaus vielseitiger, als ich habe andeuten können. Aber worum es mir ging, war gerade, diese Komplexität in der einen oder anderen Hinsicht deutlich zu machen. Auf einige Folgerungen für die Moralphilosophie habe ich en passant hingewiesen, vor allem bei meinem Versuch, einige typische Übertreibungen gegenwärtiger Theorien richtigzustellen. Aber die wichtigste praktische Folgerung für die Moralphilosophie und für die politische Philosophie ist meiner Meinung nach die, daß sie sich mehr um die Typen gesellschaftlicher Strukturen und gesellschaftlicher Beziehungen kümmern sollten, und um jene komplexen Zusammenhänge, die ich habe nennen können, ebenso wie um andere, die ich nicht habe nennen können. Es ist beispielsweise kaum vorstellbar, daß wir unsere weltliche Moral nicht besser verstehen würden, wenn wir die historische Rolle untersuchten, die die Religion im Verhältnis zur Moral gespielt hat. Ein weiterer Punkt – ich bezweifle, daß wir die Natur der Moral richtig verstehen können, wenn wir ihre Beziehungen zum Recht nicht untersuchen. Es geht nicht bloß darum, daß die Bereiche der Moral und des Rechts zum großen Teil einander überdecken und daß ihre Forderungen oft zusammenfallen. Wir können auch in der Art, in der das Recht für den Zusammenhalt der wichtigsten aller gesellschaftlichen Gruppierungen sorgt, ein grobes Modell für die Art und Weise finden, in der Systeme moralischer Forderungen für den Zusammenhalt gesellschaftlicher Gruppierungen im allgemeinen sorgen. Ähnlich finden wir in der Komplexität unserer Einstellungen gegenüber dem bestehenden Recht ein Modell für die Komplexität unserer Einstellung gegenüber den Systemen moralischer Forderungen, die uns in unseren – oder andere in ihren – gesellschaftlichen Beziehungen im allgemeinen betreffen.

Als Letztes: ich glaube nicht, daß in meinen Worten eine nachdrückliche Einladung zu moralischem oder politischem Engagement steckt. Aber vielleicht kann man eine Frage stellen und zum Teil beantworten. Wie wird jemandes Einstellung aussehen, der einer Vielfalt von miteinander unvereinbaren Lebensidealen Wohlwollen entgegenbringt? Er wird sich wohl in einer liberalen Gesellschaft am ehesten zuhause fühlen, in einer Gesellschaft, in der es unterschiedliche moralische Umgebungen gibt, aber in der kein Ideal den Versuch unternimmt, die gemeinsame Moral für sich mit Beschlag zu belegen und ihren Charakter zu bestimmen. Er wird nicht behaupten, der Vorteil einer solchen Gesellschaft liege darin, daß die Wahrheit über das Leben in ihr die beste Chance hat, sich durchzusetzen; denn er wird konsequenterweise nicht glauben, daß es so etwas wie die eine Wahrheit über das Leben gibt. Er wird auch nicht behaupten, ihr Vorteil liege darin, daß in ihr die Chance am größten sei, ein harmonisches Miteinander der verschiedenen Lebensziele zu erzeugen; denn er wird nicht glauben, daß man Lebensziele unbedingt zu einem harmonischen Miteinander bringen können muß. Er wird einfach ethische Vielfalt begrüßen, die diese Gesellschaft möglich macht; und je mehr er diese Vielfalt schätzt, desto eher wird er feststellen, daß er der natürliche (wenn vielleicht auch verständnisvolle) Feind all jener ist, die eine einzige tiefe Anschauung vom Ziel des Lebens haben und durch diese Anschauung dazu getrieben werden, die Forderungen des Ideals und die der gemeinsamen gesellschaftlichen Moral einander anzugleichen.

1 Diesen Artikel habe ich den Philosophischen Gesellschaften an einer Reihe britischer Universitäten vorgetragen. Die Kritik, die ich dort erfahren habe, hat mich dankenswerterweise dazu gezwungen, meine Ausführungen wenigstens ein wenig klarer zu machen.
2 Vgl. G. E. M. Anscombe, *Modern Moral Philosophy*, in: *Philosophy*, Januar 1958; (dtsch. *Moderne Moralphilosophie*, in diesem Band).
3 Vgl. P. R. Foot, *Moral Beliefs*, in: *Proceedings of the Aristotelian Society* 1958/59.

XVI
G. J. Warnock
Naturalismus

1) Die anti-naturalistische These

Ich will hier nicht zeigen daß der »Naturalismus« recht hat; dazu ist nicht klar genug, was der Naturalismus sein soll. Dies liegt zum Teil daran, daß es unter den Moralphilosophen tatsächlich niemanden zu geben scheint, der sich selbst zum Naturalismus bekennt. Die Unhaltbarkeit des Naturalismus schien, zumindest bis vor ganz kurzem, so evident, daß seine Kritiker es nicht für wert hielten, die Doktrin, die sie so regelmäßig verworfen haben, in aller Ausführlichkeit darzustellen. Ich halte es daher für das beste, einige charakteristische *anti*naturalistische Ansichten durchzugehen und zu überlegen, was – sofern es solche gibt – aus jenen folgt, die stichhaltig zu sein scheinen.

Wie bereits an viel früherer Stelle betont[1], wurde der Ausdruck »der naturalistische Fehlschluß« von G. E. Moore in seinen *Principia Ethica* eingeführt, obwohl die Idee sicher älter ist als dieser Terminus, und man gewöhnlich Hume als ihren Ausgangspunkt ansah. Wir brauchen jedoch auf Moore's Darlegung des anti-naturalistischen Standpunktes, die im allgemeinen – unter anderen von Moore selbst – als unzureichend erkannt wurde, nicht weiter einzugehen. Den naturalistischen Fehlschluß begehen heißt nach Moore, zwei Fehler machen: 1) eine undefinierbare Eigenschaft zu definieren versuchen, und 2) eine nicht-natürliche Eigenschaft mit Hilfe natürlicher Eigenschaften zu definieren versuchen. Doch diese Fehler sind eigentlich nicht notwendig miteinander verknüpft, und es scheint, als könne der Ausdruck »der *naturalistische* Fehlschluß« mit Recht für die Bezeichnung des zweiten Fehlers reserviert werden. Hier behauptet Moore nämlich 1., daß »ethische Eigenschaften« nicht natürlich sind, und 2., daß nicht-natürliche nicht mit Hilfe natürlicher Eigenschaften definierbar sind. Der Haken dabei ist, daß er kaum mehr tut als dies lediglich zu behaupten. Er liefert keine zufriedenstellende Erklärung für die Begriffe »natürlich« und »nicht-natürlich«, noch sucht er zu zeigen, warum

Eigenschaften der einen Art nicht mit Hilfe von Eigenschaften der anderen Art definierbar sind, so daß es hier tatsächlich nichts gibt, wo eine kritische Diskussion ansetzen könnte.

Ebenfalls getrost hinweggehen können wir über eine moderner aussehende Auffassung, die manchmal als eine Erklärung bzw. Verbesserung der Moore'schen Doktrin angeboten wurde. Es handelt sich um die Ansicht, daß »Wert«-Ausdrücke nicht mit Hilfe »deskriptiver« Ausdrücke definierbar sind. Der Haken ist hier, daß es die zwei distinkten Klassen von Ausdrücken, auf die angeblich Bezug genommen wird, gar nicht gibt. Es ist ohne Zweifel möglich, Werten vom Beschreiben zu unterscheiden – z. B. die Beschreibung von Jenkins' Spiel einer Flötensonate von der Wertung seines Spiels. Es ist jedoch im allgemeinen nicht möglich, diese Unterscheidung lediglich auf der Basis der verwendeten Ausdrücke zu machen, da man wahrscheinlich mit Recht sagen kann, daß jeder Ausdruck, der im Kontext der Bewertung von etwas vorkommt, ebenfalls im Kontext der Beschreibung von etwas vorkommen könnte und umgekehrt – bei dieser Unterscheidung handelt es sich einfach nicht um eine Unterscheidung des *Vokabulars*. Wenn also »Wert-Ausdruck« bedeutet »Ausdruck, der zur Bewertung von etwas verwendet wird« und »deskriptiver Ausdruck« »Ausdruck, der zur Beschreibung von etwas verwendet wird«, dann wird die Behauptung lauten, daß die meisten, vielleicht sogar alle Wert-Ausdrücke *auch* deskriptive Ausdrücke sind und umgekehrt, so daß sich die oben erwähnte Auffassung als der reinste Unsinn herausstellt.

Eine Kritik dieser Auffassung legt allerdings eine mögliche Verbesserung derselben nahe. Vielleicht besteht der eigentliche Streitpunkt – die Frage, an die, wie man annehmen könnte, Moore eigentlich insgeheim dachte – darin, daß *Wertung* nicht auf *Beschreibung* reduzierbar ist, daß es einen unüberbrückbaren prinzipiellen Unterschied gibt zwischen der Tätigkeit, etwas zu werten, und der, es zu beschreiben, zwischen bloßer »Feststellung von Tatsachen« und dem Fällen irgendeiner Art von Urteil über sie. Es gibt nahezu mit Sicherheit irgendeine passable Interpretation, nach der dies wahr wäre, obwohl man in der Tat nicht glauben darf, es handle sich um eine im alltäglichen Diskurs klare und scharfe Unterscheidung.[2] Im Gerichtsverfahren beispielsweise werden vergleichbare Unterscheidungen formell zum Ausdruck gebracht und mit einer gewissen Sorgfalt beachtet – der Vorgang der Beweisaufnahme etwa wird klar unterschieden von der Schilderung des Falles, und beides wird wiederum klar unterschieden von der Urteilssprechung: In jeder Phase kann man eine vollkommen klare und bestimmte Antwort auf die Frage geben, welche dieser Tätigkeiten – sofern überhaupt eine von ihnen vorliegt – gerade ausgeübt wird. Alltäglicher Diskurs ist jedoch, da keine Notwendigkeit dazu besteht, nicht in ähnlicher Weise reglementiert. Wenn ich beispielsweise jemandem über die Karriere Mussolinis erzähle, wäre es unrealistisch, nach einem Punkt zu suchen – anzunehmen, daß es ihn geben muß –, an dem die Beschreibung seiner Taten endet und deren Wertung beginnt. Es ist höchst unwahrscheinlich, daß ein in der Form normaler Konversation geführtes »Gespräch über« Mussolini eine derartige Zerlegung in scharf unterschiedene Bestandteile zuläßt. Obwohl diese Unterscheidung nicht immer zu finden ist, läßt sich wahrscheinlich dennoch mit Recht sagen, daß sie immer gemacht werden könnte. Die Instruktion »zuerst *beschreibe* Mussolinis Karriere und dann *bewerte* sie« ist eine mehr oder weniger vernünftige Instruktion, und man hat eine Vorstellung davon, wie sie befolgt werden könnte. Daß es also einen irgendwie gearteten Unterschied zwischen Werten und Beschreiben gibt, scheint richtig zu sein und ist auch gewiß ganz natürlich zu erwarten.

Ich denke, es ist jedoch klar, daß es dem Anti-Naturalisten um wesentlich mehr geht als um diese schlichte Binsenwahrheit. Die Annahme scheint nicht nur zu lauten, daß zwischen Beschreibung und Wertung ein Unterschied besteht, sondern daß beides in einer wesentlichen Hinsicht voneinander *unabhängig* ist. Keine Beschreibung, so wird gesagt, *legt* uns jemals auf eine bestimmte Wertung *fest*; jede Beschreibung könnte akzeptiert und jede Wertung zurückgewiesen werden, ohne daß eine logische Inkonsistenz vorläge. Nun, für den größten Teil alltäglichen Diskurses ist diese Annahme wahrscheinlich falsch. Da es, wie gerade festgestellt, im alltäglichen Diskurs verhältnismäßig wenig reglementierte Unterscheidungen zwischen einer Sprech-Tätigkeit und einer anderen gibt, könnte man erwarten, daß sich Beschreibung und Wertung als so unentwirrbar miteinander verflochten herausstellen, daß sie gewissermaßen ein nahtloses Stück bilden; und in einem Diskursbereich, der in dem erforderten Sinne keine unterscheidbaren Teile aufweist, kann es keine logisch unabhängigen Teile geben. Doch vielleicht macht dies nichts: Vielleicht ist alles, was die anti-naturalistische These erfordert, daß wir (obwohl das nicht oft der Fall ist) »die Tatsachen« in jedem beliebigen Fall stets so »feststellen« *könnten*, daß eine Wertung des betreffenden Falles ein logisch unabhängiger Vorgang wäre. Es könnte beispielsweise zumindest möglich sein, die Karriere Mussolinis in einer Form zu beschreiben, daß unter Zugrundelegung dieser Beschreibung jede Wertung seiner Karriere ohne logischen Fehler akzeptiert oder zurückgewiesen werden könnte.

Warum ist dies so? Die Annahme glaube ich, könnte folgendermaßen formuliert werden: Wertung jeglicher Art, sei es von Leuten, Gegenständen, Handlungen oder sonst etwas, beinhaltet die Annahme gewisser Standards, Regeln, Prinzipien oder Beurteilungskriterien und kann nur im Lichte solcher Standards, Regeln, Prinzipien etc. vorgenommen werden. Wenn beispielsweise Prüfungskandidaten in einem Examen nach ihren Leistungen eingestuft werden sollen, so müssen gewisse Merkmale möglicher Darbietungen in jenem Examen als *Kriterien* für die Zuteilung von Zensuren akzeptiert werden – dies könnte in einem sehr einfachen Fall lediglich die Zahl der gelösten Probleme oder richtigen Antworten sein. Niemand, so wird angenommen, ist jedoch jemals *logisch* dazu verpflichtet, irgend ein Merkmal *als* Standard oder Kriterium oder irgendeine generelle Aussage *als* Regel oder Beurteilungsprinzip zu akzeptieren. Während man zustimmt, daß die Leistung eines bestimmten Prüflings ein bestimmtes Merkmal tatsächlich besitzt, so daß sie korrekt in jener Weise beschrieben werden kann, kann man sich weigern, jenes Merkmal als Wertmaßstab zu akzeptieren und es so ablehnen, die Leistung auf jener Basis bzw. überhaupt zu *werten*. Ohne die Annahme oder Anerkennung von Standards kann es zwar Beschreibung, jedoch keine Bewertung geben. Doch wenn dies so ist, dann kann die Spezifikation von Tatsachen oder Merkmalen in einer Beschreibung nicht *logisch* zu einer bestimmten bzw. überhaupt irgendeiner Wertung führen, da man nicht logisch dazu verpflichtet werden kann, bestimmte bzw. überhaupt irgendwelche Tatsachen oder Merkmale *als* Standards für ein positives oder negatives Urteil anzunehmen. Man kann zugeben, daß die spezifizierten Merkmale vorliegen bzw. die Tatsachen anerkennen, ohne diese Merkmale oder Tatsachen mit dem Status von Kriterien, Standards, Prinzipien oder Regeln zu versehen oder anzuerkennen.

Es ließen sich ohne Zweifel gegen diese Formulierung der anti-naturalistischen These als zu stark vereinfacht und als übertrieben schematisch Einwände vorbringen. Man könnte darauf pochen, daß der tatsächliche Vorgang einer Wertung sehr oft sowohl wesentlich komplizierter als auch weit weniger scharf zu umreißen ist, als es dies einfache Bild einer Vergabe von Noten durch Bezugnahme auf bestimmte Standards nahelegt. Wissen wir immer genau, was die relevanten Standards, Kriterien oder Prinzipien sind? Können wir stets mit Sicherheit sagen, was sie erfüllt und was nicht, oder im einzelnen genau bestimmen, auf der Basis *welcher* Tatsachen oder Merkmale wir unsere Urteile fällen? Außerdem, inwiefern – wenn überhaupt – ist es richtig zu sagen, »die Tatsachen festzustellen« sei von der Verwendung und Anerkennung von Standards unabhängig? Ich werde jedoch in diesem Zusammenhang keine in diese Richtung zielenden Einwände gegen die oben skizzierte These vorbringen, denn sie ist meiner Ansicht nach in jedem Fall weit weniger interessant und wichtig, als oft angenommen wurde. Ihre Bedeutung speziell für die Moralphilosophie sah man in gewissen Implikationen. Wie ich zu zeigen versuche, hat sie diese besonderen, für so wichtig gehaltenen Implikationen in Wirklichkeit jedoch nicht.

2) Was die These impliziert und was nicht

Erstens, glaube ich, widerstand man nicht immer der Versuchung, die anti-naturalistische These dadurch zu dramatisieren, daß man sie quasi umgedreht hat. Angenommen, wir geben zu, daß niemand jemals logisch verpflichtet ist, irgend ein bestimmtes Merkmal als Wertmaßstab zu akzeptieren. Vielleicht lag die Versuchung nahe, darin die weitere Implikation zu sehen, daß absolut alles als Wertmaßstab angesehen werden *könnte*. Doch dies ist ein Fehlschluß. Daß niemand dazu verpflichtet ist, bestimmte Dinge als Nahrung zu sich zu nehmen, impliziert nicht, daß man absolut alles als Nahrung zu sich nehmen könnte. Doch nicht nur der Schluß ist verkehrt, auch seine Konklusion ist sicherlich falsch. Denn mit der Annahme eines bestimmten Merkmals als Wertmaßstab impliziert man in irgendeiner Weise – entsprechend dem jeweiligen Kontext – eine Präferenz für solche Dinge, die dieses Merkmal besitzen, gegenüber solchen, die es nicht besitzen; und die Dinge, die dieses Merkmal besitzen, vorzuziehen heißt – irgendwie entsprechend dem jeweiligen Kontext – diese Dinge zu

wollen bzw. zu wollen, daß es sie gibt, und zwar sie deshalb zu
wollen, *weil* sie dieses Merkmal besitzen. Nun lassen sich vielleicht
keine logischen Grenzen dafür angeben, was jemand wollen kann;
und zweifellos gibt es nichts, von dem man sagen könnte, daß es
notwendigerweise jedermann will. Doch gibt es nicht trotz allem
Grenzen dafür, was jemand *verständlicherweise* wollen kann?
Wozu will er es? Was gefällt ihm daran? Sollte er es bekommen,
was verspricht er sich davon? Wenn wir uns überhaupt nicht vorstellen können, wie Antworten auf diese Fragen lauten könnten,
dann ist jemands Behauptung, daß er dies oder jenes wolle, im
wahrsten Sinne des Wortes nicht verständlich für uns. Was er sagt,
verstehen wir nicht, weil wir *ihn* nicht verstehen. Wie würden Lebewesen vom Mars, würde man sie etwa in London absetzen, bewerten, was sie dort vorfinden? Wovon wären sie angetan? Was
würde ihnen nicht gefallen? Es ist klar, daß man diese Fragen nicht
beantworten kann und zwar genau deshalb nicht, weil man nichts
über solche Lebewesen weiß. Man weiß nicht, wie ihre Bedürfnisse
aussähen, welche Wünsche sie hätten, was ihnen gefallen bzw.
nicht gefallen würde. Obwohl man also in gewisser Hinsicht sagen
könnte, daß sie absolut jedes Merkmal ihrer Umgebung als einen
Wert- oder Präferenzmaßstab ansehen könnten, heißt dies nicht,
daß wir das in jedem Fall *verstehen* könnten; es heißt eher zugeben,
daß wir keine Vorstellung von den Wertungen der hypothetischen
Marsmenschen besitzen. Umgekehrt muß ein Merkmal, um als ein
verständlicher Wert- oder Präferenzmaßstab zu fungieren, sicherlich so beschaffen sein, daß wir zumindest verstehen könnten, daß
jemand etwas Bestimmtes haben will; und es ist nicht wahr, daß
einfach alles diese Bedingung erfüllt. Es folgt weiterhin, daß es
nicht richtig ist, daß, wie behauptet wurde, Wertung letztlich auf
einer *Wahl* beruht. Denn wir wählen nicht, dies oder jenes zu wollen, das eine dem anderen vorzuziehen. Wenn wir eine Wahl zu
treffen haben, so wählen wir nicht auch noch, was als Grund für
unsere Wahl zu gelten hat. Diesen Weg einschlagen, den – wie wir
an anderer Stelle annahmen – der Präskriptivismus wählt, heißt implizieren, daß es letzten Endes überhaupt keine Gründe *gibt*.

Die »Unabhängigkeit« von Beschreibung und Wertung impliziert
daher nicht – noch ist es der Fall –, daß einfach alles als ein plausi-
bles Wertungskriterium fungieren kann. Aber ist es dann nicht
noch klarer, daß nicht einfach alles als ein Kriterium für *moralische*
Wertung fungieren kann? Hier ist nicht der Ort, um die immense

Aufgabe einer Bestimmung, wo hier genau die Grenzen liegen, in Angriff zu nehmen; doch daß es solche Grenzen *gibt*, scheint mir völlig evident.[3] Könnten wir vielleicht – für den gegenwärtigen Zweck recht vage und mit einem Blick zurück auf gewisse, in dem vorhergehenden Abschnitt betonte Punkte – sagen, daß die Grenzen irgendwo innerhalb jenes allgemeinen Bereichs liegen, in dem es um das Wohl der Menschen geht? Damit sagt man freilich nicht sehr viel, andererseits aber auch nicht nichts. Denn man sagt damit zumindest dies: daß die *Relevanz* von Überlegungen, die das Wohl der Menschen betreffen, im Kontext von Moraldebatten nicht geleugnet werden kann. (Wiederum *wählen* wir natürlich nicht, daß dies so sein sollte; es *ist* so und zwar einfach auf Grund dessen, was »moralisch« bedeutet.) Es wird, denke ich, klar sein, daß dies der »Unabhängigkeits«-These nicht widerspricht. Denn was diese These besagt, ist, daß niemand logisch dazu verpflichtet ist, irgendein bestimmtes Merkmal als Wertmaßstab zu akzeptieren. Und wenn wir, wie wir es gerade tatsächlich getan haben, sagen, daß gewisse Merkmale notwendig als *moralische* Wertmaßstäbe akzeptiert werden müssen, so können und müssen wir sofort auch zugeben, daß natürlich niemand aus logischen Gründen dazu verpflichtet ist, sich auf moralische Urteile oder Debatten einzulassen. Daß es sozusagen notwendige Kriterien für moralischen Wert gibt, impliziert nicht, daß jemand, geschweige denn jeder, Dinge notwendigerweise mit Bezug auf diese Kriterien bewertet. Es besagt lediglich, daß wir das tun *müssen, wenn* wir – was vielleicht nicht der Fall ist – bereit sind, die Frage »vom moralischen Standpunkt aus« zu betrachten.

All dies läuft auf die Feststellung hinaus, daß die anti-naturalistische These, wie sie oben formuliert ist, obwohl wahrscheinlich wahr, für die Moralphilosophie in Wirklichkeit keine große Bedeutung besitzt. Es ist eine These, so könnte man sagen, über die »allgemeine Theorie« der Wertung: Sie besagt – über Wertung im allgemeinen wahrscheinlich ganz richtig – erstens, daß diese Tätigkeit Standards voraussetzt, und zweitens, daß es sozusagen keine notwendigen oder »eingebauten« Wertungs-Standards gibt, die jemand, der eine bestimmte Beschreibung der Welt liefert oder akzeptiert, (aus logischen Gründen) annehmen muß. Doch dies – soviel hoffe ich, ist nun klar – impliziert nicht, daß es keine notwendigen Standards für *moralische* Wertungen gibt. Es kann nämlich der Fall sein – was ich tentativ als gegeben annehme –, daß ge-

wisse Standards – d. h. die *Relevanz* zumindest einer gewissen spezifischen Reihe von Überlegungen – obwohl man sie in keiner
Weise akzeptieren muß, akzeptiert werden müssen, *wenn* der Anspruch, *moralisch* zu werten, ernsthaft erhoben wird. Ich glaube
also, wir können dem Anti-Naturalisten die (vom Standpunkt der
Moralphilosophie aus) uninteressante These zugeben, daß Wertung im allgemeinen in dem erklärten Sinne von Beschreibung unabhängig ist, – und uns dann der interessanten Aufgabe zuwenden,
moralische Wertung im besonderen zu untersuchen, d. h. herauszufinden versuchen, was es heißt, Dinge »vom moralischen Standpunkt aus« zu beurteilen, und was insbesondere jene Reihe von
Überlegungen ist, deren Relevanz implizit in der Annahme dieses
Standpunktes enthalten ist. Wenn »Naturalist« sein heißt: behaupten, daß gewisse Arten von Tatsachen oder Merkmalen notwendig
relevante Kriterien für moralische Wertung sind, dann würde ich
vermuten, daß der »Naturalismus« recht hat. Wenn der Anti-Natu-
ralist darauf behauptet, daß es keine Wertungskriterien gibt, zu
deren Annahme jemand logisch verpflichtet ist, dann, so glaube
ich, hat der »Anti-Naturalismus« ebenfalls recht. Doch man sollte
zweifellos den Schluß ziehen, daß nach dieser Darstellung die Rede
von »Naturalismus« und »Anti-Naturalismus« irgendwie un-
glücklich ist, da diese beiden Ausdrücke Auffassungen bezeichnen, die miteinander vollkommen verträglich sind. Man könnte sagen, daß in der *Ethik* der Naturalismus, in dem, was wir die »allgemeine Theorie« der Wertung nannten, dagegen der Anti-Naturalismus richtig ist: Doch es wäre wahrscheinlich vorzuziehen, auf
beide Ausdrücke in der weiteren philosophischen Diskussion einfach zu verzichten und – ohne den Vorteil von Etikettierungen –
die tatsächlichen Positionen zu untersuchen.

3) Eine abschließende Bemerkung über moralische Argumentationen

Die Position, die wir nun vorläufig erreicht haben, – daß es unge-
achtet der allgemeinen »anti-naturalistischen« Doktrin gewisse
Arten von Tatsachen oder Merkmalen gibt, die notwendigerweise
Kriterien für *moralische* Wertung sind – wird wahrscheinlich mit
dem Einwand konfrontiert sein, dies impliziere, daß moralische
Argumentationen im Prinzip Beweiskraft haben d. h. logisch
zwingend sein könnten. Die erreichte Position hat, wie ich glaube,

tatsächlich diese Implikation. Ich sehe jedoch keinen Grund, warum uns dies beunruhigen sollte. Erstens einmal scheint es klar, daß in der Moral wirklich beweiskräftiges Begründen sicherlich außerordentlich selten ist. Es scheint mindestens fünf Gründe zu geben, warum dies so sein muß. Erstens, obwohl der (notwendig relevante) Begriff des »Wohls« der Menschen einen, wie man sagen könnte, völlig klaren und bestimmten Kern oder Pol besitzt, würde wohl niemand bestreiten wollen, daß er ebenfalls einen ziemlich großen Vagheits- und Unbestimmtheitsbereich besitzt. Es gibt hier – zwar nicht in allen aber doch in vielen Punkten – Raum für zahlreiche Meinungsverschiedenheiten bzgl. der Frage, was »das Wohl« der Menschen *ausmacht*. Zweitens, wenn wir etwa über das moralisch Richtige und moralisch Falsche einer vorgeschlagenen Handlungsweise nachdenken, ist es oft notwendig, den kurzfristigen Nutzen oder Schaden gegen den langfristigen Schaden oder Nutzen »abzuwägen«; und ein solches metaphorisches »Abwägen« läßt – obwohl es natürlich nicht unmöglich ist – keine große Exaktheit zu. Drittens wird gewöhnlich ein ähnlich inexaktes »Abwägen« von Nutzen oder Schaden für die einen gegenüber dem Schaden oder Nutzen für die anderen erforderlich sein; und viertens wird es oft notwendig sein, ein metaphorisches »Gleichgewicht« zu finden zwischen dem *Nutzen und* dem Schaden, der einzelnen Personen erwachsen würde. Wenn wir schließlich fünftens die ziemlich offensichtliche Tatsache hinzufügen, daß die für die Lösung eines Moralproblems relevante Information – besonders deutlich etwa bei der Information über den zukünftigen Ablauf von Ereignissen – oft nicht mit einem hohen Gewißheitsgrad zu erhalten ist, dann sehen wir, wie extrem ungewöhnlich es tatsächlich sein muß, daß moralisches Begründen *unbestreitbar* zu genau *einer* bestimmten Konklusion führt. Man könnte schlüssig behaupten, daß eine bestimmte Handlungsweise etwa moralisch falsch wäre, wenn man zeigen könnte, daß diese Handlungsweise *ganz sicher* zu gewissen Konsequenzen führen würde, die *unbestreitbar* für eine (oder mehrere) unschuldige Person(en) einen ernsthaften Schaden darstellen, und daß ganz sicher niemandem ein Nutzen erwachsen würde, der *möglicherweise* als diese negativen Konsequenzen aufwiegend angesehen werden könnte. Nicht daß es keine Fälle gäbe, die diese Bedingungen erfüllen; es könnte beispielsweise mit solcher Schlüssigkeit gezeigt werden, daß ich moralisch falsch handeln würde, wenn ich meine Kinder heroinsüchtig machte. Doch wenn *alle* relevanten Überlegungen *unbestreitbar* in ein und dieselbe Richtung weisen, wird sicherlich kaum jemand der Ansicht sein, daß man die Begründung noch eigens vorbringen muß. Tatsächlich ist es kaum wahrscheinlich, daß die Frage je auftaucht. Nichtsdestoweniger scheint es mir klar, daß solch eine Begründung, wenn sie tatsächlich vorgebracht wird, wirklich beweiskräftig sein könnte. Und jeder, der mit solch einer Begründung konfrontiert wird und leugnet, daß die entsprechende Konklusion folgt – der also zwar die Tatsachen konzediert, jedoch die Ansicht vertritt, daß ich beispielsweise *nicht* moralisch falsch handeln würde, wenn ich meine Kinder heroinsüchtig machte – der zeigt entweder, daß er der Begründung nicht wirklich gefolgt ist oder daß er nicht weiß, was »moralisch falsch« bedeutet. Damit ist das folgende Zugeständnis – das man sicher machen muß – durchaus verträglich: Daß es nämlich extrem unwahrscheinlich ist, daß *ernsthafte* moralische Divergenzen – wie sie in Fragen entstehen, über die manche Leute tatsächlich grundsätzlich verschiedener Ansicht sind – überhaupt auf argumentativem Wege zur Zufriedenheit aller Beteiligten schlüssig entschieden werden können.

Manche mögen dennoch der Ansicht sein, daß man der Auffassung, moralische Argumentationen könnten im Prinzip Beweiskraft besitzen, entgegentreten muß. Ihr Grund: Man kann jemanden schließlich und endlich nicht durch Argumente zu einem moralisch rechtschaffenen Menschen machen. Doch dies ist eine schlichte Konfusion. Denn selbst das beste Argument kann jemanden nicht in der Weise »zwingen«, wie es etwa ein Polizist tun kann. Es kann jemanden nicht daran hindern, sich schlecht zu verhalten, noch kann es ihn dazu bringen, sich gut zu verhalten. Doch dies heißt nicht, daß es kein beweiskräftiges Argument sein kann. Denn selbst wenn eine moralische Argumentation durchaus beweiskräftig ist, muß niemand ihre Konklusion als Grundlage für sein Handeln akzeptieren. Man kann offensichtlich die Konklusion einfach ignorieren und weiterhin ohne Berücksichtigung moralischer Überlegungen handeln. Vielleicht schert man sich überhaupt nicht darum oder hält andere Dinge für wichtiger. Selbst wenn ich dir schlüssig nachweise, daß deine Handlungsweise moralisch falsch ist, und selbst wenn du dies klar siehst und auch zugibst, kann es dennoch sein, daß du dich von meiner Argumentation überhaupt nicht *bewegen* läßt.

Worin, so könnte man fragen, besteht dann in moralischen Fragen der Wert von Argumentationen? Wenn selbst in jenen seltenen Fällen, in denen die Argumentation schlüssig ist und die Konklusion ohne Frage akzeptiert wird, unter Umständen dennoch das Falsche *getan* wird, warum lohnt es sich dann, überhaupt eine moralische Argumentation zu entwickeln? Die Antwort auf diese Frage liegt jedoch auf der Hand. Sie lautet, daß jene Überlegungen, auf die meiner Ansicht nach moralisches Begründen notwendigerweise rekurriert, Überlegungen sind, von denen – und das ist eine nackte Tatsache – die meisten nicht gänzlich unbewegt bleiben. Bei diesen Überlegungen über Nutzen oder Schaden, die, wie ich ziemlich vage angedeutet habe, in der Fixierung moralischer Standards und moralischer Prinzipien eine analytische Rolle spielen und die dementsprechend die Basis für die Pros und Contras moralischer Argumentationen liefern, handelt es sich um Dinge, die den meisten von uns tatsächlich nicht ganz gleichgültig sind. (Dies resultiert nicht aus einer *Wahl*; es *ist* einfach so.) Sicherlich tun uns nicht viele den Gefallen, sich mit diesen Dingen *sehr* viel auseinanderzusetzen; noch sind sie intelligent genug, um sich intelligent mit ihnen auseinanderzusetzen; noch rational genug, um durch eine intelligente Auseinandersetzung tatsächlich motiviert zu werden. Doch wenn es nicht einen gewissen Bereich von Überlegungen gäbe, die ganz allgemein mit dem Wohl der Menschen zu tun haben, das die meisten von uns bisweilen sehr stark und sehr häufig zumindest ein bißchen beschäftigt, dann wären nicht nur moralische Argumentationen, wie schlüssig sie auch sein mögen, sinnlos und ineffektiv, moralischen Diskurs würde es dann einfach nicht geben. Daß es, wie wir alle wissen, einen sehr weit verbreiteten, wenn auch natürlich nicht vollständigen Konsensus darüber gibt, was für den Menschen wünschenswert ist und was nicht, ist eine Bedingung für die Existenz eines gemeinsamen moralischen Vokabulars; und genau dieselbe Bedingung liefert uns einen Grund zu der Annahme, daß moralische Urteile und moralische Diskussionen keine sinnlosen, weil nicht immer ineffektiven Tätigkeiten sind. Daß moralische Argumente nun mal nicht wirkungsvoller sind als sie es eben sind, hängt wahrscheinlich mit der Crux aller Argumente zusammen: Argumente liefern uns Gründe, doch wir sind Gründen nicht immer zugänglich.

1 Vgl. G. J. Warnock, *Contemporary Moral Philosophy*, Kap. II, London 1967 – »Naturalismus« ist Kap. VI dieses Buches (Anm. d. Hrsg.).
2 Vgl. S. Toulmin/K. Baier, *On Describing*, in: *Mind* 1952; dtsch. Übers. in : E. v. Savigny (Hrsg.), *Philosophie und normale Sprache*, Freiburg 1969.
3 Eine ausgezeichnete Diskussion des Problems findet sich in: Ph. Foot, *Moral Beliefs*, in: *Proceedings of the Aristotelian Society* 1958/59.

I G. Grewendorf/G. Meggle, *Zur Struktur des metaethischen Diskurses*. Originalbeitrag.

II G. C. Field, *Die Rolle von Definitionen in der Ethik*. Originaltitel: *The Place of Definition in Ethics*. In: *Mind* 1932; ebenfalls in: G. C. Field, *Studies in Philosophy, University of Bristol Studies* Nr. 3, 1935; ebenfalls in: W. Sellars/ J. Hospers (Hrsg.), *Readings in Ethical Theory*, New York, Appleton-Century-Crofts, Inc. 1952, S. 92-102. Übersetzer: B. Weinmayer.

III G. E. Moore, *Ist Gut-Sein eine Eigenschaft*? Originaltitel: *Is Goodness a Quality? In: Proceedings of the Aristotelian Society,* Suppl. Vol. XI, 1932. C 1932, The Aristotelian Society. Übersetzer: W. Köhler.

IV H. A. Prichard, *Beruht die Moralphilosophie auf einem Irrtum?* Originaltitel: *Does Moral Philosophy Rest on a Mistake*? In: *Mind*, XXI, 1912; ebenfalls in: W. Sellars/J. Hospers (Hrsg.), *Readings in Ethical Theory*, S. 149-162; ebenfalls in: K. Pahel/M. Schiller (Hrsg.), *Readings in Contemporary Ethical Theory,* Prentice-Hall, Inc., Englewood Cliffs, New Jersey 1970, S. 402-416. Übersetzer: G. Grewendorf.

V W. K. Frankena, *Der naturalistische Fehlschluß.* Originaltitel: *The Naturalistic Fallacy,* In: *Mind,* XLVIII, 1939; ebenfalls in: W. Sellars/J. Hospers (Hrsg.), *Readings in Ethical Theory*, S. 103-114; ebenfalls in: K. Pahel/M. Schiller (Hrsg.), *Readings in Contemporary Ethical Theory*, S. 32-43; ebenfalls in: Ph. Foot (Hrsg.), *Theory of Ethics, Oxford Readings in Philosophy*, Oxford 1967, S. 50-63. Übersetzer: G. Grewendorf.

VI P. F. Strawson, *Der ethische Intuitionismus*. Originaltitel: *Ethical Intuitionism*. In: *Philosophy* 24, 1949; ebenfalls in: W. Sellars/J. Hospers (Hrsg.), *Readings in Ethical Theory*, S. 250-259. Übersetzer: G. Meggle.

VII C. L. Stevenson, *Die emotive Bedeutung ethischer Ausdrücke*. Originaltitel: *The Emotive Meaning of Ethical Terms,* In: *Mind* 46, 1937; ebenfalls in: W. Sellars/J. Hospers (Hrsg.), *Readings in Ethical Theory*, S. 415-429; ebenfalls in: K. Pahel/M. Schiller (Hrsg.), *Readings in Contemporary Ethical Theory*, S. 44-60. Übersetzer: A. Kemmerling.

VIII J. O. Urmson, *Einstufen*. Originaltitel: *On Grading,* In: *Mind* 59, 1950; ebenfalls in: A. Flew (Hrsg.), *Logic and Language* (II. series), Oxford 1966, S. 159-186. Übersetzer: G. Meggle/W. Spohn.

IX   E. A. Gellner, *Ethik und Logik*. Originaltitel: *Ethics and Logic*. In: *Proceedings of the Aristotelian Society*, Bd. LV, 1954/55, S. 157-178. C 1954/55 The Aristotelian Society. Übersetzer: W. Spohn.

X   R. M. Hare, *Universalisierbarkeit*. Originaltitel: *Universalisability*. In: *Proceedings of the Aristotelian Society*, Bd. LV, 1954/55, S. 295-312. C 1954/55 The Aristotelian Society. Übersetzer: G. Meggle.

XI   G. E. M. Anscombe, *Moderne Moralphilosophie*. Originaltitel: *Modern Moral Philosophy*. In: *Philosophy* XXXII, 1958; ebenfalls in: W. D. Hudson (Hrsg.), *The IS/OUGHT Question*, Macmillan & Co. Ltd., London and Basingstoke, 1969. Übersetzer: F. Scholz.

XII   Ph. Foot, *Moralische Argumentationen*. Originaltitel: *Moral Arguments*. In: *Mind* LXVII, 1958; ebenfalls in: K. Pahel/M. Schiller (Hrsg.), *Readings in Contemporary Ethical Theory*, S. 145-155. Übersetzer: A. Kemmerling.

XIII   R. M. Hare, *Deskriptivismus*. Originaltitel: *Descriptivism*. In: *Proceedings of the British Academy*, 1963; ebenfalls in: W. D. Hudson (Hrsg.), *The IS/OUGHT Question*, Macmillan & Co. Ltd., London and Basingstoke 1969. Übersetzer: G. Meggle.

XIV   K. Baier, *Der moralische Standpunkt*. Originaltitel: *The Point of View of Morality*. In: *Australasian Journal of Philosophy* XXXII, 1954; ebenfalls in: K. Pahel/M. Schiller (Hrsg.), *Readings in Contemporary Ethical Theory*, S. 322-344. Übersetzer: R. v. Savigny.

XV   P. F. Strawson, *Gesellschaftliche Moral und persönliches Ideal*. Originaltitel: *Social Morality and Individual Ideal*. In: *Philosophy* 1961. Übersetzer: U. Vogel.

XVI   G. J. Warnock, *Naturalismus*. Originaltitel: *Naturalism*. In: G. J. Warnock, *Contemporary Moral Philosophy*, Macmillan & Co. Ltd., London and Basingstoke 1967. Alle Rechte vorbeh. Übersetzer: G. Grewendorf.

stw 2 Theodor W. Adorno
Ästhetische Theorie
Mit einem Begriffsregister
Herausgegeben von Gretel Adorno und Rolf Tiedemann
568 Seiten
Die Ästhetische Theorie ist die letzte große Arbeit Adornos,
die bei seinem Tode kurz vor ihrer Vollendung stand. Sie
sollte neben der Negativen Dialektik und einem geplanten
moralphilosophischen Werk das darstellen, was Adorno »in
die Waagschale zu werfen« hatte.

stw 4 Walter Benjamin
Der Begriff der Kunstkritik in der deutschen Romantik
Herausgegeben von Hermann Schweppenhäuser
120 Seiten
Man muß den Begriff der Kunstkritik zusammen sehen mit
Lukács' *Theorie des Romans* oder den kunstphilosophischen
Teilen von Blochs *Geist der Utopie:* schon in dieser frühen
Arbeit Benjamins scheint die neue Ästhetik auf, das Bemü-
hen, Ästhetik und Geschichtsphilosophie zu verknüpfen,
wie er selber es dann in inzwischen geradezu klassisch ge-
wordener Weise im *Ursprung des deutschen Trauerspiels*
verwirklichte.

stw 47 Walter Benjamin
Charles Baudelaire
Ein Lyriker im Zeitalter des Hochkapitalismus
Herausgegeben und mit einem Nachwort versehen von
Rolf Tiedemann
224 Seiten
Benjamin hat die in diesem Band versammelten Texte, an
denen er von 1937 bis 1939 gearbeitet hatte, aus dem
Passagenwerk ausgegliedert. Der Band vereinigt *Das Paris
des Second Empire bei Baudelaire* und *Über einige Motive
bei Baudelaire* mit den *Zentralpark*-Fragmenten, aphoris-
men- und thesenartigen Aufzeichnungen, in denen die un-
geschrieben gebliebenen Teile des Baudelaire-Buches Kontur
gewinnen.
Der Ausgabe liegt der von Rolf Tiedemann für die *Ge-
sammelten Schriften* kritisch revidierte Text zugrunde.

stw 107 Pierre Bourdieu
Zur Soziologie der symbolischen Formen
Aus dem Französischen von Wolfgang Fietkau
201 Seiten

Anders als der »harte Kern« des französischen Strukturalismus dieser Schule demonstriert Bourdieu, daß diese Methode zu Ergebnissen von entschieden politischer Relevanz führen kann.

Die in diesem Band zusammengestellten Aufsätze diskutieren die erkenntnistheoretischen Implikationen und Voraussetzungen der strukturalen Methode auf dem Gebiet der Soziologie, indem sie im konkreten Fall die Relevanz dieser Methode für soziologische Probleme aufzeigen.

stw 21 Victor Erlich
Russischer Formalismus
Aus dem Englischen von Marlene Lohner
Mit einem Geleitwort von René Wellek
407 Seiten

»Erlichs Buch ist die einzige umfassende Darstellung des russischen Formalismus in einer westlichen Sprache ... (es) ist eine vorzügliche, authentische Studie über eine Gruppe von Schriftstellern und ein zusammenhängendes Gedankengebäude, die jedem Literaturwissenschaftler bekannt sein sollte.« *René Wellek*

stw 43 Robert Minder
Glaube, Skepsis und Rationalismus
Dargestellt aufgrund der autobiographischen Schriften von Karl Philipp Moritz
294 Seiten

Minders Arbeit gilt als Wendepunkt in der Moritz-Forschung. Er entdeckte damit gewissermaßen einen Zeitgenossen Goethes neu, der ganz zu Unrecht immer gegenüber der Popularität der idealistischen Klassik im Hintergrund blieb. An den Werken von Moritz zeigt Minder nicht nur dessen literarische Qualität und aufklärerischen Impetus, es entsteht auch ein Bild des sektiererischen Kleinbürgertums im ausgehenden 18. Jahrhundert.

stw 29 Eike von Savigny
Die Philosophie der normalen Sprache
Eine kritische Einführung
in die »ordinary language philosophy«
Etwa 300 Seiten

Von Savignys Buch ist die erste zusammenfassende Darstellung der Methoden, Probleme und Ergebnisse einer philosophischen Richtung, die in den angelsächsischen Ländern heute dominiert: der *ordinary language philosophy* mit ihren Hauptvertretern, dem späten Wittgenstein, Gilbert Ryle, J. L. Austin und J. Wisdom.

stw 40 Peter Szondi
Poetik und Geschichtsphilosophie 1
Antike und Moderne in der Ästhetik der Goethezeit
Hegels Lehre von der Dichtung
Herausgegeben von Hans-Hagen Hildebrandt
und Senta Metz
537 Seiten
In den Vorlesungen dieses Bandes betrachtet Szondi anhand des Verhältnisses von Antike und Moderne die ästhetische Theorie der Epoche, die etwa als Zeitalter Goethes umschrieben werden kann. Die Darstellung hält die entscheidenden Impulse fest, die den Weg bestimmen, der von der normativen Aufklärungspoetik zur Philosophie der Kunst in den Systemen des deutschen Idealismus führt.

stw 72 Peter Szondi
Poetik und Geschichtsphilosophie II
Von der normativen zur spekulativen Gattungspoetik.
Schellings Gattungspoetik. Studienausgabe der Vorlesungen
Band 3.
Herausgegeben von Wolfgang Fietkau
354 Seiten
Mit der Aufkündigung der aristotelischen Wirkungsästhetik wurden Deduktion und historische Begründung von Dichtung gleichursprünglich. Gleichwohl ist auch für die Ästhetik das Spannungsverhältnis der Lehre zur konkreten Vielfalt der Poesie keine quantité négligeable. Erst der deutsche Idealismus vermochte dieses Spannungsverhältnis durch die Theorie der Vermittlung von Allgemeinem und Besonderem, Idee und Geschichte zu lösen.

Alphabetisches Verzeichnis der
suhrkamp taschenbücher wissenschaft